苏州文化丛书

苏州史纪
（近现代）

小田 著

苏州大学出版社

图书在版编目(CIP)数据

苏州史纪:近现代/小田著.—苏州:苏州大学出版社,1999.8(2022.7重印)

(苏州文化丛书/高福民,高敏主编)
ISBN 978-7-81037-547-4

Ⅰ.苏… Ⅱ.小… Ⅲ.①地方史-江苏-苏州-近代-史料②地方史-江苏-苏州-现代-史料 Ⅳ.K295.33

中国版本图书馆CIP数据核字(1999)第35375号

苏州史纪(近现代)			小 田 著
责任编辑	朱坤泉	责任校对	陆蕊含

出版发行	苏州大学出版社 (苏州市十梓街1号 215006)
经 销	江苏省新华书店
印 刷	丹阳兴华印务有限公司 (丹阳市胡桥镇 212313)
开 本	850mm×1168mm 1/32
字 数	341千字
印 张	17.5 (共两册)
版 次	1999年8月第1版 2022年7月第8次印刷
印 数	18 001－19 000册
标准书号	ISBN 978-7-81037-547-4
定 价	49.00元(共两册)

《苏州文化丛书》编委会

主　　编　高福民　高　敏

编　　委（以姓氏笔画为序）

　　　　　成从武　朱水南　吴国良

　　　　　吴培华　张季裕　陆　凯

　　　　　沈海牧　陈少英　陈长荣

　　　　　陈　嵘　周矩敏　耿曙生

执行编委　陈长荣

执行编务　缪　智　唐明珠

　　　　　朱钧柱　赵高潮

《苏州文化丛书》总序

梁保华

苏州的历史源远流长,建城二千五百多年以来,文化积淀十分深厚。在这块得天独厚而又美丽富饶的土地上,世世代代的苏州人在创造物质文明的同时,也创造了灿烂的吴地文化,并以其独树一帜的风格而在华夏文化史上占有着重要的位置。

苏州地灵水秀,人文荟萃。先辈们在这里留下了丰厚的文化遗产。其丰厚性体现在古城名镇、园林胜迹、街坊民居以至丝绸、刺绣、工艺珍品等丰富多彩的物化形态,体现在昆曲、苏剧、评弹、吴门画派等门类齐全的艺术形态,还体现在文化心理的成熟、文化氛围的浓重,等等。千百年来苏州人才辈出,如满天繁星,闪烁生辉。文化底蕴的厚重深邃和文化内涵的丰富博大,是苏州成为中华文苑艺林渊薮之区的重要原因。

面对这么丰厚的文化遗产,我们有理由

为此感到光荣与自豪,但不应当因之而自我陶醉。文化之生命力在于繁衍不绝、生生不息的传承和开拓,文化长河之内在生机在于奔腾不息、永不终止的流淌与前进。苏州的文化经久不衰,源于世世代代不息的继承和传播,在继承优秀传统的同时,又正是由于一代一代人的辛勤探索与不断创新,使苏州的文化日益根深叶茂,绚丽多彩。

我们处在一个伟大的时代,苏州人民正沿着建设有中国特色的社会主义道路阔步前进。我们的目标是,努力把苏州建设成为一个经济发达、科教先进、文化繁荣、生活富裕、社会文明的地区,成为二十一世纪新的"人间天堂"。社会主义现代化应该有繁荣的经济,也应该有繁荣的文化。文化的繁荣,渊源于悠久的历史,植根于今天的实践。全面、系统而深入地研究苏州文化资源开发与现代化建设之间的关系,这是我们社会主义文化建设的题中应有之义。历史赋予我们这一代人的一项任务,就是要认真总结、研究与继承优秀传统文化,充分挖掘苏州文化的丰富宝藏,博采八方精华,古为今用,推陈出新,更好地为社会主义现代化建设服务。

苏州市文化局和苏州大学出版社编辑出版一套《苏州文化丛书》,是苏州文化建设中一件很有意义的事情。有感于斯,写了以上的话,聊以为序。

1999年夏

《苏州文化丛书》总序

陆 文 夫

苏州是个得天独厚的地方。得天独厚不完全是土地肥沃,气候温和,还在于它的文化积淀的深厚;地理的优势是得于天,文化的优势是得于人,天人合一形成了苏州这一座历史文化名城。

每一个地方都有它的历史与文化。历史是人类生活的轨迹,文化是人类精神的产品,产品有多有少,有高有低,从一个地区的总体上来看,人们拥有精神产品的多少与高低与人的素质是密不可分的。

我不敢说苏州是全国文化最发达的地区,也不敢说苏州的伟人和名家就比其他的地区多,但是有一点要感谢我们的祖先和时代的先驱,是他们全方位地发展了苏州的文化,使得苏州文化的综合实力在全国占有优势。一个国家的强大与否,要看它的综合国力,一个地区的文化是否昌盛,也要看它的综合实力。苏州文化的优势是在于它的综合实力强大,文化门类比较齐全,从古到今一脉相承,只有发展,没有中断,使得每一个文化的门类都有一定的成就。

苏州园林已经列入了世界文化遗产,这仅仅是苏州文化的一个侧面,即使从这一个侧面来看,就能看出造园艺术的登峰造极需要多少文化精品的汇合,诸如建筑、绘画、雕刻、堆山叠石、花木盆景、诗词楹联、家具陈设……每一项都是苏州文化的一个门类,都能写几部书。

苏州市文化局与苏州大学出版社推出一套《苏州文化丛书》,囊括了苏州的戏剧、绘画、园林、街坊、名人、名胜、民俗、考古、工艺……向世人展示苏州文化的综合实力,用以提高苏州人的文化素养,提高人的素质,用以吸引与沟通五湖四海的朋友。文化的沟通是一种心灵的沟通,具有一种强大的凝聚力,谁都知道,一个民族的凝聚力主要来自于其民族文化,一个地区的吸引力和凝聚力恐怕也是如此。

1999 年 7 月 21 日

目 录

引言 …………………………………（1）
一、天堂·天国 ………………………（3）
　　天堂与天国 ………………………（3）
　　天堂里的天国 ……………………（9）
　　消逝的天国 ………………………（18）
二、晚清氛围 …………………………（26）
　　林则徐抚苏 ………………………（26）
　　位卑者的抗议 ……………………（33）
　　冷水青旸地 ………………………（44）
　　小巷深处的国学重镇 ……………（55）
三、经济型式 …………………………（63）
　　近代工业 …………………………（63）
　　资本主义家庭劳动 ………………（74）
　　特种产品 …………………………（82）
四、静悄悄的革命 ……………………（87）
　　和平光复 …………………………（87）
　　书生南社 …………………………（100）
　　来自江南小镇………………………（112）

五、姑苏风骨 (126)
- "七君子"在苏州 (126)
- 吴中二老 (139)
- 余晖洒在古城 (151)

六、浴血人生 (165)
- 哭泣的天堂 (165)
- 登场人物 (178)
- 阳澄湖:一段尘封的历史 (184)

七、文化乳汁 (200)
- 徐枕亚:"发乎情,止乎礼" (200)
- 程小青:"企图揭开一切罪恶的底细" (208)
- 叶圣陶:心底永远的苏州 (217)

八、市井生活 (230)
- 茶馆:苏州本色 (230)
- 庙会:传统生活底色 (242)

结语:历史传承与当代发展 (260)
主要参考文献 (276)
后记 (278)

引 言

在广袤的乡村里,有一个结点,产品赖其枢纽,人群为之集聚,她被称为城市;城市的胸怀多半是敞开的,其功能大体是相同的,面貌有些似曾相识,个性也就含糊其辞了。从事田野调查的社会学家、人类学家、民俗学家们,常常潜入一个不为人知的微观社区,选择某个个案,加以解读;至于一座城市,或生活其中,或近在咫尺,却懒得去琢磨和品味。读到周作人的《苏州的回忆》,方才明白,那是因为有一个"整体性"的概念挡住了视线:

> 我旅行过的地方很少,有些只根据书上的图像,总之我看见各地方的市街与房屋,常引起一个联想,觉得东方的世界是整个的。譬如中国,日本,朝鲜,琉球,各地方的家屋,单就照片上看也罢,便会确凿地感到这里是整个的东亚。我们再看乌鲁木齐,宁古塔,昆明各地方,又同样的感觉这里的中国也是整个的。

苏州史纪(近现代)

可是,到了苏州,扑面而来的吴越古风,让他再不能漠然置之。于是,人们开始寻求一种对苏州的表达。

20年代,诗人郁达夫说:

> 苏州城,竟还是一个浪漫的古都,街上的石块,和人家的建筑,处处的环桥河水和狭小的街衢,没有一件不在那里夸示过去的中国民族的悠悠的态度。这一种美,若硬要用近代语来表现的时候,我想没有比"颓废美"的三字更适当的了。

30年代,作家曹聚仁说:

> (苏州)是老年人的城市;杭州至少该是壮年人的城市。苏州的街巷,一望都是炭黑的墙头……

而今,艺术理论家余秋雨说:

> 唯苏州,给我一种真正的休憩。柔婉的言语,姣好的面容,精雅的园林,幽深的街道,处处给人以感官上的宁静和慰藉……苏州,是中国文化宁谧的后院。

这样的表达已经很多,一定还有很多。我们暂且离开文化名人的笔端,在近代苏州的时空中风雨兼程,把浪漫的情调、浮掠的印记、理性的抽象衍化成千言万语的郑重史纪。

一、天堂·天国

天堂与天国

苏州素有"天堂"之称,谚有所谓"上有天堂,下说苏杭"。在"天堂"住久的人总想弄清这个说法的来龙去脉。元人奥敦周卿《双调蟾宫曲·咏西湖》:

> 西湖烟水茫茫,百顷风潭,十里荷香,宜雨宜晴,宜西施淡抹浓妆。尾尾相衔画舫,尽欢声无日不笙簧。春暖花香,岁稔时康。真乃上有天堂,下有苏杭。

仅凭想象就能肯定,天堂之说决不会迟至蒙元入主中原。有一本《中国帝王辞典》上说:五代十国时期,中原纷争,东南一隅仍较太平。当时吴越国王钱镠建都杭州,扩建府城,规模宏伟;他还统治苏州,大建花园,美化城市。"上有天堂,下有苏杭"的说法就是从此开始的。①

时间是大大前推了,只是没有这句话的最初出处。历史学家顾颉刚先生推测:"上有天堂,下说苏杭"的谚语大约是南宋时的,因为杭州是那时的政治中心,苏州是那时的经济中心。这两地真是锦簇花团,说不尽的美丽。他也没提出处。但南宋诗人范成大《吴郡志》已有"天上天堂,地上苏杭"之说了。到了明朝,郎瑛《七修类稿》卷二十二记"谚曰:上有天堂,下说苏杭"。

单说苏州,确是让人销魂的天堂:"饮酒、品茗、堆假山、凿鱼池、清唱曲子、挥洒画画,冲淡了士绅们的胸襟,他们要求的只是一辈子能够消受雅兴清福,名利的念头轻微得很,所以他们绝不贪千里迢迢为官作宦,也不愿设肆作贾,或出门经商,只是一味眷恋着温柔清幽的家园。"②

这样的天堂究竟建筑在实实在在的地上,便不得不有所依靠。顾颉刚先生指出:"茶馆、酒店、精美食品、幽雅庭园等等,全属于中产以上士绅阶级的享受,这种享受完全建筑在穷苦的佃农身上。苏州靠了太湖与运河的灌溉,土地肥沃,不患灾旱,是鱼、米、蚕、桑异常富饶的地方。但自耕农极少,却有好多拥着上千上万良田的大地主,他们大都住在城中,尽量风雅,尽量享受。"③

其实,时常被人们视作苏州基本物质文化景观的小桥、

---

① 转自孙德卿:《"天堂"之说溯源》,《苏州杂志》1999年第1期。

②③ 顾颉刚:《苏州的历史和文化》;《玉渊潭忆往》。均载《苏州史志资料选辑》第2辑。

流水、棚船,就是连接城乡和乡村的筋脉。俞明先生的《船与水》把城乡之间的这种千丝万缕的联系淡隐在氤氲诗意中:

> 待到每年秋后,一船船黄澄澄谷子往城镇摇去,交租、还债、剪点花布,置办些油盐酱醋以及灯罩洋火水烟丝等,还有在镇上赊欠的剃头钱、茶钱、南北货钱,在秋谷登场后都得清账。稍后,便是载着稻草和砻糠进城,那时城里人烧灶;除了逢年过节蒸年糕之类要用木柴外,一年四季全烧稻草。抽一把草,打个结,称之为草把,千家万户都有专门的草间。所有的老虎灶都用砻糠作燃料……所有这些,全是四乡八镇种田人用的船只的赐与。靠近城市的船只,还有一种功用,清明前后,洗刷好船身,舱里摆些桌椅,备些酒菜,摇到城里接待到苏州乡下上祖坟的上海或苏州客人,碰到出手阔一些的,摇上半天可以挣得个把月的口粮钱。由是之故,这千条万条散落在广阔农村中的船只在城里进出往返。不难想象,会使方圆只有二十平方公里的苏城出现怎样的场面。①

原本,神话般的天堂就寄生在富足的鱼米之乡的土壤里。11世纪初,几种早稻开始从占婆(安南的中部和南部)引入中国,陆续在南方诸省普及。双季稻在江南发生的农业革命,影响广泛而深远。高产的稻米能养活众多的人口,保证人口

---

① 《苏州杂志》1990年第4期。

的高密度。一位也许过分乐观的历史学家认为,近六七世纪以来,每个中国人每年拥有三百公斤稻米或其他粮食,约等于每天有二千卡热量的食物。正是在这个意义上,法国年鉴派史学家布罗代尔认为:中国的重心于1100年移向南方,水稻要负一定责任。1380年前后,据官方统计,南方有三千八百万居民,北方有一千五百万,相当于二点五与一之比。①

从唐代开始,江南丝织业后来居上,逐渐成为全国丝绸业的中心。"遍身罗绮者,不是养蚕人",农民不着绸缎,却得到了经济实惠。乾隆《吴江县志》载:绫绸之业,宋元以前,惟郡人为之;至明熙、宣间,邑民始渐事机丝,犹往往雇郡人织挽;成、弘以后,土人亦有精其业者,相沿成俗,于是盛泽、黄溪四五十里间,居民乃尽逐绫绸之利。在产棉区,农民生计则赖机杼为之枢纽裕如。在诗人的眼里,苏州的乡村,亦"别有天地,非人间也"。明常熟邵圭洁过虞山、尚湖之间,欣然赋诗:

> 行桥茅屋自成村,妻子欢呼共瓦盆。
> 渡口流花引舟入,此中亦自有桃源。
> 卖鱼小艇隔溪归,溪上家家启竹扉。
> 拍手儿童笑相报,晓来新得紫鲈肥。②

---

① 布罗代尔:《15至18世纪的物质文明、经济和资本主义》第1卷,第172页,生活·读书·新知三联书店1992年。
② 《皇明常熟文献志》卷17。

一、天堂·天国

在这燕舞莺歌声中,有人听到了杜鹃的啼血。明魏校在《庄渠遗书》中明示后人:

> 吾苏蕞尔,地不能方二百里,而财赋当天下少半,郡城繁华,四方商旅辐辏,过者啧啧羡富饶。岂知乡氓凋散,其力穑者终岁勤动,仅能还官;乐岁尚咨寒饥,遇凶岁则饿莩满野,尸填于川,钱粮自此亏额矣……蕞尔吴壤,地利能几何?而国家征取以巨亿计,小民乐岁不得一饱,竭力上供,今百五十年矣。是世世忠孝,有功于国家甚大也。

降至清代,"忠孝"一如既往。清政府在全国征收的漕粮400余万石,其中几乎半数取给于苏南。田赋既重,官吏又假此渔利,地租随之上浮,农民不堪重负。19世纪40年代,五口通商以后,洋布源源涌入,农民又少了一项生计。1846年,包世臣在给族子孟开的信中写道:"江浙之漕,今年幸得岁事,然新漕瞬届,其事殆有不可知者。松、太利在棉花梭布,较稻田倍蓰,虽暴横尚可支持,近日洋布大行,价才当梭布三分之一。吾村专以纺织为业,近闻已无纱可纺,松、太布市,消减大半。去年棉花客大都折本,则木棉亦不可恃,若再照旧开折,必无瓦全之理。"无法瓦全,只能玉碎,柔顺的苏州农民闻听太平军自两广北上,"民心稍稍动矣"。

被地主乡绅斥之为"匪"的太平军也要建立一个"天堂",叫做"天国",那是农民的"天堂"。他们信奉耶稣基督,确信凡是善人,灵魂就被接纳,安居在天国,那是上帝的居所。据称,在天国中,众多天使侍立于宝座之前,基督坐于上帝之右座,得救的灵魂升入天国与上帝同享永福。耶稣曾对其门徒说:"为义受逼迫的人有福了,因为天国是他们的。"太平天国的领袖洪秀全向他的教徒们许诺的"天国",不仅仅在其心中,也不仅仅在其身后,他要把天国建立在现世。1853年,太平天国定都天京;这一年稍晚些时候,颁布了著名的《天朝田亩制度》,虚幻飘渺的"天国"蓝图,在尘世变得清晰起来。

人们赖以为生的"田亩",是这个制度最重要的内容,故首先规定:天下土地按其产量多寡,分为三类九等,按照上帝的意旨,人人皆上帝子女,土地皆应平均分配,共有共享。凡分田照人口,不论男妇,算其家口多寡,人多则分多,人寡则分寡,杂以九等,如一家六人,分三人好田,分三人丑田,好丑各一半。凡天下田天下人同耕,此处不足则迁彼处,彼处不足则迁此处。凡天下田丰荒相通,此处荒,则移彼丰处以赈此荒处,彼处荒,则移此丰处以赈彼荒处。务使天下共享天父上主皇上帝大福,有田同耕,有饭同食,有衣同穿,有钱同使,无处不均匀,无人不饱暖。

天国的众生皆为"皇上帝"所生所养所佑,"天下总一家,凡间皆兄弟"。《天朝田亩制度》规定的生活资料分配原则是几千年来农民们既熟悉又神往的:凡当收成时,两司马督伍长,留足各家食用之需,余则归国库,凡麦豆苎麻布帛鸡犬各物及银钱亦然。盖天下皆是天父上主皇上帝一大家,天下人人不受私,物物归上主,则主有所运用,天下大家,处处平均,人人饱暖矣。

一、天堂·天国

天国是一个秩序井然的世界：二十五家组成为一"两"，由两司马负责，两司马所在的地方，有国库，有礼拜堂，收成的时候，由两司马督伍长"除足其二十五家每人所食可接新谷外，余则归国库存……凡二十五家中所有婚娶弥月喜事俱用国库"。到了礼拜日，"伍长各率男妇至礼拜堂，分别男行女行，讲听道理，颂赞祭奠天父上主皇上帝"。

《天朝田亩制度》对苏州农民来说并不陌生，他们千年追求的天堂生活与之如此相似：家人妇子灯前共话桑麻，族党比闾雨后互谈故实。而今，他们记忆中的"天堂"将要在太平天国那里得到恢复，多么令人兴奋！但不久传来的消息，又让他们胆战心惊。据说"太平天兵"个个都是杀人不眨眼的长毛魔鬼，恐怕不能指望他们在苏州建立"天国"。

但无论如何，1860年6月，太平天国的忠王李秀成来到了苏州。

天堂里的天国

李秀成挥师东下，开疆拓土，略定苏南，建立了以苏州为首府的苏福省。太平天国的苏福省辖有常州郡、松江郡、太仓郡和苏州郡。在文献和史籍中提到的属县有武进、阳湖、宜兴、荆溪、江阴、无锡、金匮、常熟、昭文、昆山、新阳、镇洋、吴江、东山、青浦、吴县、长洲、元和等县。这些郡，原来是清朝的府或直隶州；郡下所属各县，基本上是清朝的府或直隶州的属县。根据太平天国基本上沿袭清朝府、县的行政区划看，苏福省还应包括太仓州属的嘉定、宝山、崇明等县；苏州府属的震泽县;松江府属的娄县、华亭、上海、南汇、川沙、奉贤、金山等县。

起初,李秀成专门处理一省军务,后因上海方面的战事,遂委托后军主将陈坤书主持,以逢天安刘肇钧、左同检熊万荃总理苏福省民务。太平军按照六大城门方位,把阊门称为大西门,胥门称为小西门,盘门称为南门,葑门称为小东门,娄门称为大东门,齐门称为北门,城门处设立了"乡官局",城中心圆(按,今作"玄",下同)妙观附近地区另立一局,名为"城心局",共计七局。

李秀成画像

太平军到达常州城的时候,苏州城里的大小官员就忙着迁家眷,藏财宝,抓紧逃命。百姓之家,亦门窗紧闭。太平军兵临城下,江苏巡抚徐有壬和守将马德昭下令焚毁沿城商民铺屋,留给"长毛"焦土一片,顿时阊门外山塘街到虎丘一片繁华之地火焰蔽日,货物赀财,尽付一炬。有诗谓:"抚军下令烧民屋,城外万户成寒灰。"承平日久的苏州百姓也不知太平军是何青面獠牙的怪物,听说"长毛"进城,有的干脆准备上吊、投河了事。丝绸商人汪德门说,他的大侄媳上吊不成,被太平军救醒;他的侄儿投河三次,均被太平军救起。

早在农历四月初,圆妙观八仙阁茶馆就传出消息:要想

一、天堂·天国

在太平军进城时平安无事,只须到金太史巷金济良家中领得一张黄布保单,贴在大门上,自然人丁平安。此话不假,四月十三日,忠王李秀成进阊门时,一方鸡犬无惊。后来,人们才知道,金济良早已是太平天国的人,城里居民和城郊农民抬着时花、鲜果、蔬菜、瓮油、腌鱼、猪羊,来到阊门民事总局"进贡",太平军随即发给忠王瑞谕:"给予百姓封凭,俾其各居各室,同为天国良民。各队官兵人等,毋须入扰肆行。如有仍然滋扰,拿获即正典刑。"①

阊门外本是著名商业区,太平天国出于军事防卫考虑,禁止商人在城经商,以防良莠难辨,动员商人和贫民到此经商。民政长官让人沿途设立施粥站,免费供应迁移的居民。贫苦民人无力经商者,经予贷款,准许他们在阊门外山塘街到虎丘一带经商谋生。

这条经过太平天国将领与乡官共同勘定的商业一条街,叫做"买卖街"。一片瓦砾之地,不久便有了生机。

只有一事让民人放心不下:太平军占领苏州后,把妇女从家中集中到女馆,"分别男女行",不免有渔色之嫌。后来,人们发现,女馆白天有人看守,深夜派员检查,还算安全。有些太平天国军官从民间特别是从女馆择偶,须领取"龙凤批",类如后世结婚证书。每当更深人静之时,临时辟门查检,夫妇持批对验乃得了事。

太平天国实行的半军事化管理,使苏州更像一座战争的堡垒。太平军是农民,农民们的天堂在乡村。

---

① 潘钟瑞:《庚申噩梦记》,见《香禅精舍集》第5卷。

苏 州 史 纪（近现代）

常常有人因为太平天国《天朝田亩制度》所描绘的图景过于美好，视之为乌托邦，形同一纸空文。80年代初，常熟还发现了一册1857年重新颁布的《天朝田亩制度》刻本，它提示人们，太平天国的领袖们对此相当重视，一再申令执行，力图圆苏州农民一个天国之梦。

李秀成在构筑苏州城市营垒的同时，便按照《天朝田亩制度》所设想的社会组织原则，在乡村推行乡官制度，市镇要隘到处张贴着规劝百姓举官造册的谆谕：

> 查尔百姓当大兵云集之时，多有流亡失所之惨，每一念及，痛不可支！业已委令逢天安左同检在此镇抚，已经谆谕在案，谅尔等已共见共闻矣。但不举官则民事无人办理，不造册则户口无从核查，何以为安抚之地乎？为此再行谆谕，仰尔百姓一体知悉：凡乡邻熟识之人，举为乡官，办理民务，其五家举一伍长，二十五家举一两司马，一百家举一卒长，五百家举一旅帅，二千五百家举一师帅，万二千五百家举一军帅，盖所举之人，必度其干事才能称职者充当其任。尔等一面开造民册，一面将所举之人，令其概行来城，听候补派。①

太平天国依靠劳动百姓的支持，在乡村反复荡涤地主

---

① 吴大澂：《吴清卿太史日记》。见中国史学会主编：中国近代史资料丛刊《太平天国》第五册，第336～337页，神州国光社1954年。

武装,以血的代价建立起乡官制度。"从农村的社会地位上把地主权力打下去,把农民权力长上来。"① 苏州乡村的乡官出身十分复杂,董蔡时教授经过仔细的排比分析,得出结论:乡官大多由劳动人民担任。常熟城区有个地主知识分子叫龚又村,太平军攻克苏州前后,他长期在常熟县南乡的吴塔当塾师,与"长毛绅士"曹敬、当地军帅朱又村等过从甚密,熟悉地方情形,在他写的《自怡日记》中记有木匠、屠夫、拳教师、寒儒等充当军帅、师帅或旅帅等的姓名,也记下了一些充任乡官的地主分子的姓名。但是,他概括地说:"受伪职者,唯朱、毛为绅富,余皆编户穷民耳!"

太平天国军事倥偬,《天朝田亩制度》许诺给农民的土地分配方案,暂时还没有兑现,但这不是一个无法兑现的空想。天国只能建立在地上,农民承认了这一现实。1860年11月2日,天王洪秀全向苏福省颁发诏旨曰:"苏省所属郡县新附四民,前经胡妖抽捐抽税,竭尽尔等脂膏,厚敛重征,同天打斗……朕又念前时天兵征剿,尔等四民畏惧天威,抛弃家产;今虽欣然就抚,各安农业,际此新天新地之期,未有余一余三之积。朕格外体恤民艰,于尔民应征钱漕正款,今(令)该地佐将酌减若干。尔庶民得薄一分赋税,即宽出无限生机。其各体谅朕心,益坚信认,安居乐业,同顶爷哥朕幼纲常,同享真福于万万年也。"②

---

① 毛泽东:《湖南农民运动考察报告》。《毛泽东选集》第1卷,人民出版社1991年。
② 中国社会科学院近代史所:《太平天国资料》第3~4页,科学出版社1959年。

苏州史纪(近现代)

依照《天王诏旨》的精神,田粮减轻,租额当然也得降低。吴江芦墟一带,每亩租额由过去的一石至一石五斗,减为每亩五斗。1860年1月18日,地主柳兆薰在日记中记道:"终日收租五十千左右,阴雨所阻也。现算田数已千亩,而现钱不过八百千左右,粮、银而外,开销勉强,日用所需,来年无着。"2月7日的日记中又说:"今夜拟酬帐房诸公,开发一切,自己用度,田上无叨光也……财如水流,恐不尽不休也。"在土地上捞不到好处的柳兆薰,便于1862年夏天举家迁往上海了。

1860年秋天,从上海出发前往内地收购生丝的英国商人呤唎路过芦墟,见到的是这样一幅图景:

> 这是一个大村庄,离上海有六十英里的水路。此处似有各色大宗贸易。运丝船、乡下船和上海船都停泊在村外,为数很多,全都满载货物,似乎这里是一个很好的现成市场。人们穿着很好的衣服,商店充塞着货品,处处都显出兴旺景象。最令人惊奇的是乞丐完全绝迹,其他同样大小同样繁荣的市镇都麕集着乞丐,可是这里却一个也没有。村外,很多劳动者正在收割丰富的谷物,田野生气盎然。这是秋收季节,极目远望,辽阔的平原盖满了成熟的五谷,在早晨太阳光下,闪烁着金色的光辉。我完全看不见有任何杀人放火的痕迹。村里,只见到一群一群富裕的、忙碌的、面容和蔼的中国人,和一大堆一大堆刚由船上卸在岸上的货物;郊外,只见到大自然的富足和美丽;但是这里明明是太平天国区域

一、天堂·天国

的一部分,我所见到的人民也明明都是太平天国的百姓。后来,我在村庄附近看到一堆中国人用来盖房子的砖头,终于发现了所谓杀人放火的痕迹;因为这是一座被毁的菩萨庙,败瓦颓垣,残破不堪。太平军在扫除偶像的热诚中,把这座佛寺捣成粉碎,我在占地一英亩左右的废墟上,竟找不到一块完整的砖头。高高的茂草中隐现着庙里菩萨的残肢断胆。我开始觉得太平军的所谓"杀人放火",并不是象某些人所宣传的那么可怕。

我们在芦墟逗留了几小时,船货管理员和译员调查了丝的情况。村里太平军很少;有六、七名兵士划着船把一名长官送到我们这里,这六、七名兵士是驻军的一半。他们都是芦墟厘卡上的兵士,那个官员是厘卡上的长官。我在村里散步时,见到人民态度友善,无拘无束,很感惊奇;许多人拉我到他们家里去喝茶饮酒,太平军也都竞相邀请我到他们的住处去。①

1862年10月,常熟南门外上塘街丰乐桥竖起一座报恩牌坊,碑序曰:"禾苗布帛,均出以时;士农工商,各安其业。平租庸之额赋,准课税之轻重。春树万家,喧起鱼盐之市;夜灯几点,摇来虾菜之船。"

从来没有、永远也不可能见识天堂的农民们已经生活在"天堂"里,这是太平天国的农民在苏州乡村建立的"天

---

① [英]呤唎:《太平天国革命亲历记》第47~48页,上海古籍出版社1986年。本节注明为呤唎的材料皆出此处。

堂",是存在于地上"天堂"里的"天国"。身临其境,人们感到踏实而满足。

在《天朝田亩制度》规划的天国蓝图里,去除了商品交换,掀翻了滋生贫富分化的温床,家家自给自足:"凡天下,树墙下以桑。凡妇,蚕绩缝衣裳,凡天下,每家五母鸡,二母彘,无失其时。"稍有余缺,则由"国库"调剂。过惯了自给自足生活的农民把他们的生活方式进一步理想化,将之在江南付诸实施的时候,便引起了严重的思想混乱和各方面的抵制。太平天国领袖们旋即更弦易张,在天京发展起"买卖街"贸易。商品经济向称发达的苏州,"买卖街"蔚然成市,城乡商品交流日益活跃,"各乡传播,船来日多,售亦日盛,乡民过午,满载而归,奚止利市三倍"。一段时间之后,苏州又成为一如旧时的商业都会,"流民雨集,百货云屯,盛于未乱时倍蓰"。① 经过商品经济枢纽的乡村,缺少的是空中"天国"的肃穆,却飘散着地上"天堂"的烟火,江南农民习惯于这个熙来攘往的环境。吴江黎里镇的塾师黄熙龄在日记中记载:镇上有同福、泷泉、畅厅、雪馆、聚仙等茶馆,他常去"啜茗",茶馆里演唱评弹;镇上还有德泰米行、山货店、松庆酒店、谦吉腌货店、叙隆面店等,一派安祥。

花团锦簇的苏杭丝绸历来是营造天堂气氛的饰品。太平军占领苏杭,兵燹所及,官办苏杭、江宁织局相继停歇,匠役星散,机具尽数毁失。一直与苏杭并驾齐驱的乡村绸都盛泽,却避开了兵锋。盛泽镇东距运河十里,地非孔道,不当要

---

① 王韬:《弢园尺牍》卷6,"上当事书"。

冲,兵家不争;附近的王江泾、双林、濮院等丝绸重镇,相继遭受重创,为避战乱,那里的士商纷纷迁移盛泽,带来了资金,带来了技术,带来了劳力,也带来了盛泽日后的发展。

盛泽之于太平天国,有其经济意义。面对太平军凌厉的攻势,盛泽首富王永义丝绸家族,派出族中王家鼎的妻弟沈枝珊及仲纶等主动向太平军纳贡,献枣子一桶,银锭十只,雄鸡十号,鸡附黄旗,上书"早定一统,雄冠三军"。受太平军委派把守盛泽的沈枝珊等被封为师帅,与苏州药商汪心耕一起,在镇开设"天章机捐局",凡是绉纱、绸缎、湖丝在镇经过,抽取佣钱三分,每疋绸缎上都须盖有"天章机捐局图记",始得销售。同时,沈枝珊等还在镇上设立了"公估庄",商人或农民等的银洋进出,须先到"公估庄"上鉴定真伪,然后盖印,每洋捐钱70文。在井然的商业秩序下,盛泽丝绸产销盛于战前,据地方史志《盛川稗乘》,乡官于"各路商贩必由之路……设局抽厘,收捐极旺……自咸丰十年七月起至同治元年八月止,两年有余,获银数十万"。

一样是在天国的界内,跟在芦墟见到的不同,在盛泽,特别吸引英商呤唎注意力的不是丰收的五谷,而是发达的商务:"这里似乎是一个巨大的商务中心,设有炮垒,防御严密。我们停下备办粮食,粮价极廉。我特别记住盛泽,因为我在这里吃到了中国最美味的松糕。这是一个很大的村庄,居房达五千户以上,商店鳞次栉比。我头次到这里的时候,中国人的各项消费品都极为充斥。可是,最近我回国时又路经此地,一切都可悲的改变了;清军已在邻近,居民逃避一空;除了少数几个比较大胆贪利的商人似乎决心把生意做到底外,商店都已纷纷关闭,街道沉寂无人来往;使我不禁想起了哥尔德史密斯的《没有人烟的村庄》的景象。"

这段文字显然写在太平天国失败之后。伫立于刚刚喧腾过的天国废墟上,这位同情太平天国的外国商人悲从中来;不为政治权力的更迭继替,而为一个巨大梦境的无情幻灭。

消逝的天国

在西方基督教那里,天堂和天国其实是一回事,总之是上帝居住的地方。中国人原本不崇信上帝,也能想象上帝居所的美好,便把人间幸福美好的生活环境称作天堂,苏州正是。太平天国拜奉上帝,不但认为天上存在天国,还要在尘世再造天国。农民的天国在苏州一步步变成了现实,地主的天堂为之坍塌,两个敌对的阶级展开了殊死的搏斗。

在苏福省,苏州当地与太平天国敌对的武装势力主要有两股:一是枪匪,一是团练。

枪匪由枪船演变而来。早在清嘉庆年间,江南水网地带就有一种居民们用来猎鱼和运送货物的小船,以船上置枪,故名枪船。嘉、道以后,农民谋生发生困难,一部分生活无着的游民驾驶着枪船,干起杀人越货的营生。太平天国定都天京,江南地区人心惶惶,枪匪渐见活跃。1860年,清军江南大营崩溃,"苏、嘉、湖一带,人心渐觉浮动,桀骜不驯之辈,

一、天堂·天国

以保卫乡里为名,打造枪船,结党横行"①。当太平天国的兵锋指向吴江乡村时,遭到周庄费秀元枪匪的抵抗,陶煦说:"六直、车坊、同里、黎里诸镇,先后被贼,秀元均往救,分船守之。贼踞苏后,怯于水斗,而近地如金泽、盛泽、北库,各有集众募枪船者,约一、二千艘,往往各不相下,间寻干戈,然得秀元一言,则立释,以此皆尊奉秀元。"②太平天国将领满足了费秀元表面上的归顺,周庄成为天国之中由费秀元统治的独立王国。苏郡城乡地主官僚纷纷逃往周庄。

在盛泽,有孙金彪和朱法大两股枪匪。朱法大肆虐凶横,遭到清朝官府的忌恨,1859年,苏抚徐有壬几欲捕之不得。太平军东下,令其训练团勇,朱法大愈为骄横。王永义商号为保一镇安宁,与枪匪孙金彪联手,一举剿灭朱法大,盛泽辛亥老人沈鹏在《我的回忆》中记述了这一惊心动魄的过程:

　　当洪杨乱时,江浙两省已成混乱之局,吾镇为维持治安,乡人士筹设东西两保卫局,以朱法度(大)主持,其人本系流氓,素性跋扈,曾一度击退入侵的太平军,自此更形嚣张,镇绅畏之如虎,肆意敲诈,苟一不从,即遭生杀之祸,尤对富绅王永义家,强索威胁,不堪其扰。因以另设东局以谋抵制。时有孙金彪号少骧者,年仅十

---

① 万流:《枪船始末》,《江浙豫皖太平天国史料选编》第125页,江苏人民出版社1983年。
② 陶煦:《周庄镇志》卷4。

六,膂力过人,且具胆识,小名四喜,其父亦颇四海,生前对于帮会中具有潜力。四喜早年丧父,曾师吾祖,尚知礼义,因即公推其出主东局,部下藉父余荫,得四毛为助,所谓四毛者,四人都姓毛也,孙父之徒,培养实力,与西局对抗。但初时较弱,故第一次东西局相斗,几至全军覆灭,四喜仅以身免,只身逃遁。旋即在外得巢湖帮之助,重振声威,而四喜本人又骁勇善战,遂率四毛诸部及客军作第二次之攻击。激战四昼夜,始击溃其主力。朱法度单身逃匿,遍搜不得,遂下令纵火烧搜,所有损失,由王永义保证负责赔偿,昭告市民。而居户以朱平时骚扰积怨之故,不敢隐护,就在一老妇家大水缸内捕获,而其余党亦悉被截获。经审讯后一并枭首示众,致东港血流成河……

其实,成为盛泽老大的孙金彪也在相机行事。

从1862年7月9日开始,由忠王李秀成统一部署和指挥,捉拿枪船:"迨至杭城破,湖城溃,贼(按,对太平军的诬称,下同)无敌国之患,而所势不两立者独有枪船,而贼遂有图枪船之志矣。五月终,六月初,曾兵围南京急,伪天皇(王)征各路贼兵入援,伪忠王思欲救南京,而恐枪船之蹑其后也。于是发令于六月十三日分兵各路擒获,凡苏、松、嘉、湖无不剋期会同,而枪船竟为所制。"① 这场旷日持久的兜

---

① 沈梓:《避寇日记》卷3。《太平天国史料丛编简辑》第四册,中华书局1963年。

剿,使横行一时的枪匪遭到空前的打击。

太平天国忠王府

太平天国苏福省境内的另一股敌对势力团练,是地主阶级为抵抗太平军而组织起来的地方武装。太平军大兵压境,先头部队抵达苏州郊村,武装团练已有准备。在甫里,团练头目宣称:"凡粤东乱兵(按,太平军)入境,准以格杀勿论。未几,果有粤兵阑入吴淞水口,为西汇一局所获,殪其渠魁三人于保圣寺伽兰殿后。越日又获一舟,亦殪其人。至四月十一日,西栅外更来一大伙,里人摩厉以须。喜于造事,荷戈往捕之。粤兵亦不知里中虚实,弃械而跃入水中,里人下水,一一擒缚,俯首贴耳,如牵羊豕,殪之于郡城隍庙后,凡五十余人,埋之成大冢焉"①。

---

① 杨隐禅:《甫里避难纪略》,《吴县文史资料》第8辑。

苏州史纪(近现代)

待到太平军占领苏州,深入乡村腹地,苏州所属"各乡起白头,贼匪出城掳掠民间……乡民议奋击之,以白布裹头,号曰白头",他们到处截杀太平军,以至太平军官兵不敢下乡。

起初,李秀成并不想遽开杀戒:"复城之后,当即招民,苏民蛮恶,不服抚恤,每日每夜,抢(掳)到我城边。我将欲出兵杀尽,我万不从,出示招抚,民具(俱)不归,连乱十余日……后我亲身带数十舟只直入民间乡内,四处子民手执器械,将我一人困在于内,随往文武人人失色,我舍死一命来抚苏民,矛枪一一(指)我杀命,我并不回手,将理说由,民心顺服,各方息手,将器械收。三日将元和之民先抚,自举安起,七日将元和、吴县、长洲安清平服,以近及远,县县皆从,不战自抚,是以苏、常之民节(即)归顺。"①天国的世界是和平的,通往天国的过程是血腥的,从血路杀出的忠王,只有片刻的犹豫。甪里小镇的团练分子似乎也意识到了天祚殆尽:"吾里素称善地,而杀人手滑如此,识谓自启杀机,将受刀兵之灾劫矣。"1860年6月19日,太平军进攻距甪里五六里的章浦镇和大直村,"团练中好事者,轻身往救之,既无行伍,又无期约,或先或后,参差不齐。遇贼败还,又阻于水,枪刃及之,死一、二十人。晡时而败信至,人人胆寒。隆和典铺保当有刘楚山者……是日,遇前队跨马扬旗之贼,手舞铁蒺藜迎之,殪其二,贼遂披靡。徐顾其后无继者,乃合数十骑

---

① 《李秀成自述》,见罗尔纲:《李秀成自述原稿注》第209页,中华书局1982年。

围之,步马之势不敌,为所戕。初一之晚、初二之晨,无家不迁,无人不避,纷纷扰扰,镇为之空。"

这时,天国里的地主们正着手恢复失去的天堂;逃亡上海的巡抚衙门不断地派遣特务,潜入天国领地,与枪匪和团练互通声气,伺机颠覆这座已经不属于自己的天堂。

1861年秋,李秀成率太平军主动进攻杭州,假意受抚的长洲县东永昌团练头子徐佩瑗以为时机已到,策划内应外援,在苏州城区叛变,一时杀气腾腾。讵料忠王当夜赶回苏州,粉碎了一场蓄谋已久的颠覆活动。

1862年春,新任江苏巡抚的李鸿章仍然寄希望于苏州的颠覆活动,认为可乘之机有三:曰乡团,曰枪船,曰内应。1862年底到1863年,徐佩瑗积极与常熟的钱桂仁、骆国忠部署谋叛。1863年1月7日深夜,急于夺取首功、侵吞钱桂仁财产的骆国忠,勾结淮军水师游击周兴隆,在常熟发动叛变,大肆捕杀太平军守将高凤子等不肯从逆的官兵数百名,李鸿章迅速派遣中外反革命联合武装增援常昭叛军,苏福省根据地的侧翼被打开了一个缺口,悲壮的苏州保卫战开始了。如果从1863年1月的慕王谭绍光讨伐常昭叛军算起,到同年12月4日苏州陷落,太平军将士为肩扛起既倾"天国",血战了将近一年。我们不拟描述各个战役的具体过程,只留下董蔡时教授的研究成果以备忘:

就整个苏州保卫战来说,可以分为三个阶段。从1863年1月讨伐常昭叛军至6月上旬杨舍保卫战为止,是苏州保卫战的第一阶段。在这个期间,李鸿章指挥中外反革命联合武装侵占常昭,攻陷太仓、昆新,从正面威胁苏州,分兵侧犯杨舍,企图进陷江阴,切断苏州太平军的后路,逐渐形成包围苏州的态势。太平军在各个地区英勇反击,而有讨伐常昭叛军战役、太仓保卫战、昆新保卫战与杨舍保卫战。以上各个战役都在苏州外围进行,实际上是苏州保卫战的外围战。

苏州保卫战的第二阶段开始于1863年7月的江震保卫战,结束于11月下旬的锡金反击战。清军插入锡金北境,企图跨越金匮县境的伯渎,南下切断苏州与锡金之间的通道运河,于是发生了江震保卫战和江阴保卫战。为了保卫苏州的后路,李秀成调集侍王李世贤、章王林绍璋等部太平军五万左右在伯渎沿线布防,屏蔽运河,拒止敌军于伯渎以北,而有惊心动魄的锡金反击战。

苏州保卫战的第三阶段是苏州城防战。在锡金反击战期间,李鸿章亲自督率程学启、戈登等猛扑苏州,慕王谭绍光指挥苏州城防太平军奋勇抗击,而有悲壮激烈的苏州城防战。

太平天国在苏州城与敌手进行的你死我活的最后搏斗,将人类最阴暗、最崇高,抑或最本能的情感裸露在天国城堞上,只留给后人喟叹的语锋。

谭绍光是太平天国的慕王。1863年11月29日晚,忠王李秀成倡议让城别走,慕王主张坚守到底,因为这是天王的旨意。12月1日凌晨,自知死期迫近的忠王,与慕王恸哭而别,将杀身之祸留给了慕王。

郜永宽是太平天国的纳王,12月4日通知清将:一切均已布置停当,只待慕王登上娄门,将其推下城墙,由城下清兵生擒。李鸿章有令:欲得死绍光,不欲得生绍光。

一、天堂·天国

汪安钧是太平天国的康王,当日下午,抽出匕首,刺入慕王颈项,其他诸王砍下他的头颅,连同齐门一起献给了李鸿章。

12月6日,在娄门外军营,太平天国降清八王就坐宴席,急待李鸿章升其红顶花翎。转瞬间,身边武弁手起刀落,八颗头颅皆落武弁之手。数日后,李鸿章致函友人:擒杀伪王,皆忠逆部下悍党,聊可自娱。

苏州的陷落,标志着太平天国已陷入了绝境。三年间,天堂中的天国一隅为支撑起整个太平"天国"竭尽全力。据董蔡时教授估算,太平天国每年在苏州各县征收田赋达100万石以上,至于每年收入的捐税如红粉捐、田凭费、门牌费、军需捐、商税等的收入,其数字约与田粮数字相当。

脆弱的天国瞬息殒灭,只留下一片废墟。徘徊在天国废墟间的文人,满目泪水,把无数可怖的场面写进了日记、笔记和志书。今天我们已经读到的这些文字,几乎全是由"焚掠"、"烟埃"、"颓垣"、"瓦砾"、"白骨"、"荒蒿"等连缀而成,这样的文字还在不断地被发现。

苏州陷落不久,路经芦墟的英国商人吟唎发现:一座新的佛寺正在昔日的废墟上动工兴建,天国军破除异教庙宇,在其所在地建立基督教;而满洲人却在重建庙宇,扑灭崇拜真神的人们。

二、晚清氛围

林则徐抚苏

在中国,林则徐的名字是妇孺尽晓的。是他,翻扬起虎门海滩的销烟漫雾,把历史的篇章掀到了近代;是他,登上历史的铁血战车,辗碎了清王朝"天朝上国"的呓梦,成为近代"睁眼看世界的第一人";是他,在新的民族危机关头,赋予中华民族反抗外来侵略的传统以崭新的意义,成为近代民主革命的先驱。

然而,在苏州,林则徐一直作为一位清官的形象留在人们的心目中。那是一个平民百姓的忧乐系于"青天"的时代,苏州人惊喜地发现:林公来矣!

从19世纪初开始,鸦片在中国渐成泛滥之势,给中国社会带来了深重的灾难。包世臣写于1820年的《庚辰杂著》这样记述苏州鸦片之害:"即以苏州一城计之,吃鸦片者不下十数万人。鸦片之价较银四倍。牵算每人每

二、晚清氛围

日至少需银一钱,则苏城每日即费银万余两,每岁即费银三四百万两,统各省名城大镇,每年所费,不下千万。"

1823年3月,林则徐至苏州,就江苏按察使任。在这里,林则徐留下了他关于禁烟活动的最早文字记载:

> 吴中有不治之症二:在官曰疲,在民曰奢。即如游手好闲之民,本业不恒,日用无节,包揽伎船,开设烟馆,要结胥役,把持地方。渐渍既非一朝,剪除势难净尽,惟有将积地蠹有名之棍,密访严拿,期于闾阎稍靖。而此辈窥伺甚工,趋避甚巧,一人耳目,断不能周,要在州县官实力奉行,以安良除莠为务,乃有实际耳! ①

19世纪30年代后期,在鸦片问题上,清政府内部形成了弛禁和严禁两派,道光皇帝犹豫不决。在这关键时刻,1838年10月初,林则徐再上一本折片,曰《钱票无甚关碍宜重禁吃烟以杜弊原片》,这是禁烟运动中一件极为重要的文献,坚定了道光帝禁烟的决心,严禁派占了上风。在奏片中,我们能够发现江南地区的禁烟实践给他提供的有力证据:臣历任所经,如苏州之南濠、湖北之汉口,皆阛阓聚集之地。叠向行商铺户暗访密查,佥谓近来各种货物销路皆疲,凡二三十年以前某货约有万金交易者,今只剩得半之数。问其一半售为何货,则一言以蔽之曰:鸦片烟而已矣。林则徐在考察和研究了各种实际情况后,向最高统治者提出了

---

① 林则徐:《云左山房文钞》卷4。

严重警告:若犹泄泄视之,是使数十年之后,中原几无可以御敌之兵,且无可以充饷之银。随后,林则徐便从苏州走上了鸦片战争的最前线。

1823年夏秋之际,江南降暴雨,江水猛涨,沿江濒湖诸郡,田庐荡然。松江传来消息,饥民聚众告灾,"汹汹将变"。时任江苏巡抚韩文绮连夜调兵遣将,准备武力驱散。林公闻之,力陈不可,主张抚慰,并亲赴灾区,减征缓赋,放赈济贫,民皆悦服。大灾之后,地主、奸商囤粮居奇,苏州附近米行,囤积米石达百万之巨,甚至有存贮道光元、二年陈米者;吴江、震泽一带的地主暗中阻挠捐赈。如此下去,后果不堪设想。林则徐连续发布各种文告。从《禁止贫民藉荒滋扰告示》可以看到,当时,饥民"结队成群,沿门索讨,或名为坐饭,或号曰并家"。为此,林则徐警告饥民:"尔等饥寒,本属可怜,但一犯法,则不可怜而可恶矣!尔等性命,本属可矜,但一滋事,则不可矜而可恨矣。"

对于那些把官府劝赈说成"勒派"的地主,林则徐的态度颇为强硬:"夫天下未有万人忍饥,肯听一家之独饱者。……近闻江、震两邑,业田甚多之户,相率阻捐。劝导者目以勒派之名,讦讼者酬其悭吝之计。似此不讲情理,不顾利害,真所谓为富不仁者矣!……以劝为勒,正所谓何患无辞,不过希图撤局停捐,拥一己之厚资,而听万人之饿殍已耳。……诚以捐赈则灾民得生,即使殷户稍捐家资,究易培补,

二、晚清氛围

停捐则于殷户诚便,而灾民望赈不遂,即殷户岂能独全?"①

林公在苏州的行事,在当时的官场上是难得的,他的政绩赢得了一片赞誉之声。友人陈寿祺给林则徐写信道:"三吴积疢,顷赖廓清。济猛济宽,苍生阴受其福。又闻平粜赈荒,动中机括,仁声四播,泽与江流。"街巷之间,常常听到这样的感激之词:"林使君之德,生活我也!"

1832年7月,林则徐又一次来到苏州,接任江苏巡抚。吴人记住了这位林大人,接任这一天,"列肆香烟相属,男妇观者填衢,欣欣然喜色相告曰:林公来矣!"

林则徐面对的又是一个灾年。从1832年的冬天直至第二年深秋,苏州地区风雨不绝。林则徐一篇著名的疏稿中,有这年灾情的报告:在田未刈之稻,难免被淹,即已刈者,欲晒无从,亦多发芽霉烂。乡民以薰笼烘焙,勉强试砻,而米粒已酥,上砻即碎。是以业田之户至今未得收租。……今年早花已被风摇,而晚棉结铃尚旺,如得暄晴天气,犹可收之桑榆;乃以雨雾风霜,青萼腐脱,计收成仅只一二分。小民纺织无资,率皆停机坐食。

在飘摇的风雨声中,在灾民的呼号声里,林则徐剀切陈词:须得通盘筹划,损上益下,暂纾民力,"多宽一分追呼,即多培一分元气";否则,追呼敲扑,竭泽而渔,是非国家之福,此所谓"民惟邦本"之道也。这年冬天,为赈济灾民,效前人成例,实行"担粥法":

---

① 林则徐:《劝谕捐赈告示》,《林则徐集·公牍》,中华书局1963年。

苏州史纪(近现代)

> 苏州省城于上冬分设粥厂之外,犹恐远近贫民跋涉拥挤,强悍者虑其滋事,老弱者难免向隅,当又率属捐廉挑施担粥。每一担约可给百人以上,分劝绅庶之家,有力者日施数担,即力微者,亦可合数人以成一担,各就本图邻近地段,同时挑担分施。凡老幼孤寡残废之人力难赴厂领粥者,皆得就近给食,众擎易举,所济较多。各属官绅,咸相效法,城市之内,多者至百余担,少者亦数十担。其各乡零星担数虽多寡不齐,合而计之,亦与城市相埒。行之数月,差少饿毙之人。①

江南平原以水网格局闻名于世。太湖下游的吴淞江、黄浦江、娄江(浏河),古称"三江",其北又有白茆江,与三江相表里。其间港汊纵横,以太湖为中枢,上纳下泄,形成天然的水网。可是年来河道愈形淤塞,反利为害。林则徐对上年水灾刻骨铭心,1834年年初,便着手挑浚浏河、白茆河,改善农业生产条件。4月9日,白茆河疏浚工程兴工,一月完工;16日,浏河工程亦开工,不足两月完工。在挑浚浏河的工程中,人们经常看到坐在小船上的林则徐:"开浚浏河之役,则徐每坐小舟,数往来河上,察勤惰,测深浅,与役人相劳苦。"白茆河、浏河一经疏浚,当年就发挥了调节成效:此次工竣之后,适7月下旬,苏、松一带,大雨倾盆,太湖附近诸山,陡发蛟水,处处盛涨,拍岸盈堤。当即飞饬太仓、镇洋二州县,将该坝涵洞全行启放。据禀:"滔滔东注,两日之内消水二尺

---

① 《林则徐集·奏稿四》。

二、晚清氛围

有余,而秋汛大潮仍无倒灌。是浏河之容纳与涵洞之宣泄,实已著有成效。"

从林则徐这位封建官僚的口里,我们听到了这样的呼吁:"官不足悯而民可悯,民即不尽可悯而农民可悯,而农民之勤者尤可悯。"

在这里,林则徐是真诚的,这是"民之父母"的真诚。当然,为官一方的林则徐,也没有忘记朝廷命官的角色,特别是在苏州,更让他感到担子的沉重:"天下漕赋四百万,吴居其半,京师官糈军饷皆取给焉。若久旱苗槁,岂独吴民道殣相望,天庾正供,计将安出?"

为了永远记住这位清官,苏州百姓把林文忠公的名字勒诸碑碣。这是一块伟人的丰碑,凝视着它,人们的思绪越出了阶级、民族和时代的框架,细细地体味着一位封建官员的人格魅力。苏州民众长久地沉浸在这种情绪之中。不妨,苏州人还可以冷静地思索另外一个问题:林则徐为什么没有从苏州走向近代?

林则徐纪念碑

明清时期的中国封建社会,经近2000年的运转之后,萌生出新质的资本主义新芽。由于江南社会经济结构的特殊性,苏州成为中国资本主义萌芽的摇篮。《古今图书集成·方舆汇编职方典》卷六七六记载:苏州城东居民,"皆习机业,织纹曰缎,方空曰纱。工匠各有专能。匠有常主,计日受值,有他故,则唤无主之匠代之,曰唤代。无主者黎明立桥以待,缎工立花桥,纱工立广化寺桥,以车纺丝者曰车匠,立濂溪坊,什百为群,延颈而望,如流民相聚,粥后俱各散归。"

在"日出万绸"的盛泽镇,中元之夜,四乡佣工汇集寺庙,赌唱山歌,喧阗达旦。冯梦龙在其《醒世恒言》中有一段大家熟悉的施复发家过程的描述,为我们勾画出一种新的资本主义生产关系的最初轮廓。

曾经有过这样的假设:中国封建社会内部商品经济的发展,已经孕育着资本主义的萌芽,如果没有外国资本主义的影响,中国也将缓慢地发展到资本主义社会。这是一个漫长的自然的历史演进过程。林则徐在近代前夜来到苏州这块资本主义萌芽的沃土上。在这里,他有着"为民父母"的强烈意识,有着"民惟邦本"的可贵思想,曾经驱逐过窜泊吴淞口的英人胡夏米(H. Hamilton Lindseg)侦察船,也曾经密查过鸦片烟棍;然而,无论如何,在苏州,林则徐未能把历史的车轮推向近代。实际上,林则徐和苏州都是无能为力的。究其原因,那是再清楚不过的:在西方资本主义国家已经确立其全球领先地位的形势之下,中国封建社会内部稚嫩的资本主义萌芽显得那样的微不足道;历史没有按照假设,而是按照历史发展规律,无情地展示在人们的面前。外国资本主义的坚船利炮,叩开了近代中国的大门。循规蹈矩的苏州自然不会站到历史的最前沿。

二、晚清氛围

林则徐料想不到,在他以后的一个世纪,鸦片仍然泛滥不止。据1902—1911年的《苏州海关十年报告》称:苏州地区的禁烟运动是严厉的,吸烟者减少约80%。1907年全城的烟馆都关闭掉。卖现成品烟膏店必须登记并需付挑膏执照费,每天1000至2000文钱。1909年吸烟者需交纳50文钱领取吸烟许可证,后曾改变为按照吸食者每日消费数分担挑膏执照费用,例如一人一天吸一钱,就要每季度交纳20分给禁烟行会。1911年禁烟行会在所有吸烟者家宅的门上钉上马口铁牌,上书"烟"字,每人一块。此举颇不受欢迎,有位吸烟的著名医生认为,马口铁牌有损其尊严,把它拆除了,结果被禁烟行会勒令罚款50元。

实际上,烟馆的关闭,只是剥夺了穷人吸烟的权利,因为他们买不起烟具;而对于有产阶级是毫无约束力的。1907年9月20日的苏州海关税务司报告有这样的记载:位于马路一带的几乎所有妓院都被允许为嫖客装烟枪,虽然这可能是悄悄地进行的,但地方官员、绅士、贵族、侍从、雇员都有兴趣在妓院里进行勾结,从那里可以取得肥厚的收入,烟枪毕竟是一种最有诱惑力的行当。

这条马路就在阊门外,林则徐曾在那里秘查鸦片。若林公九泉之下有知,该作何感想?

位卑者的抗议

也是件令人匪夷所思的事:19世纪的清王朝居然熬过了50年代,挺住了60年代,拖到了20世纪初年才寿终正寝。1851年,洪秀全以其雷霆万钧之势,起事广西金田村。随后,北进东下,一路摧枯拉朽,1853年3月19日定都天京,占去半壁江山的农民政权开始了与清王朝长达11年的分庭抗礼。同年5月,太平军长驱北上,直捣清政府老巢。10月13日到达张登镇,此地去北京门户仅60华里。早就预见到北京会失守的咸丰皇帝命令各省总督们把供赋直接呈递热河行宫。1854年初,偏师深入的太平军刚刚南撤,英、法、美三国又提醒清政府:1842年签订的《南京条约》修改的期限又到了;并暗示可以"助剿"太平天国。清政府不领情,拒绝了。1856年,三国旧事重提,又遭拒绝。看来,清政府还未完全驯服,于是有第二次鸦片战争。不过,这时南方的太平天国发生"天京事变",自相残杀,元气大伤,让清廷缓过一口气来,先应付英法侵略势力,到1860年奕䜣慌慌张张地在北京签订了《北京条约》,总算暂时了事,逃到热河的皇帝重回金銮殿。这时太平天国气势重新高涨,1860年忠王李秀成东进苏常,清王朝所谓"心腹之患"再度发作。

对于清朝统治者来说,外国侵略者不过是"肘腋之患",在力不能及的情况下,当然是先解除太平天国这个"心腹之患"。何况外国人主动请缨,"愿为中国攻剿发逆",只是统治阶级内部对于助剿的看法还不一致。《北京条约》一签订,就"借师助剿"问题,朝廷征询地方有关督抚意见。遭受太平天国威胁最严重的东南督抚,早就在与地方绅士们酝酿这事儿了。从苏州逃到上海的江苏巡抚薛焕,虽说收聚了五六万残兵败将,也不能指望他们能反攻苏州,守住上海;先不管朝廷意向如何,借华尔统率的"洋枪队"加强上海防御。江浙

二、晚清氛围

地方绅士无不以"抚夷剿贼"为当务之急,求得在乱世一显英雄身手。两位苏州士绅成了他们的领袖。

长洲木渎的冯桂芬,生于1809年,地位不算卑微,父亲是经商致富的地主,留给他十顷田地。1840年,他会试榜眼得第,授翰林院编修,在京任职13年。冯桂芬似乎很满足,自题《五十初度小影》自慰:"有官五品勿卑小,有田十顷勿见少。"让冯桂芬30年后还感到荣耀的是,他曾经为林则徐所识拔,在林公小像后,题道:"越三日,课书院,荷公首擢,有一时无两之誉,谆勖甚至。"

1853年,冯桂芬丁父忧在籍,奉诏举办团练,以期对付可能东下的太平军。当时,一般绅士都感到"贼氛尚远",尽管封疆大吏劝办团练,舌敝唇焦,而州县往往视为具文。冯桂芬却是十分卖力,得到清廷嘉奖。1856年在镇压上海小刀会和收复松江府诸县中"有功"多多,擢"右春坊右中允"。太平天国攻克苏州,冯桂芬逃亡上海。

是时,骁悍的湘军首领曾国藩如日中天,备受清廷青睐,钦差、节相而外,统辖四省军务,为苏州士绅和英国侵略势力一致看好。1861年冬,在英国人的支持下,苏州士绅倡议向"安庆乞师",敦促曾国藩分兵东进,以解淞沪之围。冯桂芬特地代表苏州士绅撰写《公启曾协揆》,纵论苏沪形势,指陈用兵机宜,概括为"有可乘之机而不能持久者三,有仅完之地而不能支持者三":苏州地区的东永昌、周庄等地的团练依然存在,与上海的巡抚衙门秘密联系,往还不绝;太平军将领李文炳等密约输诚,如能及时分兵东下,乘时反攻,团练、枪船、内间都能随时响应臂助,否则,以上几种力量都将"中变";又且及时东下,还能保住上海、杭州等地,守足以自固,进可以规复苏州,攻取金陵。此番分析头头是道,正应了后来形势的发展,地方士绅佩服得五体投地,所谓"东南大局不出君一书",是有些说法的。

处此太平天国"凶焰益张"之际,自然不能迷信曾公国藩单方面的力量。冯桂芬认为,既然洋人乐于助剿,大可不必害怕"贻患无穷",只要"驾驭"得法,尽可"借夷助剿",于是撰《借兵俄法议》、《善驭夷议》,称俄、法之"自愿助顺者,非有他也。贴饷必以百万计,利在官;逆贼积年劫掠,可攘而有之,利在兵;上年贸易十减三四,事平可复其旧,利在商;且中华为百国之望,事成又可夸于远近以为荣,如此而已"。至于有人说"借夷助剿"是引鬼入门,冯桂芬顺水推舟:"鬼能自入门,何待引?鬼又已入门,何必引?"闻听外国船只进入长江,"通市汉口"了,冯桂芬认为:"正可将错就错,招商贩运,淮南场盐,赴三江营、焦山一带,相地立局,卖给夷船,可以速转运……诚当今裕饷一大端也。"

1861年底,太平军攻克杭州,上海危如累卵,"借夷助剿"更加迫切。向来"不与公事"的冯桂芬,得知在京侍读亲王殷兆镛来沪,匆忙购了官服,略事包装,前去劝说这位苏州老乡,联名催促薛焕上奏"借夷助剿"事宜。可殷兆镛说,想当初,为了抵抗英法联军,曾上奏力主杀掉巴夏礼,今日又要我署名敦请薛焕上奏借师英法,着实为难。冯桂芬说,此一时,彼一时,何可同日而语?

1862年初,"中外会防局"在上海成立。不久,淮军抵沪,冯桂芬成为李鸿章的入幕之宾,"一切抚剿事宜,多所替

二、晚清氛围

决"。但谙熟"此时彼时"之道的冯桂芬一再声称"用夷故非常道,不失为权宜之策"。

在沪上为寻求权宜之计而奔跑的另一位苏州"领袖"人物是30岁刚出头的王韬。就先赋地位来说,王韬无法与冯桂芬相比。1828年10月在新阳甫里出生时,名叫王利宾,家道已经中落。父亲是位饱学的乡村塾师,自己没中过功名,期望儿子能重振家道。王韬资赋颖敏,毕读群经,旁涉诸史。17岁考中秀才,拔冠邑庠,便有些目空一切。第二年南京乡试,自我感觉一向良好的王韬,一击不中,便绝意科举,"薄功名而弗事。于是杜门息影,摒弃帖括,肆力于经史……期以读书十年,然后出而世用"。事实上,王韬哪能有"冷凳十年"的耐心,只是时而蹒跚于愁城酒国之中,时而遁迹于佛国彼岸世界,时而品菊于书斋东篱之下,才给一颗燥热之心以些许慰藉。

还有人比王韬更"荒唐"。甫里乡下不断地有文人士子经不住十里洋场的声色诱惑,去了外国洋行谋事,这让王韬激愤不已。他给一位因家庭陷入困境而就职洋行的友人郑重提醒:"足下寄迹瀛壖,虽苏涸辙,而处身之道未得焉?"处身之道者何?"儒者立节,不必鸣高,君子持躬,务期绝俗,经权常变,惟所用焉,而独至处身,则断不可不谨……春秋责备贤者于失身尤重。"①

其实,王韬的父亲1847年就到了上海,依王韬看来,父亲算不上失节,他来上海是设馆授徒的。翌年初春,王韬前

---

① 王韬:《弢园尺牍》卷2。

来"省亲",行船一入黄浦,便觉气象非凡:"从舟中遥望之,烟水苍茫,帆樯历乱。浦滨一带,率皆西人舍宇,楼阁峥嵘,漂渺云外,飞甍画栋,碧槛珠帘。"一发现"夷狄"的商船、兵舰在江上自由游弋,王韬的心不禁往下一沉。听说墨海书馆新奇事物,不妨去看一看,这一看便迷上了:"车床以牛电之,车轴旋转如飞,云一日可印数千番,诚巧而捷矣"。① 书馆由英国传教士麦都思(Whalter Henry Medhurst)主持,当麦都思邀请王韬留在书馆工作时,他拒绝了:甪里乡村出来的人既不习惯上海喧嚣的气氛,更不屑与异类为伍。他毅然回到了甪里。

可是,第二年乡下大水,父亲去世,甪里呆不下去了,王韬必须出门赚钱养家。麦都思得知此情,遣人持函再度相邀,王韬恋恋不舍地告别了甪里,也被抛到上海这块腥膻之地。第二年,他把妻女也接到了上海。

在墨海书馆,王韬的主要工作是帮助麦都思修润他的译著。说实在的,他看不起这项工作,私下里他向友人抱怨:"名为秉笔,实供指挥,支离曲学,非特覆瓿糊窗,直可投之溷厕。"② 弄到后来,王韬竟然重操阿婆生计,在两次科举考中失败之后,才最后死了这份心。

王韬讨厌宗教译著,可对西方科技书籍却很有兴趣,先后参与《格致新学提纲》等好几部著作的翻译。浙江海宁来的李善兰,数学造诣很深,但科举屡试不售,与王韬同病相

---

① 王韬:《漫游随录》卷1。
② 王韬:《弢园尺牍》卷4。

二、晚清氛围

怜,两人颇为相得。与西方传教士和中国科学家接触多了,王韬发现自己变了许多。王韬来自潮湿的水乡,患有"老烂脚",遍访名医,"皆穷于技"。书馆中的传教士建议去看西医,他嗤之以鼻。一个偶然的机会,仁济医院西医合信发现了王韬的脚疾,认为区区小疾,不难医治。反正是死马当活马医,王韬接受了治疗,不出半月,顽疾"霍然若失"。这一亲身体验,根本改变了王韬对西学的态度,赞美起西方文明:若论"智","天算之学,西人精于中土十倍";说到"体",西方女子,"姿质明莹,肌发光细,中国江南佳丽亦难于比美"。

19世纪50年代中期,太平军直逼东南,英法联军猖狂北上,消除内忧外患的使命重新激活了王韬"舍我其谁"的丈夫抱负。从1858年起,他频频上书,阐述平治天下的方略。在《上徐君青中丞第一书》中,他认为:当今天下之大患,不在平贼而在御戎,何则?乱之所生,根于戎祸之烈也。但是,"欲御戎先平贼"。如何"平贼",王韬是内行,他曾陪传教士到太平天国占领区,由于对"贼情"了解,所提"平贼"计策,有些还甚为管用。

王韬与外国人关系稔熟,清官吏命他出来为"借师"穿针引线。1860年底,太平军已经攻下常州,苏州风声鹤唳,江苏巡抚徐有壬欲向西人"乞师"。王韬一向反对"借师助剿",他认为,借力于外必须慎重。可以在上海设立巡防总局,作为与"西官相为联络"的机构;可以"以西人为领队官,教授火器,名曰洋枪队"。直接借师,易成尾大不掉之势。6月2日,苏州为太平天国攻占。

王韬积极上书,原也想借此进身,不想大吏们对他"用其言而弃其人"。苏淞太道吴煦最看不惯他那书生习气:纸上谈兵,"言过切直",狂妄至极;举办团练,一经实战便逃之夭夭。急于邀功的王韬又派团练某董事,潜入苏州城,劝说太平军将领投降以作内应,想以奇计恢复苏州。事情未成便泄露出去,吴煦屡屡派人责问原委,并上报清廷以暗中通贼立案。作为一个从未食过清廷俸禄的书生,为什么一定指望荷蒙拔擢呢?曾在墨海书馆研读过圣经的洪仁玕现在的地位告诉他:如果投身太平天国,赢得权力和影响的机会将会更大。1861年冬秒,王韬称说是奉令回籍"侦贼",把老母和妻女送回甫里。在这期间,结识了太平天国苏福省民政长官刘肇钧,颇受器重。他觉得必须帮助自己寄予厚望的新政权,1862年2月,以"黄畹"名、"兰卿"字向刘肇钧上书一封,并请刘将信函转呈忠王李秀成。

王韬认为,用兵之道,当舍坚而攻瑕,避锋而挫弊。今日与太平天国争天下者,是清廷,不是英法列强:"曾郭(国)藩之踞安庆,乃真心腹大患耳。夷人之性尚势而重利,趋盛而避衰。我苟姑置不问,用兵尚(上)游,一二年间荡涤腥秽,奠安区宇,削平僭伪,则洋人必稽首称臣,愿世为屏藩而罔敢二心。"① 如此,划江之势成矣。

对于太平天国战争的敌我双方,王韬可说是知此知彼,分析切中要害,可惜太平军进攻上海策略已定,刘肇钧还未来得及将王韬的上书转呈太平天国中央,便被清军在太平

---

① 太平天国历史博物馆:《太平天国文书汇编》,第470页,中华书局1979年。

二、晚清氛围

军营垒中搜去了。薛焕读到上书,大惊失色,星夜呈报清廷。4月25日,清廷降下谕旨:"着曾国藩等迅速查拿,毋任漏网。"

正在甫里家中的王韬,遭到通缉,立即潜匿太平军占领区的昆山乡间,清吏一时无从拘拿,墨海书馆的主持人慕维廉(William Murihead)得知此事,把王韬接到墨海书馆,吴煦前来捕人,王韬又被转移到英国领事馆,"从此闭置一室,经一百三十五日"。1862年10月4日,在英领事的庇护下,王韬乘上英国怡和洋行的邮船,去了香港。

在此,应该提到的是,上书贾祸的王韬始终矢口否认曾上书过太平天国,并声称这是当道对他的政治陷害。据当代太平天国史权威罗尔纲先生考证,黄畹即为王韬,根据有:一、王韬在考取新阳秀才时的注册名为王利宾,字兰卿,而黄畹上书时所用的表字正是兰卿;二、黄畹的"和洋论"与王韬一贯的"和戎"主张相同;三、黄畹"攻满清策"与王韬的"平太平天国策"的基本观点相同;四、黄畹的自述与王韬身世和经历相同;五、黄畹与王韬的文笔风格完全相同,竟有几处辞句完全一样。

1862年初,当上海"中外会防"的态势按照冯桂芬和王韬的设想基本形成的时候,太平天国的失败已成定局。在此前后,作为思想家的冯桂芬考虑的,除了规复苏州,防御上海等攸关身家性命的问题之外,还有他所处的急剧变化的年代。而后者,体现了他更深层次的理性反思。这些思考所依据的思想材料,一部分来自于他长期生活的苏州,但更多的则立足于更广阔的空间,其思想结晶有些超出了局部利益的范围,成为对整个社会结构的审视;有些越出了阶级的藩篱,成为对全民族命运的关注,从而作为中国近代思想史上的承前启后的重要环节,载入了史册。

冯桂芬的思想集中反映在他的《校邠庐抗议》中。《校邠庐抗议》共40篇,据冯桂芬自述,这是他在1860年避难上海后所撰。此刻,苏州灵岩寺下,花木扶疏的"校邠庐"一定飘摇在那梦幻般的天国里。每想至此,这位"有官五品勿卑小"的校邠庐主人顿生一丝力不从心的悲哀,继而被义不容辞的责任所激奋,放言高论,所谓"位卑而言高",是为"抗议"。

正值两次鸦片战争之后的冯桂芬,被民族所蒙受的耻辱深深地刺痛了:"有天地开辟以来未有之奇愤,凡有心知血气不冲冠发上指者,则今日之以广运万里地球中第一大国而受制于小夷也。"这种强弱悬殊的局面的形成,表明我们处处不如人。说到吏治的腐败,漕运、进贡、盐务是重灾区,即以土贡为例:"苏州岁贡龙衣一箧,辄支千金,用万斛舟,具仪卫,由运河北上,日行数里,遇民舟,阑之索钱,以舟之大小为差,民船避之如寇贼。"《校邠庐抗议》对其他如教育科举、水利农事、赋税财用等,无不一一进行尖锐评议。

既然不如人,就得寻求自强之道。这个"自强之道",就是林则徐、魏源等早就提倡的"师夷长技"。西方"长技"很多,洋器至为重要。除此而外,"其他凡有益于国计民生者皆是"。

至此,冯桂芬不得不回答一个如何处理中西文化关系的问题了。在这里,他提出了"以中国伦常名教为原本,辅以

二、晚清氛围

诸国富强之术"的著名论断,这一论断成为此后作为洋务运动宗旨的"中体西用"论的张本。

冯桂芬深知,他这一套愤世嫉俗、离经叛道的理论,必然为世所不容。在他把原稿给师友征询意见时,就有人提醒他"立言稍激",于是在1861年冬他把《校邠庐抗议》辑结成书时,加上了一篇《自序》。在《自序》中,冯桂芬对"三代圣人之法"倍加称赞,无非想表白他的议论"以不畔于三代圣人之法为宗旨",以洗刷已经发生和可能遭到的"离经叛道"的责难。就是这样,冯桂芬生前也没敢刊行《校邠庐抗议》。

说实在话,在《校邠庐抗议》中,以"中国伦常名教为原本"的议论也并不难找,其中隐现的传统吴文化的浓厚底色更为我们所注意。

北宋仁宗时,范仲淹以官俸所得,在苏州置田十多顷,将每年所得租米赡养族人,号称"义庄"。以此为发端,以血缘纽带稳定社会秩序的义庄流行于后世。在《复宗法议》中,冯桂芬所设计的"义庄",除以"族产"收族外,更具政治强制功能:"嫁娶、丧葬以告,入塾、习业以告,应试以告,游学、经商以告,分居、徙居、置产、斥产以告,有孝弟节烈或败行以告,一切有事于官府以告"。还把宗法的绳索套向了手工业工人。在《寓兵于工议》中,他说,"吾郡(指苏州)百工之渊薮也,城乡工人之数,甲于他省,而工人壮健之名,又甲于四民","议而防堵……莫如寓兵于工之一法。"

《校邠庐抗议》的传统底色为更多的惊世骇俗之论所掩盖了。冯桂芬在世时,"同人咸促锓版,先生卒秘匿不出"。但抄本已不胫而走,为后来的维新志士所推崇。

1897年,王韬校印《校邠庐抗议》,作跋倍及称赞:先生上下数千年,深明世故,洞烛物情,补偏救弊,能痛抉其症结所在,不泥于先法,不胶于成见,准古酌今,舍短取长,知西学之可行,不惜仿效;知中法之已敝,不惮变更,事事皆折衷至当,绝无虚骄之气行其间,坐而言者可起而行。呜呼!此今时有用之书也。

这位已经走到生命终点的老人,比冯桂芬的地位更卑下,磨难更多,发出的"抗议"也更为强烈。1862年秋,遁迹香港的王韬先是受雇于英华书院院长理雅各(James Legge)。1867年,王韬随理雅各在英国呆了两年,回港途中又至法国、埃及,后来又东游扶桑,"经历数十国,往来数万里",完成了从封建士子到资产阶级改良思想家的脱胎换骨的转变。1874年初,在香港创办《循环日报》,以一个学贯中西的理论家的姿态,纵言天下,臧否人物,张扬变法。王韬承继了冯桂芬的宗法衣钵,也遵循着"中体西用"的内在理路,但他所称羡和主张实行的"君民共主之国"是曾经指斥过"君民隔阂"的冯桂芬所没有"抗议"的。

1884年,经李鸿章默许,流亡海外23年的王韬回到上海,主掌格致书院。1897年,王韬在上海寓所撒手尘寰,时年70岁,一代思想伟人的恩怨和遗憾深深地埋进了三吴土地。

冷水青旸地

苏州的城池,南有盘门,是伍子胥筑阖闾城时就有的八

二、晚清氛围

座水陆城门之一。所谓"龙蟠水陆",道尽了一方形胜。在苏州这水陆萦回之区,世道承平之日,商旅"气逼阊门";兵荒马乱之际,强人"道出太湖",窜没胥门。此两者,盘门皆无与会之幸。只有那千年霜雪,暗暗地浸蚀着她的肌肤。时间久了,人们称她"冷水盘门",确实有些冷落。令人料想不到的是,19世纪剩下最后两三年的时候,外国人在这里建立了租界。按理说,这里该热闹起来了。

1897年,苏州海关道洋务局员会同日本人荒川,勘定盘门外相王庙对岸青旸地迤东一带至运河桥止,划为日本专管租界和外国居留区(General Foreign Settlement)。按照洋人哈尔定所绘地图丈量划分,日本租界面积为四百八十三亩八分七厘六毫,外国居留地面积为四百三十二亩三厘二毫。

泰西各国的坚船利炮,中国人在19世纪40年代是领教了。要说蕞尔邻国的日本,中国是没把它放在眼里的。1874年日本侵犯台湾,有识之士大惊失色。其实,日本近代化的启动,只是略早于中国几年而已。1868年,在资本主义政治变革的明治维新之后,日本的近代化步伐大大加快。新兴的资本主义根本无法在这个狭窄的市场空间里摆开场面,日本在踏上近代途程的同时,就走上了军国主义道路。明治天皇在1869年的《御笔信》中狂妄地宣称,"日本乃万国之本",必须"开拓万里波涛,布国威于四方",对外扩张成了日本军国主义的基本国策。其步骤环环相扣:"欲征服世界,必先征服支那;欲征服支那,必先征服满蒙。"李鸿章一定不知道日本侵略的具体步序,但隐隐意识到:"日本近在肘腋，永为中土之患。"20年之后，李鸿章的担心不幸而成现实。1895年甲午中日战争，中国军队败绩，签订中日《马关条约》，割让俄国觊觎已久的辽东半岛与日本。俄国人遂联合德法两国，对日本施加军事压力。日本毕竟不是三国的对手，吐出了辽东半岛，但要求清帝国补偿"还辽损失"，其中一项，便是设立专管租界。1897年3月5日，江苏布政使聂缉椝与日本驻沪总领事官珍田舍己在苏州订立《苏州日本租界章程》，一开始就把租界的主权交给了日本，苏州出现了一个"国中之国"。我们不妨具体地看一看有关条文：界内道路、桥梁以及巡捕之权，由日本领事官管理；其道路、桥梁，由日本领事官设法造修，与中国地方官无涉。本来苏州的一块地皮，现在让日本人居住和贸易，有关的事与"中国地方官无涉"。如果有人要承租土地，地方官也就做不了主了：凡租地时，须禀请日本领事官，将承租人姓名以及欲租地若干亩，照会中国地方官，派员会同踏勘该地有无窒碍，始能出租，并俟其交清租价及一年地税；地方官应缮租契三纸，除一纸存案外，其余二纸函送领事官盖印，一纸交该承租者收执，一纸存领事公署，以便查考。

这里是"文明"人居住的地方，中国人是不可以随便进出的。有人染上官司，自有日本的司法章程可以查照：界内地基只准日本人民租赁，但华人愿在界内居住者，准其租屋，自行贸易营生；至于品行不端、无业流浪、曾经犯案、不安本分之华人，及扰害租界行同无赖之日本人，概不准在界内居住，违者即行驱逐，不许逗留，倘再故违，由该国应管之官惩办；其界内居住之华人，凡有词讼案件，及中国地方官

二、晚清氛围

应办事宜,务照上海租界洋泾浜会审章程办理;中国应在界内设立会审公署。

遇有烦难的事需要跑腿,苏州地方官员就可以发挥作用了:界内房屋应当迁让之时,中国地方官相助办理;至于坟墓,地方官极力开导迁移;其于坟墓多处,则应由地方官筑墙围护,以免践踏。

日本人的命值钱些,让中国人负责安全保卫不放心,还是日本管吧:界内不准收藏火药、炸药以及一切有害他人身家性命财产之物。倘有违犯者,各按本国律例办理。倘因工作必须应用炸药等物,须先开单呈报日本领事官,由领事官先行通知税关,查验明确,方准起岸。起岸后,应有一定收藏之所,并应从速用完,不得任意贮藏各处,或久宕不用。若有此等事故,应由领事官责令迁移,以安闾阎。

日本人多虑,担心死无葬身之地:日本领事官应与中国地方官筹商界外一僻静空旷与居民无碍之地,自行向民租赁,作为日本人葬坟之所。其地丈尺,以十亩为率。倘将来不敷,随时与地方官妥商扩充。

外人早已在中国的土地上建立了租界,但"合法化"的租界从苏州日租界开始。1845年11月,上海道台宫慕久把黄浦江畔的830亩地划为英国居留区时,租地章程不过承认让英国人有居留之处,可以从事正常的贸易;界内的土地,仍是中国领土,界内的主权,仍由中国地方政府行使。尽管在这种外国人居留地上悄悄出现了巡捕房和会审公堂等外人行使权力的机构,但这一切都是偷偷摸摸地进行的。1896年10月中日之间的《通商口岸日本租界专条》,把侵略者在居留区内非法行使的行政和司法权力,以双方政府的名义,正式规定下来,变得合法化了。苏州的日租界是最早按《通商口岸日本租界专条》划定的租界。在中国租界史上,苏州充当了这样的"标志性的角色",实在有些不光彩,也羞于启齿。

聊以自慰的是,苏州人没有轻易就范。

1895年4月的《马关条约》规定,清政府增开湖北的沙市、四川的重庆、江苏的苏州和浙江的杭州为通商口岸,并有"所有添设口岸,均照向开通商海口或向开内地镇市章程一体办理,应得优例及利益等,亦当一律享受"等句。外国列强在中国应当享受的"优例及利益",包括有一块可以居留和贸易的空间是自不待言的,但这个居留地,是租界还是通商场,没有明文说法。按照清朝官员张之洞的理解,当然是"通商场"一类:其地方人民管辖之权,仍归中国;其巡捕、缉匪、修路一切,俱由该地方官出资募人办理;不准日本人自设巡捕,以免侵我辖地之权①,这就给苏州的地方官民与日本人的交涉提供了一个理论依据。

1895年11月,日本驻沪总领事珍田舍己来苏州查勘居留区界址,看中了阊门外围。金阊一区,自古繁华,"最是红尘中一二等富贵风流之地",岂能轻易出让。江苏官府表示,盘门之外,风景清嘉,可以居留;还特地提醒:所划区域只作通商场之用。日本人不干。相持一段时日之后,日本倒

---

① 《清季外交史料》(线装本)第117卷,第7页,外交史料编纂处1932年至1935年。

二、晚清氛围

也接受了冷水盘门。至于区域名称,各自理解完全不同,中方认为是通商场,日方认为是租界。在双方订立的约章中,用了一个英文词:Settlement,意为居留区域或租界,姑且含糊其辞,搁置不议。

日本不愿意这样不明不白地拖下去。到了1896年7月,中日议定通商条约时,日本驻华大使林董找到了讨价还价的理由,说是中国要对日本商人征收10%的内地办厂的制造税,尽管"不合理",但"日本可以照办",条件是,苏杭等地的居住区域应作租界论。中方相度形势,似乎难以别开生面,遂与林董订立《通商口岸日本租界专条》。于是,在《中日通商苏州租界章程》开宗明义:中国允将苏州盘门外相王庙对岸青旸地西自商务公司界起,东至水绿泾岸边止,北自沿河十丈官路外起,南至采莲泾岸边止,即图内红线所划之处,照竖界石,作为日本租界。

在盘门青旸地,通商场还是存在的。那里英国人居多,不知内情的人多数称之为"英租界",或者"一般租界区"。准确地讲,这里是"公共通商场"。当时的《通商场租地章程》明确规定,公共通商场归属于中国政府设置的洋务局管辖之下;巡捕事宜,由中国地方当局会同税务司设立管理;在租界内,警察聘用外国人作顾问,掌管中国警察官员。

欧洲人更实际些,没有在"租界"和"通商场"的区别上继续纠缠,先做生意,发一笔财再说。他们对青旸地之"冷",没有足够的认识,过于乐观了。10年之后,1911年年末的苏州税务司报告:公共通商场"迄今仍长满杂草,那里整片地方除丝厂和海关建筑外,实际是一块荒野之地,这部分土地很少有发展希望"。

又一个10年,1922年的日文《支那开港场院志》记道:租界地(指公共通商场)中居住人口稀少,除税关、丝厂外,其他地方则并无遮蔽,日趋荒芜。日本的青旸地租界同样冷水一潭。青旸地是冷落,但就在城南,又紧依京杭大运河,有些商业潜力,日本人最初充满信心。租界开辟后,先后设立了领事馆、警察署、小学、邮电局,筑起20余幢公寓,在南北纵横的道路两旁,遍植樱花;苏州地方官府沿着运河修筑了一条自盘门直达青旸地的马路,便捷了市区与租界的交通。据外人在19世纪末年的记载,此时租界与苏州城之间,已不时有马车、人力车来来往往;逢上天朗气清的日子,前来游览的姑苏人士已不绝于途。

在樱花缤纷的时节,偶一驻足赏玩,未尝不可,但日本人发现,中国人无论如何也不愿意到日本租界来经商贸易。中国人不愿来,连日本人也不来。1922年的《江苏省政治年鉴》反映:日人在苏开设的八家洋行、商店、旅馆,有七家设在阊门一带;开设的三家医院都设在阊门或城内。租界内只有1898年开设的吉原繁子旅馆,1912年开设的西田胶皮厂和1919年开设的桥本纽扣厂。堂堂日本租界只住了24个日本人。做生意讲究的是"市场"不是"场面",这是谁也勉强不来的。

追忆这一段历史时,包天笑的口气颇为轻蔑:

(青旸地)有一个日本领事馆,可是其它一无建设。原来日本到底是个小小岛国,那(哪)里有西洋人肆意

二、晚清氛围

侵占,开辟殖民地那种气魄,而青旸地却是苏州一块荒僻地方,苏州人,谁也不和日本人有什么交易,这地方冷冷清清的鬼也不到那里去。虽然日本人到苏州来的不少,却只在城里做一点小生意。

苏州要修铁路了,日本人看准了振兴租界的机会,力图使该铁路在城南通过苏州,以便使日租界靠近铁路,得一地利。由于沪宁铁路系由英人投资、修筑,他们无意让日人坐享此利,遂将该路修筑在苏州城北。铁路从城北经过,货物、旅客都上了火车,依傍着大运河的城南青旸地刚刚出现一线生机,又归于冷寂。

《马关条约》载明:日商可以在中国通商口岸以机器制造土货。身在丝绸之都的日本人终于强化起"土货"意识,找到了发展突破口。1926年,日本在华经营的第一家缫丝厂——瑞丰丝厂在青旸地建成,设备技术先进,成为日资在华经营的三大丝厂之一。自此,丝车辘辘,汽笛声声,人声喧杂,青旸地有了点活力。

不过,青旸地的风水毕竟不好。原先就荒冢累累,想必盗墓之徒不少;如今,这里造就了一批新型的产业工人,又是掘墓人。

1926年10月,瑞丰丝厂一童工不慎弄脏丝经,被代理厂长拆井和日人松泽打成重伤,全厂工人为此罢工一星期。1927年4月,因厂主拒付积欠工资,工人们赴领事馆请愿,遭到雇佣流氓的武力镇压,工人愤而包围了领事馆,将日本人缴械。当时正值全国收回租界热潮,苏州总工会乘此提出收回日租界的宣言:现在全国一致要求收回日本租界,查苏州盘门外青旸地日本租界,是甲午年日本帝国主义威胁中国而开辟的。它若存在,真是我们苏州民众极大之侮辱。现在又向我们民众进攻,我们应该怎样去答复他们呢?民众们!这是我们民众收回日租界的大好机会,望一致奋起。我们的主张是:立即收回租界。4月12日,苏州总工会召集各业工人代表200人大会,讨论收回日租界问题。然而就在这天,上海发生"四·一二"反革命政变。次日,国民党右派武装查封了总工会,通缉工人领袖,收回租界的斗争暂作罢议。

赤裸裸的断人饭食,伤人发肤,是自资本主义生产方式出现之后经常被采用的不名誉的手段,做了这事之后,被人责问,总感到有些理屈。更为肮脏的和险毒的却往往不为人知。日租界上的使馆就是这样一个所在。

日本租界开辟后,原设于城内的日本驻苏领事馆,于1902年迁入租界。在租界特权的庇护和掩护下,日本领事馆干着许多非法的勾当。徐云先生为此提供了两份材料。一份材料是1919年12月24日由驻苏领事馆事务代理大和久义郎向日本外务省提供的书面报告,全文共分17章85款,约万余字,内容涉及9个县的政治、经济、文化、教育、宗教、社会以及自然环境等各个方面。其中有苏州港1909~1918年进出口贸易统计表,历年关税收入统计,有官署、医院、学校、金融机构、工商企业的规模、数量和分布情况,有各行业发展演变及现状的分析等,涉及范围之广泛,内容记叙之详备,统计数字之精确,可以清楚地看出,是为日本军

二、晚清氛围

国主义发动侵华战争服务的侵略性情报。以这些暗中进行的材料搜集和阴谋策划为基础,苏州沦陷后,前日本驻苏领事市川修三,以宣抚班长的身份,很快收罗了一批地方"知名人士"组成维持会。另一份材料是,1936年10月6日,日本东京《时事新报》刊载《支那民众之狼狈》一文,内称日本驻苏州领事川西丰藏向外务省报告,苏州商工联合会决议,根据星卜者推测,中日必至开战,苏州将为灰烬,正悬挂日旗欢迎日军入驻苏州等情①。这份报告发表在日本军国主义者蓄意发动全面侵华战争的前夕,带有明显的试探性和挑衅性,理所当然地遭到了苏州各界人士的痛斥。

1932年2月21日,上海《新闻报》刊登的《纪苏州一车夫》,很能反映当时的苏州民情:

> 昨日行经观前,见一日倭,正在叫车,大呼其"盘门大日本领事馆去"。车夫操吴侬软语道:"我是大中华民国的车夫,只拉我国的大国民,倭奴是不拉的。"日人似未解其语,在衣袋中,摸出一枚袁大头,扬在手中,谓车夫云:"一块洋钿。大日本领事馆去。"不意车夫对他冷笑道:"不要说一块洋钿,就是摆满洋钿,我亦勿高兴拉你倭奴去。你想拿洋钿来压制我么,你可知道,我勿是奸商,勿贪你的财,请你还是走走罢。"日倭始悻悻而去。

---

① 徐云:《毒瘤——日租界上的领事馆》,《苏州杂志》1998年第3期。

青旸地始终未能热闹起来。至20世纪20年代末,几个日本人的一厢情愿已经不能影响租界的兴衰枯荣了,随着中日关系恶化,他们更多地在关心自己的命运。日本政府无法派兵舰来苏州"保护"侨民,一有风声,租界侨民赶紧逃往上海。据上海《时报》的消息,从1927年至1933年的六年间,界内日侨至少撤退了三次。第一次在1927年日军于汉口日租界制造"四·三惨案"之后;第二次在1932年初上海爆发淞沪抗战之际;第三次在1933年初日军进攻热河之后。

前途未卜的青旸地在30年代初期更形冷落。从1932年初起,苏州日租界内日本商民兴办的纽扣厂、砖瓦厂以及著名的瑞丰丝厂都陆续停工。1934年,侨居苏州日租界的日本侨民仅78人,他们所经营的"均系小资本商业"。

1937年7月7日,芦沟桥事变爆发,日本在加紧进攻平津的同时,又把战火引向长江流域,准备三个月内灭亡中国。为此,日本政府决定:撤出长江流域和苏杭一带的侨民。8月8日,已有多批撤退日侨离苏回国,日商的旅馆和商店关闭,仅留日本领事市川修三及日警察署巡长等八人在租界维持。10月12日,日本领事也撤离苏州,吴县政府即派警察局徐所长率一排警察进入租界,将领事馆及日人商店房屋加封,维持社会秩序。

11月19日,苏州沦陷,租界恢复,日本扶植的汉奸政府竟也有过再兴青旸地的努力。不过,确实是无可救药了。

从1932年初开始,世界反法西斯阵线基本形成,日本侵略者在太平洋上屡屡铩羽。为摆脱困境,日本确定新的对

二、晚清氛围

华政策,准备归还租界,废除治外法权,藉以强化汪伪政权。1934年3月30日,苏州与其他日本占领区的日租界同时演出了一幕"交还"与"接收"租界的闹剧。苏州的"交收"仪式在青旸地日租界领事馆旧址举行。参加仪式的有日本领事小坂、部队长小林、宪兵队长冈本以及伪接收委员、江苏省长李士群、伪外交部条约司长王怀汾等。当天12时发表声明:基于3月14日中日两国代表间在南京签订之专管租界交还实施细目条款,今日在苏州日本租界领事官邸,举行苏州日本租界交还仪式,由小坂领事将该租界交还江苏省李省长接收。

汪伪政权对租界的"接收"当然不为国际社会承认。1945年初秋,第二次世界大战结束后的10月,国民政府第三方面军接收委员会接收了日本驻苏州领事馆;吴县政府将该租界旧地划为青旸镇管辖。至此,苏州日本租界被正式收回。

小巷深处的国学重镇

就连许多老苏州也未必知道苏州还有个"曲园",藏在城中马医科巷的深处。苏州园林太多,完全有理由不知道。再说,仅五亩地空间,"一曲而已,强被园名",能摆开多大的场面?能关住多少春色?

曲园的主人号曲园,本名俞樾,字荫甫,1821年出生于浙江德清。俞樾有诗序记其构园原委:"余故里无家,久寓吴下。去年(按,1873年)马医科西头买得潘氏废地一区,筑室

苏 州 史 纪(近现代)

三十余楹,其旁隙地筑为小园。垒石凿池,杂莳花木,以其形曲,名为'曲园'。"俞樾对自己亲自设计的庭院颇为自得:"曲园虽褊小,亦颇具曲折;'达斋'、'认春轩',南北相隔绝。花木隐翳之,山石复嵁屼。循山登其巅,小坐可玩月。其下一小池,游鳞出复没。右有曲水亭,红栏映清洌。左有回峰阁,阶下石凹凸。循此石径行,又东出自穴。依依柳阴中,编竹补其缺。"

这样的景致,苏州人只能说如此而已了。就连周作人也说,那时(1943年)所见这些过廊、侧门、天井种种,都恍惚是曾经见过似的。但他却见到了一般人所没有见到的园主的内心,"由我看去,南京、上海、杭州,均各有其价值与历史,惟若欲求多有文化的空气与环境者,大约无过苏州了吧。"差不多过去了半个世纪,又一位学者来到曲园,他根本无心赏景,却在石库门前怔住了:"曲园在一条狭窄的小巷里,由于这个普通门庭的存在,苏州一度成为晚清国学重镇。当时的苏州十分沉静,但无数的小巷中,无数的门庭里,藏匿着无数厚实的灵魂。正是这些灵魂,千百年来,以积聚久远的固执,使苏州保存了风韵的核心。"①

暌隔半个世纪的两颗心灵,在苏州曲园灵犀相通。苏州应该对俞曲园认真起来了。

俞樾是一代经学大师。1858年,流寓苏州,读到清代著名汉学家,高邮王念孙、王引之的《读书杂志》、《广雅疏证》和《经义述词》,遂生禀承王氏经传之志,开始了经学的研

---

① 余秋雨:《白发苏州》,《文化苦旅》,知识出版社1992年。

二、晚清氛围

究。1865年春,辗转南北五年之久的俞樾再度来苏,应聘主讲苏州紫阳书院。1868年春,俞樾赴杭州主讲诂经精舍。他虽在杭州任山长,西湖边还有他的俞楼,可他一直喜欢住在苏州,只在春秋两季赴杭讲学。这样的情形持续了31年!在这期间,还在上海求志、德清清溪、湖州菱湖书院任教。1898年,78岁的俞樾辞去诂经精舍教席,定居苏州。1906年,曲园老人在苏州走完了他86年的生命历程。所以叶圣陶先生认为,曲园先生原籍湖州德清县,幼年住在杭州府的仁和县,杭州可以说是他的故乡,但是更确切地说,曲园先生的一生,跟苏州的关系最为密切。

俞樾所治,曰古文经学,渊源有自。西汉末年刘歆训释和崇奉的就是古文经。古文相传出于孔子住宅壁中和民间,用汉以前的文字书写,与以汉代通行的隶书书写的今文相对应,而成儒家经籍的两大流派之一。刘歆宣称,今文经传经秦始皇焚书,已经残缺不全,远远没有古文经传可靠。由此今古文的壁垒逐渐森严,今、古文学派随之形成。今文经学家注目于经书之"义",治经强调"微言大义";古文经学家注目于经书之"本",治经注重名物训诂。今古文之争,至东汉末年而渐息,历经百年之久。明末清初,汉学又趋"复兴"。昆山顾炎武为保存民族意识,以"考文知音"为张本,高悬"明道救世"之的,古文经学首先昌行。至乾隆年间,统治阶级加强文化专制,渐张文网,士大夫转而埋头故纸堆,皓首穷经,述而不作,逃避社会现实,形成乾嘉学派。以其文风质朴,称为"朴学";因斤斤于汉时古经,又称"汉学"。名目虽多,指归为一。与此同时,庄存与、刘逢禄等根据今文经《公羊传》来发挥维持封建统治的思想。鸦片战争前后,龚自珍、魏源反其道而利用公羊学,抨击封建制度的腐败,后来的康梁绍此而起,倡言变法。但乾嘉"朴学"仍然衍传而下,俞樾就是承此遗绪的主要代表。在杭州诂经精舍中,设有许郑祠,"特奉许、郑两先师栗主于精舍之堂,用示凯式,使学者知为学之要,在于研求经义,而不在乎明心见性之空谈,月露风云之浮藻"①。

俞樾的经学研究影响甚大。据其自述:"余自戊午(1858年)至今四十八年,著书垂五百卷,说经者居其半",总编为《春在堂全书》。其中,《群经平议》、《诸子平议》、《古书疑义举例》诸书,用力尤多,对先秦两汉经传史籍及诸子百家著作,校正句读,审定文义,勘正误义,并分析其特殊文法与修辞,自成一家。时人和后人谓其"上窥许(慎)、郑(玄)之室,下摩顾(炎武)、阎(若璩)之垒",赞其"戴(震)、段(玉裁)、二王(念孙、引之)后,惟公学最纯;毛(亨)、朱(竹垞)、王、钱(大昕)辈,惟公

枫桥诗碑

---

① 俞樾:《诂经精舍四集序》。

二、晚清氛围

是比伦"。俞樾又是一位师长,号称"门秀三千",章太炎、吴昌硕、吴大澂、张佩纶、陆润庠皆出其门下。章太炎从俞樾八年学习古文经,称先生"为学无常师,左右采获,深疾守家法、违实录者",如此博采众长,不泥陈说,终成一家。除经学外,俞樾还擅长诗词,旁及小说、戏曲、方志,精于书法。1906年,江苏巡抚陈筱石重修寒山寺,因明代文徵明所书《枫桥夜泊》诗碑漫漶不清,特请俞樾重书。三个月后,先生西归,这块诗碑成为一代大师的绝笔。

俞樾的著作传到日本,为日本士大夫崇拜不已。吉田贤辅诗云:"曲园俞太史,著述传东瀛,我昔读其书,西望心为倾。"不少日本学者浮槎东来,从学于俞樾门下。曾任日本驻英大使的井上子德深佩老师的道德文章,竟从日本寄来樱花,以解老师思慕之渴。《曲园自述诗》赋诗以纪:

> 曾闻海外有樱花,竟自东瀛寄到华,
> 莫惜移根栽未活,也曾一月赏奇葩。

自注述其缘由:余前年选东瀛诗,见其国诗人无不盛称樱花之美,思一见而不可得。乙酉春,井上(陈)子德以小者四树植瓦盆中,由海舶寄苏,寄到之时,花适大开,颇极繁盛。

只可惜日本的樱花烂漫在苏州曲园中仅及一月,便怅然而谢了。"花落春仍在",见多了花开花落的曲园老人,并不为此过于伤怀,这种执着的信念一直是他立身处世的支撑。

俞樾来自诗礼之家,科名场上虽小有曲折,却终至遂愿。1850年,30岁的俞樾进京应礼部复试,得诗题"澹烟疏雨落花天",他依题而作,诗中有"花落春仍在"一句,深得当时礼部侍郎曾国藩的赏识,认为此句颇类北宋诗人宋祁"将飞更作回风舞,已落犹成半面妆"的意境,取意积极,名位未可限量,擢为第一。后参加殿试,赐进士出身,改翰林院庶吉士。1851年,授翰林院编修,后又博得咸丰帝欢心,外放河南学政。就在他仕途最得意的时候,意料不到的打击迎面而来。1857年秋,俞樾为御史曹登庸劾奏"出题试士,割裂经义",削职归田,永不叙用。

俞樾1865年致书曾国藩时,想起"花落春仍在"一句,感慨万千:"由今思之,蓬山乍到,风引仍回,洵符花落之谶矣。"俞樾是达观的,海上神山似海市蜃楼,原本无由而至,不必强求;"然穷愁著书,已逾百卷,倘有一字流传,或亦可言春在乎?"聊以解嘲。

俞樾把自己的人生追求全都镶嵌在曲园的花石堂轩之间。曲园取老子"曲而全"之意;书斋"春在堂"还由知己曾国藩题额,堂中抱联为俞樾自撰挽联:

> 生无补乎时,死无关乎数,辛辛苦苦,著二百五十卷书流播四方,斯亦足矣;
> 仰不愧于天,俯不怍于人,浩浩荡荡,数半生三十年事放怀一笑,吾其归欤。

春在堂屏门后为"认春轩",取白乐天"认得春风先到处,西园南面水东头"诗意;春在堂东,有"乐知堂",为厅堂,寓"乐

二、晚清氛围

天知命"之意,堂中抱联为俞樾自撰的寿联:

> 三多以外有三多,多德多才多觉悟。
> 四美之先标四美,美名美寿美儿孙。

至此,老人应该完全满足了。

太平天国之后的苏州给一位特立独行的士人辟出了一块静谧的方寸,让他的价值实现到淋漓尽致。他是安祥的:"余以山林之人,当桑榆之景,苟窃宋元之绪论,虚谈心性,是欺世也,余弗为也。苟袭战国策士之余习,高语富强,是干世也,余又弗为也。故尝与门下诸子约,惟经史疑义相与商榷,或吟风弄月,好写性灵,如是而已"。① 章太炎违约了。1897年1月,他跨出了诂经精舍,走上变法维新之路。老人未置一辞。1901年,章太炎自日本回国至苏往谒老师,先生"辞令陵(凌)厉,未有如此甚者":

> 今入异域,背父母陵墓,不孝;讼言索虏之祸,毒敷诸夏;与人书,指斥乘舆,不忠;不忠不孝,小子鸣鼓而攻之,可也。

太炎抬出了汉学祖师顾炎武,"弟子以治经侍先生,今之经学,渊源在顾宁人。顾公为此,正欲使人推寻国性,识汉

---

① 转自丁之方:《俞樾论政》.见《传统文化研究》(三),古吴轩出版社1994年。

虏之别耳,岂以刘殷、崔浩期后生也"。遂退出曲园,撰《谢本师》,1906年刊于《民报》第9号,宣布断绝师生情谊。文章发表的第二年,老人辞世。

  1901年,发生在春在堂的这一切本无人知晓,经章太炎之手,张扬于天下。中国人不习惯于把个人之间的"隐私"公布于世,一定有人对章太炎的这种做法不以为然,他们怕老人受不了。也许,曲园老人受不了恩断义绝的弟子。但是,我们发现,他却慢慢地接受了那个大浪淘沙的无情时代。在1897年刊刻的《诂经精舍艺文八集》中,老人还有这样的话:"时局一变,风气大开,人人争言西学矣。而余与精舍诸君子犹硁硁焉抱遗经而究终始,此叔孙通所谓鄙儒不通时变者也。"不到十年,老人遗嘱后人:"吾家自南庄公以来,世守儒书,然至今国家既崇尚西学,则我子孙读书之外,自宜兼习西人语言文学,苟有能精通声、光、化、电之学者,亦佳子弟也。"①

---

  ① 陈煦:《忠厚传家,诗书继世》,《苏州杂志》1996年第1期。

三、经济型式

近代工业

鸦片战争之前,中国封建社会内部,已经孕育着资本主义萌芽,传统的自然经济结构已经松动,作为资本主义萌芽的摇篮,苏州的表现尤为明显。然而,这种萌芽太稚嫩了,根本没有推动传统手工业向现代工业演进的力量。鸦片战争以后,外国资本主义势力依仗与中国签订的不平等条约,对中国进行赤裸裸的掠夺,破坏了自给自足的自然经济的基础,破坏了城市手工业和农民家庭手工业。从苏州乡村来说,自然经济衰败的起点和标志是家庭棉纺织手工业的没落。上海开埠以后,传统的农家手工棉纺织即面临洋纱、洋布的冲击,以致开埠不久就有人惊呼:松太利在棉花、梭布,较稻田倍蓰,虽暴横尚可支持。近日洋布大行,价才当梭布三分之一。吾村专以纺织为业,近闻已无纱可纺;松太布市,销减大半。①

不过,实际情况并没有这么严重。在苏州乡村,由农业和手工业的直接结合而产生的巨大的成本节约和时间的节省,成为农民对大工业品进行顽强抵抗的有力武器。

第二次鸦片战争之后,外国侵略者获得了更多的新的特权,为洋纱洋布的倾销创造了更为有利的条件。随着西方资本主义国家工业革命的完成,生产技术不断改进。1870年,苏伊士运河正式通航。1871年,上海、香港、伦敦之间海底电线接通。这些都加强了外国资本主义经济侵略的力量。农家自纺土纱渐渐为机制洋纱所替代。洋纱打击土纱的同时,洋布也开始夺占土布市场。80年代苏州手工棉织业无论是生产区域还是生产规模都已呈现出普遍的萎缩之势。常熟土布,以前行销闽广,"销路甚旺";自从洋布盛行,"而土布之销数日绌,小民生计维艰"。自然经济的瓦解,给资本主义的发展造成了商品的市场;而大量农民和手工业者的破产,又把成千上万丧失了生产资料的生产者抛进劳动力市场。

19世纪末20世纪初,一部分商人和官僚、地主把他们积累的财富的一部分,在苏州城乡兴办了一批手工织布工场。第一次世界大战期间,苏州棉织工场手工业继续保持强劲的势头,进入"黄金时代",惟无全面统计。1914年至1917年的六年间,常熟各乡镇先后兴办了锦华、竞美、厚生、元通、华利、业勤、竞丰、永利、沪昌、善昌、永华、施华等40多

---

① 包世臣:《安吴四种》卷26。

三、经济型式

家布厂,拥有铁织机、提花机、平布机约 3000 台。其中以商人陈勤斋所办勤德织厂资力最为雄厚,置有织机 300 余部,工场发展为 4 个,染整的布匹质地匀洁,光泽鲜艳,在苏州地区颇负盛名。

一次大战以后,苏州棉布工场手工业在原有基础上继续发展,常熟成为江南手工棉织业的中心地区。1927 年前后,常熟城厢内外乡镇置机织造的棉布手工工场不下 30 家,但尚未出现动力织机。至 1937 年,各乡镇布厂已有 100 多家,动力机和铁木动力机 384 台,约占全部织机的 5%。

苏州丝绸历史悠久,闻名中外。鸦片战争以后,它以特殊的技艺和产品特色,抵抗住了外国资本主义的侵袭,颇形繁荣。其最具生命力的民间丝织业在发展过程中,劳动组织形式开始向近代演进,出现了手工工场。"绸都"盛泽的手工工场产生于辛亥革命之后。1916 年 2 月,有袁仲瑞、沈鹏、张文蔚等集资创立"经成丝织有限公司"。该公司开设经成丝织厂于华阳街,开业时置日本提花机 24 台,雇佣女工 100 名、男工 30 名、徒工 12 名,用新法织造。月产 130 余匹,年产 1650 匹,每匹价值 37 元至 40 元之间。所出产品如华丝葛、香云纱、横罗、直罗、生丝熟纤纱,均极花样翻新,精彩夺目,且因发明新式丝绸数种,曾得到农商部的奖励。除经成丝织厂,盛泽的丝织工场还有仲云乔仲记绸厂等 4 家。①

1895 年 4 月,中日《马关条约》签订,允许日本在中国

---

① 《中行月刊》第 1~2 合刊,第 192 页,1932 年。

通商口岸城邑任便设厂。苏州是这次开埠通商的四个口岸之一。外国资本主义输入商品和资本的同时,也输入了新式的机器、技术和生产方式。列宁这样说:资本的输出,在所输到的那些国家中,是要影响到那里的资本主义的发展的,且异常加速这种发展。

时任两江总督的张之洞,是晚期洋务大员。《马关条约》的内容一传出,他就于4月20日致电总理各国事务衙门,表达了自己的忧虑:当此赔款巨万之际,经费将从何出?至苏杭织丝绸,川、楚织纱布,则各国亦必效尤,改造土货。中国工商生计从此尽矣!不论远患先有近忧,伏望圣明熟思深察,可否敕下五大臣等迅速会议,设法补救,以候圣裁。总署不久回答:江浙等省如丝斤、花布可否于出产处先抽厘金方准运出,并招商多设织布、织绸等局,广为制造。又筹款购置小轮船十余只,专在内河运货,以收利权。最后又令张之洞"妥速筹商覆奏"①。张之洞应命特设苏州商务局,任朱竹石为总办。鉴于中日战争所筹战款尚有剩余,张之洞奏请在苏州创立丝厂和纱厂,称丝厂利三分,纱厂利二分,若有巨款大举,即尽收利权,假如设丝厂五所……则江苏一省之茧,可全收尽矣。1892年2月,随即奏准苏州在籍绅士、前国子监祭酒陆润庠组织商务公司,担任总董,着手筹办丝、纱二厂。

苏州殷富闻名天下,张之洞额定商股100万两,不想豪绅富贾们对新式工业不感兴趣,只好另辟蹊径,除移用息借

---

① 《张文襄公全集》,"电稿"。

三、经济型式

战争商款外,再向苏州、松江、常州、镇江、太仓五地以典当业为主的商人筹款,借户即作股东,由官督商办,开办苏经丝厂和苏纶纱厂,勘定盘门外青旸地附近,动工兴建。建厂伊始,费用浩繁,经费不敷时,又得继任两江总督刘坤一支持,在地方备荒项下,息借积谷、水利等公款,计规银二十三万五千两,逐年抽本还利。据称,工厂破土动工时,在一片荆榛之地里掘出一座明代古墓,内中墓志石载:死者夏敬庵,有二子,一名经,一名纶,时人称奇。1896年夏天,苏纶、苏经二厂落成。

1896年夏正式开工的苏经丝厂,是江苏省最早使用机器缫丝的工厂之一,初创时有意大利大箴直缫式丝车208台,职工500余人。1897年丝车全部装齐,增为336台,职工增加到857人,日产丝170~200斤,年产500~620担,每担售银740~760两,产品均由上海洋行转销英、法、美等国。1927年时职工人数达862人。丝厂所用蚕茧,本在江南原产地采购。从1896年起,在无锡、江阴、苏州农村设立茧行,烘干后运回工厂贮存,以备常年需用,全年约需干茧三四千担。

1897年开工的苏纶纱厂,使用当时最先进的英国"道勃生"纺纱机器,计有纱锭22568枚,招募工人约2000名,聘用了几名外国人为总办和机匠,负责机器安装和维修等技术工作。1898年的《官书局汇报》称,苏纶纱厂每日可出棉纱14000件,质量可与上海名厂相匹敌。苏纶厂的开办,实为中国新式机器工业的先导。

1898年春,陆润庠服阕届期,晋京任职,丝纱两厂改为招商承办，由纸商捐户部郎中衔祝承桂承租，租期三年。

两厂开办时，开支庞大，经营未上轨道，每年都有亏损。自1893年起，因欧美各国准备庆祝新的世纪来临，丝绸畅销，丝价由每担800余两涨至1000余两。苏经丝厂所产生丝，光洁匀净，颇为外商看好，丝厂开始获利。

纱厂没有丝厂这样的机遇，生产和管理都无法与外商在华纺织企业相比，加之祝承桂一派官僚习气，进出厂由六人大轿抬送，又嗜吸鸦片，迷信神灵。到1901年三年期满核查账目时，丝厂虽有盈余，但纱厂亏蚀甚巨，两厂亏盈相抵，欠公私本息各款达31万两。朱竹石总办追偿未果，将祝氏看管了三个月。最后商定，劝令两厂商董于旧股中设法分期筹款垫拨。

从1903年起，苏经、苏纶改由新商费承荫接办，租期五年。实际上丝厂从1901年时便不再以"苏经"为名，先后以巨昌升、祥茂林、福庸、和丰、森记公司为名，到1907年5月汪存志为经理的森记时，业务稍有改观。产品商标用人头马身的"森泰"，年产生丝达620担，一时生机勃勃。在费承荫承租时代，苏纶纱厂经营状况亦有起色，据说1906年获利颇丰，为历年之冠。

1908年，费承荫租营五年期满后，两厂由老股东张履谦收回自营，成为完全商办性质的企业。至辛亥革命前后，时局多变，市场疲软，张履谦又于1915年底病故，丝厂由森记改组为源盛，直至1928年结束。据经营苏经丝厂34年的汪存志老人自订《葵庵年谱》总结，我国丝业其所以不能与外人竞争，约有如下六端：(1)丝厂经济基础薄弱，承租者只

三、经济型式

图眼前利益,一无长远计划;(2)洋商任意操纵生丝市场;(3)茧行泛滥,互相哄抬抢收,致使茧本超过成本,丝厂无利可图;(4)日本丝的排挤;(5)人造丝的倾销;(6)时局动荡,战祸频仍。

苏纶纱厂别有一番风景。老股东收回纱厂后,原指望一展宏图,谁知到1909年底却亏蚀累累。其后屡经转手,直至1925年上海资本家严裕棠租办,才使苏纶纱厂起死回生,进入稳定发展的时期。

严裕棠接手苏纶纱厂时,正值"五卅"斗争热潮,国人抵制日货如火如荼,是中国发展棉纺织业的绝好机会。严裕棠以每年50000两向老股东租下苏纶纱厂,自任总经理,稍后由长子严庆祥任经理。

严氏父子是具有近代科学素质的企业家,从上海来到衙门似的苏纶时,只见大门两侧挂着虎头牌,红黑棍,门口张贴

严裕棠像

着"告示"式的布告。进厂时,厂警分作两行,垂手站立,突然"呼喳"一声,行礼致敬。进了办公室,喳喳之声不绝。严裕棠一面扫除生产经营中的官僚习气,一面又觉得厂房设备陈旧,遂向老股东提出停产修理厂房,费用由出租者负责,停产期间不付租金。未料老股东群起反对,指为违约之举,可老股东之一的张一鹏不这么认为:"老股东中确多巨富,

拥资超严氏者不乏其人,惜苏人无意于投资工业,且无管理近代工业之才。如老股东收回自营,此富于历史之苏纶厂则彻底湮没必矣。不如由严氏取去,则尚有发展之望,可为苏州留下一脉工业。"当双方入讼法庭时,张一鹏作为辩护律师,不但未予充分陈述理由,反而劝说大股东说:"我等既无营纱厂之想,而常受苏纶事务之累。不如出盘了事,倒是痛快了结之举。"在他的极力斡旋下,双方息讼和解,严氏以30万两白银购进苏纶纱厂,成为其私产。①

1928年,经过整修后的苏纶重新投产,拥有纱锭22500余枚,全厂以600匹蒸汽引擎作传动,并兼带照明。次年,又在原轧花厂旧址扩建第二工场,增添纱锭20000枚,同时创设织布车间,逐渐建成一个颇具规模的织布工场。考虑到蒸汽引擎落后,动力不足,严氏向国外订购设备,自建发电厂,从而解决了全厂长期存在的动力不足问题,使生产水平向前迈出了一大步,苏纶扩展为综合企业。至30年代初,全厂拥有职工3000多人,年产棉纱3万余件,棉布11万匹,年获利润在40万两左右。②

严氏家族经营苏纶纱厂有着得天独厚的企业结构内的互补优势。严裕棠1902年时就在上海创设了大隆机器厂,当时中国厂家惯用进口机械,不敢轻易选用国产品牌,产品打不开市场。后来试制农业机械,拓展了一部分农村市场。

---

① 朱宏涌:《严裕棠先生事略》,《苏州文史资料选辑》第17辑。
② 浦亮元等:《苏纶纱厂的回顾》,《苏州文史资料选辑》第9辑。

三、经济型式

1925年承租苏纶后,又为大隆厂打通了一条纺织机器的去处,形成棉铁联营系统。对此,严庆祥深有感触:在常人看来,大隆是大隆,苏纶是苏纶;不知没有大隆,就没有苏纶的产生,况现在的苏纶之所以不像普通纱厂者,正恃有大隆,如机器之修理添补等事,无大隆决无如是方便。在上海的严氏家族同时从事地产经营,获利颇丰,又给苏纶厂提供了一个资金挹注的来源。20世纪30年代全局性萧条时期,严庆祥向中国银行借贷。令人不解的是,合同上儿子是苏纶厂的债务人,而作为总经理的父亲却是担保人。实际上,中国银行总裁张公权很清楚,严氏家族的机器厂和房地产本身就是一笔无需说明的担保。

1937年下半年,日军日益逼近苏州,苏纶厂停产遣散。1941年太平洋战争爆发后,严氏"赎回"了苏纶厂,勉强维持到日军投降。解放战争时期,在严庆淇的惨淡经营下,苏纶纱厂一度复苏,并支撑至全国解放。

苏州城市近代民族工业在20世纪20年代初,除苏经、苏纶二厂外,还有中兴丝厂、生生电灯厂、振兴电灯公司等。1916年,苏州出现振亚织物公司,购置日本提花机,用新法织绸,"出品优美,风气渐开",陆续新建机器丝织厂10家,并组成铁机丝织业同业公会。到1935年止,苏州城厢全部丝织业,有电力机约二千架,每月每架平均产绸十匹……木机尚有四五千架,均系遗存之家庭工业。铁机则仅存百架,产量均属有限①。至此,作为苏州主要工业部门的丝棉织业

---

① 《国际劳工通讯》第30号,第103~104页。

完成了向近代大机器工业的过渡。与上海和无锡相比,苏州主要是一个消费城市,近代大型工业不多。除丝织业外,1920年开工生产的刘鸿生火柴厂是民国年间苏州大型民族工业的典型。1930年,刘鸿生将其所创办的荧昌、鸿生、中华三家火柴公司合并组成大中华火柴公司,成为全国最大的民族资本火柴工业。鸿生火柴厂是大中华火柴公司的基础和主体。

不容忽视的是,苏州乡村的丝棉工业部门亦步城市工业后尘,向大机器工业过渡。

丝绸重镇盛泽,电力织机的出现较晚。1929年美丽绸厂厂主诸凤春用柴油引擎发电驱动两台织机取得成功,引起模仿效应。1930年,郎梅春开设郎琴记绸厂,装置电力丝织机5台,可视为盛泽近代工厂之始。至1933年,电力机织厂已发展至8家。之后几年,盛泽机器丝织厂增设迅速。至1937年,全镇电机增至1145台,占当时江苏省织机总数的46.88%,全国织机数的6.76%;年产绸缎570万码;年耗蚕丝4万公斤,人造丝10万磅,棉纱20万磅。1937年11月,日军侵入盛泽,丝织业工厂全部停闭。沦陷后期,略有恢复。

抗战胜利后,电机业盛景不再。俟蒋介石发动内战,形势急转直下,社会经济凋敝,原料缺乏,生丝暴涨,市场萎缩、混乱,丝绸厂无力支撑,便以倒卖人造丝牟利,电机丝绸行业衰败不堪。这种萧条景象,一直延续到国民党在大陆统治的瓦解。

电力织机在苏州乡村的推广,使丝织业从作坊工场过

三、经济型式

渡到现代工厂,从手工织造过渡到机器生产阶段,完成了技术和劳动组织的巨大革命,实现了丝织业的近代化。

在苏州棉纺织中心常熟,1904年,江西盐商朱幼鸿独资27万银元在支塘镇筹建裕泰纱厂。时有纱锭10192枚,职工1000余人,产品有12支、14支、16支、17支、20支等五种规格的纯棉纱。是为苏州乡村机器棉纺织业之始。

常熟乡镇机器棉纺业的发展是在日寇侵华、华东沦陷的特殊历史环境中。当时,日军对纺织业实行统制,限制棉纺生产,但统制条例中规定:800至2000锭的棉纺工业为家庭工业,可以在产棉区自由采购原棉。这样,上海、无锡、苏州等地的棉纺企业,纷纷把部分纱锭拆迁至常熟棉区就地开设小纱厂。最早迁过来的为无锡庆丰纱厂,以"家庭工业社"为名在虞山镇小东门外陈家市建厂。全盛时,常熟纱厂达到20家,纱锭41092枚。

临近抗战胜利的1945年5月,上海人严庆令集资40万银元,于虞山镇四丈湾兴建元生纱厂,纱锭3456枚。解放初,元生纱厂、家庭工业社等15家纱厂,共有纱锭34064枚,年产棉纱11930件,产值829.25万元。

棉织工厂是由手工工场发展而来的。陈勤斋创办的勤德织布厂,自1916年7月开工以后不仅设置新式织机,而且置办了染整的各式机器,形成棉织机器工业的配套一条龙。1921年,强华布厂采用新设备——天津式铁木脚踏机70台。不久,业勤、中兴、辛峰等布厂进行设备改制,把铁木脚踏机改为动力机。动力机的使用标志着机器棉织业的真正诞生。至1937年,各乡镇布厂已有100多家,共有织机

7300多台,估计可以算作机器织布厂的也就是30多家。沦陷期间,各织布厂遭到日军劫掠。抗战胜利后,各布厂纷纷向常州、上海购进全铁动力布机,或自行改进布机设备,所产府绸条、府绸格、提花被单、提花线绒等产品,走俏上海市场。①

需要特别指出的是,大机器工业的诞生并不意味着低层次生产方式的消亡。段本洛先生在考察近代苏南工业结构层次时指出:在半殖民地半封建社会的历史条件下,发展不充分的城市大型民族工业,不可能充分发挥机器工业摧毁手工业的历史作用,全部剥夺工场手工业和个体手工业的市场;相反,不仅需要中小民族工业、工场手工业以及个体手工业作为补充,而且还要以其作为生存和发展的条件,由此形成一个多层次的工业结构。②

资本主义家庭劳动

所谓资本主义家庭劳动,就是在家庭里加工从业主那里领来的材料,取得计件工资。仅从劳动形式上说,它在传统的农民小手工业中已经延续了千百年。明代中叶以后,江南地区出现了稀疏的资本主义萌芽,苏州"经造纱缎庄账房"是其典型例证。大多数"账房"采取"散放丝给机户,按绸

---

① 《常熟市志》第337～339页,上海人民出版社1990年。
② 段本洛:《历史上苏南多层次的工业结构》,《历史研究》1988年第5期。

三、经济型式

匹计工资",以供给手工业工人原料,收回成品,实行计件工资的形式。这样,家庭手工业者成为"账房"外的雇佣劳动者。"账房"支配的此等机户较为集中,城内散处东北半城,即桥湾、狮子口和北石子街等处;城外在娄齐二门附近乡镇如唯亭、蠡口等地。女工摇丝,俗谓调经娘。嫠妇贫女,比户为之,资以度日。在这里,"账房"的商业资本通过机户之手,变成工业资本,于是资本主义家庭劳动形成了。"账房"数量在鸦片战争之后激增。时人调查,至 1899 年时,十万元资本以上的账房有百余户,资本在一万元以上的账房约 500 余户,资本在二三千元左右的小账房约 600 余户。①

在现代资本主义机器大工业和工场手工业建立之前,作为当时最先进的生产关系形式,资本主义家庭劳动在封建生产方式向资本主义生产方式过渡的过程中,开辟了另一条道路。马克思在《资本论》中告诉我们:封建生产方式向资本主义生产方式的推移,经由两条途径。一条是小商品生产者在价值规律的制约下,通过自由竞争而分化出雇佣劳动者和资本家。这条途径必须以自然经济的解体和突破封建行会制度的束缚为前提。这是一条"真正革命化的道路"。另一条是随着商业资本的演进,一部分商业资本从流通领域进入生产领域,"直接支配生产",控制小商品生产者,出现资本主义家庭劳动。明清之际,特别是晚清时期,在苏州手工业的演变过程中,商业资本直接支配生产,成为资本主

---

① 苏州市情,《东西商报》,转自段本洛、张圻福:《苏州手工业史》第 222 页,江苏古籍出版社 1986 年。

义萌芽的主要途径。

19世纪末20世纪初,在苏州城乡,资本主义机器大工业和工场手工业渐次出现。在小手工业时代就已存在的家庭劳动,与这些近代工业形式发生了重要联系。现在,"这种所谓的现代家庭工业,与那种以独立的城市手工业、独立的农民经济,特别是以工人家庭的住宅为前提的旧式家庭工业,除了名称,毫无共同之处。现在它已经变成了工厂、手工工场或商店的分支机构。资本除了把工厂工人、手工工场工人和手工业工人大规模地集中在一起,并直接指挥他们,它还通过许多无形的线调动着另一支散居在大城市和农村的家庭工人大军。"①

在苏州,这些家庭工人依附于不同的近代资本:一种是商业资本。清末包天笑先生追忆:

……我们的隔邻,开了一家纱缎庄,庄名叫做恒兴。这些纱缎庄,在苏州城内是很多的,大概有百余家,因为苏州是丝织物出产区呀。纱与缎是两种织物,行销于本地、全国以及国外。(有一种织成的纱,都销行于朝鲜,因为当时朝鲜的官僚贵族,都以白色纱服为外袙,恒兴庄所织之纱,都外销于此。)这种纱缎庄,只做批发,不销门市,大小随资本而异,亦有数家,在苏州是老牌子,海内著名,但像我们邻家的恒兴庄,只不过此业的中型者而已。

---

① 马克思:《资本论》第1卷(上),第506页,人民出版社1975年。

三、经济型式

……那时中国还没有大规模的织绸厂,而所有织绸的机器,都是木机,都属于私人所有的。……他们有技术可以织成纱、绸、缎各种丝织物的人家,苏人称之为"机户"。这些机户,在苏州城厢内外,共有一千数百家。

实在,纱缎庄是资本家,而机户则是劳动者。更说明一点,纱缎庄是商,而机户是工。一切材料,都由纱缎庄预备好了,然后发给机户去织。机户则限定日期,织成纱缎,交还纱缎庄,才(再)由纱缎庄销行到各行庄去。有的是各庄预备了的存货,推销各埠;有的是各处客帮订下来的定货,规定了颜色、花样的。这个行业,从前在苏州可不小呀!

那些织机的机工,都住在东乡一带,像蠡市、蠡口等乡镇也很多,近的也在齐门、娄门内外。所以那些纱缎庄,也都开设在东城,像曹家巷我们邻居的一家,已在城里偏西的了。织机的虽是男女都有,但还是男人占多数,因为那是要从小就学习的。织出来的绸缎,灿烂闪亮,五色纷披,谁知道都是出于那班面目黧黑的乡下人之手呢?①

常熟棉纺织家庭工人依附的资本形式是手工工场。这里的棉织工场有的置机雇用工人在工场内织造,有的实行

---

① 包天笑:《钏影楼回忆录》第110～111页,香港大华出版社1971年。

放机。所谓"放机",就是将布机发放给机户,由织布小生产者具交押金,将厂中的木制手拉机或改良手拉机领回,置于家中织造。工厂实际只是一间账房,并无工场或厂房,也不见布机。织布小生产者请领织机时,一切原料均由厂家供给,由厂家发给凭折一份,以此记载领取的原料,交货时按件计工资,每月一次。所支领的棉纱重量须与交还布匹的重量相符,如有短少,在工资内扣除;工人如停止工作,将该布机交还原主。

常熟放机始于1910年,盛于1930年。据1927年的资料记载,常熟织布厂在内设机者与完全放机者,几乎各占一半。这些织布厂也不是纯粹的工业资本,而是工商业资本的混合。如某布号控制小厂30多家,获利颇丰,遂自办布厂。跟邻县的江阴有所不同的是,常熟以放大布(阔18寸,长20尺以上)为主。①

花边业是鸦片战争之后出现的新花样。苏州城乡绣女们所依附的近代资本形式,有的是商业资本,有的是手工工场。据称,常熟经营雕绣的花边公司分为两种:一种是资本雄厚的花边制造公司,一般在县城里设立账房和工场,派人在四方乡镇上设立坐庄,坐庄又在农村寻找包头。一般由花边公司成批趸购布匹和花线,工场内雇用设计员、打样画工、裁剪工,裁制成各种规格品种的品件,印好花样,分批交到坐庄。然后,或由坐庄发给包头,再散发给农村妇女绣制;

---

① 吴承明等:《中国资本主义发展史》第2卷,第920页,人民出版社1990年。

三、经济型式

或由农村妇女到坐庄领取加工原料及计算工价的折子,按时绣好成品,照折子所记原料,交付成品给账房,计件领取工资。另一种是资金微薄的花边制造商,无力设立店面和工场,只在自己家内设一间账房,自购原料,自行设计、印画花样,自己到乡间把加工品件直接分发给农村妇女绣制,或由农村妇女自行到账房领活,仍然是交成品后计件发给工资。

资本主义家庭劳动的盛行,跟几个方面的情况相关。从资本家这方面说,"把工作分到家里去做,就可以不花费大量资本和很多时间去建造作坊等等,而把生产规模迅速地扩大到自己所期望的程度"①。从家庭劳动者这方面讲,面临着传统家庭手工业的瓦解,他们正在为生存问题而发愁,如今竟可以不置备任何生产资料,不离开庭院,获得一项生计,成为亦工亦农的生产者,又何乐而不为?再说,在近代市场经济条件下,销售都是大规模的、整批的,这样,传统家庭劳动的小规模性质同大规模的、整批销售的必要性产生了不可调和的矛盾。列宁说:"在现有的社会经济条件下,在小生产者孤立和分化的情况下,要解决这种矛盾,就只有由少数富裕者独揽销售,把销售集中起来。包买主大批地收购制品(或原料),这样就减少了销售的费用,把小规模的、偶然的和不正规的销售变为大规模的和正规的销售。"②从这个意义上说,包买主,或者说,控制家庭劳动者的资本家搭建起了外部市场与生产者之间的桥梁。

---

①② 列宁:《俄国资本主义的发展》,《列宁全集》第 3 卷,第 406、325 页,人民出版社 1984 年。

实际上,在资本主义家庭劳动的情况下,在资本雇主和家庭生产者之间,还有许多中介人,因为无论是商人、工场主还是工厂资本家,都不可能把材料分配给散居城乡的千百个家庭,这就必然造就了一批中介人。在苏州丝织同业中,"账房"被称为"大叔",他们本身并不织造,仅是把活儿放给机户;"机户"被称为"三叔",是直接生产者;"大叔"和"三叔"之间并不直接接触,"三叔"由从属于"大叔"的"二叔"中介承揽。在盛泽,有一种介于绸庄与机户之间的居间商,称为"绸领头",是由镇村机户、行庄伙友或航船主(每日固定地来往于镇村之间的船户)脱胎而来的。他们熟悉丝绸交易行情,专职进行导卖,解决了小生产者零星出售与大宗整批收购之间的矛盾。民国年间,"绸领头"势力大增,有时获取佣金较多,人们非议尤多。《新盛泽》(1925年8月1日)专门载文,为之批驳:"查我盛泽领业,领帮方面,向无公所,自民(国)十年创办以来,团结精神,办理妥善,足见领帮中不乏良材。则将来盛泽之兴败,惟领帮是赖,缘领帮之与机户,较绸行之与机户,很为接近,故改良出品,指导尤为得当。"

资本主义家庭劳动就是这样一个矛盾的混合物:如果没有"二叔"和"绸领头"这些中介环节,新的生产方式体系就无法形成,传统农家手工业则游离于近代资本主义经济结构之外,无法获得更新;但是,这些中介人的存在无疑又加深了对家庭劳动者的剥削程度,后者的劳动条件也更为恶劣。在集中生产的工场里,资本家为了节省花费,极力缩减在劳动条件和劳动保护设备上的投入,甚至对应有的空

三、经济型式

间、空气和阳光进行掠夺,空想社会主义思想家傅立叶称这种工场为"温和的监狱"。可以想象,分散劳动的家庭,也不会比"温和的监狱"更"温和"。

精打细算的家庭主人,为了多承揽些活计,增加收入,除了自己没日没夜的劳作外,还动员家庭全体成员,不分男女老少,投入到资本主义劳动之中。总之,"为资本家进行的强制劳动,不仅夺去了儿童游戏的时间,而且夺去了家庭本身通常需要的、在家庭范围内从事的自由劳动的时间"[①]。

所有这些,苏州千百个家庭就这样毫无怨言地忍受着。不仅如此,他们还庆幸自己得到了近代工商业资本的恩赐,获得了被雇主们剥削的权利和机会,特别是在传统农家经济既已解体的乡村,形成了"工资虽微,但是老少妇女莫不乐为,劳而无怨"的景象。毕竟,资本主义家庭劳动给他们创造了一种新的生存手段。常熟花边业在20世纪30年代兴衰不定的过程,就透露出从事该业的村妇们的复杂心情。据1937年4月23日《申报》记者的回顾,30年代初期,"梅李一带,开设花边行殊多,而农妇以做花边为农民隙时唯一副业,嗣因供过于求,一度衰落,不得已将工价压低,农妇已无余利,亦视此为鸡肋";1936年左右,"花边以洋庄销售甚巨,急须各地供应,故此间帅桥乡陈某,集资设立花边厂,分发各地女工制绣,工价亦见提高,加快并给奖金,故各地妇女乐于赶制,花边业在本县(常熟),渐见苏复气象"。至全面抗战爆发,花边业遂一蹶不振。

---

① 马克思:《资本论》第1卷(上),第433页。

特种产品

所谓特种产品,是指在独特的自然和历史条件下,凭借独到的技艺所创造的具有特殊品质的产品。构成特种产品的必要条件并不是这些特殊性的全部,其中任何一种或几种特殊性都可以成为其存在的理由。

某些特种产品只能产生在一定的自然环境里。都说吴县金山出美石,是优质建筑材料,因为这里的花岗石色青质硬,晶粒细密,化学性质稳定。但苏州的澄泥石砚能够取材的范围更小,最好的材质在灵岩山西的"火烧弄"、"千人坑"。草头,即苜蓿,是一种江南乡村常见的豆科类草本植物,但它对常熟鹜山脚下的土地似乎情有独钟:其他地方所结的草籽只有两盘半,且瘪的多,每个盘里只有二三颗籽;而种在常熟鹜山周围的草籽却有三盘半,饱满的籽粒有五至七颗。于是,从咸丰年间开始,外地客商便闻风而来。说到泥人,江南人首先想到无锡惠山的"大阿福",据说它的用料要求十分严格,只在惠山脚下一块约37亩左右的粘土上取土。其实,虎丘的泥人也曾名噪一时,虎丘捏相之泥俗谓"滋泥",滋润细腻,"凡为上细泥人,大小绢人塑头,必此处之泥,称虎丘头"。

高超技艺是一种特种产品的基础。吴江农民擅种黄草,"完全售于无锡之南方泉及许舍二处,因除该二处外,他处并无纺织黄草之技术"。浒墅关农村种草织席的习惯可以追溯到春秋时期,当地农民经过长期的试验,才培育出草质优

三、经济型式

良的无性分蘖繁殖的"梅里青"草种。虎丘捏相的高手,谈笑之间,小像即成。《红楼梦》第67回提到薛蟠从江南贩来的货物中,就有虎丘捏相:"在虎丘山上泥捏的薛蟠的小像,与薛蟠毫无相差。宝钗见了,别的都不理论,倒是薛蟠的小像,拿着细细看了一看,又看看他哥哥,不禁笑起来了。"

当然,不能把特种产品的特殊等同于唯一性。只此一家、别无分店的特种产品极为少见;更多的情况是,彼地虽有,但此处尤佳,执其牛耳。

特种产品的生命力在于其比较完备的市场体系。枢纽特种产品的商行名目繁多,常熟经营草籽的称"草籽行",吴县经营刺绣的称"绣庄",吴县浒墅关经营草席的称"席行",焦山经营花岗石的称"石铺"。比较成熟的商行还"包买"农民的产品。起初,绣庄也是一般的商行,收购家庭绣品,转贩外地市场。后来,绣庄采用放料加工、包买绣品的经营方式;城乡绣女从绣庄领回绸缎和丝线,在家中利用时暇刺绣,再把成品交给绣庄,计件领取工资。绣女们实际上成为受绣庄控制的雇佣工人,她们的劳动具有了资本主义家庭劳动的性质。在分散的家庭劳动形式下,绣女们的手艺只能在范围十分有限的社区内口手相传,各个社区术有专攻,自成一派。苏州的刺绣家庭集中在西郊,其间各有专擅:平金在横塘,打子在蠡墅,刻鳞绣龙在向街、白马涧,戳纱在葑门外特擞头,袍褂、补子在善人桥,被面在光福、西华、东渚,寿衣、寿帔在香山,城区则以人物开相、网绣、擞和针画绣、戳纱、纳锦为主。这些绣品集中到绣庄便显得琳琅满目,异彩纷呈。绣品也收购乡民们自行购料、自己设计图案花纹的绣品,产品以枕套、被面、门帘、床沿、桌帔、椅垫、台布、床罩等为大宗,戏装、神袍、镜袱等绣品的销量也颇可观。① 在这里,绣庄还保持着纯粹商行的本色。

少数绣庄自设手工工场,雇工进行集中刺绣,生产和销售一体化,一派传统的前店后坊格局。民国年间,苏州城中吴趋坊、西中市一带的砚行,也是这样的格局。比较有名的王仁和、吴惠芳、王同和、同仁和砚行老板,从灵岩山西的石料区采购砚石坯料,由航船运抵商行,雇工雕砚,这些工人基本上来自善人桥砚乡,平时有三五名石匠,长期雇包,其余则计件工资。

在特种产品商行众多的社区,为了把全行业团结起来,利用组织的力量,规范市场行为,参与市场竞争,成立了同业公所。民国初年,浒墅关席市秩序混乱。抗战时期,50多家席行店铺联合组成席业公所,以维护席市场的正常贸易秩序。

特种产品以其特殊品质获得了广阔的市场。清中叶以后,苏州城内外的石桥、园林、寺院、宅第、城基等建筑用的石料,几乎都用金焦名石。鸦片战争以后,上海开放为通商口岸,大规模的近代城市建筑对金焦石料的需求量日益扩大,据《木渎小志》称:金焦两山产区石料遍售江浙,自沪上洋商采办,销路益广。据统计,1919年至1937年间,洋人在沪建造的花园住宅、公寓、别墅447座,豪华饭店、酒家24座,影剧院84座,其中10层以上的大楼有35幢,包括24

---

① 胡金楠:《吴县刺绣工艺沿革》,《吴县文史资料》第9辑。

三、经济型式

层的国际饭店,22层的新永安大厦,20层的百老汇大厦,17层的中国银行和沙逊大厦、华懋饭店等,所用的花岗石大多采自焦山、金山、高景山石料。①

销场的大小与社区范围相对应,因而是相对的。常熟鸷山草籽只局限于江南区域市场,但它的产地也仅有二三个乡十数个村。1950年,吴江平望丝网的年产量为6000条,对于一村来说已相当可观。

特种产品最明显、也是最直接的经济效益,是扩大了农民就业机会,提高了农民收入。抗战前,常熟凤凰乡的草籽,每两箩可卖到1.5～2元。由于价格看好,经济效益较高,人们对种植草籽特别重视。当时农户在安排秋播茬口时,种草头籽的面积一般不少于30%,全乡种植面积不少于八千亩,每年销往外地的草籽有一万多担。

对此,费孝通先生认为,如果从衰败的家庭手工业中解除出来的劳动力能用于其他活动,情况还不至于如此严重。从事特种产品生产的农民避免了这一两难选择。1930年,有专家估计,缘于农业生产的季节性,中国农村成年人口中,每年至少有5500万人失业。这是一种隐性失业。特种产品的生命力增强了其劳动力容纳量,实现了农业劳动力的转移。据解放初的调查,平望胜墩一村从事手工结网的人员就有300人,甚至八九岁的儿童亦谙于此业。浒墅关地方志亦言:浒墅乡村妇女,织席十之八九。席草之肆、席机之匠

---

① 周土龙、金云良:《漫话金山采石史》,《吴县文史资料》第7辑。

唯浒墅有之。这些劳动力的转移,非但不影响农业产出总量,反而因劳动力转入特种产品的生产,还增加了社区经济总量。

在传统的农业社会中,江南农民终年劳作于乡间,形成安土重迁的乡土意识。围绕特种产品而形成的产业结构也还表现出浓厚的传统色彩,但对于存在着大量过剩劳动力的乡村来说,不失为一种现实选择。这一选择的过程,也是乡土意识逐渐消融的过程。20世纪30年代,在吴县焦山乡镇社会的一个访问者了解到:这些村子里的农人,就向来靠着在农闲的时候,到石宕里去做工,当作重要副业。而沿山左近的种田人,也都把到石宕里做工,当作一件赚钱的大事情。他们只晓得这是祖上传下来的老规矩,只要田里不忙,一有空功夫,总想到宕里来赚几个外快,贴补贴补。尤其是现在,米麦菜子,桑业丝茧,样样都不值钱的时候格外想来多赚几文;而同时远至木渎、善人桥,各处乡村里的农人,远远的都到宕里来,抢着做工。"铁椎班"(凿石头的雇工)由作头介绍去做工,他们家里,都是种田的,还得照顾田里的事。他们常在上午十时去上工,午饭是带上去,或是家里送去的。①

诸如此类的亦工亦农家庭,依然处在传统的小农经济结构当中,但从社区发展的视角透视,产业结构已经提高到另一高度,其历史价值不容低估。

---

① 参见张潜九:《吴焦山石宕访问记》,《东方杂志》第32卷,第16号。

四、静悄悄的革命

和平光复

1911年10月10日,武昌城内的枪声震动了整个中国,搅乱了静谧的古城之梦,革命的气氛弥漫着苏州,书院巷的江苏巡抚衙门忙乱起来。

当时,驻扎苏州的军队是南洋第九镇二十三混成协四十五标、四十六标,以及张勋的江防营四营。第九镇军官很多曾留学日本的陆军士官学校,或者来自国内陆军学堂和武备学堂,富有民族思想,有的就是同盟会会员,士兵都是新军出身。醉心革命的苏沪革命党人,都把希望寄托在新军身上。武昌起义后,上海同盟会机关派柳承烈来到苏州,结识了在香山开营造厂的蒯左基、蒯左同兄弟。通过蒯氏兄弟,一批家境富有的工商界子弟团结在柳承烈的周围,有开木梳店的程宏,开皮箱店的徐国华、吴寿康等。他们与新军中的同盟会会员朱葆诚频繁往来,策动四十五标和四十六标的下级军官,积极酝酿起义,响应革命。在马大箓巷的蒯氏住宅里,舞枪弄棍的呐喊声掩盖了光复苏州的密议。革命的火药味已经十分浓烈。

当时在四十五标任军官的孙筹成追忆道:九月初十日(10月31日),有一素不相识之人来营访予,运动革命。因营内耳目众多,诸多不便,约他次日在营外密谈。其人自称徐文斌,嘉兴人,向在陆军第九镇步队三十六标供职,是同盟会会员,由上海来苏以同乡名义相访,劝我率领所部以逼标统起义,他和同党伏于城内作内应,如能赞成,请即照办。倘反对而欲邀功,可将他拘获,即使为革命牺牲亦所情愿,以壮语激励。我答以自武汉起义,各省响应,凡有血气之人,莫不欢欣鼓舞,你说不赞成而将你拘获以邀功,太看轻我了。苏州之按兵不动者,不是想效忠清廷,反对革命,是因环境恶劣,正在待时而动;苏州驻防力量薄弱,地势又非险要,倘若贸然行事,南京、镇江、杭州联合旗兵来攻,则腹背受敌,"必致糜烂地方,为害不堪设想"。①

如果说新军的胆怯是考虑到敌我力量的悬殊,苏沪工商界人士则是因为对流血的革命充满了恐惧。后来的《时报》这样报道光复前夕苏州的情形:"人心恐慌万状,有如鼎沸,民不安堵,纷纷有移他方之志。……城中富室搬往他方者,几有什之七、八。"11月3日,上海光复,次日,苏州商会总理尤先甲、议董潘祖谦等面谒江苏巡抚程德全,施加压

---

① 孙筹成:《辛亥革命回忆》,《苏州文史资料》第1～5辑。

四、静悄悄的革命

力,要求宣布独立。

倾向于和平光复的上海工商学界自然也知道程德全是个关键人物。光复前夕,黄炎培等人又一次来到苏州,拜谒程抚,劝其反正。程德全仍然认为时机不成熟:苏州非用兵之地,无险可守,南京、杭州还没有发动,尤其南京、镇江驻有重兵,万一南京、镇江、杭州三路派兵来攻,吾苏势孤力薄,难免失败,欲速则不达,还是少待为稳妥,倒占有举足轻重的优势。但本人可以声明一句,我是倾向光复一面的。这番表白,是由衷之言,抑或是敷衍了事?大家闹不明白。黄炎培分析道:十有七八可靠,因为雪楼(按,程德全,字雪楼)并非矢忠清廷的人。他信佛,具有遁世志愿,实是有激使然,不是纯粹的一心皈依佛教,平时,也有革命人士往来。不过雪楼谨小慎微,当此宁、镇、杭都有旗兵驻防,若是苏州独立,怕受夹攻,不只是糜烂地方,连身家性命,亦恐不保。所以不敢冒险,静看风色。好在苏州的刘之洁标统,系留日士官学校毕业,一向有志革命,时机一到,必能发动反正的。

在苏州驻军中,苏州督练公所的科长章驾时倾心革命,四出奔走,联络上海同志,在外围暗中布置力量。章驾时曾充任四十六标教练的陆军速成学堂监督,相机灌输革命思想,相约一旦时机成熟,即刻反正。

章的内外运动,早为督练公所参议吴茂节所察觉。11月3日,吴茂节单独传见了他:"听说你在外运动革命,能不能也让我知道呢?"

"确有其事,"章驾时态度很诚恳,"本想与总参议商量,恐怕您不以为然,反遭杀身之祸,不得不暂时保守秘密。"

苏州史纪(近现代)

"章科长！你错看人了，清廷自知满员缺乏人才，不得已起用袁世凯，袁的性情行为，我所深悉，决不愿尽忠清室的。大势所趋，推翻满清，光复汉族河山，在此一举。我所以不动声色者，缘张勋、铁良据宁负固，实力充足，如果苏州首先反正，南京一定发兵攻苏，地方遭受兵灾，元气不免损伤。你与革命党人很接近，究竟运动已到何种程度？愿详细见告。"

章说："总参议既有明白表示，自当以实情相告。本城的军警商学各界，都已运动成熟。只有南京张勋部下的江防营四营官兵，顽固难驯。"

上下级两位官僚原为革命的同志，分外兴奋，一致认为：若是贸然行事，新旧两派必然发生火力冲突，糜烂地方；苟能避免冲突，兵不血刃，改朝换代，岂不更妙？

在和平光复的道路上，可以避免流血，却绕不开一省巡抚。程德全当时兼任督练公所的督办，与吴茂节过从甚密，径直找上门的吴茂节，令这位巡抚大人一时颇为踌躇："日来各省纷纷独立，大势所趋，风声日紧，吾苏与其被动，不如自动。现今只有两条路：一条是效忠清廷，上海派革命党人正散匿阊门一带，可以围攻拘捕；另一条是俯顺舆情，克日自动宣布独立，可免地方扰乱，安定人心，时机紧迫，稍纵即逝，请考虑决定！"[①]

在巡抚任上，程德全曾一度力保江苏候补道应德闳升署江苏藩司；清廷认为，程身为巡抚，越级保荐，此为昧于官

---

① 参见吴和士：《辛亥革命苏州光复小记》，《苏州文史资料》第1～5合辑。

四、静悄悄的革命

制,着降三级留任。受到这样的待遇,心中自然郁闷。但听到"革命"二字,不由得有些紧张:如若革命不成,便身家性命难保了!进退两难的程德全是如何下了最后决心的,今天的人们一时还无法得知。同盟会会员刘运龙的女儿在回忆父亲革命生涯时,为我们勾勒了惊心动魄的一幕:先父立即将苏州高等警官学堂的六十四名革命同学组织起来,成立敢死队,并担任队长。11月某日晚上,敢死队队员佩戴白色袖章,举行武装起义,在父亲的率领下,袭击苏州督抚衙门。他们先杀掉衙门清兵卫士,迅即冲入督抚衙门,逼令巡抚程德全投降,不投降则杀。程德全在此情况下,被逼答应独立。①

这段文字的真实性与否,还说不大好;但这种流血革命的说法,为后来的不流血的革命作出了一个过渡性的解释。

11月5日深夜,程德全召集文武上辕,宣告反正意旨:凡赞成者听候任用,迟疑不决者暂留察看,果无反抗情事,准予各归家乡。众官皆表拥护,惟藩司左孝同、巡警道吴肇邦当即表示反对独立。左孝同是左宗棠之孙,性情刚愎,以为身为朝廷命官,只有感恩戴德,才不致忝辱了功臣后裔的名声。他的态度也是在预想之中的,为防不测,程德全略施小计,诱其就范。这位迂夫子着实有些可笑:接到巡抚电话,不疑有它,立即出署,轿子经过胥门学士街,进入通衢时,但见商店都扯起白旗,甚为惊疑。左孝同也知道上海发生了起

---

① 刘莹:《先父刘运龙小传》,苏州市政协《文史资料选辑》第7辑。

义,以为程德全素称稳健,是断断不至附从响应的。

听到反正的宣示,左孝同垂首默然。尔后,泣求离去。程传令护送至沪。左在沪暂作寓公,而后无可奈何地回返故土。

在抚署内发生的子夜革命,是静悄悄的。对于沉睡中的苏州居民来说,其意义是后来才明白过来的。晨起推门,但见白旗遍悬,街谈巷议,皆言已经革命。革命竟是如此轻松,白旗一插而已!当时的《时报》记者目击:"迨十余钟,如观前街、阊门街以及道前街一带商店,类皆白旗招展,有书'新汉'、'大汉'字样,或书'光复'。至午后,则住户人家比比皆是。"各商店最为积极,11月4日晚间,赶做白旗,通宵达旦,市中白布为之一空。住在混堂巷的王德森,坚决"守节",不挂白旗,亦无人追究。事后,他听说某巷内有一旧家,世受国恩,最先悬挂白旗两大方,大书"欢迎民国军"等字样,直至他家白旗收尽,彼尚悬一月。王德森气得大骂"无耻"。无如"无耻"之辈太多,有些骂不胜骂!

也许是东方式革命与欧美资产阶级革命的差异太大,苏州的革命情形,让当时在苏的外国人有些费解:"今天(1911年11月5日),革命党人的军队在阳光照耀下列队入城,没有发生对抗,抚台衙门和所有的居房和商店都扯起了白旗,没有骚动,一切都在十分平静的方式下进行。这是我难以理解的。"①

---

① 《苏州海关税务司报告》1911年11月5日,《苏州史志资料选辑》1989年第3～4辑。

四、静悄悄的革命

程德全就任都督后,将江防营调往震泽、吴江驻防,江防营不服,与新军一度发生冲突,迅即平息。火力一开,城里便盛传南京的张勋将领兵攻打苏州,顷刻之间,满街的白旗不见了。风声是从铁瓶巷放出的。这事吴士和老人颇知其详:铁瓶巷有个王荫藩,其父宦囊充盈,号"王百万"。王荫藩挥金如土,失欢于后母,每每告贷于亲友。我从日本回国,他不时造访,备极殷勤,我教会了他日语,后又资助他留学日本。到了日本,他劣性不改,结识了一班浪人,学得了一套流氓手艺。辛亥革命时,王荫藩就潜归苏州,蠢蠢欲动。上海光复,他说,革命党终究要失败的;苏州光复,他又这样说。待到江防营与新军有了磨擦,他逢人便说,南京的张勋要打苏州了。一批地痞徒党以谣传谣,一时便满城风雨。市民胆小,赴紧收起白旗。一场虚惊之后,白旗重又悬起,以示依然"革命"。

11月15日,程德全应苏州绅士之请,宣布独立。在巡抚衙门前,挂起"中华民国军政府江苏都督"的木牌,程德全从巡抚变成都督,让人用竹竿挑下抚衙大堂上的几片檐瓦,以示革命必须破坏。城内大街贴上六言安民告示:

> 照得民军起义,同胞万众一心,所至秋毫无犯,莫不踊跃欢迎。各省各城恢复,从未妨害安宁,苏省通都大邑,东吴素著文名。深虑大兵云集,居民不免震惊。今特剀切宣告,但令各界输诚。愿我亲爱同胞,仍各安分营生,外人相处以礼,一团和气不侵。旗满视同一体,抗拒反致死刑。共和政体成立,大家共享太平。

苏州史纪(近现代)

一张暂行军律,寒光闪烁:

> 临阵退缩者斩,强奸妇女者斩,骚扰百姓者斩,造谣惑众者斩,强劫钱财者斩,伤及外人者斩,泄漏军情者斩,纵火殃民者斩,杀伤妇孩者斩。

寻常百姓看了,感觉安全多了。闾巷之间不时飘出一句童谣:"苏州光复苏人福,全靠程都督。"程德全首先尝到了"革命"成果的滋味。

苏城底定,风起草偃,苏属各县传檄而下,当即发布告示,曰:

> 为剀切宣布事,照得江苏宣布独立,组织都督府,原为保全全省人民之性命财产起见,数日以来,居民安堵,群情欢忻,足见倾向共和政治,万众一心。但天下事易于发始,难于图终,现大局尚未全定,方期实力进行,全省之事,须全省人共担其责任,所贵通力合作,一德一心,上下无不洽之情,远近无不通之意,互相救援,互相体谅,持此不懈,自能立致太平。若仍因循推诿,不自负责,地方必无进步,殊非本都督改革政治之本意,为此剀切宣布,俾众周知。并应由自治公所反复讲解,使村农牧竖以致妇人女子同明此次改革之由,与他日进行之策,庶乎新机焕发,幸福自增,本都督爱护地方之心,藉以稍慰,其各一体知照,切切特示。

四、静悄悄的革命

说起来,各县革命氛围更为"和平"。吴江绅士费朴安在上海光复后的第二天,被派往苏州从事光复的救护工作,到达苏州时,城里到处都是白旗了。既然未动干戈,费朴安的队伍便无事可做了。在留园涵碧山房前的小楼上,他心潮起伏:作为原吴江县议会的议长,吴江光复之责舍我其谁?遂回吴江召开民众大会,商讨光复事宜。苏州光复当天,都督府派出的革命军,五十人一小队,荷枪实弹,沿塘开往吴江。费朴安在城隍庙召开光复会,迎接革命军。一时排枪并发,白旗高悬,民众欢腾。吴江、震泽两知县忙把官印箱置于主席台上,站立两旁。费将两只官印箱打开,示众说:"这是官印,不可留下,应即当众销毁,以除后害。"光复军司令吴嘉禄拔出佩刀,截去两角。

算是光复了。

苏州光复一周年时的江苏都督府

苏州史纪（近现代）

和平光复，江苏都督府成立。叶圣陶在他的《苏州"光复"》一文里说：引人忧虑又惹人喜爱的革命来得这么不声不响，真是出乎全城市民的意料之外。倒马桶的农人依然做他们的倾倒涤荡的工作，小茶馆里依然坐着一边洗脸一边打呵欠的茶客。平民百姓谁也不去理会诸如"军政府的性质"之类的问题，但矢志革命的同盟会会员却密切注意着事态的发展。无论政府还是军队的组成，都是清朝原先的班底，同盟会会员自然看出了其中的汤药之妙，围绕着政治实权开始了明里暗里的周旋。

在沪浙苏联军进攻南京时，柳承烈以蒯氏兄弟、朱葆诚等一批人组成了先锋团。攻下南京后，回驻苏州。先锋团名义上属江苏军政府，实际上倚靠沪军都督陈其美。为便于在苏活动，陈其美委任蒯际唐为沪军都督府特派联络员，委派蒯左同在苏州组织"中华共和促进会"，并在木渎与宕户周雨生等成立分会。

在幕僚卢鹿苹的策划下，程德全做出姿态，设立"筹饷局"，任命蒯际唐为主任，柳承烈参与其事。蒯家殷实，社会关系广，筹饷自不成问题。一批饷银筹妥之后，程德全便委派卢鹿苹为筹饷局总办，饷银为程所控制，观前街的筹饷局成为新旧势力关注和斗争的焦点。苏州绅士蒋懋熙为此发表《劝告官绅蠲弃嫌怨》的文告：

> 溯自政治起义，仅匝月耳，名城巨镇，相率来归，义旗飚举，欢声若雷。苏省为东南大都，拔帜易帜，捷于形影，不崇朝而大局已定。城闉之氓，晨睡方酣，而欢呼独

四、静悄悄的革命

立之声,迩遐震播,点血不濡,寸兵不折。中西人士,相与鼓掌距跃,谓自古革命,无如是之易者。……今之官若绅,亟当相见以诚,各奋其力,蠲弃嫌怨,联合众志,以图存其国。国之既立,则新运方隆,群才悉录,不患无见用之一日;不则游泳盛世,吾子吾孙,且长为太平之民,比诸计较目前,漏舟争座,其为利害,昊窅霄壤(渊)。而鄙人犹有进者,方今地方粗安,人心未定,当事官绅,务以宽大之政,以慰人民喁望。举凡妨碍习惯,侵害权利,及易致惊疑之政策,暂勿施行,盖旧政府以假立宪剥民财,致人心离涣,不可收拾,可为殷鉴也。

身为警察厅长的蒋懋熙,目睹新旧两派水火不容,影响地方秩序,自当"勉与维持",其言也诚:邦人君子,其亦习都督之心,言都督之言,而延吾苏一线之生机,构他日殡之幸福,毋滋内讧,致召人侮,情迫词哀,泪尽以血,天日在上,我言敢欺,幸垂鉴焉。

南京临时政府成立时,孙中山先生任命程德全为内务总长,程不愿离开苏州,称病至沪休养。苏州还真"少不了"程德全,阊门发生了兵变。绅士叶昌炽在壬子二年(1912年)二月初十日的日记中写道:

昨夜十钟,先闻排枪声,既而隔墙途人言有火警,红光烛天,亟登楼排闼视之,东西为崇墉所隔,南北无所见。今晨起,始知阊门外营兵焚劫,达旦火始息,几酿第二津京之变。但城关皆下键,自山塘街南至马路,损

苏州史纪(近现代)

失之数尚未知?惟闻驾六所设晋丰质库已不保,北里搜括一空,倡条冶叶,狼藉路隅。又闻江北船帮皆联为一气,连樯运赃而去。商团已出队。

次日,询诸至亲,闻诸街谈,始知详情:

……第四十六标军队自寿州调回,素不循纪律,军府养痈流毒至此。共劫质库三家,其余商店、旅馆、妓寮亦有百余家,所至翻箱倒箧,寸草不留,幸焚屋伤人尚不多。乱军十之四夜半即饱飏,尚聚于朱家庄未散。宪兵警兵坐视不敢击。土匪十之六黎明犹往来搜括,皆江北流氓也。河干召伯船及城根草棚,搜出衣物无算……

这位清朝遗老听到一些民间传闻,愤然断言:将来悬首藁街皆此辈也!①

不过,城头始终没有挂上人头;蒯氏后辈提供了深居巷间的叶老想象不到的社会背景。程德全也深知此中文章,就以退为进,辞去内务总长职,称病到上海休养。程虽已离开苏州,但苏州的军政大权仍控制在程的亲信应德闳、章驾时等人手里。袁世凯窃国既成,程德全就迫不及待地谋取回苏重掌大权,一面由他的亲信出面纠集一些绅商联名吁请程德全回任,一面又效袁世凯制造兵变要挟临时政府北迁的

---

① 叶昌炽:《缘督庐日记钞》,见《辛亥革命江苏地区史料》,江苏人民出版社1961年。

四、静悄悄的革命

故伎,预谋布置了一次乱局,纵任乱兵在阊门外抢劫商户,弄得全城惶惶不安,于是要求程德全回任的呼声更加响成一片,程德全本人便以"苏难未已"为词,扶病回苏州复任江苏都督。

至民国元年初夏,号称辫子军的江防营撤离了苏州,革命党人认为,这是倒程的绝好机会。蒯大禄追忆道:"为了避免外界耳目,又经常以纵情声色为掩护,出入于阊门下塘街仑桥浜一带妓院。集会则多在留园、虎丘进行,我家马大箓巷住宅是联络中心。程德全重回苏州后,革命党人的活动就更加频繁,先父、先叔、柳承烈等经常奔走苏沪之间,柳承烈在苏期间就住在我(家)马大箓巷新宅,上海运来的枪支弹药则存放在老宅。"①

农历四月十七日,柳蒯集团在虎丘赖债庙秘密开会,讨论行动步骤和组织名称;行动的最初目的是选陈其美做江苏都督,就叫"选陈会"吧;但拥陈必先倒程,洗刷程德全势力,还是称"洗程会"合适。

几天之后,上海同盟会的军火尚未运到,"洗程会"的秘密已为卢鹿苹所侦悉,急报程德全。程即派宪兵、商团分头搜捕蒯氏的马大箓巷和高师巷新旧住宅,蒯际唐等四人当场被捕。柳承烈闻警攀至屋顶,伏匿三昼夜,至宪兵和商团完全撤离才逃走。

当夜,蒯际唐等四人被押至军政府,直言不讳"洗程会"

---

① 蒯大禄:《追忆先父际唐、先叔左同在辛亥革命光复苏州中》,苏州市政协《文史资料选辑》第7辑。

的洗程拥陈内幕,争相自承主谋,开脱别人,如此竟至相持不下,结果以四人既同为主谋,便同判死刑。蒯氏母亲连夜奔沪,向黄兴求援。程德全接到援救电报时,蒯际唐他们已被枪杀于军政府东首督练公所教场。

接着,程德全公布罪状:蒯氏等人组织"洗城会",存洗劫苏城之谋,已予正法。苏州人只知有"洗城会",而不知有"洗程会"。幽深的街巷里,仍然回荡着那首童谣:苏州光复苏人福,全靠程都督。

书生南社

苏州,应和着紧而密的革命鼓点,踏入20世纪。革命虽然没有人们想象中的那么可怕,但事实上,苏州新军的枪膛早已擦亮,子弹已经上膛,于是乎有封建皇冠的落地,民国的诞生。与新军的枪杆子桴鼓相应的是南社书生们的笔杆子。鲁迅先生说:清末的南社,便是鼓吹革命的文学团体,他们叹汉族的被压制,愤满人的凶横,渴望着"光复旧物"。对南社能作持平之论的,柳亚子最佩服的有两位:除了鲁迅以外,还有曹聚仁先生。曹聚仁1936年有过一次演说:19世纪,可以说是一个革命的时代,南社首先揭起革命文学的旗帜,和同盟会的革命运动相呼应。我们不必说什么歌颂南社的话,有一句话我们可以说:南社的诗人活泼淋漓,有少壮朝气,在暗示中华民族的更生。那时年轻人爱读南社诗文就因她是前进的,革命的,富于民族意识的。

南社出现,有赖于"三个书呆子"的努力,所谓"函牍往

四、静悄悄的革命

来,诗词唱和,酝酿复酝酿,动荡复动荡"。三位书生中有两位是苏州吴江人:柳亚子和陈去病。论起辈分来,柳亚子还应该称陈去病师叔呢,因为柳亚子的父亲、叔父和陈去病先后师从同一位先生,即长洲(今吴县)名宿诸杏庐。陈去病从年龄上长柳亚子13岁,1902年,两人在吴江县城应试时相识,一见如故,陈去病也绝不摆师叔的架子。同年,陈去病加入了在上海的革命团体中国教育会。中国教育会在江苏的常熟、吴江等地发展会员,设立支部,柳亚子经陈去病、金松岑介绍,做了中国教育会会员,到上海进了爱国学社,得识章太炎、邹容等几位先生,"革命的思想就此确定"。正在日本的陈去病,认识了孙中山、黄兴等革命家,也是革命气概不可一世:"革命乎,革命乎,其诸海内外英材杰士,有辍耕陇畔而怃然太息者乎,则予将伏剑从之矣。"①

《苏报》案发生后,上海爱国学社解散,金松岑先生仿爱国学社体制,在同里创办自治学社。1904年,柳亚子就读于此,更加醉心革命。在这里,柳亚子结识了奇人朱梁任。梁任是吴县人,父亲做常州府守备时,曾得到清室诰封。梁任酒醉后,说着"这胡儿之赏有何用处",竟就把父亲视为至宝的诰封撕掉了。父亲操棒追打,梁任先是逃到上海,继则东渡日本,加入了同盟会,成了革命党。1903年,梁任与苏曼殊、包天笑等人登上苏州郊外狮子山,以诗文以招国魂。包天笑问:"何以要到狮子山呢?"梁任说:"我们中国是睡狮,到此时候,睡狮也应该醒了。"几人神秘地雇了一条船,备了

---

① 陈去病:《革命其可免乎?》,《江苏》第4期。

祭品,带了一支后膛枪,登上狮子山头。梁任向北放了一枪,自署"黄帝之曾曾小子",赋诗道:

> 十月之交招国魂,曾曾小子拜轩辕。
> 黄河两岸遗民族,赤县千里奉至尊。
> 纵有胡儿登大宝,岂无豪杰复中原。
> 今朝灌酒狮山顶,要洗腥膻宿世冤。

招魂幡为一白布,上绘雄狮狰狞状,意谓睡狮已醒,将一吼惊人也。其上书年曰:"共和纪元第四十六癸卯十月辛亥朔"。题招魂幡云:"归去来兮我国魂,中原依旧属公孙。扫清膻雨腥风日,记取当时一片幡。"当时文人反清革命思想之活跃,于此可见一端。

1906年,柳亚子去上海,进理化速成科习化学,谋造炸弹,因病中辍。留沪,任教健行公学。健行公学,实际上是同盟会江苏分会的外围组织,主持人是上海金山的高天梅,就是柳亚子所称的南社发起时的"三个书呆子"之一。这年2月,柳亚子经高天梅、朱少屏介绍,加入中国同盟会;此后,又经蔡元培介绍,加入光复会,成了"双料的革命党"。

陈去病也在1906年加入中国同盟会。第二年7月,鉴湖女侠秋瑾在绍兴殉难,正在上海编辑《国粹学报》的陈去病计议发起追悼,未成,便与柳亚子、高天梅谋划,组织了"神交社"。柳亚子说,"神交社"就"隐然是南社的楔子"了。

1909年10月,柳亚子与陈去病等经过研究,决定于11月13日在苏州虎丘雅集,成立南社。选择虎丘召开成立大

四、静悄悄的革命

会,是仿明代"复社"成例。1633年(崇祯六年),复社曾于此集会。集会之日,"山左、江右、晋、楚、闽、浙以舟车至者数千人",众人"无不诧叹,以为三百年来从未有此也"。

南社何意?高天梅的《南社启》称:"……社以南名,何也?'乐操南音,不忘其旧。'其然,岂其然乎?南之云者,以此社提倡于东南之谓。"宁太一的《南社诗序》阐明命名意义在于"钟仪操南音,不忘本也"。对照所谓南社是"羁人贬臣寡妇逋臣才子狂生遗老逸士"的集合的说法,南社暗示着种族沦亡的隐痛,着力于提倡民族气节。

雅集前一个星期,陈去病在《民吁报》发表了一篇文辞隐约的《南社雅集小启》:

> 孟冬十月,朔日丁丑,天气肃清,春意微动。詹尹来告曰:重阴下坠,一阳不斩,芙蓉弄妍,岭梅吐萼。微乎微乎,彼南枝乎,殆生机其来复乎?爰集鸥侣,觞于虎丘。踵东坡之逸韵,载展重阳;萃南国之名流,来寻胜会。登高能赋,文采彬焉;兹乐无穷,神仙几矣。凡我俦侣,幸毋忽诸!敬洁清尊,恭迟芳躅!

柳亚子自命是梁山泊上的小旋风柴进,会期前四天,就赶到苏州,投宿于阊门外的惠中旅馆,恰巧名伶冯春航在苏州演戏,他便天天喝醉了老酒,前去捧场。到了11月13日那一天,先后来到的,共有19人,社友17人。社友中14人是同盟会会员,说是雅集,革命气氛也很浓厚。奇怪的是,作为南社发起人的高天梅没有来,柳亚子在《南社纪略》中这样猜测:"三灾八难的事情还很多,一个谣言,说虎丘雅集有危险的可能,于是天梅杜门避赠缴不来了。"

正午以前,雇了画舫,从阿黛桥出发,循七里山塘,一橹双桨,摇到虎丘。会址定在张公祠,是含有意义的。张公名国维,字玉笥,浙江东阳人,明末崇祯年间做过苏松巡抚,南明鲁监国时代,以起兵抗虏殉节。著有《吴中水利书》,不但义烈载诸史册,又复惠爱泽被民间。

职员选举是在觥筹交错中进行的。19人开了两桌,菜肴是早就备好了的船菜,由船娘纤手调羹,风味独特。喝酒当中,便选出职员:陈去病为文选编辑员,高天梅为诗选编辑员,庞檗子为词选编辑员,柳亚子为书记员,朱少屏为会计员,预备发行《南社丛刻》。

南社第一次雅集:第一排(坐地者)左起第三人为柳亚子,第二排左起第二人为陈去病

选举既毕,酒兴勃发,醉意之中,大家忽然说到了诗词

四、静悄悄的革命

问题,一阵激烈的争论由此引发。柳亚子后来回忆道:在清末的时候,本来是盛行北宋诗和南宋词的,我却偏偏要独持异议。我以为论诗应该宗法三唐,论词应当宗法五代和北宋。人家崇拜南宋的词,尤其是崇拜吴梦窗,我实在不服气。我说,讲到南宋的词家,除了李清照是女子外,论男性只有辛幼安是可儿,梦窗七宝楼台,拆下来不成片段,何足道哉!这句话不要紧,却惹恼了庞檗子和蔡哲夫。檗子是词学专家,南宋的正统派,哲夫却夹七夹八地喜欢发表他自己的主张,于是他们便和我争论起来。一方面,助我张目的只有朱梁任。可是事情不凑巧,我是患口吃症者,梁任也有同病,两个人期期艾艾,自然争他们不过,我急得大哭起来,骂他们欺侮我。檗子急忙道歉,事情才算告一段落。①

辛亥革命前后的中国诗坛,"是比较保守的'同光体'诗人和比较进步的南社派诗人争霸"的局面。同光体的代表人物是陈三立、郑孝胥等官僚派诗人。他们宗承宋代江西诗派,内容远离社会现实,词句僻拗,生涩瘦硬,柳亚子的批评一针见血:"盖自一二罢官废吏,身见放逐,利禄之怀,耿耿勿忘,既不得逞,则涂饰章句,附庸风雅,造为艰深,以文浅陋。"② 柳亚子反其道而行之,实际上是与旧文化的一场较量。

虎丘雅集之后,介绍社员,编辑社刊,雅集唱和,到《南

---

① 柳亚子:《南社纪略》,第14页,上海人民出版社1983年。
② 柳亚子:《胡寄尘诗序》,见《南社史长编》第200页,中国人民大学出版社1995年。

社》第四集出来的时候,南社就渐渐地为人所注目了。1911年8月12日上海《天铎报》著文评骘,"读所刊第四集,首骈散文,次诗,次诗余,所诣皆雅正道上。复多折衷新理,有关社会向导之作。"

这已经是辛亥革命前夜了。武昌起事后十四天,上海法租界三茅阁桥《民立报》报馆收到一封从苏州全盛信局发出的信,署名"亦是同胞",嘱报馆转交柳亚子。"亦是同胞"对南社一班书生信心十足,以为他们可以在光复苏州中一显身手:"当此之时,正丈夫用武、英雄得志之秋也。自前月黎君起义,鄙人以为我江南志士,必能援手梓桑;何意至今尚杳然无闻,岂欲坐观成败耶?窃以为江督苏抚究属汉种,有胆大心细之士,入其署而游说之,不白旗遍地者,吾不信也。贵社人才济济,此中真谛,自不劳饶舌。至于军械辎重,无须多备。新军煽动于姑苏,商团呼啸于沪渎,则一举而苏、沪归正,常、镇、太必有响应,即浙之杭、嘉、湖亦定卜同谋矣。趁此天心与人心巧合之际,望诸君勿失此机会也。"①

柳亚子的态度颇为实在,他说,这封信是不生效力的了。不过,在上海方面担任实际工作的陈英士社友,却早在着手进行这方面的活动。11月4日(旧历九月十四日),上海光复,英士被推为沪军都督,组织都督府。5日,苏州程德全也接受英士委派代表的劝告,而宣布反正了。

苏州光复第二天,江苏都督程德全拨款1200元,想办一份报纸,造一些舆论。这才是书生的事儿。当时,从杭返

---

① 柳亚子:《南社纪略》,第37页。

四、静悄悄的革命

苏的陈去病毛遂自荐,四天时间,便出了一份油印的《大汉报》。陈去病写的发刊词极尽张扬革命:"二十世纪之中国,真我黄帝子孙发扬蹈厉之时日哉!"尽管当年的南北政治形势扑朔迷离,陈去病对新生民国充满信心,他已经在考虑有关民生方面的问题了。辛亥年秋,苏南大水,他在《大汉报》撰《吴中水利之义》,详说水系,规划疏导,并附上浚河建闸的程序表,以引起当政者的重视。

《大汉报》的馆址,起先在沧浪亭对面的可园,地极幽美,正是书生论政的好去处。陈去病领衔在《大汉报》发表《南社临时雅集广告》:自光复以来,本社之目的已达,惟建国伊始,一切事宜正资讨论,亟应组织共和政党,以策进行。看来南社还有更远大的目标,苏州的历史,因为南社可能又将被浓墨圈点。遗憾的是广告刊出后的第三天,程德全就停发了经费,原因是,江苏都督府迁往南京。对此,书生们能说什么呢?

跟苏州相比,上海的思想文化气息自然更具魅力。辛亥革命前后,南社社友们纷纷来到上海。其时,重要报刊大都由社友们主持笔政。报名可以列出《民立报》、《新闻报》、《太平洋报》、《神州日报》、《申报》、《民国新闻》、《民声报》、《天铎报》、《民权报》、《民国日报》、《时事新报》、《生活口报》等;名流可以列出宋教仁、于右任、叶楚伧、陈英士、郭步陶、杨千里、陈望道、苏曼殊、胡朴庵、胡寄尘、李叔同、柳亚子、黄宾虹、王钝根、周瘦鹃、邹亚云、陈布雷等。到这时,书生的能量真正发挥出来了。非但如此,政治敏锐的人在1936年还发现:"近十年来的中国政治,可说是文经武纬,都在南社笼罩之下了。有一个时期,南京的行政院长是汪精卫,代理立法院长是邵元冲,司法院长是居觉生,考试院长是戴季陶,监察院长是于右任,中央党部秘书长是叶楚伧。"① 作为"南社灵魂"的柳亚子得意之情不能自禁:"试看今日之域中,竟是南社之天下!"问题是,汪精卫诸流,还是昨日书生吗?

　　书生们纠缠的是另外一类问题。1912年,上海愚园雅集时,柳亚子提议修改条例,把编辑员由三人制改为一人制。理由很简单:"我觉得南社的编辑事情,老实说,除了我以外,是找不出相当的人来担任的了。一个人就不容易找,何况要三个人呢?所以我的主张,是改三头制为一头制,人选则我来做自荐的毛遂,这是为了南社的前途,我认为用不着避免大权独揽的嫌疑的。"率直的话,顿时引起了高天梅的反对,其他人有的默不作声,有的说:"众擎易举,独力难成",还是三头制的好。只能投票解决了,结果反对票多,赞成票少,条例原封不动。这已经让柳亚子很失望了,高天梅又把一年前柳亚子的一句酒后谵言甩了出来:"究竟谁是得道多助呢?"这还不算,又讥刺道:"今天到会的社友,知识程度很高,自然黑白分明,不会受人家的利用了。"待到10月29日,社友们看到各报登载的柳亚子脱社声明,才觉得高天梅过火了;高天梅也后悔起来,托人向柳亚子疏通劝降,柳亚子置之不理。南社没有了灵魂,便无声无臭了。1944年劲草先生在《南社影事》中的分析很中肯:"这不是柳亚子是

---

　　① 曹聚仁:《南社、新南社》。见《南社纪略》。

四、静悄悄的革命

天神,不是全体社员崇拜偶像,实实在在,南社社友中,决无如亚子一样能肯埋头苦干啊!"

1913年3月,在上海愚园第八次雅集时,柳亚子如愿以偿,做了主任。

一介书生,可以左右南社,却左右不了日非的国事。1915年,日本帝国主义以承认袁世凯帝制为交换条件,炮制了灭亡中国的《二十一条》。可怜"手无寸铁的书呆子",柳亚子"只好抱着满腔孤愤,寄沉痛于逍遥"。

5月9日,中日签约那天,柳亚子赴愚园社集,车中口占一绝:

> 驱车林薄认朝暾,草草重来已隔春。
> 至竟何关家国事?羞教人说是诗人!

到袁氏改元洪宪,柳亚子痛哭流涕,整日地对歌操颂莽的人们笔诛口伐。让他多少有些意外的是,1916年6月6日,袁皇帝居然给气死了!气死袁世凯的,不仅仅是南社书生的笔墨,更直接的是护国军的枪炮。

南社的革命笔锋触及小说、戏剧、诗歌等各种文学门类,甚至历史,但南社首先是诗的;诗的南社始终洋溢着浪漫的气息。虎丘首次雅集时,关于同光体诗歌的争论,曾使柳亚子哑然而哭。令人回味的是,这一争论煽起的肝火,"终于搅散了南社的道场"。

在南社中,不乏吹捧同光体者,第一是姚宛雏,第二是闻野鹤,第三便是朱鸳雏。面对"年少气盛,狂放到不可一世"(柳语)的柳亚子,闻、姚二位隐然而退,只有朱鸳雏仍是勇往直前。闹了一个多月,朱鸳雏一怒之下,脱离《民国日报》,又在《中华新报》找到了他的新营垒,攻击更甚。有人冒用朱鸳雏的名义,做了几首歪诗,说柳亚子少年美貌,与伶人冯春航、陆子美如何如何。于是势成骑虎的柳亚子,便在《民国日报》和《南社》上登载广告,开除朱鸳雏,"布告天下,咸使闻知"。

又经过了一年多的纷扰,柳亚子意兴阑珊,觉得天下事不可为,便怏怏然辞去了南社主任之职。革命南社终成昔日黄花,慢慢萎谢了:"在一九二〇年(民国九年)和一九二一年(民国十年)两年中,社务进行,完全停顿。到一九二二年(民国十一年)六月十一日,才在上海半淞园举行第十八次雅集……在这一次雅集中,大家依旧鼓不起勇气来进行。又过了一年,是一九二三年……在实际上讲起来,此时已是新南社的时代了。"

柳亚子后来对南社没落原因的推究击中肯綮:"一方面果然由于这一次的内讧,一方面实在是时代已在五四风潮以后,青年的思想早已突飞猛晋,而南社还是抱残守缺,弄它的调调儿,抓不到青年的心理。尤其是经过这次的一闹,鸡飞狗走,大家更觉得头痛,认为是丢在毛厕内的金字招牌,捞起来也大有余臭了。"①

五四新文化运动,又把一度消沉的柳亚子感奋起来。王无为在《中华新报》主张打倒柳亚子,再组织一个簇新的南

---

① 柳亚子:《南社纪略》第88、90、153页。

四、静悄悄的革命

社。"始终顺应历史前进的潮流"(胡乔木语)的柳亚子断不肯走在别人后面,重振旗鼓,发起"新南社"。南社的发起,在民族气节提倡的时代;新南社的孵化,在世界潮流引纳的时代。南社一部分人不愿落伍于时代。

在柳亚子所撰的新南社成立布告中,其精神似乎更加明白:"新南社的精神,是鼓吹三民主义,提倡民众文学,而归结到社会主义的实行。对于妇女问题,劳动问题,更情愿加以忠实的研究。"

新南社出了一期社刊,面貌完全改观,但仅此一期;搞了三次聚餐,但仅此三次,1924年10月10日在上海新世界西餐部热闹了一次后,就此沉寂下去。人们对新南社似乎有些忽略,柳亚子本人在1936年的一段话很值得重视:"南社是诗的,新南社却是散文的了。讲到文学运动,新南社好像已经走出浪漫主义的范围了吧……所以我说,无论如何,新南社对于南社,总是后来居上的。"①

在南社、新南社的雅集、会餐、社刊中,社友们之间为了一种理论,一句话,甚至一个神情,有过多少次口角之争?所有这些,书生们都淡漠了,留在记忆中只有共同战斗的豪情和私人之间的情谊,偶尔也有对别人冒犯的追悔。1928年11月12日,柳亚子、陈去病发起"南社二十年纪念会"。人们又来到苏州虎丘,但已人事皆非。陈去病、柳亚子两人病了,张东阳祠坍了,冷香阁在山上,天雨地滑,有几个人既怕淋湿,又怕跌跤……

---

① 柳亚子:《南社纪略》第109页。

又过去了几年,1935年11月10日,虎丘冷香阁旁,又出现了一群似曾相识的人们;南社旧友们正在埋葬他们的一位领袖的忠骨,他是陈去病,南社的发起人之一,二十六年前虎丘雅集的"宋公明",两年前仙逝于吴江故里。

来自江南小镇

历史教科书都这样写着:辛亥革命的最大成果是民主共和观念深入人心。略作反思,不免生出疑问:封建的梦魇就这样踱出了人们的脑际?是武昌首义的枪声的震动?是苏州街巷的白旗的飘动?抑或是南社书生的沪上雅集?构成人口绝对多数的乡村人们拥有接受现代文明观点洗礼的机会吗?

事实上,在乡村社会中,一个普通的农民要主动接受外来文明的辐射,是相当困难的:他要对祖祖辈辈继承下来的、已经为首属群体所认同的传统规范提出质疑;他要了解邻近地区、城市乃至更广阔的世界的创造性变革;他要具备革新的经济实力和知识水平;他要产生这样的冲动,去打破低层次的然而心理上却是安全的平衡。读到法国历史学家H·孟德拉斯的《农民的终结》,发现一种"边缘人物",让我们若有所思:"(他们)既生活在外部世界,也生活在乡村世界,有时生活在外部世界的时间要多得多。他们阅读报纸和杂志,与邻近地区的同一阶层人士保持着联系;他们经常在城市里度过冬季,在那里他们推动着通常既对农业感兴趣同时也致力于研究美学和考古学的学者社团。"来自江南小

四、静悄悄的革命

镇的柳亚子、陈去病和金松岑与近代法国社会的"边缘人物"何其相似!

陈去病来自吴江同里。仅两平方公里的小镇,四周为五湖环抱,内湖纵横缓流。镇民临水构屋,傍水成街,街河并列,路桥相衔,户户通舟。小镇人文蔚起,明吴骥《同里先哲志》序云:"宋元以来,尤多名家望族,故儒绅大夫彬彬辈出,而功业声光为时所重。"陈氏祖居浙江兰溪,元季避乱迁吴江周庄,以锻铜为业,其所制熏炉精良,名声大著,数传之后,改营榨油。清中叶,陈家一支由周庄迁青浦诸巷,自诸巷迁吴江芦墟,再迁同里。1915年陈去病撰《纂谱琐言》,对其工商世家的孝友、敦睦、任恤的家风,列述其详:"先曾王父居诸巷,恒为人排难解纷,得长者之誉。人有感其德者,往往操豚蹄为饷,公辄谢弗肯受。或强之,则愤而投诸河曰:吾岂欲报而始为汝排解哉!此强直之性受之于天,非可伪为也。先王父亦然。卓然耿介而济之以友爱。……他若先考之不喜诡谀,恶见文士。叔考之素为闾里侠,皆所谓质直之行,有先民之遗风焉。"祖辈的品行被他概括成几句训条:

> 卓然耿介而济之以友爱,仁至义尽;
> 不喜诡谀,不希荣慕利,虽贫贱而质直;
> 敦崇节操,非礼弗行,耐霜傲雪,节比松筠。

柳亚子来自黎里,与同里一样,黎里流溢着水乡神韵,代出硕学通儒。柳亚子的祖上世代务农,让柳氏家族改变门第的是高祖柳树芳,人称古楂公。自此之后,柳氏家族以诗礼闻名乡里。亚子初名慰高,父名念曾,叔名慕曾,都是为了纪念古槎公,承继诗礼家风。童年亚子的读物之一便是高祖的《胜溪竹枝词》,他最早从这里接受了祖德家风和风土人情的教育。父亲柳念曾遗传给亚子的更多的是独特的脾性,柳亚子曾说:"父亲比较是狷介的。我生平倔强的个性,遗传于父亲者为多。"

柳亚子像

1895年,清政府在中日战争中惨败,签订丧权辱国的《马关条约》。据此,苏州被辟为通商口岸。1898年,康梁维新运动兴起,同里乡绅金松岑痛政府之不足图自存,与陈去病等在镇上组织了"雪耻学会",陈去病自榜一联:"炎黄种族皆兄弟,华夏兴亡在匹夫,"参与了学会的组织。柳亚子后来回忆:"戊戌那年,我对于政治还不大了了,但从父亲的口上,常常听到他讲起关于政变的故实,和康有为、梁启超的名字。在现在想起来,他老人家大概可以算是一个维新党吧。"①

民族的命运,时代的潮流,把江南小镇上几个不同门第、不同辈分的人物连成一体,无怪乎后来人们把柳亚子、

---

① 柳亚子:《五十七年》,见《自传·年谱·日记》第106页,上海人民出版社1986年。

四、静悄悄的革命

陈去病和金松岑三人并称为清末民初"吴江三杰"。

1903年,已经加入上海中国教育会的柳亚子准备成立"中国教育会黎里支部"。镇上的禊湖书院是理想的集会演说场所,却遭到山长范某的反对,血气方刚的柳亚子他们岂肯善罢甘休:我们少年气盛,便把大门掮掉了,硬是进去演说,号召了不少人来听。没有演说台,便把炕几移去,跳上炕席,大演特演起来。讲到激烈的时候,双脚一顿,炕席便开了一个大洞。①

后来,黎里支部的牌子挂到了众善堂,几十人参加进来,每周登坛演说,一口一个维新;油印起《新黎里》月刊,一句一个变法。

诗礼之家出了"逆子",全镇为之哗然。黎里支部的领袖们和金松岑于1903年来到上海,进入蔡元培先生的爱国学社,与章太炎、邹容等革命家结为知己。邹容撰《革命军》无力印行,金柳斥资相助;邹容入狱,金松岑力谋营救;邹容被害,金松岑撰文以祭。金松岑目睹清廷与外人勾结,力量尚强,欲图作为,须得大力鼓煽民气,于是返回故里,从事著述,继续办学;仿爱国学社体制,把同川小学改为自治学社。金松岑在乡里蓄积数年,于1911年被迫迁居苏州。金氏《孤根集自序》云:辛亥秋,江南人水,乱民劫镇,毁余家,乃奉老母移藏书万卷迁于苏。具体情形,据同里耆旧溯往,乃与办学有关:初,先生扩同川校舍,毁猛将庙一所;猛将乃主一方天运、祸福之神,部分乡民为之忧心。辛亥大水,果然"应

---

① 柳亚子:《五十七年》。

验"了。管家圩乡民手执庙旗,包围金寓,扬言要打死先生。先生闻讯从后门步行赴苏。

1903年6月,柳亚子因为中国教育会与爱国学社内讧,不得不返回黎里。不数日,《苏报》案发生,章太炎、邹容入狱。金松岑奔波于同里、上海之间设法营救,同时,为柳亚子、章太炎传递信函。身系囹圄的太炎先生对僻处一镇的同里小学寄予殷切希望,致函柳亚子:"'同川'之存,千钧系发,复得诸弟与松岑、去病、蛰龙诸君尽力持护,一成一旅,芽蘖在兹。当使朱鹤龄、陈长发(朱、陈皆吴江明末遗民,治经学有声)辈知后起有人,积薪居上;亦令奴性诸爨,不以'爱国'分散之故,遂谓天下之莫予毒也。"①

从上海爱国学社回来的柳亚子,一直到1927年遭国民党缉捕而逃离黎里时止,基本上以黎里作为他的改造社会活动的基点,虽然其间也不断地辗转奔波于江南城市和乡村,尤其是作为文化中心的上海。这是他接受乡村社会外界思潮的一种主要方式。

旧式家庭的男女平权问题在乡村社会尤其显眼。柳亚子在1904年《哀女界》中,披发裂喉,向二万万女同胞大声疾呼:"公等之束缚驰骤二千年于兹矣,奴隶于礼法,奴隶于学说,奴隶于风俗,奴隶于社会,奴隶于宗教,奴隶于家庭,如饮狂泉,如入黑狱。"是时,从上海城东女校学成返里的倪寿芝女士在自宅创设"求吾蒙塾"和"黎里不缠足会",提倡男女同校,鼓励女子天足。柳亚子代其作《黎里不缠足会缘

---

① 柳亚子:《五十七年》。

起》,对"三寸金莲"的病态美提出诘难:"血肉崩溃,则容颜憔悴;步履艰难,则行止倾侧。我不知所谓美观者又乌在也!"西风东渐,昌行女权,"而乡曲固陋,囿于见闻,左顾右盼,莫敢先发。"于是,柳亚子开风气之先,支持"不缠足会","知我罪我,皆所不顾"。他欲替九岁的妹妹平权放足,母亲提出条件:平权放足与亚子剃发同时进行。亚子想,脚一放难以再缠,头发剃掉可以再生,便答应了母亲,平权得以放足。第二年,亚子又说服母亲,便把平权送入苏州的苏苏女学。从柳亚子在《新黎里》上的一篇文章可以看到,到1923年,黎里人们的社会精神大为改观:"至于难在起头,虽然是实情,然而潮流所趋,也有不期然而然的,一人创意,万夫景从,你看辫发缠足,不都是中国数百年来的国粹吗?旧习惯势力,而今安在?那主张剪发放足的人们,终究得到最后的胜利。"

　　对于大家庭制度,柳亚子有着深刻的体验:"许多公婆妯娌伯叔小姑,都是没有受过教育而性情又各别的,胡乱聚在一处,什么叫长辈,什么叫小辈,一群乌合之众,里面却又有很严重的阶级。"所谓"很严重的阶级",就是封建伦理道德观念的集中表现——纲常名教。为此,他提出,必须更新家庭观念,组织小家庭,以个人本位主义移易家庭本位主义。但他没有操之过头,不切实际,而充分注意到了传统大家庭的积极方面,如尊老爱幼、重家庭义务而轻个人享乐等,主张:"结婚后的男女,一定要继续他们固有的职业,那小家庭的生活费,是应该男子女子双方共同担任,那就轻而易举了。至于对待两方面的父母,当然要尽相当的敬爱",如果父母没有财产,子女必须供给他们生活费用,"倘然父母因担任子女教育费而举债的,那子女更加要担负偿还的义务了"。①从父母这一方面说,当然要与子女保持平等地位:"废除中华民国不通行的拜跪,和一切古老相传无谓的礼节。做长辈的,以不干涉为原则,实行亲爱主义,那便是家庭的无上幸福了。"②

柳亚子的小家庭就是按照这样的思想建立起来的,乡村社会的人们都知道,那叫"文明结婚"。文明结婚包含两层涵义:一是自主抉择的男女双方追求以爱情为基础的婚姻结合;二是结婚的礼仪大为简化。

柳亚子的夫人郑佩宜女士是盛泽镇人,父亲是商会会长,有志办学,他创办的郑氏小学是镇上第一所学校。郑氏私立的学校,自己的女儿却不能进,因为那是给男孩子开的,佩宜只能站在教室外面听讲。15岁时,她晚上偷偷地剪断裹足布,终于未成"三寸金莲"。1906年10月,柳亚子与郑佩宜在盛泽郑府举行了"文明结婚"礼。据《盛泽镇志》,新夫妇不牵长红绸,新娘不戴头面,不盖四方红巾,穿粉红色衣裙,新郎穿长袍马褂。婚仪开始,新夫妇向长辈三鞠躬,再相互三鞠躬,即仪毕就宴。人们争相观看,门庭堵塞。此举轰动全镇,在全县开风气之先。后来随柳亚子先生从事民主革命活动的爱国人士毛啸岑先生,也在黎里举行了文明结婚仪式。毛啸岑在茶话会上,报告了他恋爱的经过,说他和

---

① 柳亚子:《婚姻制度改革谈》,《新黎里》1923年8月1日。
② 柳亚子:《婚姻改良浅说》,《新黎里》1926年5月16日。

四、静悄悄的革命

女友的结交,最初由朋友介绍通讯,由通讯而互相了解性情、学问和主义,以至于约期会面,由友谊而入恋爱,而求婚,不合八字,不送礼金,不拣吉期,破除种种不文明的陋习。

1909年11月以后,柳亚子主要忙于南社事务。1915年时的南社,因为不断的"内讧",已经很不景气,而时局又变得愈来愈坏,柳亚子愁苦万状。是年中秋之夜,他与里中友人顾悼秋发起酒社,"踏灯秋禊桥畔,泛月金镜湖头",长歌当哭,借酒浇愁,柳亚子不善酒,却"天天狂歌痛饮,喝醉了便在堆满瓦砾的空场上乱跳乱滚"。事先顾悼秋撰有一篇小启:"风景不殊,河山已异,腐鼠沐猴,滔滔皆是。洁身自好之士,辄欲遁迹糟窟,以雪奇恨,此酒社之所以作也。"自此,每届中秋,必集酒会,凡六年。中秋佳日,丹桂飘香,清风嘉月里社,不闻尘事喧嚣,但求心灵慰藉。黎里是脆弱书生的精神家园!

继酒社之后,1916年夏有销夏社之结,1917年冬有销寒社之会。柳亚子《销寒社录序》末云:"乐哉诸子,可谓翛然物外,好整以暇,不知有汉,何论魏晋者矣。余胸中愤血,轮囷盈斗,嚼雪饮冰,犹嫌其热,何足报诸子之雅命。"块垒郁结于心,何得逸游自恣?

19世纪20年代到来的时候,睡狮又吼。新文化运动大潮冲天,各种主义和思潮轰然激荡,大浪淘沙,柳亚子在进行艰难的选择。此刻,柳亚子来到周庄古镇。周庄贞丰桥堍有卖浆家曰"迷楼",1920年12月,柳亚子邀陈去病、叶楚伧等十余人,在此酣歌痛饮,日夜忘返,三天乃散。后,有《迷楼集》行世,其中以酒家少女阿金美貌为题者不少,时谓"夫柳子之志荒矣"!柳亚子曾有解释:"我们尽日沉醉于此,差不多像入了迷楼。从前,隋炀帝的迷楼是迷于色,我们这个迷楼是迷于酒。所迷不同,其为迷一也。"今天,亦有人为之辩护,说是杯中之物原是有所寄托,或是以此浇愁而已,世人焉得见不及此? 其实,酒色,人本趋之;孟子有言:"食色,性也。"失慎则迷失,适可而止者乃君子!柳亚子堪称君子,他吐故纳新,很快投身于新文化运动的大潮中。1923年初,柳亚子会同黎里区教育会等9个团体,共64人,成立《新黎里》报社,自任总编辑。次年4月1日,《新黎里》半月刊正式创刊。在发刊词中,我们发现一个新生的柳亚子:

> 从前种种,譬如昨日死。以后种种,譬如今日生。此日新又新之说也。潮流澎湃,一日千里,吞养吐炭,舍故取新,苟非力自振拔,猛勇精进,欲不为时代之落伍者,乌可得哉!

20年前,柳亚子曾经出过一本钢笔板印的《新黎里》月刊;20年后,"当日理想中的新黎里,究竟在哪里呢咦?"今日《新黎里》能做些什么呢? 作为乡土精英的柳亚子这样认为:

> 治始于乡,哲人所乐道。黎里虽褊小,比于全中国,不足一黑子之着面。然声名文物,亦自有其数百年之历史,彪炳于邑志里乘。今者旧礼教已破产,而新文化犹

四、静悄悄的革命

在萌芽。青黄不接,堕落实多。旧染污俗,孰为当铲除者?思潮学理,孰为当提倡者?讲求而实施焉,宁非先知先觉所有事哉?夫断脰沥血,争主义于国门,此英雄豪杰所优为,而人人尽其心力。以供(贡)献于一乡,亦国民之天责(职)。

创刊伊始,《新黎里》气势凌厉,接连推出旅大问题、婚姻问题和劳动纪念问题等特刊。在《劳动纪念特刊》中,柳亚子指出:

> 我们国里的同胞,除了最少数觉悟的工人和学子,简直还不知道五月一日是什么日子,劳动纪念是什么东西。可怜的劳动者,也大多数俯首贴耳过那每日工作十几小时的非人生活,那不是中华民族的羞耻吗?那不是世界进化的障碍吗?

在我们这个传统的农业大国,农民最多,生活困苦。柳亚子把《蚬江声》的《田主与佃户》转载于《新黎里》:

> 我国田主的专横暴厉,恐怕要比西洋的资本家胜过十倍,那么佃户所受的痛苦,自然也要比西洋的劳工甚十倍了。……这种情形,住在城市里高唱社会主义的先生们,恐怕见不到。

在1923年5月1日《新黎里》上,我们可以见到一位站在政治岔道口的柳亚子:虽醉心于马克思之学说,布尔什维克之主义,而终究是道听途说,犹在若明若昧之间。

在《新黎里》的影响下,吴江及附近各区闻风而动:吾邑诸地区,若《新黎里》,若《新盛泽》,若《新吴江》,若《新震泽》,若《新同里》,若《新莘塔》之流,纷纭并起,霞焕云蒸,读者至目不暇接,盖蔚然成一时风气矣!①

1924年初,柳亚子以同盟会员的资格加入改组后的中国国民党,积极从事吴江组党活动,先在松陵、盛泽、黎里成立三个区党部。同年8月,县党部在黎里成立,柳亚子被选为吴江第一届执委会常务委员。从1924年到1926年,国民党吴江县党部分别在盛泽、黎里、震泽、平望、同里召开了五次代表大会。从此,乡里社会发现了柳亚子鲜明的革命家形象。1925年10月15日《新黎里》报道:

> 国民党吴江县"三大"是1925年10月10日在震泽召开的。次日,震泽区教育会(会长是杨剑秋)发起了各校各界庆祝双十节大会,地点在体育场。与会者高呼口号:"打倒帝国主义!打倒军阀!中国国民党万岁!中华民国万岁!"柳亚子作演讲,杨剑秋是这次庆祝会主席。下午国代会继续开会,其中讨论议案甚多,晚上各校提灯游行庆祝,国民党员参加,手提"三民主义宪法"之红灯,绕市一周而返。另一部分在城隍庙开映幻灯,

---

① 见朱肖鼎《柳亚子的一佚文〈怀念周庄〉》,《解放日报》1992年1月5日。

四、静悄悄的革命

并露天讲演,仍由杨剑秋君介绍,国民党江苏省党部特派姜长林来演讲。

据盛泽老人回忆,柳亚子经常在东庙向民众发表演讲,宣传革命,宣传反对袁世凯卖国的二十一条,宣传抵制日货,听者十分踊跃。他还与群众一起上街示威游行。柳公平时说话口吃,但演讲时却慷慨激昂,口齿流利。经过政治社会化的乡村人们,日益贴近波澜壮阔的时代。

1927年"四·一二"事变发生,国民党在东南各省实行清党,大肆捕杀革命志士,柳亚子在国民党通缉的193名中共党员和国民党左派人士中,名列第21名。风声虽紧,但是没有人想到它会祸延偏僻的黎里小镇。身历其境的柳无非(柳亚子之子)60年后回忆当时的情景时犹历历如同昨日:

> 5月8日夜半,我们一家人都已熟睡,忽然申姑母(适凌氏)手持烛台,走来告知父、母亲,外面有不寻常的叩门声。母亲思路灵敏,立刻意识到定是有人来抓父亲。她机智镇静,让父亲起床穿衣,藏身复壁。①

次日凌晨,从复壁中出来的柳亚子一副渔民打扮,悄悄登上一条丝网船。船急橹摇离黎里。

与柳亚子不同,从1905年上海的《二十世纪大舞台》被

---

① 柳无非:《我们的父亲柳亚子》,第54页,中国友谊出版公司1989年。

查封,直到1932年,陈去病一直寓居在江南大中城市,一度还远至广州,他的活动舞台更为广阔,虽然其间数度留连乡里。

就是这偶着的踪迹,偶然的作为,也在乡邦文献上留下了一笔。1904年8月,陈去病在上海《二十世纪大舞台》载文,力陈改良戏剧的社会影响:"其奏效之捷,必有过于劳心焦思,孜孜矻矻以作《革命军》、《驳康书》、《黄帝魂》、《落花梦》、《自由血》者殆千万倍。彼也囚首而丧面,此则慷慨而激昂;彼也间接于通人,此则普及于社会,对同族而发表宗旨,登舞台而亲演悲欢,大声疾呼,垂涕以道。此其情状、其气概,脱较诸合众国民在北米利坚费城府中独立厅上高撞自由之钟,而宣告独立之檄文,夫复何所逊让?"

1913年,陈去病在"二次革命"失败后回乡小住,适遇日本留学返乡的任连城。任是我国最早新剧组织"春柳社"的成员,正在同里组织新剧社,名"桐花社"。陈去病为"桐花社"撰写征求社员小启,以示赞同与号召。任连城后人任传济勾勒过这一段轶闻:1916年以后,"桐花社"渐有起色,用方言演出《一缕麻》、《空谷兰》等社会家庭剧,通俗易懂,乡人颇感兴趣。在松陵、黎里和盛泽等地有识之士赞助下,"桐花社"得以在这些镇巡回公演,轰动一时。1932年同里小学30周年校庆,范菊高、叶得露把甲午战争中左宝贵血战平壤玄武门的故事编成剧本《左宝贵平壤喋血记》,这已经是

四、静悄悄的革命

所谓"文明戏"了。已经辞职里居的陈去病对此表示赞赏。①

1932年,劳累一生的陈去病鱼恋故渊,在同里小镇,出入酒肆茶坊,与故旧耆老闲话桑麻,纵谈地方故实,有《家居》吟:

> 嫩绿分明次第新,盈庭花木自精神。
> 枝头好鸟时相遇,竹外绯桃又占春。
> 岂有文章俱述作,只看兰桂长儿孙。
> 归来百事都闲适,洗尽元顽万斛尘。

一方百姓或许已经忽略了这是一位曾经叱咤风云的革命家。不过,他们更熟悉更习惯眼前的陈老爷。第二年中秋,陈去病去世,小镇人顿感月冷风阴。

此刻,柳亚子正在上海,1927年5月,被国民党赶出黎里;金松岑正在苏州,1911年秋,被乡人撵出同里。

---

① 任傅传:《陈去病与家乡戏剧活动》,《吴江文史资料》第4辑。

五、姑苏风骨

"七君子"在苏州

1936年12月4日,苏州已是上灯时分。十几辆黄包车,载了一批犯人,在武装警察的押解下,向横街江苏高等法院看守所驶去。起先,司空见惯的市民们照例是要议论一番的。一些知情的年青人说,车上载的是"救国会七君子"。人们这才想起,11月26日的上海《申报》是这样写的:李公朴等自从非法组织所谓"上海各界救国会"后,托名救国,肆意造谣,其用意无非削弱人民对政府之信仰。近且勾结赤匪,妄倡人民阵线,煽动阶级斗争。更主张推翻国民政府,改组国防政府,……竟复由言论而见诸行动,密谋鼓动上海总罢工,以遂其扰乱治安,颠覆政府之企图。

一般人不知道"君子"怎么跟"罪犯"联系起来。1937年初,上海《妇女生活》报的女记者子冈,来到苏州地方法院看守所,"看望"

五、姑苏风骨

"堂姐"史良：

> 我在门前的"众目睽睽"之下耗着时间，在苏州这个古老的地方是不常看见"旗袍阶级"的女学生式的人出入看守所或监狱的，好像罪恶会和读书人绝缘。黄包车夫和善心的泡水买菜的女人围满了一群，他们问道：
> "你要寻啥人啊？"
> "他犯的什么案子，叫什么？"

当他们听说是个女人时更懵然了，追问着犯了什么罪。情急之中，子冈一时语塞："我的堂姊是个勤奋的学生，是个肯尽天良维护正义的律师，是个在国难危急时不忘记国民天责，而出来向侵略者反抗的老百姓。"①

"七君子"并不孤独，他们在苏州一下子出现了许多亲戚朋友。全民流通图书馆派出沈钧儒的"干女儿"前往探监，黄埭乡师周建平等四人去监狱向七君子赠送《狱中记》……苏州报界的关注更加理所当然，当时的苏州记者冯英子回忆道：1936年，"七君子"被送到苏州拘留之后，当时苏州成为采访"七君子"新闻的重点。"七君子"案开庭前夕，《大晚报》的邵宗汉先生，特地来苏州找我，要我抓紧对"七君子"事件的采访，不要漏掉有关这方面的任何情况。冯英子不认识"七君子"中的任何一个人，但他坚信，爱国而有罪，那还

---

① 子冈：《"堂姐"史良会见记》，《子冈作品选》，新华出版社1984年。

苏州史纪(近现代)

成什么世界?

坐监狱不是住旅馆,条件艰苦可想而知。狭窄的硬板床,对于年逾花甲的沈钧儒来说,如躺针毡。苏州的一位学生不忍心老师受此折磨,特地买了一张棕垫床,送进监狱。七君子羁押苏州的消息在社会上传开后,每日来探监的人络绎不绝。跟人们想象的不同,苏州监狱的气氛,似乎过于宽松。沈钧儒等在上海被捕后就一致认为:"六个人是一个人",坚决要求六人关在一起,预先约定:倘若法院方面要强迫他们六个人分开羁押的话,就要以绝食来抵抗。经常出入看守所的朱公亮律师回忆说:沈等六人分住三间平房,有一会客间,可以读书、看报、会客。大家尊沈老为家长,彼此谈笑自若。一次,沈老指着章乃器和朱公亮说:"了不得,你们二位的贵乡,可都是出大人物的宝地,青田(指章)出了刘伯温,淮阴出了个韩信。"诙谐的话引得哄堂大笑。六君子对于每天的生活都有一定的安排,经常运动,锻炼身体,还看书、著书、做诗或写字。那时候,四川省的旱灾很严重,他们曾合作写了许多字幅,送到上海展览出售助赈。朱律师分析:六君子有此待遇,原因在于国民党当局迫于舆论,不得不改善监禁条件,看守人员出于对爱国者的景慕,也多行方便。

七君子中的女君子史良,于1936年12月30日上午,自动到苏州的江苏省高等法院投案。因为是女性,被单独囚禁在司前街看守所。看望史良的子冈也感到"阿姊"在这儿受着优待:她独住着一间过去是看守住的屋子,在最初三四个月里,她是住在"号子"里的。后来所里居然特别给了她一间东房。经过她自己的布置,简直像是一个中等家庭的卧室

五、姑苏风骨

了。绿窗幔撂在一边,从纱窗里可以窥见几片绿叶和狭窄的天空,虽然森严的高墙也就挡在前面。一张书桌饭桌兼用的小台子上铺着白布,床也是人家新送的,床底下是她的食柜——地板上散放着些罐头杂物。书架上有一些法律经济哲学的书,她近来在研究各国犯罪学,经济学等等。

看守和女犯都尊敬地称她为"史先生",往往连吊一桶井水也要代劳。为了不愿意贪吃懒做地享福,为了想运动运动的史先生十分不习惯。一份访问记录说:女看守长姓任,是江苏宜兴人,有爱国心,很同情史良。她做得一手好菜,经常给史良弄一些好吃的,以至后来史良出狱时,体重由原来的140磅,增加到了180磅,咯血和胃病全好了。①

女犯们为认识了一位君子而高兴;与女犯们的相处,让君子再一次看到了旧社会的丑恶和中国妇女的苦难。在《我所走过的道路》中,史先生回忆道:

> 在那些女犯中大部分人是因为婚姻案件而犯罪的。我记得有一个被判无期徒刑的女犯陈王氏,她原有情人,却被旧社会不合理的婚姻制度所苦,不能成婚,而被强迫嫁给了素不相识的男人。婚后受尽丈夫欺侮,痛苦已极,终于被迫杀人,去寻奔原来的情人,案发被捕。这是一个惨痛的故事,它是中国妇女在封建制度下被桎梏、被窒息的苦难的缩写;是中国妇女在绝望中挣

---

① 参见周天度:《七君子传》第524页,中国社会科学出版社1989年。

扎而又倒下去的一出无声的悲剧。

沈钧儒在1937年1月5日给儿子的信中说：

> （1936年）十二月四日由上海移押苏州高院看守分所，在城内吴县横街。所居之室系新筑，本专备在押人犯之有病者居住，一排六间，为一独立之院，有一个较大的天井。室内均有地板，墙壁瓦椽均甚清洁，法院亦予我等以优待。该院内再无拘押其他人犯。六人分居三室，每二人卧一室，另一室为吃饭写信之所，并许装一火炉，余二室住看守者。在内一切起居饮食，均尚自由，惟不准阅报，甚为苦闷。自十二月十二日起又停止接见，并家属亦在禁止之列……现已二十四日（今日一月五日也），屡次请求，尚未邀准许。①

狱中气氛陡然紧张，是因为狱外世界风云突变。1936年的12月12日，震惊中外的西安事变发生了。君子们的命运与中国的命运悬而未卜。那段时间里，他们与外界几乎隔绝了，什么消息也不知道，但内心是宁静而坦然的。他们曾考虑到万一被绑出去枪毙的问题。经过讨论，大家一致认为，应该从容就义，要高唱《义勇军进行曲》——"起来！不愿做奴隶的人们……"临刑时应该共同高呼："打倒日本帝国

---

① 转自《七君子传》第90页。

五、姑苏风骨

主义！民族解放万岁"等口号。①

西安事变和平解决，迫使蒋介石国民党同意停止内战，联共抗日，释放爱国领袖及一切政治犯，从而成为时局的转折点。人们总认为"七君子"出狱不成问题了。1937年4月3日，法定的羁押期已满，江苏省高等法院对七君子和罗青等13人以所谓危害民国为目的而组织团体，并宣传与三民主义不相容之主义，依刑法第十一条、第二十八条，系共犯《危害民国紧急治罪法》第六条之罪为辞，罗织成十大罪状，提起公诉，各大报刊纷纷将起诉书全文刊载，具体有所谓："企图颠覆政府"、"助中国共产党张目并与其勾结"、"煽动罢工"、"勾结军人，谋为轨外行动"云云。

如此倒行逆施，引起社会各界的愤慨，律师界更是义不容辞。按照刑事诉讼规定，每个被告可聘请三名律师。当时救国会案的实际被告是十名，聘请了二十七名律师，很多司法界的老前辈和社会知名人士皆列名其中，如张耀曾曾任北洋政府司法总长、代理总理，汪有龄曾任司法次长、总检察长，江庸曾任修订法律馆总裁、朝阳学院校长，陆鸿仪曾任大理院庭长、修订法律馆副总裁，刘崇佑曾任国会议员、担任过周恩来同志在天津领导学生运动被捕时的辩护人，张志让曾任大理院推事、东吴大学法律学院教授、复旦大学法律系主任，刘世芳曾任上海公共租界工部局华董、东吴大学法律学院教授，吴曾善是吴县律师公会会长，俞钟骆是上

---

① 沈叔羊：《爱国老人沈钧儒》第33页，浙江人民出版社1981年。

海律师公会常务理事等。其他如江一平、陈霆锐、俞承修等,也都是当时律师界的名流。据章百先生的考察,辩护律师中的三分之二与苏州有关系:陆鸿仪、吴曾善、刘祖望三人均为苏州律师,陈霆锐、汪葆楫虽为上海律师,但都是苏州人,陈霆锐之父陈龄诗是苏州前清进士,而且住在苏州。江一平、鄂森、孙祖基三人是东吴大学法律学院的毕业生,张志让、刘世芳、俞承修三人是东吴法律学院的教授,罗青等三人的辩护人谢居三、朱公亮、敬树诚、庄骧、薄铸都是苏州律师,李文杰也是东吴法律学院的毕业生。在辩护律师二十七人中,与苏州有这种或那种关系的,竟达十七人之多。①

这不是一般的官司,为这种案子辩护,是要有勇气的。朱公亮先生是当时的辩护律师之一,他后来谈到:"律师是自由职业者,不算公职人员,没有薪金待遇。挺身而出,参予为这种政治大案担任辩护,甚而解囊垫款,而不顾及可能招致的政治风险。"

但这是在为真正的君子辩护,非君子不与。

"七君子"的答辩状,由张志让律师主稿,洋洋两万字,对起诉书拼凑的那些牵强附会、故入人罪的条款,逐条逐项提出辩驳。"共同正犯"罗青因筹组江苏各界救国联合会被捕,答辩状由他本人在狱中起草。经过多方努力,上海《大公报》、《申报》终于给了被告说话的机会,辩诉状见报了;同时,社会也盛传着32开张的状纸。

---

① 章百:《"七君子"案的辩护律师团》,《苏州杂志》1990年第4期。

五、姑苏风骨

罗青的辩诉状像是在做政论,论及救国会之真正根源:"实为'九一八'事变以来,弥漫全国之救国运动,而救国运动之高涨与组织化,则自前年(民国廿四年)发生之华北事件始……北平各学校首于12月6日,通电全国誓死反对防共自治……呼吁政府动员全国对敌抵抗……继而发生'一二·九'、'一二·一六'两大游行示威,提出立即停止任何内战等口号。北平发动后,天津相继兴起,不旋踵间,全国响应,各地遂纷纷有救国团体之出现,全国各界救国联合会之产生其背景原因完全在此。"①

蒙在鼓里的百姓方始明白:这是一桩冤狱。但爱国何得罹罪,让他们百思不得其解。翻开1937年5月16日的北平《晨报》,《论沈案与精神团结》一文写道:沈钧儒等之拘捕起诉,更和政府嘴里所说的相矛盾,而给全国及世界不良印象。政府为增加御侮力量打算,虽外国尚须联合,虽外国人民的好感尚须取得,请问:自己的人民何以不速联合一致?何以对于人民救国团体认为非法?对于从事救国者认为有罪?这是极难理解的。

看来,君子蒙冤,不纯粹是,或者说根本不是一个司法问题,而是政治问题。古来君子潜心研读圣贤之书,不闻窗外之事;为今之世,古老民族屡踬于列强凌辱,一方书斋已放不下一张书桌,多少匹夫披肝沥胆请命于当道。书生君子披挂上阵,本属无奈,不意却干犯《危害民国紧急治罪法》。

---

① 见朱公亮:《"救国会"在苏州审判经过的回忆》,《苏州文史资料选辑》第11辑。

究竟是君子,严词驳斥,酣畅淋漓。

七君子渐渐为苏州百姓、为全国百姓所熟悉。

沈钧儒,七君子的领头人,浙江嘉兴人,1875年1月出生于苏州。曾留学日本法政大学,从事过立宪运动,参加过辛亥革命,反对过北洋军阀,已经坐过国民党的监狱。1935年,率先响应中国共产党抗日民族统一战线的号召,先后组织上海文化界救国会和全国各界救国联合会,从事抗日救亡,因此入狱。

章乃器,浙江青田人。银行出身的他,于1927年在国民党发动"四·一二"反革命政变的血腥岁月里在上海创办《新评论》半月刊,涉嫌"袒共",转而干起本行,为民族资产阶级立言,主张对民族工商业实行保护主义的经济政策。民族危亡之际,因倡导救国,与沈钧儒等五君子一同被捕,时届不惑之年。

邹韬奋,江西余江人。1926年起在上海主编《生活》周刊,是一位名记者;"九·一八"事变后,为反对国民党的不抵抗政策,创办生活书店,是一位出版家;1935年8月从国外回来后,在上海、香港主编《大众生活》、《生活日报》等,因领导上海各界救国会和全国各界救国会入狱,是一位革命家。

李公朴,江苏扬州人。1936年,作为全国各界救国会的负责人之一,被国民党当局逮捕,虽与七君子一同获释,但最终未能免遭毒手。1946年7月1日,在昆明被国民党特务杀害,时年46岁。

史良,江苏常州人,是一位正直的女律师。热心于为政治犯辩护,却因为创立妇女救国会,作为全国各界救国联合会的领袖人物被捕,成了政治犯。其时,她还不到40岁。

王造时,15岁走出了江西安福山区,16岁进了清华园,从"五四"到"五卅",参加政治活动太多,恨读书太少。1925年来到美国,一口气在威斯康星大学拿了学士、硕士、博士三个学位。在大学教书,宣扬各种主义,国民党当局不让他教书;因为同情共产党的抗日民族统一战线政策,成了"七君子"之一。

原籍苏州的沙千里,1901年生在上海。不短的洋布庄职业生活,体验了人世间的种种不平,成为一位主持正义的律师。说是要学习蚂蚁精神,奋斗不息,抗日救亡。他以上海职业界救国会代表的身份参加上海各界救国会,继而成为全国各界救国联合会的领袖,成了君子。

七君子在江苏高等法院看守所

苏州史纪(近现代)

1937年6月11日,"七君子"案在苏州高院刑事第一法庭公开审理。那天天气阴暗,淫雨霖霖,原定下午2时开庭,法院门口早早聚集起数百名准备旁听的群众。监审前,法庭突然布告,禁止旁听。如此法庭,自践法律,群情汹汹。据当时《大公报》报道:沈钧儒等被控危害民国一案,江苏高等法院11日下午开庭审讯。沈等晨11时半由看守所签提至院。沿途军警配置岗位,法院内外亦布宪警及法警,戒备严密。今日开庭原属公开审讯,嗣因风闻有人图谋捣乱法庭秩序,故临时禁止旁听,沪苏两地记者再三交涉,始得特加旁听;各被告家属亦经苏绅张一麐等要求,方得通融旁听。故旁听席上仅寥寥三十余人。

能够进入法庭的几十人,有幸领略了七君子的风采。开庭时,七君子排列于前,衣着整齐,神态轩昂。沈钧儒、李公朴着长衫,史良是旗袍,其余的人都穿西装。一位在场律师后来说,这场审讯与其说是法庭在审问七君子,毋宁说是被告在审问法庭。七君子发言时,率皆背对法庭,面朝旁听席,说理简洁有力。审判长几次提出"你转过身来,转过身来"。他们悠悠转过一点,又慢慢转回身去。沈钧儒作为第一被告首先受审。

审判长问:"你赞成共产主义?"

"赞成不赞成共产主义?这是很滑稽的。我请审判长注意这一点,就是我们从不谈所谓主义。起诉书竟指被告等宣传与三民主义不相容的主义,不知检察官何所论据?如果一定要说被告等宣传什么主义的话,那末,我们的主义,就是抗日主义,就是救国主义。"沈钧儒甩过话去。

五、姑苏风骨

"抗日救国不是共产党的口号吗？"

"共产党吃饭，我们也吃饭；难道共产党抗日，我们就不能抗日吗？审判长的话，被告不能明白。"

"那么，你同意共产党抗日统一的口号了？"

"我想抗日求统一，当然是人人所同意的。如果因为共产党说要抗日，我们就要说'不抗日'，共产党说统一，我们就要说'不统一'，这一种的说法，是被告所不懂得的。"

……

"你知道你们被共产党利用么？"

"假使共产党利用我抗日，我甘愿被他们利用，并且不论谁都可以利用我抗日，我都甘愿被他们为抗日而利用。"

听到此，旁听席上的人无不为之动容，赞叹得发出声来。面对中国法学界、新闻界、著作界的佼佼君子，在真理、正义、事实和善良面前，审判长无以回对。

6月25日，第二次开庭。第二天的《大公报》描述道：急雨打窗，室内幽暗。被告被传来，十个由内向外排成一行，次序是沈钧儒、史良、邹韬奋、王造时、章乃器、沙千里、李公朴、罗青、任崇高、顾留馨，各人衣着大致与上次开庭时相同，不过各人都像很严肃。庭审中，七君子与检察官发生了激烈的辩论，气氛异常紧张。理屈词穷的审判推事，以接受七君子要求，"允向军委会调查军法令案卷"为辞，下了台阶。

在此前后，苏州成为世界注目的焦点。1937年4月12日，中国共产党中央委员会发表《对沈、章诸氏被起诉宣言》说：日本帝国主义的疯狂侵略，国民党的不抵抗政策，造成了数年来沉重的国难,大好版图沦亡异域,民族生命危若累卵。于是稍有热血之人,莫不奔走呼号以解除国难、解放民族为己任。沈、邹、章、李、王、沙、史等诸先生,则为此种救国运动之民众爱戴之领袖,诸先生以坦白之襟怀、热烈之情感、光明磊落之态度,提倡全国团结,共赴国难,停止内战,一致抗日,此实为我中华男女之应尽责任与光荣模范,而为中国及全世界人民所敬仰。

第二次开庭的那天,宋庆龄、何香凝等十六人在上海发起"救国入狱运动",发表宣言及书面谈话,具状江苏省高等法院:爱国如竟有罪,则具状人等皆在,应与沈钧儒等同受制裁之列。具状人等不忍独听沈钧儒等领罪而愿与沈钧儒等同负因奔走救国而发生之责任,为特联名具状束身待质,仰请钧院将具状人等悉予羁押审讯。10天之后,不见答复,宋庆龄等十余人于7月5日特地赶往苏州,请求高等法院把他们羁押审讯。在法院有了初步答复后,宋庆龄一行才返回上海。

1937年"七七"芦沟桥事变爆发,伟大的抗日战争全面开始。在全国人民的一致呼吁和要求下,南京当局不得不在7月31日恢复了七君子的自由。当沈钧儒等七君子走出看守所大门时,鹄立在烈日下等候已久的200多名民众清楚地领略了君子风采。当时前去迎接七君子的青年萧风事先制作了横幅标语,欢迎时曾面对着沈钧儒一行,摄下了一个镜头。令人惋惜的是,这张照片已经散佚。不过,七君子在苏州留下了许多照片,这些老照片与这起特殊的案件一起载入史册。在那几个月里,苏州,曾因为"七君子"而曾经备

五、姑苏风骨

受世界注目。

吴中二老

吴中二老，一指"仲老"张一麐，一指"印老"李根源，时人景慕张、李二人，呼为"二老"。

张一麐，字仲仁，人称"仲老"，1867年生于苏州。1903年（光绪二十九年），由陕西学政沈淇和四川学政吴郁保荐，应经济特科，中式第二名，得张之洞赏识，发往直隶以知县补用，直隶总督袁世凯一见即令入幕。1908年（光绪三十四年），光绪和西太后相继死去，宣统继位，摄政王载沣勒令袁世凯开缺回籍，张一麐随之返里。辛亥革命爆发，苏垣光复，张一麐出任民政司长；不久，应袁世凯电召，入京受任总统府秘书兼政事堂机要局长。袁世凯帝制自为，张一麐反复陈说，终不能阻，遽尔明升暗降，被擢任为教育总长，令其不得参与其事。据一份口述材料，曾有人唆使袁世凯杀掉张一麐，袁世凯苦笑道："我原谅他是个怯懦怕事的苏州人、无用之辈。大事未成，先开杀戒，恐失民心，暂且饶恕他。"1916年，护国军起，反袁浪潮日高。胆大妄为的袁世凯不得不求"怯懦怕事"的张一麐为其起草撤销帝制电令，言："余昏聩，不能早听汝之言，以至于此。故此申令，非汝作不可。"1917年，冯国璋以副总统代理大总统，聘张一麐为总统府秘书长。1921年，张一麐南归苏州，时年55岁。其实，他早生归意。1915年，张一麐被人指为蔡锷的反袁同谋，避居天津，赀粮仅够半年之数。时任北洋粮饷局会计的一位族叔，劝其移家归里,闭门谢客。这样,生计差可持久,人事亦易屏除。且吴中间井晏如,尤于奉母课子为宜。吴江友人费树蔚曾有《还山岭》记其事:

> 劝君留取一囊钱,办装归隐支几年,
> 城东水清街巷僻,客欲论事对客眠。
> 君家阿叔计烂熟,吾亦酿酒待君旋。①

李根源画像

李根源,字印泉,人称"印老",1879年生,云南腾冲人。在日本留学期间加入同盟会,回国后任云南陆军讲武堂监督、总办。朱德便是他这个时期的学生。辛亥革命后,任云南大汉军政府军政总长兼参议院议长。二次革命失败后逃亡日本,1915年归国,反对袁世凯称帝。1922年始,先后任北洋政府农商总长和代总理。1923年,反对北洋政府曹锟贿选总统,不愿同流合污,毅然弃官离京。先居上海,旋于1925年端午节息影于苏州,时年47岁。

---

① 毛羽满:《记苏垣爱国耆绅张仲仁先生》(上),《苏州文史资料选辑》第10辑。

五、姑苏风骨

于是,吴中有二老:仲老因文显,印老以武著;一者游子,风雪夜归;一者寓客,倦鸟栖林。"二老"并不老,还不到致仕的年纪。只因为性格特立,不愿随波逐流,不想随遇而安,一同想到了苏州。他们有过太多的社会阅历,也见多了人世间的纷扰,山清水软的苏州,或许能给疲惫的心灵带来一份自然的慰藉。

苏州也不宁静,仲老还乡之际,正是军阀混战之秋。1923年夏秋之间,江苏督军齐燮元与浙江军阀卢永祥,调兵遣将,纷集昆山、上海等地。仲老奔波于沪宁杭之间,泣血和平。8月21日,双方签订和平公约。据事后传说,仲老见齐燮元、卢永祥时,跪地为两省六千万人民请命。齐燮元、卢永祥亦跪地称:决不开第一枪。以仲老在全国之声望以及两省绅商之呼吁,齐燮元不得不签名于公约。

1924年9月,齐卢战祸还是降临了。

吴郡绾毂沪宁,夙称殷富。苏浙两军之战线,不过在八九十里外。军队过境需索百端。仲老与费树蔚日出阊门,至丁家巷4号刘正康家集议,劳心焦思,以谋庇护地方。正康行动不便,恃仲老之德望,口讲指列,批郤导窾。仲老亦亲招骄悍将士,晓以大义,薄犒善遣。当时直系将士皆北洋昔日之弁目,对仲老心存敬惮,犒劳之下,皆帖然而去。

1924年冬,齐燮元残部在镇江遭遇南下奉军张宗昌部,溃退至苏州。齐燮元一至苏州火车站,仲老便赶到:

> 齐燮元此时穷若丧家之犬,衣一厚呢之黑色大衣卧于稻草堆中……仲老开口即曰:"闻抚万兄(齐燮元

号)至,特来饯行。请燮元下车,至车站候车室进餐。"齐坚辞。仲老乃命人以正康事前准备之"宴月楼"京菜一席送至车上。随即问齐停车苏州站之意。齐曰:"欲稍收集残部,即行去沪。"仲老曰:"今据无锡车站电报,奉军之兵车已由无锡开出。"继曰:"阁下在江苏数载,虽无惠政于民,亦无甚恶感。今辽沈直皖,迭为雄长,今日胜者,明日或为败者。我劝抚万兄留一点去思,为后来与江苏人相见之余地。"齐默然不语。此时仲老声色俱厉语齐曰:"难道你欲糜烂我苏州地方吗?"齐燮元见仲老发怒,始言"决无此意"。仲老谢之,且促其即去上海。齐乃送仲老出铁棚车,下令赴沪。故当时苏州有传仲老于车站驱逐齐燮元之说。①

江浙间的战火虽息,但驻兵未撤,四民畏之如虎,奔避无宁。太湖流域的名绅商家,睹此时艰,在沪倡立"太湖流域联合自治会",拟以苏松常镇太杭嘉湖旧府州八属为特别区,实行自治。仲老在苏州首起响应。1925年3月间,悲哀民生维艰,仲老奔波于江浙省府,吁恳迅予撤兵,同时派人去北京请愿。苏南驻兵始陆续撤离。在仲老等一批开明士绅赞助下,5月24日,太湖流域联合自治会在上海成立,宗旨为息内争、谋自卫、保和平、筹休养。

仲老为官数"朝",足迹南北,社会关系广泛。立志不问

---

① 毛羽满:《记苏垣爱国耆绅张仲仁先生》(下),《苏州文史资料选辑》第11辑。

五、姑苏风骨

世事的老人,为了保境安民,以自己的操望作资本,重托门生故旧,周旋于久厌的烟瘴衙门,其内心的失衡可想而知。苏州因此有了一度安宁。但是,乱世里的兵卒,可以让他跳下戎马,却无法使他解甲归田。仲老尽力了。

看起来,印公更快地进入了他的"隐士"角色。他是一位儒将,生平好游,游迹几遍全国,所到之处,特别留意名人墓冢。在广东,重修南华寺与唐代名相张九龄祠墓;在海南岛,修葺明代名臣邱浚、海瑞等人的祠墓和儋县的苏东坡故居。印老抚慰着这些不安的灵魂,也昭揭了一份湮没的历史。30年代初,洛阳盗墓成风,墓志大批出土,印老以2000银元购下唐代墓志95石,租得一节火车皮,将此重达10吨的93块石头运到苏州,筑"曲石精庐藏九十三唐志室"以藏。1937年日本人打到苏州,他连夜将这批墓志运到西郊小王山,沉到山下关帝庙前的水池中。在苏州这座文化后花园里,唐代诗人王之涣的墓志铭,让人们了解到一代诗坛大家的行事本末。

这时的印老又开始了与苏州历史的对话。1926年4月12日,他从十全街家居背河,登上一叶轻舟,至吴郡西山脚下。此度访古分为两次,前后26天。从当年出版的《吴郡西山访古记》,我们可以体会到一位老人对历史的钟情和虔诚。他写道:出游以来,日行六七十里,夜局促舟中,篝灯写日记至三鼓,毫无疲敝状,今日休憩,转觉困惫异常,可知精神愈用愈出也。

印老每天清晨启舟登陆,翻山越岭,策杖攀缘,循径深入,至黄山、横山、尧峰、皋峰、穹窿、玉遮、天池、华山、邓尉、渔洋、安山、坳里、支硎、天平、灵岩、阳山、何山等踏访寺院古墓、碑碣，一群干枯的灵魂鲜活起来：顾雍、朱桓、顾野王、钱元璙、范氏三太师、韩世忠、魏了翁、周密、徐有贞、韩雍、唐寅、文徵明、赵宧光、申时行、王锡爵、文震孟、董其昌、徐如珂、周顺昌……寻查到顾雍墓时，印老且喜且忧：千年古迹，一旦披露，闻者莫不惊喜，然余不能无感焉。此墓明知在小王山，访之屡矣，其地距吾母兆域才五十丈，逾岭即是，且有墓碣可认，而几失之咫尺，彼乡人暨其子孙，亦茫然而听其湮没，吴中古墓若是者，不知凡几，滋可惧也。或曰隐显晦明，是有数焉，诚以求之，鬼神来告。然耶，否耶？

足下的历史让他欣喜莫名，眼前的生命令他倍感亲切。执手耆老，抚摩垂髫，印公用心体悟着一方生民的生活方式。在这里，他为异域他乡的母亲找到了最后的归宿。1927年10月，母亲阙太夫人去世，印老择定在小王山买山葬母。乡亲们说，小王山形如金牛，墓穴选在平旷的牛腹上，风水绝佳。谙熟阴阳之说的印老笑了：小王山背靠穹窿，面向灵岩，北眺阳山，南滨太湖，风景是美，母亲在此，庶几可以安息。我来这里守孝，也很高兴。乡亲们善良，农闲在苏州开羊肉店，乘暇刺绣、养蚕、制砚，我要向你们学习，不图升官发财，但求宜耕宜读而已。

印老精心设计了母亲的墓式。墓前置云南大理石拜台，两侧立青石狮子一对，墓北建花岗石碑亭，亭内列丰碑四块，正反镌父亲李君墓志铭、阙太君墓志铭、祭文、公祭文、灵表、家谱等，皆由章太炎、吴昌硕、黎元洪、金松岑等名人撰文。碑身从座到额高八尺，碑额精雕，碑座刻昭陵八骏图

五、姑苏风骨

案。墓间遍植松柏。印老孝诚感人,每逢母亲忌日,跪拜叩首,涕泪俱流,情状悱恻。为追念母泽,他称阙太夫人墓为"阙茔",后来创办了"阙茔小学",建设了"阙茔村"。在小王山一块石壁上,印老留下如下题刻:

> 小王山一名琴台山,又曰小黄山,穹窿中干也。葬汉驰义侯顾公贵;吴丞相顾公雍;梁建安令顾公烜;宋秘书正字周公南;顾文节公彦成;顾漫庄先生禧;潘氏南渡始祖;清赠刑部郎中王公元相;暨吾母阙太夫人共九墓。刊石纪之,以告徕者。中华民国十七年九月,前国务总理,农商总长,陕西省长李根源敬书。

他让一位本来微不足道的女性与八位乡贤并列于此,留给了苏州,因为这是他的母亲。但始终,我们对这位女性的认识,如同对她的"阙姓"的识别一样,总感到有些冷僻。相反,对另一块石壁上的一段文字,却倍感亲切:

> 蓼蓼者莪,匪莪伊蒿,哀哀父母,生我劬劳。蓼蓼者莪,匪莪伊蔚,哀哀父母,生我劳瘁。瓶之罄矣,维罍之耻,鲜民之生,不如死之久矣。无父何怙,无母何恃。出则衔恤,入则靡至。父兮生我,母兮鞠我、拊我、畜我、长我、育我、顾我、复我,出入腹我,欲报之德,昊天罔极。民国十六年,李根源泣血敬书。

这里没有阙太夫人的名字,人们只知道在叙述一位母亲,似乎,不只是印老的母亲。在我们这个民族,母亲都是这样的。

为了与母亲相依相守,1927年,印老筑起墓庐,题名"阙茔精舍"。印老读书之余,疏泉凿石,栽竹植松,松涛如海,诗人陈衍命名为"松海"。印老居此10年间,名流高士来者不计其数,其善书者皆留大笔。印老常年雇工二三,勒之于石,计有数十处,形成所谓松海:曰万松亭,曰听松亭,曰听泉石,曰吹绿峰,曰小隆中,曰卧狮窝,曰孝经台,曰湖山堂,曰梨云涧,曰灵池。"小隆中"之题,太炎先生有跋文道破印老心机:"退处十年筑屋松海,自署小隆中,又追慕武侯为人,盖仕隐不同,入淡泊宁静,亦山林之趣。"深居林海的印老一直处在仕隐两难的心境之中:

> 苟全于乱世,不觉入山深。
> 高卧小隆中,聊为梁父吟。

实际上,印老只不过是在重复千百年来无数士大夫曾经历过的精神苦难。他们常常压迫自身,企图在历史和自然中找到生命的寄托。但那里不可能有令其满意的终极解释,因为他们的生命底色过于浓烈,他们的周边环境过于恶劣,最后只能徒然地返回现实。吴中二老不是那种恃才傲世之辈,进则经纬天下,退可经略一方。

二老相识于民国初年的北京,故知相遇苏州,尤为投契。印老在阙茔精舍专为仲老辟出一室,结伴而居。两老闻鸡起舞,朝夕相谈。他们也谈国政朝纲,但那是坐而论道,心有余而力不足;或许能为身边的农民做点事,那是实在的。

五、姑苏风骨

1929年,仲老去了陶行知在南京办的晓庄师范,遂与印老、黄炎培发起建设善人桥新村。"新村主义"来自日本。日本作家武者小路实笃(1885~1976),寻求通过非革命手段,实现一种理想社会,于1918年底,在九州的日向,买地四十亩,建房三所,组织志同道合者三十余人,白天耕作,晚上读书、休息,被称为"新村生活"。这是世界上第一个新村。第二年,周作人把它介绍到中国,很快在知识分子中形成一股"新村运动"的热潮。1927年前后,仅就江苏而言,昆山的徐公桥新村,上海的黄渡新村,南京的燕子矶新村,办得相当出色。二老关于善人桥新村的设想,很快得到地方有识之士的响应,1931年由二老任正副主席的"善人桥农村改进会",在穹窿山下宝林寺内成立,委员12人。"改进会"隶属"中华职业教育社",下设5个分会,结合区政,分头开展乡村社会教育。1932年,改进会呈请省厅核准。善人桥专立一区,即吴县第20区,试办新村,善人桥区在木渎、胥口、光福和浒关之间,辖13乡镇,223村,近15000人。印老在善人桥镇寻到一位高中毕业生担任区长。同时罗致了一批新进人才:新村农林干事朱孟乐为留日农科生,新村医院主任马君毕业于北京协和医院,新村总教练兼保安主任曾为黄埔军校教官。至于新村之合作事业,则由农民银行苏州分行行长朱庆曾在善人桥分设合作社。

善人桥附近农民,多营副业,以补稻麦蚕桑之不足。1932年《善人桥区政录》记载:焦山产石料,在苏沪建筑市场上十分抢手。马冈山产紫石,可制砚,尤属文具佳品。篁村乡产各类树秧,名闻吴中。穹窿山之鬼箭、地龙、木香、淡竹叶、桔梗、野人参,赤松山之紫芝,天池山之地龙草,是重要的制药原料。又穹窿之杜鹃,宁邦坞之宝珠山茶,以及显忠之茅竹,坞中之獐兔,均属区中之特产。焦山一带兼业石工,塘湾专制木器及玩具,牛场廊则制砚,蒋巷则织夏布,其他或经商,或业营造,或樵薪采药,女子除务农外,大都兼作刺绣,均能各安其业,绝少游民。

辛勤劳作的农民缺少对市场行情的了解,仲老派人详加调查得知,新村之北有紫石砚,"市肆收购之出售于苏沪等地,质虽不若端溪之砚,然胜于歙品,且价廉,故购之者众。蠡市村中农人善制眼镜,为阊门内专诸巷眼镜店之外发加工地……城内戏衣店有专司放绣之职员,日奔走于各村之中"。为此,仲老建议设立合作社,实行乡村产业化:"欲仿欧美新图案,绣作靠枕、桌布、浴衣、席垫,皆灿烂夺目。开办一刺绣传习所,以资训练,学成出品,由合作社为之经销海外,以增加农民经济之发展"。①

穹窿山坞有三堰五闸,距善人桥镇约5里,分上堰、下堰,过山堰、园塘池、荷花池相连,中亘一堤,风景幽绝,其蓄水足以补助灌溉,各设一闸,以司启闭。三堰五闸历史久远,汉代的朱买臣及清代的汤斌、林则徐和李超琼都曾先后修浚,至20世纪30年代,因年久失修,"颓淤不堪,以致有时涓滴无留,有时漫溢田间,灌溉失宜"。善人桥农村改进会,鉴于先贤德政行将消失,于1932年冬发起开挖整修,一月

---

① 毛羽满:《记苏垣爱国耆绅张仲仁先生》(下),《苏州文史资料选辑》第11辑。

五、姑苏风骨

而告竣。仲老在此悉心勘察,全盘规划,拟建成一"仿佛西湖"之区。

当地风俗,遇有红白喜事,前村后巷,亲朋好友,举家而至,大鱼大肉,饱啖有达五六日而去者。贫困之家,为此而陷高利贷之魔窟。善人桥区政从民众教育入手,"除原有农民教育馆、民众茶园与各项宣传外,拟开办补习学校,举行循环演讲,实地推行,努力提倡"。仲老常至民众茶园,向茶客发表演说,劝谕乡民节约办理婚嫁及丧事。通过仲老的关系,朱庆曾在善人桥分设的农民银行合作社,以 $1\%\sim2\%$ 的低利率贷给农民,高利贷剥削遂无人问津。

在改进会的工作过程中,二老对乡村社会的亚文化,有了更为感性的认识。1934年,江南大旱,村民迁怒仲老,认为与其把藏书庙东岳殿改为学校教室相关,一金姓农民抗阻甚烈。二老与其僵持于藏书庙很长时间。在一份内部资料中,有这位农民后代的一段叙述,让我们知道了这件事情的最后解决办法:事后,父亲被遣送苏州感化院反省,时值大旱,必须及时抗灾救苗。村民让印公向仲老说情,开脱父亲。父亲获释归来,印公即委派他组织村民,疏浚黄家泾浜与犯人泾浜等河道,建筑塘坝,使用机船戽水,庄稼损失稍缓。后来,印公送父亲一条黄牛,慰其抗旱有功,勉其务农勤耕。父亲愧疚不已,主动向仲老请罪,仲老说:"也要怪我说服教育工作做得不深入,现在我了解你的性格了。"父亲从此服贴。①

---

① 参见金云良:《饮水思源忆印公》。

苏州史纪(近现代)

二老在善人桥建设新村的时候,日本人已经打到了上海。1932年发生"一·二八"事变,日本驻沪海军陆战队突袭闸北,十九路军奋战抵抗,序战即告大捷。想我十九路军壮士,以竹笙单衣,窳劣武器,而屡挫顽强,仲老为之感奋不已,会同印老,倡议组织"老子军",刊诸报章:

> 青年有同志军,则老人应有老子军,少者壮者前程远大,来日方长,若多牺牲,未免可惜。至老者忝在父兄,理宜奉率,以年齿论,如商贾早有赢利,折阅本在意中,视死如归,是其天职,故取吴中范希文(范仲淹,字希文)小范老子之意。

虽未能成军,然"老子军"之名,不胫而走,磅礴于天下。"一·二八"淞沪之战,抗日将士伤亡惨重,印老在善人桥马冈山东麓建"英雄冢",营葬烈士忠骨78具。墓前有两碑,"气作山河"之碑,由张治中将军书题,文曰:

> 李印泉先生在苏,集前十九路军及第五军上海抗战一役殉国将士凡七十八人,葬于马冈山之麓,命名为"英雄冢"。以治中曾忝附斯役,自维当时,制敌无术,书此不觉悲愧交集,泪下如绠矣。

迨1937年"八·一三"淞沪抗战,我军阵亡更多,二老组织红十字会赴前方抢救伤员,殡殓忠骸1200多具。因墓园已无隙地,尚有82具未能葬入,便另辟石码头砚山墓地,

续葬立碑,当地人称为"伤兵坟"。二老执绋送葬,奉安英魂。印老赋诗以志伤悲:

> 霜冷灵岩路,披麻送国殇。
> 万人争负土,烈骨满山香。

此际,已是苏州沦陷前夕。

余晖洒在古城

苏州人总以"太炎先生"尊称章炳麟。其实,炳麟是他后来之名,一般的人,不太清楚他初名学乘。太炎先生之更名,因为仰慕明末清初苏州昆山的爱国主义思想家顾炎武,顾氏名绛,他改名为绛,号太炎;太炎先生是浙江余杭人,曾寓居苏州,亦终老于苏州;太炎先生是个学者,却是以革命家的形象闻名于世的。鲁迅先生也有这样的感觉:

> 我以为先生的业绩,留在革命史上的,实在比在学术史上还要大……我的知道中国有太炎先生,并非因为他的经学和小学,是为了他驳斥康有为和作邹容的《革命军》序,竟被监禁于上海的西牢。

鲁迅写了《关于太炎先生二三事》,还有对其生平脉络的精辟勾勒:

苏州史纪(近现代)

> 考其生平,以大勋章作扇坠,临总统府之门,大诟袁世凯的包藏祸心者,并世无第二人;七被追捕,三入牢狱,而革命之志,终不屈挠者,并世亦无第二人:这才是先哲的精神,后生的楷范。

在这之后,鲁迅先生说他"既离民众,渐入颓唐"了:

> 太炎先生虽先前也以革命家现身,后来却退居于宁静的学者,用自己所手造的和别人所帮造的墙,和时代隔绝了。

走出书斋,呼号几十年的太炎先生累了。他又回到了书斋,企图寻觅本该属于学者的一份宁静。1932年秋,太炎先生从烦嚣的上海来到苏州。

当时,苏州绅士金松岑、陈衍、李根源、张一麐等发起讲学,敦请章太炎莅苏。在苏州讲学两月,太炎先生认为,要拯救衰败的祖国,绵续民族的文化,可效法顾炎武"读经会"成例,组织学会,所谓"深念扶微业,辅绝学之道,诚莫如学会便",这样的使命,"于他州或不能举,苏州则有能举之者也"。

在"斯风日下"的时代,晚年太炎先生所要追求的,似乎就在苏州。在1933年1月写的《国学会会刊宣言》里,我们能够体味先生差强人意的苏州情结:

> 其地盖范文正、顾宁人之所生产也,今虽学不如

五、姑苏风骨

古,士大夫犹循礼教,愈于佗俗。及夫博学屏守之士,亦往往而见。忾然叹曰:仁贤之化,何其远哉?顾念文学微眇,或不足以振民志,宜更求其远者。昔范公始以名节厉俗,顾先生亦举行已有耻为士行准。此举国所宜取法,微独苏州,顾沐浴膏泽者莫苏州先也。

太炎先生曾经来过苏州。这里,曾经是他的避难所。1900年,唐才常等在上海愚园召开的"中国议会",发布"勤王"宣言,与会的太炎先生,以"勤王"与"光复"相矛盾,断言这种出师无名的举动,必致失败,坚决反对。不久,唐才常自立军起义事败,在清政府的通缉名单上,犹列太炎先生之名。为逃避清政府的追捕,1901年,太炎先生来到东吴大学执教。在近一年的时间里,他张扬民族情绪,竟有《李自成胡林翼论》之题,引起清廷注意,认为乱党潜伏东吴,拟追捕,太炎不得已东渡日本,投身革命。

如今,太炎又回来了,他需要获得一种心灵的慰藉,这种慰藉既不是"大隐隐于市"的超脱,也不是物我浑然、天人一体的解脱。与太炎先生一同跋涉过来的夫人汤国梨,真的是想解脱,她把浙西的故土想象成完全寂静的自然:

> 故乡虽好不归去,客里西风两鬓秋,
> 不是洋澄湖蟹好,人生何必住苏州。

浙西未必就是净土。但可以肯定,苏州并不淡泊,因为她是顾炎武的故乡,充满着"天下兴亡,匹夫有责"的情怀；这里也不宁静，因为范仲淹在这里生活过，流溢着"先忧后乐"的余韵。郑逸梅先生记道：太炎欣然前往，寓于李根源的曲石精舍，觉得苏州水木清嘉，名胜古迹到处都是，认为是个好地方，便贸然购了城中侍其巷"双树草堂"的屋宇。不久，其夫人汤国梨来苏一看，发觉该屋虽小，却有园林之胜，但没有后门，万一发生火警，就很危险，且旁邻机织厂，机声轧轧，喧耳不宁，居息及治学都不相宜。

购买侍其巷"双树草堂"是有些贸然。草堂的前面一重是楼房，太炎一看就很满意："不错，有楼。"看到院子里有几棵树，说："还有树。"不用再看了，就和卖主谈价。卖主见他如此满意，索价一万五千元，高出时价很多。这本来是可以还价的，不料，他不但不还价，竟另加二千元成交。章夫人得悉消息，赶来看时，一切手续业已办妥，但附近有一织布厂，终日机声不绝，房子竟不能住！要卖，买价已经很高，卖不出去；租吧，也租不上价，结果只有空着，雇人看守，另在锦帆路筑一新居。

选择锦帆路寓所也有些偶然。汤国梨回忆道：一日，我和太炎经过锦帆路南首。见有行将落成的新建洋房一所，即入内参观，仅少数在装置电线的工人做扫尾工作。据在场的工头向我们介绍：这所洋房，日内即可完工，造价约二万八千元，但屋主突然须远行，现愿照建筑原价出售，如果有人愿意购置，即可联系云云。我以这所洋房朝南，东西均有门出入，外表为一宅，内部系分成两宅，后面迤北尚有一片空地，可以扩大，所以认为较理想。太炎也无异议，因即由建筑工头联系，几天后即成交。

五、姑苏风骨

1934年秋,遂有章氏国学会之议。国学会《简章》写道:本会为章太炎讲演而集合,又其经费由章先生筹集,故定名为章氏国学讲习会;以研究固有文化,造就国学人才为宗旨。

于是在30年代的苏州古城,就有那么一个不为时人所理解的所在:生徒云集,大衫长褂,雍雍穆穆,大有洙泗气象,书本大多是《尔雅》、《公羊》、《尚书》这一类,线装木版的居多,只有一本《尔雅》是商务版洋装的,壁上还挂着学生的作业成绩。

这是一位国学大师的爱国方式。他在《论读经有利而无弊》中言:"夫读史之效,在发扬祖德,巩固国本,不读史则不知前人创业之艰难,后人守成之不易,爱国之心,何由而起?……吾国民族之精神乃固,虽亡国者屡,而终能光复旧物,还我河山,此一点爱国心,蟠天际地,旁礴郁积,隐然为一国之主宰,汤火虽烈,赴蹈不辞,是以宋为元灭而朱明起,明为清灭而民国兴。余身预革命,深知民国肇造其最有力者,实历来潜藏人人胸中反清复明之思想也。"

章氏国学会在苏州成立前后,正是民族危亡多事之秋。坐在宁静的书桌前,太炎先生的心情实在平静不下来。

本来,在上海同孚路时,太炎日常生活极有规律,每天或者会客,或者与弟子探讨学术,或者在书房从事著述。1931年"九·一八"事变发生,太炎每天一起床即阅读报纸,时刻关注着东北事态的发展。10月5日,在给一位学生的信中,先生一针见血地指出日本窥伺我领土的野心:

苏州史纪(近现代)

> 东人睥睨辽东三十余年,经无数曲折,始下毒手,彼岂不欲骤得之哉?因伺衅而动耳!欲使此畏葸怠玩者,起而与东人争,虽敝舌喑口,焉能见听,所以默无一言也。

国民政府的行为令人失望:

> 东事之起,仆无一言。以为有此总司令、此副司令(按,指蒋介石和张学良),欲奉、吉之不失,不能也。

1933年3月,蒋介石的对日不抵抗政策,导致热河全省沦陷。章太炎怒不可遏,3月7日,发出《呼吁抗日电》:

> ……目今全国养兵近二百万,国家危急至此,犹不奋力向前,以图恢复。平日整兵治戎,所为何事?应即督促前进,自谋靖献。如犹逍遥河上,坐视沦胥,此真自绝于国人,甘心于奴隶者矣!

首句即锋芒毕露:"全国军民公鉴:国民政府成立以来,勇于私斗,怯于公战"。特别令国民党当局忌讳的是,文中指责"主持军事者,绝不关心于此(按,指抗日),反以'剿匪'名义,自图卸责"。电文被严密控制,仅刊登在当时的《苏州明报》上,"国民政"三字被□□□代替了。其他报章一概不见。

自此,太炎先生对国民政府的批评日益"出格"。1933年,举国环顾,山河日非,瞻顾民族之前途,太炎不能自已,

五、姑苏风骨

4月1日《申报》遂有他与马相伯、沈恩孚的《三老宣言》：

> 今日急应一致奋起，予政府以有力之督促，务使东北半壁河山，不至自我沦亡，黑山白水，不止就此变易其颜色也。

《三老宣言》发表后，马相伯以"国府委员"之名，被软禁于南京。太炎先生亦受到弟子黄季刚的奉命之邀，说是已在中山陵麓，特为太炎建筑房屋及讲学会场。太炎以苏州国学讲学事务较多相推辞。黄季刚返宁后，国民党中央又来电，敦请赴京讲学，太炎又以病拒绝。太炎迁居苏州，国民党还在"关心"着他。汤国梨先生许多年之后，都不能忘记那个深夜：

> 黄季刚忽然夜半来苏叩门，全家为之惊醒，意（以）为发生什么事故。见面后，他一定要见老师，时太炎正熟睡未醒，我乃问他是否有不能和他人谈的事情？他未回答，但要自叩太炎卧室的门，被我阻止，并询（问）究竟什么事？一定要见你老师。他一时无法与太炎面谈，只得吞吞吐吐的说："日内有人来苏和老师联系，希望届时勿拒人太甚，使人难堪……"我告以如果有人客来，我们自会招待的，请勿顾虑。黄为急于返宁复命，旋即离去。但究竟南京有什么人来，来了要和太炎联系什么事？

苏州史纪(近现代)

大约两三天后,国民党中央常委丁惟汾来到苏州。丁惟汾是老同盟会员,其父丁竹筠与太炎先生交谊颇厚,今非昔比,自不能以同志相待了。此番相见,两人于庭园之间,尽叙旧谊,太炎赋诗相赠:

> 平生樽酒意,垂老又相逢,
> 搚鬓谁先白,疑年各号翁。
> 掔经怀孔壁,论韵识齐东,
> 薄莫平门道,车声隐梵钟。

三日后,太炎高兴地把往日的朋友送上了归程。当他返回室内时,发现茶几上留着丁惟汾的一封信,内夹一万元支票,有"致万金为疗疾费"云云。

蒋介石的一再"关心",让一介书生寝食不安:

> 仆前本欲赴南都讲演,而协和、觉生诸公,猝欲以高等顾问相推毂,心有未安,已属印泉婉辞。亦会鼻菌作蚪,不能成行。前月杪,丁君鼎丞又来致中央问疾之意,且以医药见惠,此既都下故人之情,有异官禄,故亦不复强辞;然无功受贶,终有不安。

章夫人倒镇静异常,她说:这钱不能收,但又不能明拒。我看明天我们登个报,声明将此款移用于国学讲习会作资金。太炎先生连声称好。于是在报上发表了《章太炎启事》说:余前因诸生有志国学者推属讲演,发起章氏国学讲习

五、姑苏风骨

会,以事体重大,经费不充,未能骤举;顷因小恙,得中央同人馈赠医药费,正堪移用讲习会……

作为章氏国学会的总教长,章夫人心里有一本账:在章氏国学讲习就学者,当时虽仅有500多人,但讲学会除延聘讲师外,供应就学膳宿以及其他杂费,并不简单。因此所收学费,也比当时一般大专院校为高。而就学者的经济情况不同,也有不少经济困难的。就把这一万元充作讲学会的助学金,对就学者的一切费用,全部减免。蒋介石的这笔钱,经过太炎先生之手,解决了一批清寒学子的困难。

章氏国学会成立后,全国学子,负笈从学者,络绎不绝。最初的讲学地点并不固定,听讲学者往往从广告牌得知讲学的时间和地点。集中在讲堂的听众,听到招待人员喊"章先生到"时皆起立,以示敬意。太炎总是随身带一听白金龙香烟和一盒火柴。香烟一燃,清茶一泡,讲学就开始了。奋笔疾书者不乏其人,但亦有眉头紧锁者,想必或是听不懂先生的余杭官话,或是对所讲内容茫然。章夫人说,散出会场时,有人抱怨:人皆传言章先生讲学好听,总不及《三国志》、《岳传》生动。

国学会学生来自全国近20个省市,年长者至73岁,年幼者仅18岁,以大中专学生居多,住宿在学会里的也有100多人。学会开设有经学、小学、诸子学、文学,以及"古文尚书"等专题课程,由太炎先生主讲,特邀沈瓞民、蒋维乔、王小徐为特别讲师,门人为讲师者,则有朱希祖、汪东、孙世扬、诸祖耿、王謇、王乘六、潘承弼、王牛、汪柏年、马宗芗、马宗霍、沈延国、金毓黻、潘重规、黄焯等。

苏州史纪(近现代)

太炎先生讲学严谨而开放,据其弟子王基乾《忆余杭先生》追忆:"先生讲学,周凡三次,连堂二小时,不少止;复听人质疑,以资启发。不足,则按日约同人数辈至其私室,恣意谈论,即细至书法之微,亦无不倾诚以告,初不计问题之洪纤也。"

太炎先生讲学的课堂烟雾纷披。他对生活的要求不高,但嗜好纸烟,只是不讲究牌子,是纸烟就行。讲学或谈天时,只要有烟在手,常常一支连着一支,神采飞扬,倘若有人触其谈锋,更是妙语连珠。

一日,几个登门拜访的后生便"碰"上了他的锐利的谈锋:

"廖平,是的,他那时也在成都……不错……我想起来了,康有为……这伪学,他著了一本书……还没有出版……他忽然写了一封长信给廖平……要把廖平的一本书,毁版——把版子劈了。后来康的书出版了,原来康就是抄廖平的。你想康……康的心狠不狠。竟然要把廖平的版劈,劈了——毁尸灭迹。

……

"康梁,康,这不必谈。梁,梁后来变了节,他,他佛学倒不坏,但是究竟改节的……

……

"哲学,胡适之也配谈么?康梁多少有些'根',胡适之,他连'根'都没有。

……

五、姑苏风骨

"汤生,英文,他好,国学他根本不……

……

"孔子,尊尊也不妨,他的东西,关于做人方面——就是实际方面,绝是不错的。譬如,举一个例,'孝悌忠信',这个,这个有人能改吗?但是,封建,封建的不好,要不得,但这也是时代,时代的关系……"①

章太炎确实没有忘记时代。然而,这段谈话标示出他与时代的距离,让人有恍如隔世之感。

对于一个垂暮老人来说,对于一生浸淫于经史子集的大师来说,他的思想与那个时代是有距离和偏差的,但他观察问题的独特视角,有时却触及了时代的命脉所在。他的抗日思想便是这样。弟子许寿裳一语中的:"因为严夷夏之防,是章先生一生志节的所在,所以对于抗日战争,提倡最力。"

这就有背于蒋介石对他的暗示和希望了。

1935年12月9日,北平数千名大学生,响应中国共产党民族团结、抗日救国的号召,为反对华北政权的特殊化和冀察政务委员会的成立,举行声势浩大的示威游行。当游行队伍经过王府井大街南口时,遭到军警们的血腥镇压,当场有百余人受伤,30多人被捕。"一二·九"运动因是风云涌动。1935年12月21日,获悉宋哲元拘捕学生,太炎先生亲自起稿,致电宋哲元:

---

① 周黎庵:《半小时访章记》。

苏州史纪(近现代)

> 学生请愿,事出公诚。纵有加入共党者,但问今之主张何如,何论其平素?执事清名未替,人犹有望,对此务宜坦怀。

就在前两年,日寇犯我长城各口,宋哲元以二十九路军军长之威,率兵把守,太炎先生当时是何等激动。时至今日,让他难以理解的是,荣膺抗日"清名"的宋某,却把枪口对准了手无寸铁的学生。

宋哲元23日的复电在欺骗搪塞:"苏州章太炎先生道鉴:马电奉悉。近来学生四出请愿,哲元为维持治安计,仅予以和平之劝导,惟各处报载多有失实之处。兹重以先生之嘱,自当遵办也。"

宋哲元也想维护他在太炎心目中的形象!

为了响应北平学生爱国呼声,上海学生赴宁请愿,列车从上海北站开出,行至昆山站,遭到国民党的阻拦。学生强行把列车开至苏州,雨雪载道,备尝艰苦,而上海市长潘公展等则诱骗镇压。太炎先生愤然对报界发表谈话,对学生爱国运动深表同情,认为政府当局应当妥善处理,不应贸然加以共党头衔,武力制止。尤其政府当局、教育当局,应对饥寒交迫之学生,负责接济粮食,并沿途妥为照料。太炎既让夫人带了食品赶往车站,登车向爱国学生表示慰问,又派学生携带面包水果加以慰劳,同时嘱咐县长馈饷学生。

事实上,太炎先生对爱国的学生一直爱护有加。在1931年12月给学生马宗霍的信中,他这样写道:"东事起后,当局已不能禁人言论,而老子终无一言者,盖拥蒋非本

五、姑苏风骨

心所愿,倒蒋非事势所宜,促蒋出兵,必不见听,是以默尔而息也。逮今拟划锦州为中立区域,则放弃东三省之志已决。学生群呼打倒卖国政府,亦奚足怪。"

青年学生的救亡行动,激扬起一位老人壮美的爱国情怀。在民族危亡迫在眉睫的时刻,先生但知有爱国与卖国之分,无论其路线和政党之别,对于中国共产党的抗日主张表示赞同。当时供职于南京当局的张溥泉是太炎先生在辛亥革命时的结拜兄弟,生怕大哥再说出什么"疯话",托人给太炎先生传话:"安习讲学,勿议时事"。太炎的答辞让张溥泉汗颜:

> 溥泉老弟左右:印泉来述弟言,谓大哥当安心讲学,勿议时事。吾老矣,岂复好摘发阴私以示天下不广?顾同盟会之遗老,岂得弁髦视之。囊时所务,惟在排斥满人政权,今满人又复然(燃)其死灰,而更挟强国以为重。吾辈往日之业,至今且全堕矣!谁实为之;吾辈安得默尔而息也?

> 吾之于人,不念旧恶,但论今日之是,不言往日之非。五年以来,当局恶贯已盈,道路侧目。及前岁关东事起,吾于往事,即置之不言。幸其兵力尚盛,谓犹有恢复之望也。不图侵寻二岁,动与念违。迩者中日暧昧之议,腾于众口,朝野哗然,不可掩秘。……栋折榱崩,吾辈亦将受压。而弟欲使人人不言,得无效厉王之监谤乎?

其实,这已经是先生的最后冲刺。1936年,太炎先生的身体已极端虚弱,鼻衄病、胆囊炎、气喘病并作,虽如此,犹执卷临坛,勉为讲论。夫人劝阻,辄言:"饭可不食,书仍要讲。"王謇乾的《忆余杭先生》记述了先生生命的最后情形:

> 二十五年(按,1936年)夏,先生授《尚书》既蒇事,距暑期已近,先生仍以余时为足惜,复加授《说文》部首,以为假前可毕也。顾是时先生病续发,益以连堂之故,辄气喘。夫人因属(嘱)基乾辈,于前一时之末,鸣铃为号,相率出室外。先生见无人倾听,可略止。然余时未满,诸人复陆续就座。先生见室中有人,则更肆其悬河之口矣。以此先生病弥甚。忆最后一次讲论,其日已未能进食,距其卒尚不及十日。而遗著《古文尚书拾遗定本》亦临危前所手定,先生教学如此,晚近真罕有其匹也。

六、浴血人生

哭泣的天堂

1937年夏,上海发生"八·一三"事变。8月16日,日本飞机就开始轰炸苏州了。那一次炸的是大中旅社。当时住在织里桥堍的诸桂荣才十多岁,听到警报声,日本飞机已到了头顶上,接着就听到爆炸声。第二天早上,听人说炸了大中旅社,实际上只炸了旅社边房的一角,旅社对面的河边上炸了个大坑,炸毁炸塌沿河三十多户民房,炸死居民三四十人。有个在乐队吹喇叭的徐光斗一家三口全被炸死。铜锡店老板的已怀孕的媳妇,正在浴盆里洗澡,也被炸得身首分离。① 从那以后,几乎天天有警报。沪宁线上的正仪设了敌情监视哨,有了情况,就通知苏纶厂的警报站。"鸣

---

① 樊浃:《日本侵略军在苏州的罪行》,《苏州史志资料选辑》1990年第1辑。以下注明为樊浃先生的材料均出此处。

"呜——呜"的汽笛一响,人们便躲入防空洞,大户人家有自己挖的,小户人家只好避入街头巷尾公家挖的了。当时有位幽默先生在

抗战前夕的盘门城楼

防空洞口贴了一副对联,上联是"见机而作",下联"入土为安",横批"谁来怕你",也算是习惯这种声音了。狂轰滥炸一直到11月19日苏州沦陷前夕,难得有一天清静。日军最多时出动飞机架次一批达22架,一天达五六次。

时为吴县县长的邓翔海,害怕日机轰炸,把灾难推给了百姓,自己逃到木渎乡间。8月25日,国民党第九集团军总司令张治中来到苏州,听说在此军事孔急之际,一县之长畏慑敌机而走,遂命撤邓之职,以温晋臣接任。

11月15日,苏州沦陷在即,军政官员连夜溜之一空。第二天,市民们发现大小衙门空空如也,城门和监狱门全都洞开,大家才慌张起来,准备逃难。可是所有的水陆交通工具已经被官员带走了。那几天,敌机轰炸得厉害,只得扶老携幼奔避回乡。到11月19日鬼子进城为止,居民十之七八逃出苏州城,以通往西乡太湖口木渎、光福的苏福公路最拥挤。由于局势紧迫,那天下午天又下雨,公路上,除了络绎不

六、浴血人生

绝的逃难人以外,前线撤退的军队也一批接一批的向同一方向走。天空中又不时有敌机追逐扫射,有些抱着婴孩徒步奔跑的妇女,在这泥泞路上,无力再走,只得忍心含泪把婴孩丢在路边,自己逃命。那天苏福公路从西跨塘到善人桥一带,就有被弃的婴孩四五人,还在啼哭。①

与此同时,苏州辖属县城的居民也掀起迁移浪潮。昆城的居民集中到南乡的甪直、茜墩、张浦等偏僻的几个村镇。常熟县令禁止迁徙,但日机轰炸不止,百姓哪里顾得禁令,纷纷迁出城外。

流离失所的岁月开始了。"八·一三"的炮声,结束了金诚一家六口在苏州的温馨日子,他们一家准备远避丹阳,他们觉得,苏州到丹阳有好几百里地,中间又有无锡、常州等城市,国军一定会抵抗一段日子;而丹阳近南京,南京是首都,更不会轻易放弃,故那里应最安全。10月底,全家雇了一条船西行。可是如影相随的灾难令几十年后的金诚老人不寒而栗:船行速度很慢,过了两个晚上才到常州。大约下午三四点钟,船被挤在大洋附近过不去。忽然拉响了警报,日本飞机飞临上空。敌机俯冲的呼啸声,炸弹的爆炸声,人们的哭声、叫声,响成一片。一枚小炸弹丢在我们的船棚上,因船棚是芦苇编成的,很软,炸弹反弹到隔壁船上炸开了。我们先闻得"嘭"的一声,棚顶上掉下一片灰尘,接着才听到一声巨响,震得昏天黑地。一时舱内出奇的静,各人都在恍

---

① 胡觉民:《抗战时期苏州见闻》,《苏州文史资料选辑》第1~5合辑。以下注明为胡觉民先生的材料均出此处。

惚之中,不知道自己炸死与否。隔了好一会,姐姐在叫我母亲、祖母,又问我是否炸伤了。哥哥腿上中了弹片,血流不止;妈妈的脚后跟也中了弹片,鞋袜都染红了;还有同行的表哥,手臂也挂了花。船到丹阳,已近傍晚,我们在西门城里找到了一个小客栈住下。次日即雇了四五辆独轮车,装上行李,还坐了人,吱呀吱呀地推着,出西门,到了十余里外的下邳马甲村。①

11月19日下午4时从娄门进城的日寇是海劳原的部队。那天夜半,避难邓尉山圣恩寺的毛羽满,登上四宜堂,东望苏城,只见火光烛天。后至镇上,始知阊门外马路自宴月楼京菜馆及长安、福安、啸云天三大茶馆,延伸至新舞台京剧场、真光电影院整个一大圈,两侧商店不下七八百家,可怜一炬,悉成焦土。这是苏州烧得最厉害的区域。

有一则令人心惊的资料称,苏州守军在撤离之前,曾有过"长期抗战,焦土不惜"的酝酿。苏州沦陷前夕,驻防陆军八十七师总部设在阊门外花园饭店附近的一所民房内。一天下午,夏声参谋长接到一封公函:

> 奉委座谕,为了执行长期抗战决策,我军最后从苏州撤退时,应先派员向兵站总监部领取火油二十箱、硫磺一百斤,在苏州城厢内外,放置五十把火头,纵火焚

---

① 参见金诚:《"八·一三"逃难纪实》,《苏州杂志》1995年第4期。以下吴凤珍、杨紫岗、杨馥清、金鹤冲、冯英子的回忆亦见此出处。

六、浴血人生

烧,使苏州化为焦土。仰即遵办。

夏声认为:这不过是用便笺写的便条通知,既非公文,也无印信,据此执行,将来谁负其咎?上官云相是战区副司令长官,如若向当局请示,给予了正式军令,然后回苏执行不迟,至少可减轻责任。派出去请示上官的王敬文赶奔无锡,上官已经离开无锡,撤至镇江。王敬文还未赶至镇江,苏州已经兵临城下,夏声将军下令开拔。整装时夏悄悄地说:"苏州城总算可以保全了,好险啊!"

留下这份资料的作者吴琴一先生也留下了一份感慨:最近我阅读《洪波曲》,郭沫若所写当年火烧长沙的往事,不禁重有感焉。假使酆悌旁边有一个像夏声那样的参谋长,长沙也不会化为焦土,他也不至于落到枪毙的下场。苏州人好福气!长沙人真倒霉![①]

入城的日军开始了大规模的屠杀。胡觉民先生提供了一些具体数据:日寇是在11月19日下午4时由娄门进城的,进城后即到处杀人放火。最初三天中烧、杀最厉害,从接驾桥、东西中市到阊门石路,日夜火光烛天。在日寇进城之前,敌机已连续几天来苏轰炸,炸毁房屋虽然已不少,但炸死的人还不算多。到了这时,被杀者逾千。过了一星期后,日寇才逐渐停止滥杀。大约两星期后,才有老画师顾仲华和功德林素菜馆的何桂芳等同"维持会"打了交道,自己雇人,做收尸工作,把通衢大街的尸体收拾干净,据当时的估计,

---

① 吴琴一:《三月从军记》,《苏州文史资料》第14辑。

有百数十具之多。其余尚有一批在家中被日寇闯入后枪杀的尸体,则大都在逃难人络绎不绝回来后才发现的。

杨紫岗反映的情况更严重:三天后,日寇在平门举行所谓入城仪式,犹如地狱里放出来一群恶魔,继续在城里奸淫烧杀,为期约有旬日,方始"封刀"。即有功德林老板何桂芳和都亭桥青帮头子夏啸乐组织了9个掩埋队,分赴阊、胥、盘、娄、齐、葑、金、相九城门内外,遍寻无人收殓的被难者,10天内共掩埋尸体2870余具。至于在屋内被杀,由家属自埋者尚不计在内。这仅是城厢内外的数字,包括四乡被杀的总在5000人以上。据夏啸乐后来说:"光在尸体身上取下的手表,就挑了两大箩筐。"他还在茶馆里将那些手表送给朋友,胆小的不敢接受,因为上面还有斑斑的血迹哩!

地处苏州之南的平望小镇,是苏嘉铁路的中心站,先于苏州沦陷,一镇居民不得逃避者均被枪杀,无一幸免,尸体遍地。特别在东溪河石灰窑、北河西街罗家弄堂口、南大街吴会丰花园、石家港水瓶庵旁、北大桥弥陀殿后等处尸体成堆,被杀400多人。在镇兹叟腰桥一带河中浮尸连接数里,镇与莺湖桥向南一公里、镇西到六里桥两旁公路夹河中,都接连有成堆尸体,惨不忍睹。①

1938年清明节,避居昆山乡间的杨馥清先生目睹的情形是:有些房屋门窗半掩,室中空无人烟。接近铁路线时,更见河浜里尸体浮氽,枕藉相望,一幅"寒风吹白日,鬼火乱黄

---

① 吴国钧:《忆侵华日寇在平望的暴行》,《苏州文史资料选辑》第14辑。

六、浴血人生

昏"的景象。转入大街,原来热闹场所已成一片焦土,几乎夷为平地,不忍卒睹。仅中大街、南大街残存几间店面。这次战乱,昆山城厢被毁公私房屋不可胜数,凭记忆,被烧毁或炸毁200余家。

1939年3月,伪吴县公署上报伪省厅《事变损害材料》称,吴县全县被破坏房屋8407间,死亡人数7296人,损失财产1143万元。其中城区被破坏房屋4739间,死亡人数3738人,损失财产910万余元。

樊泱先生认为,因这个材料是事变两年后由伪吴县公署统计的,只能作参考。至于日军在苏州究竟残杀了多少无辜,这个统计数字,不能回答这个问题。因为这份材料只是统计了吴县城乡被害的居民数,没有把被日本侵略军在苏州杀害的外地难民、被俘的中国官兵和伤兵的数字统计进去。樊先生1987年在对洋泾角的调查中发现,在这里被杀的,大多是过路的外地人,本地的人仅是少数。

洋泾角村地处苏州城北,是个战略要地。日军在进入苏州的同时,第七师团第六旅第三十五联队100多人的队伍,驻进了洋泾角。从21日上午9时开始,日军将抓到的群众分批押到村东陶小和尚家堂屋内集体屠杀。后来从死人堆里爬出来的王木根老人诉说了那一场"恶梦":

> 日本兵把我们从村西拉到村东,拉到陶小和尚家的里面大屋门前,叫我们站住。一个日本兵把我前面的一个青年人推进大屋的房间里,从背后一枪把他打死。接着,另一个日本兵把我也推进去,也是一枪。我中弹

跌倒在地。这时,一扇房门倒了下来,压在我身上。后来又有人被一个个推进房间里来被打死。有四五个死人压在我身上。

当时,我没有被打死,子弹打偏了,一粒子弹打穿了我的右肩胛骨。子弹从右肩胛进去,从颈项里出来,鲜血从伤口里不断向外流。我的双手还被绑着,倒在地上,一动也不敢动。我想,不能这样等死。我被日本兵推进门时,看见屋里有一张床。乘日本兵去拉第二批人时,我弄断了绑在手上的绳子,爬到床底下躲起来……外面的人看不见。我刚躲好,日本兵又拉来了第二批人,又一个个推进屋来,开枪打死。接着,又在这里杀第三批人、第四批人……

那天,日本兵在这间房子里杀人,从上午九点多钟,一直杀到天黑。

……第二天上午,日本兵又一批一批地把中国人拉来枪杀。八点多钟,日本兵还拉来一个十多岁的小男孩。他们把这个小男孩揿在我躲的床上。床上有死人,有血,小男孩吓得从床上跳起来。日本兵又是一枪把他打死。鲜血从床上流下来,流在我身上。这天上午,日本兵在这里杀人,一直杀到九点多钟。

两天来,日本兵在陶小和尚屋里分批集体杀死中国老百姓一百多人。当时那间屋子里,是死人身上堆死人,尸首横七竖八地堆有一人多高,地上、墙上到处都

六、浴血人生

是鲜血和脑浆。①

樊先生根据所掌握资料得出结论:在沦陷前后,被日本侵略军杀害在苏州的中国平民(包括外地难民)、被俘的中国士兵和伤兵,总数约有一万多人。仅此就够了,从感情上说,人们不希望再听到更为骇人的数据!

在这期间,苏州有多少良家女子,有多少含苞少女,有多少年迈老妪,被一帮禽兽蹂躏。在这里,我们不忍再作具体描述,只想抄录两段心酸的文字,让人们记住这段历史。一段是吴凤珍老人写的:

> 民国二十六年(1937年)逃难时,我那未过门的四婶还是个十八九岁(的)黄花闺女,娴静美貌,如一朵含苞欲放的幽兰。可惜红颜薄命,在一户大人家当丫环。
>
> 逃难时我们与这户人家及一些亲戚一起逃到名叫水桥头的村子里。可农村也不太平,日寇几次三番冲进村子狂吼着来拉"花姑娘",闹得鸡飞狗叫,一时间妇女们急疯了地去躲藏,若躲避不及的便会被抓去……四婶那一户的女主人都有隐蔽的好地方躲妥了,其中包括四婶所服侍的六七十岁的老太也躲了起来了,唯独四婶一时间没好地方可躲,仅仅迟了一步,便被日军像老鹰抓小鸡似地抓去了……

---

① 樊泱:《日军在洋泾角村大屠杀暴行调查记》,《苏州史志资料选辑》1988年第1期。

由于已经订了亲,四叔仍然娶了她。可渐渐地四叔的心向了外,据说在外面另有女人,几乎夜夜不归。四婶成了弃妇,因孤独而越发地怪僻了,落落寡合,从不与人聊天。只消人们一提起鬼子兵,她脸色陡变,浑身颤栗,悄悄地离开了人群躲进房里去,将门"咯落"一闩。

后来四婶病得厉害,延请名医钱大椿医治,钱悄悄地回绝道:"这是梅毒性心脏病,没法治的了。"不言而喻是四叔传染给她的,仅三十岁左右,便香消玉殒了。

另一段是邓兆铭先生在新安小学的经历:

从正谊堂边的备弄入内,我见有蔓草丛生人迹罕至的一些低矮偏屋,据校工说,有狐仙在焉。一天,我独自过去一看,在一所行将倾圮的废屋窗外,竟看见里面停有一口薄皮棺材,尘封极厚(,)看去停放有年。我原以为是什么人借陈的一口空棺。后来有一天,我闲步又到那里,竟发现棺材前有着剩香残烛,还有茶食果品。狐祟?我想到校工的话。后来,是商行的烧饭师傅,一个叫做傅巧林的人告诉我,那点东西正是他所放的。原来这不是一口空棺,棺里是一个卖花姑娘,被三个日寇轮奸至死,由蒋校长收殓后停之于此,久久无人认领。巧林又说,他有个女儿在无锡被日寇掠去,久久没有音讯。巧林说,每逢朔望,商行有规定要供奉大仙,事情交由他办,于是他就将一些香果权作生刍移祭于此,为这

六、浴血人生

不相识的姑娘一掬同情之泪,也寄托对女儿的哀思……①

天堂在哭泣。李印泉老人《写忧》诗云:

> 月光惨照江城头,民逃鬼哭声啾啾。河干弃儿少人拾,河水漂尸无人收。士兵一溃煞不住,多少人户来抄收。不幸奸淫劫杀事,饥寒求裸知有由。军令长官肃军令,擒斩多人乱少休。战场颓势已难挽,险象重重贻厥忧。不幸渚陷倭人手,典籍财物咸诛求。妇女掳之三岛去,壮丁骈戮文士诛……长夜漫漫旦何时,呼天不应天悠悠。东南浩劫转瞬遍,地狱即今是苏州。

沦陷之初,从苏州逃出的居民集中在西乡光福,一隅之区,几天之间聚集了20万人。没几天,便有了传说,日寇限令在光福避难的城内居民于一星期内回城。失魂落魄的逃难人,夜里望着城里通红的火光,又听说日寇在城内的种种烧杀行状,谁也不愿回城。一位"有来历"的何亚农找到日本派遣军一个叫做市西的少尉参谋,说明情况。起初市西的态度甚为傲慢,何亚农说,在光福的逃难人中,很多是妇孺老弱,要限他们一星期回到城里有困难,再说,一时也无法弄到运送这七八万人的交通工具,希望展延时日。同时何亚农又把预先写好的一封日文信,要求市西代为转给上海日本

---

① 邓兆铭:《老居读想录》,《苏州杂志》1998年第1期。

使馆武官室的原田少将。难民们在光福才暂时呆了下来。

其实,光福一带也不是久留之地。其时,李印泉老人还没有离开小王山。晚上,那里盗贼四起,住在山村里的逃难者心惊肉跳。小王山中的南竹坞,利用"二老"留下的枪支,组织起防夜队,四面设置巷门,轮班鼓更巡夜,一有动静就鸣枪示威,盗匪难以下手,人们称为"小租界",甚至本地乡民也住到了"小租界"。据柳志行老人口述:一天,穹窿山祖师殿江法师,接到一封用尖刀戳在门上的恐吓信,信上要江法师为抗日捐款千元,日内随时来取,否则将不客气云云。江法师急得不得了,只得去向"张大人"求援,仲老分析了恐吓信的内容以后,邀请胆大的乡亲十余人,到穹窿山上开会。他说:乱世歹徒趁火打劫,不用怕。求人捐款抗日,岂有用匿名信之理,分明是无耻狂徒,想用恐吓手段诈取钱财。只要大家认真对付,歹徒决不敢妄为。山上有道人数十,齐心作好防卫准备,盗匪若来,一面马上点灯,悄悄升上旗杆为号,一面鸣锣呼喊,通风报信。山下组织勇力村民,待旗杆灯亮,敲锣响应,持枪出击,鸣枪助威,围山缉捕,擒获后架送我处惩办。①

动乱年月,营造了许多像光福这样的小市镇,因为地不当孔道,难民聚居,一时颇显"繁荣"。常熟金鹤冲老人所在的金村,在他的《避难日记》中一直被提到:

(1937年)十一月初二日,登茶楼,市上农民多甚。

---

① 金云良:《张一麐先生轶事》,《吴县文史资料》第4辑。

六、浴血人生

酒肆茶楼人满。市多淮盐,香烟亦多,由沙洲、南通运来,价昂……福山镇无市集,于是咸往金村。金村旁近农家,都有城中人居住,福山人来者尤多。每晨街市摩肩塞途。有酒店八家,茶馆六家,咸患人满;有豆腐店十家,终日磨腐,尚不暇给。虞山之前,本有豆腐店十余家,至是皆闭。各市集数十里之居民,咸向金村取求需用之物,于是商人利市十倍。

这样的闹市,只是白天热闹一阵子。一到夜里,犬吠不止,鬼影幢幢,令人长夜难眠。农历十二月初九,是江南农民送灶的日子,村民们忙着蒸糕,几乎忘记了灾难。当天的日记上,金鹤冲记道:夜间时闻枪声,金村东南之小集,常有土匪出没。

到了1938年的年初,避居乡间的人逐渐回城,几条主要的大街,有几个小店开了门,流动摊贩更多,旧货摊上的东西特别便宜,想必来路不正。四乡的农民依旧运来了蔬菜荤腥。要过春节了,乡间土匪越来越多,散处僻远的乡镇的逃难人只得回城,也有不愿回城而往上海等

沦陷时的观西

处安身的。伪"维持会"趁这个机会到各乡镇贴了一批布告，让他们回城。到了3月份，天气趋暖，市面逐渐恢复。

登场人物

苏州的一批头面人物也来到了光福避居，乡下没有"吴苑"那样高档的茶楼，茶室也可以将就了；镇上没有"朱鸿兴"那样的讲究面馆，但小吃店也恭维有加。这些头面人物很快找到了与自己身份相配的茶馆，每天群集在邓尉茶室喝茶。有几天，茶客们叽叽喳喳得最多的是组织"自治会"的事儿，因为日本的宪兵队已经开到光福，找上顾衡如。顾衡如是光福本地的乡绅，与各方面的关系都圆熟；掂量下来，请张仲仁做"自治会"会长合适不过。大家推举前清翰林前辈邓邦述致函仲老，邀其至光福镇晤面，有要事相商。张仲仁住在穹窿山的文昌殿，出发时，外罩僧服，头着僧帽，乘一肩舆来顾衡如家赴宴。

这是一桌"鸿门宴"，宴席分为两桌，第一桌上座是邓邦述，下座是潘子义、顾衡如、潘经耜、黄胜卿几个乡绅。这是事先安排好的。同席的人当中，似乎只有邓邦述的前清科名资望和年纪可以配得上张仲仁，当他惴惴地说出"日军限令居民返城，有人主张成立自治会，请仲老赐教"之类的话时，张仲仁一口回绝："我已出家做和尚，俗话说，出家不问俗，我是决不能做这些事的。"顾衡如、潘经耜便劝："仲老你不做和尚我们也不打算苦劝你出来做这件事，因为你做和尚，更应该出来做这件事，这是入地狱救众生的事，除了大和

六、浴血人生

尚,别人是不敢做的,也做不了的。"张仲仁说:"你们俩总都知道,明朝和尚姚广孝帮了永乐皇帝兴靖难之师做了大官,回到苏州去看他当年的方外之交织履先生,织履先生拒而不见,隔着闼门只说了一句'和尚错了'的话,始终没有开门和姚见面。姚又去看自己的姊姊,他姊姊也说'哪里有连和尚都做不了的人是好人的'。我做和尚,就为要做好人。"潘子义插嘴:"仲老是我们苏州地方的领袖,一直主持着地方上的事情,这次非得由仲老这样众望所归的人出来,不足以折服日本人的,还是请仲老勉为其难。"张仲仁勃然变色:"太平天国时,盛族之为乡官者颇多,李鸿章手书一额以贻令祖玉四太爷,文曰:'祖孙父子兄弟伯叔翰林之家',然乡官于太平天国,犹同为汉族,今为日本异族之乡官,此余之所以谓断然不可。"

酒筵未终,门外有人报讯:陈则民来了。大家都涌向苏福汽车站,只留下张仲老和邓邦述。张仲老对邓说:"组织'自治会'不劳足下费心,陈则民自告奋勇来了。"便出了顾衡如家。当晚张仲仁逗留于邓尉山圣恩寺,在还元阁壁上题有二绝:

> 因果循环有佛呵,众生孽力起修罗;何如放下屠刀去,修个慈航海不波。

> 曾闻论语出王仁,学说阳明更足珍;乃木东乡何处去,空余萁豆泣先民。

他关照当家和尚,若有日本军官上山,示之。可叹仲老一片佛心,只是一群"文明强盗"但知弱肉强食的铁律,哪里明了"我佛慈悲"的禅意?

第二天,顾衡如家里,陈则民便是商组"自治会"的自然主持了。陈则民留学过日本,当过国会议员,娶了个日本老婆,做过苏州电气厂的董事长。据称,当场提出的自治会委员名单是这样七个人:陈则民、潘经耜、潘子义、潘振霄、程平若、程干卿、顾月槎;后增加冯心支和李甞石,变成九名委员。

名单上本来有顾衡如的,征求他意见时,掩在屏门背后的妻子不等顾衡如开口,便破口大骂:"你这么一把年纪,自己是快要死的人了,不过应该想想,你只有一个儿子,是不是还想让这宝贝儿子将来好做人?"于是顾衡如没参加。

名单上本来没有冯心支的,他消息灵通,及时赶到顾家,毛遂自荐,要求参加。

名单上有了潘振霄,他突然痛哭流涕:"我从此完了,但你(指陈则民)可放心,我决不反悔!不过先要回山东老家去祭一祭祖宗再来。"到底是自愿加入的。

名单上的程干卿当时在东山,陈则民把他找到光福,告之经过,并说,你是商会会长,必须参加。程表示:既然要我"落水",我不反对!居然还知道这叫"落水"。参加"自治会"的人要亲笔签名,程先不签,在边上看,他看到李甞石签的名是"李受之",便对李说:"我们向来只叫你李甞石,从来不认识李受之,要签名,还请你用真名。"李甞石给他一逼,

六、浴血人生

只得重把真名字写上。①

不久,"自治会"在苏州正式成立了:陈则民是会长,潘振霄、冯心支为正副内务处长,程干卿为财务处长,潘经耝为教育处长,潘子义为农工商务处长,程平若为警察局长,留日学医之林苏民及顾月槎为外务秘书。会所设于景德路遂园,原日本租界领事市川如今成了宣抚班班长,是"自治会"的顶头上司。

市川不久便厌倦了陈则民一伙,觉得不中用,听说张仲仁和刘正康两人还在光福,张仲仁享誉士大夫阶层,刘正康有声于工商界,须得设法罗致。市川派人到了光福,却找不到张仲仁,询诸乡人,言仲老已经出家,平日里往来于邓尉山、穹窿山一带佛寺宫观,行踪无定,难以捉摸。刘正康是个瘫子,行动不便,人很容易就找到了,接触下来,发现刘正康双耳失聪,常常答非所问,日酋终至无计。抗战初期,第三战区司令长官冯玉祥巡视苏州时,曾聘其为战区咨议,李印泉老人曾有诗注曰:日寇陷苏,逼其任地方事,正康拒之曰:"我,冯玉祥将军参议也,岂能为人谋!"

1938年6月初,在日寇导演下,以"自治会"班底做基础,成立了伪"江苏省政府",除苏州城外,附近及铁路沿线16个县城一时在其控制之下。县城相应地也成立了"维持会"。

对于任了伪职的这些人,舆情嗤之以鼻,生怕有染。苏

---

① 参见潘家驹:《抗战时期的苏州"自治会"》,《苏州文史资料选辑》第1~5合辑。

州沦陷,潘昌煦先生杜门不出,有任高级伪职的故友前来辞行,先生避而不见,让夫人回话:"道不同,还是不见为好。"汪伪省长李士群一死,就有爪牙上门请潘昌煦这位前清翰林"点主",被先生严词拒绝。常熟金鹤冲对出任伪职的人几乎不能理解,在日记中写道:闻城中沈氏父子出任维持会,事事听命于东人,假东人之威搜劫居民。沈某游学东洋,不可谓非读书明理者,乃丧心病狂至此,更村妇所不齿矣。

为人不齿的这些人,人们给他一个专门名词:汉奸。记者冯英子先生说:"我们这个民族,一向是痛恨汉奸的,杭州岳庙前的秦桧,跪了近千年了,可是游岳庙的人,至今不肯饶放了他,我们吃的'油炸烩',就是要天天把他放在油锅中炸,使这个汉奸,永世不得超生。"

其实,汉奸的嘴脸是变化万端的。

1937年8月16日,指引日机轰炸西善长巷大众旅馆的是汉奸,居民被炸死10余人。在此之前几分钟,冯玉祥将军曾在此召开秘密会议。

1938年乡下送灶的前一天,驾着舢板,到昆山陈墓马堰庄卖萝卜的小贩中,有几个是汉奸,他们发现了路有才的游击队行踪,准备报告驻芦墟的日寇。次日,数十名无辜村民倒在血泊中;

1942年农历六月初五的早晨,站在吴江同里翊灵道院戏台上的伪区长杨焕章吐出了一口汉奸话:"太君讲了,便衣队肯定混在你们中间,必须交出来……我丑话讲在前,现在这里一切由太君作主,我实在是帮不上忙的。"

汉奸的脸面既不光彩,汉奸的内心更为恐惧。"自治

六、浴血人生

会"的头头脑脑在苏州城里有了高宅大院,一时却不敢享用,每天都要赶回光福。李士群当了伪省长,进出要由四辆摩托车武装保卫。李士群是自己死的;接着有人看中了继任伪省长高冠吾的头颅。这人叫小金生,是西北街跨塘桥堍东方电料店的学徒,才二十来岁。高冠吾的官邸在骆驼桥浜,他的车子每天要往返于东西两条北街。小金生与一个小伙伴想除掉这个汉奸,便密谋把炸药埋在汽车出入的必经之路上。

谋刺高冠吾因计划泄露而落空,可伪民政厅秘书姚绩安却未能逃命。1938年4月13日那天,姚乘人力车经过临顿路南显子巷口,突来一人拦住去路,拔出盒子枪对姚胸口连击三枪,扬长而去。日本宪兵队关闭城门,戒严全城,挨户搜查,连续三日,终无所获。不久,上海电台对敌伪广播:"把姚绩安执行死刑的人已经安全回到上海。还有一大批判处死刑的汉奸,因为苏州闭城,准予延期执行。如果苏州永远闭城,还可以考虑延长执行的时期,你们那(哪)一天开城,我们就那(哪)一天来把该杀的汉奸继续执行。"16日城门开了,汉奸们都收到了警告信,潘振霄接到的信上说:"怜尔年老,逮即自尽。"潘经粗接到的信上说:"枪铳已冷多时,要借汝的头颅作尝试。"汉奸们惶惶不可终日。①

不愿自尽的伪吴县知事郭曾基两年后的1940年7月底被"执行"了。我们在高仓正三的《苏州日记》中读到了有关的记载:

---

① 胡觉民:《抗战时期苏州见闻》。

正当我在想不知何时会发生什么事的时候,在这个月的最后一天早上听说郭知事在县公署附近遭到三名歹徒的枪击,身负重伤,几乎当场毙命。郭知事是个厚道人,又有威信,最近还被任命为省政府委员,真是令人惋惜。听说事件发生三十分钟后就赶紧关闭了四周的城门,观前街和景德路等主要街道也禁止通行。现还不知结果如何?据说当时除官方人员外,不要说支那人,就连日本人也禁止进出。①

大和族的高仓正三对"非其族类"的郭曾基之死如丧考妣,足以解释郭某人在知事吴中时的所作所为了。

阳澄湖:一段尘封的历史

剧作家文牧先生高小毕业后,在松江南门外的一家米行学了两年生意,1936年又学了申曲,跟着先生的班子开始在上海郊县村镇跑码头。到了一个地方,上午总在茶馆里听"唱新闻"。日本人来了,奉城、青村、三官堂的茶馆里,人们总在谈一个叫傅春堂的人,说是他用捡来的枪,结果了一个在剃头店里的鬼子。后来,汪伪的"和平军"一来,茶馆里经常听到两个兵对骂。一个骂:"你是汉奸,神气什么!"另一个回骂:"我是汉奸,你也是汉奸,脚碰脚,轧啥台型?"

这类茶馆传闻,文牧装了一脑袋。

解放后,他到上海市人民沪剧团工作。50年代中期,电

---

① 参见《高仓正三〈苏州日记〉摘抄》,《苏州杂志》1996年第3期。

六、浴血人生

影《铁道游击队》风靡全国。文牧也想创作一部反映江南抗日游击队的本子,可他没在部队呆过,不熟悉部队生活。他找到剧团副团长陈荣兰。陈荣兰是部队文工团转业的,从部队带回一批征文稿子。《血染着的姓名》、《夜袭浒墅关》写的是苏州一带的抗日故事,特别吸引他们。文牧于是跟踪采访,又读到刘飞将军发表在部队专刊上的一篇稿子《阳澄湖畔》,更加激动,决定"军"、"民"合作。沪剧《芦荡火种》的帷幕拉开了:"虞山脚下稻初熟,阳澄湖中蟹正肥,浪里渔舟撒丝网,水击芦苇野鸭飞。鱼米之乡好江南,好一个大江南,岂容日寇强占据。"

1964年,《芦荡火种》在京演出,有人跟文牧说:"你们戏里的胡司令现在还活着哩!如果他看了这个戏,是会有意见的。""胡司令"指的是当时的"草头王"胡肇汉。

1965年,沪剧《芦荡火种》改编成京剧《沙家浜》。在苏州演出时,一位阳澄湖老游击队员讲:"阿庆嫂就是陆二嫂,在厍浜,是开茶馆的。陈天民由当时当地三个领导人——陈刚、任天石、薛卫民的姓名中各取一字而成。"

"文革"结束后不久,文牧到湖南桃源去体验生活。旅馆里有一位北京来的部长,听说文牧是《芦荡火种》的编剧,马上问:"听说春来茶馆的一把茶壶已经从湖里捞起来,壶上刻着'春来'二字,是吗?"诸如此类的"对号入座",文牧先生听多了。他提醒人们,历史的生活和时代的艺术不是一回事。①

---

① 文牧:《〈芦荡火种〉创作札记》,《吴县党史资料》第2辑。

苏州史纪（近现代）

> 沙家浜的意义在于在沪宁铁路武进以东直到上海地区（沪江南东路）除起建立抗日根据地，开展抗日游击战争，发展壮大人民抗日武装力量。一九三九年五月，叶挥东同叫江抗部义东进，建立"以阳澄湖为中心的东路大根据地"，以及澄锡虞嘉定青浦根据地，回答了这个问题。
>
> 叶飞 一九九〇年三月

叶飞将军题词

　　文牧先生所言极是。让我们暂且从生活与艺术两者关系的沉思中折回，把思想之船摇回到三四十年代的阳澄湖畔。

　　方圆 120 公里的阳澄湖，位于苏州城的东北。早先叫阳城湖，以湖之南一座墟荡而名。这里的许多聚落都称为"城"，其实只是村，因为它们是被视为古吴阊闾城的沿江临海的屏障，有些军事作用，就呼为城了。如何雅化为阳澄湖，现在不清楚；民国时的乡镇志书《湘城小志》记道："阳城湖，或作阳澄湖。"当时的地图，仍作阳城湖。1940 年初建立的抗日民主政权，称洋澄县政府。这以后，"洋澄"与这一段历史永远地进入了人们的记忆。

　　苏州沦陷后的第二年 5 月，毛泽东致电项英：在广德、苏州、镇江、南京、芜湖五区之间广大地区创建根据地，发动民众的抗日斗争，组织民众武装，发展新的游击队是完全有希望的。中共江苏省委派遣了一批优秀干部来到苏州乡村阳澄湖。

　　沦陷之初，名目众多的抗日游击队在阳澄湖地区蜂拥

— 186 —

六、浴血人生

而起,有国民党的残兵败将,有帮会组织,有地痞流氓,有忠义救国军,有群众性武装。这些草头霸王纠集徒党,少则二三十,多亦二三百,各据一方,设卡收捐,杀人越货。矮瘦身段的胡肇汉就是这块地面上数一数二的角色。他是湖南人,原在江苏省第一区水上警察队当过中队长,在青浦县水巡队当过队长,"八·一三"后,流落到太湖,与地方乡绅搭上了关系。阳澄湖洇泾地方,有一支陈味之的游击队。1938年秋天,胡肇汉以陈味之涉嫌汉奸之名,将其石沉阳澄湖底,掌握了原陈味之的不足300人的武装,组成1个大队,自封为阳澄湖游击队司令。胡司令的大队,下设3个中队,配备1挺机关枪;还有1个地方自卫队,才合100多人,半脱产,也归他控制。和胡肇汉一起拉队伍的,有一位青年人陆步青,是大革命时期的中共党员,深知如此下去没有出路,来到上海,找到共产党的情报系统党组织(属中央特科)。特科正陆续派出一部分同志下乡争取地方武装,准备建立苏南东路抗日游击队基地。1938年秋冬,共产党员翁迪民化名"宫岳",以上海救亡青年的身份,与陆步青接上了关系。两人约定先去摸摸胡肇汉的底细。

胡部依托的基地是阳澄湖西岸的太平桥。这是一个小镇,镇上最大的店号是裕元米行。翁迪民他们进入太平桥,搭船驶入了水天一色的阳澄湖,在一个芦苇屏蔽的渔村里,见到了胡肇汉。上海来的救亡青年,讲了一番抗日救国的大道理,又谈到以阳澄湖为依托,开展抗日游击的有利条件,还提出整顿队伍,提高战斗力。胡肇汉听了,很有些对胃口,翁迪民去洇泾、湘城、渭塘、黄埭、西永昌、甘露等乡镇转了一圈回来后,又开导了胡肇汉两回,胡明确表示欢迎上海救亡青年前来改造队伍。1939年春,杨继武、陆步进、伍群、石桦、门兆坤、吕洪源等六人来到胡部。

翁迪民与陆步青、胡肇汉决定,把队伍命名为"苏北抗日义勇军"(苏北,指苏州北部),胡肇汉任总指挥,陆步青任副总指挥,翁迪民任政治部主任兼秘书长。整训后的队伍,建立起政治工作制度,中队有政治指导员负责思想教育,官兵薪饷差别大为缩小,政治部的成员和当兵的一样,每月15元,完全是个新式军队的样子了。翁迪民还四出奔走,想把胡肇汉部队和常熟"民抗"、甘露的杨筱南、湘城北的周嘉禄部联合起来,成立"江南抗日游击队总指挥部",后来因故没搞成。

1938年,国民党顽固派的武装不断进入沪宁铁路沿线,阳澄湖的游击队抗日不成了。1939年5月,新四军六团由叶飞率领从茅山出发,以"江南抗日义勇军"之名,挥师苏南东路,到达无锡梅村。在无锡的甘露,叶飞听取了翁迪民争取胡肇汉部队的情况汇报,决定派二路三营(营长梁金华)穿插到阳澄湖地区配合胡部行动。5月15日,三营与胡部商定攻打铁路以南的斜塘伪军据点。翁迪民和陆步青不懂军事,由胡肇汉派人去侦察敌情。胡对共产党领导的"江抗"心存疑虑,行动迟缓。当武装船只迫近斜塘时,已是半夜以后,黑灯瞎火的,就贸然开火。打到第二天拂晓,也没攻下据点,只得撤回阳澄湖。

胡肇汉对"江抗"不放心,借口鬼子要扫荡,带着主力"隐蔽"到铁路以南的敌伪据点附近,可能要投敌。翁迪民带

六、浴血人生

领政治部和一些地方武装,留在铁路以北。这些人不能长期脱产,时间长了呆不住,闹着要回家。一天晚上,在渭泾塘遭到敌伪的突然袭击,最后只剩下不到十人。翁迪民约请胡肇汉吃茶,为坚定他的抗日信心,进行最后一次努力。同去的还有另外两位,一位是国民党吴县第七区的区长姚育才,另一位是胡的旧上司汪寄萍。三人谈得还热乎。谁知第二天晚上,翁迪民突然被胡肇汉抓了起来,理由是翁迪民要拉走队伍。在太平桥镇猛将堂内,那决定翁迪民生死的一幕,50年后的姚育才还历历在目:

时已傍晚,胡坐在方桌一边,我们五人一同入座。胡首先问侧旁宫岳:"宫岳,你有没有要拉走部队的事?"宫说:"没有此事,我是你请来的,不相信我,好来好去,抗日总是无罪的。"胡怒气仍未消,不再问情由,即说:"去买听火油来!"这意思是要烧死宫。此时宫岳已有思想准备,毫无畏惧地说:"我自己有钱。"即从衣袋中摸出5元钞一张,递了过去:"给我买洋烟(即鸦片)来,由我自毙好了。"此时,我即开口说:"今天你若杀死他,'江抗'部队岂肯罢休;自己人冲突起来,地方遭殃;破坏抗战力量,百姓归罪于你,以后谁肯再与你合作!"在座诸位也随即纷纷发言,希望从长计议,切勿操之过急,并要求将宫岳带回油泾,静待协商解决。我即以区长口吻,顺口说:"就这样算数。"胡也不再发言,默认了。

在这次较量中,翁迪民始终坚持这是一场误会,反反复复地讲:"我说你(指胡肇汉)可能投敌,只是估计,惟恐你投敌嘛!我是你请来的,那么就好来好去,抗日总是无罪的。"
胡肇汉对"江抗"的人还是有些惧怕,最后商定将翁迪民交给汪寄萍看管。不到一个月,翁迪民悄悄搭上"江抗"派来的营救船,离开了油泾镇,时在1939年的端午节,公历6月21日。这个月的江南茶馆里,百姓们都在议论着"江抗"的神奇。他们拿着6月10日的《申报》,传播着最新的消息:

> 本邑通至常熟之苏常公路,计长43公里,系旧元和塘改筑。虽为锡沪公路之支线,但其地位极为重要。自该线被日军占领后,日方即利用该线,运输军火及商品,极为重视。本月1日夜12时左右,有华军四五百人,乘船10余艘,分批将该线最大工程之桥梁7座纵火焚毁,旋向原路而去。待翌晨日军发觉,被毁之7座桥梁,已全部化为灰烬。计烧去吴县境内渭泾塘地方26号等3座,常熟洞港泾一带3座。又被毁之桥梁,桥基亦已毁坏,故一时极难修复。

月底,上海各大报纸又登载了更加令人振奋的消息:6月24日子夜,"江抗"部队神不知鬼不觉地开进了苏州门户浒墅关,在几十分钟内,毙伤敌警备队长大丸等20余人,烧毁2座营房,炸断100多米铁轨,盘踞黄埭的王海晏部连锅而端。

7月底,"江抗"副总指挥叶飞进入胡肇汉的驻地太平桥,胡部被正式收编为"江抗"四路独立第一支队,胡肇汉成为"江抗"领导下的司令,行迹大为收敛。3个月后,"江抗"奉命西撤,胡肇汉也随部撤至无锡鸿山。

旧日的"相好"远离了,过去的部下被带走了,往昔的风

六、浴血人生

光没有了,胡肇汉失落而窝火。"江抗"西撤没几天,人们发现,胡司令又回来了,左右只剩下五六个亲信。太平桥不太平了。人们怀念起"江抗"驻守的日子。

"江抗"的人没有全走。"江抗"西撤以后,在阳澄湖畔留下了一座后方医院,医院里有36个重伤病员。刘飞将军后来回忆道:

> 所谓"后方医院",是既不在"后方",也不成其为"医院"的。我们经常流动在横川心泾、陆巷、消泾、长浜、张家浜、西董家浜一带,最远的敌伪据点离我们不过一二十里,近的只有几里。情况较好时,农家的客堂、厨房、牛棚、猪圈是我们的病房,卸下的门板,是我们的床位。情况不好,就只能常在阳澄湖上飘泊,数叶渔舟,就是我们的一切。这里,药品和医疗器械也非常缺乏,由于敌人的重重封锁,红汞、碘酒、棉花、纱布也不容易买到。然而,只因为有党的关怀,有人民的爱护,有同志间砍不断、打不烂、愈炼愈深的阶级感情的相互鼓舞,我们不但在艰苦险恶的环境里生活下来,而且生活得很好。
>
> 负责护理这批伤病员的医务人员,为了保障治疗,他们把药品放在盛咸菜的罐子里,上面放些蔬菜伪装,然后分别送到各户保存起来。只要一有空,不论是医生、护士,或是乡亲们,马上趟着河浜大渠,到船上来给我们换药。
>
> ……秋后,天气渐渐由凉转寒,阳澄湖的芦苇大部

分被割光了,再没有一点遮风避寒的地方。张家浜的乡亲们把我们从船上接了下来,不顾生命危险,把我们分散安置在稻草棚、草垛里,既隐蔽,又暖和。

有一天,日军突然偷袭,几乎逼近村头时,我们才发觉,顿然间,枪声四起,群狗狂吠,眼看日军占领了村边。部分轻伤员和村里的自卫队向枪声迎面赶去,准备阻挡一阵,掩护重伤员撤退。乡亲们和护理人员把我们几个重伤员抬了起来,迅速向河边撤退。当我们快到河边的时候,日军已经占领了整个村落。敌人看得见我们,我们也看得见敌人。正在这火烧眉睫的时候,乡亲们把一只船飞速划来,转手就把我们抬上了船,射箭似地隐入湖中,脱离了险境。①

阳澄湖不能成为日伪地痞的天下,民族抗日的大旗必须重新举起。1939年11月6日,在东唐市的一座破庙内,地方党负责人张英传达了叶飞关于重组东路抗日武装的通知,会上当即宣布成立"江南抗日义勇军东路司令部",夏光任司令,杨浩庐任副司令兼政治处主任,黄烽任政治处副主任。第二天,阳澄湖畔到处出现了钤有"新江抗"关防的布告,有人说"江抗"回来了,也有人说"江抗"根本没走。

"新江抗"不久就与日军在洋沟溇村遭遇。

大年初一是个阴寒的天气,阳澄湖波光潋滟。人们走出

---

① 刘飞:《阳澄湖畔》,《吴县党史资料》第2辑。本节注明为刘飞的材料均出此处。

六、浴血人生

战争的阴影,陶醉在节日的氛围中。然而,灾难正向他们逼来:

河边的瞭望哨发现,洋沟溇村正前方的湖荡中间,有一只木船慢慢地向驻地的村庄驶过来,因为没有发现它后面有其他船只,人们认为无非是一只渔船,让它靠岸也没关系。哪知这只船上载的是日军,在船舱面上的两个,身上披着蓑衣,酷似渔民。好几个全副武装的,却躲藏于船舱底下,还带着一挺轻机枪和一个掷弹筒。当这只木船靠岸时,船上的日军立即跳上岸来,抢占湖岸边的有利地形。一刹那间,噼噼啪啪的枪声响了起来,步枪、机枪、掷弹筒猛烈地向村庄打来,战斗就这样开始了。原来,在离村庄不远的芦苇荡边,还有3只敌人的汽艇隐蔽埋伏在那里,当听到村庄里枪声一响,那3只汽艇就开足马力,急速地向村庄驶来,同时开枪,猛力射击,掩护已经登陆的小部队。

亲历此战的追忆者黄烽后来知道,这是驻昆山巴城的日军得到密报后组织的一次偷袭。据原日军翻译陆再贵陈述,偷袭由日警备队长萨一岛率领,计约80人,以4条渔船为掩护,直冲洋沟溇,企图一举消灭"新江抗"。

敌我双方均凭借民房,在村庄河汊之间背水而战,战斗空前艰苦。直至夜幕笼罩,敌人才撤去。这次战斗,有17名战士牺牲,但敌酋萨一岛被击毙。人们坚信,"江抗"真的回来了!

从老"江抗"开小差回来的胡肇汉心里明白,这是"新江抗"干的事。他现在成了抢手货:国民党的"江苏省保安团"委任他做"支队长";"忠义救国军"放出风声,只要胡肇汉接受收编，委任他为先遣支队司令。刘飞将军看穿了胡肇汉：这个人本质上是反动的，但更突出的是他的投机性。他同时接受几方面的委任，正说明他对任何一方都无诚意，只是企图八面玲珑，有利于自己的存在和发展。根据这样的情况，要这个人讲什么国家民族的大义，忠心耿耿地抗日，是没有希望的。但从他的特性和当时处境看，把他从敌人那边拉过来和我们保持一定的友好关系，却是可能的，因为这对他也有利。而我们如能争取胡肇汉对我比较友好，则可以阻滞"忠义救国军"从南边进攻我们，对其余一些土顽武装，也可以起一定的影响，对整个抗日工作是有利的。

杨浩庐和任天石给胡肇汉写信，劝他看在过去的交情上，以抗日大局为重，出任"江抗东路司令部"副司令。一连几封信，如石沉大海。看来只有主动出击了。

胡肇汉在阳澄湖北岸的车渡有个秘密居处，夏光把部队移驻到那里。一日，胡肇汉正在车渡催粮讨税，与夏光的部队"巧遇"了。胡肇汉又尴尬又害怕。杨浩庐劈头便问："胡肇汉，你知罪吗？你是中国人，为什么接受鬼子的番号？"胡肇汉明白，自己现在已成俎上之肉了。

胡肇汉一夜未眠，次日凌晨，便叩门求见，愿意把部队拉过来，请夏光、杨浩庐二位司令"训话"。夏光扶住胡肇汉颤抖的手："说哪里话，你还是我们的副司令嘛，谈不上训话，你把部队叫来，开个联欢会如何？"联欢会过后，胡肇汉定神了一段时间。

1940年下半年，在投降和倒退的时局面前，胡肇汉公开投向了国民党，被委任为江苏省第二区保安第一团团长。

六、浴血人生

这时的"江抗"已在5月改名"江南抗日救国军东路指挥部",由谭震林任书记的东路军政委员会直接领导。

1940年12月12日,江抗东路指挥部宿营于湖桥渡船头,狡猾的胡肇汉闻讯后,即派人密报了太平桥日军,江抗为此付出了巨大的代价,90余名战士壮烈牺牲。阳澄湖的百姓们这才明白胡肇汉的汉奸嘴脸,然而,他们对这个活阎王本能地感到恐惧。

在1941年2月19日的《大众报》上,李国芬记下了这样的情形:

一天下午,我们到洋沟溇去找保长,老百姓谁也不肯说保长在哪里,好容易找到了一个老头子告诉我们,保长到苏州去了,再问甲长又不知道了。明明最近胡肇汉去收过捐钱,但都说没有收,胡肇汉已一年没有去了。走遍了整个洋沟溇,花费了半天时光,没有得到一些真情实况。最后在我们摆渡回来的时候,在一个摆渡的老头子那里才得到一些实情。

"你们觉得新四军怎样?对你们老百姓好吗?"

"新四军是好呵。"

"那么为什么新四军的同志来问讯,你们都不敢把实在情形告诉我们呢?"

"同志,你不知道我们的苦处,胡肇汉要来杀人的,所以我们不敢多说什么。"

"那么到底新四军好,还是胡肇汉好呢?"

"新四军好,新四军弟兄不拿我们一根稻草,对我们也很客气,讲道理。胡肇汉不讲理,乱杀人,他们弟兄对我们也不客气,要毛手毛脚来拿东西的。"

"那么你们欢喜不欢喜新四军呢?"

"新四军来我们是欢喜的,但是最好新四军来了之后不要去,使胡肇汉不敢再来。"

同一天的《大众报》刊登了这样一则称为"秘字第元号"的命令,驱散了人们脸上的阴霾:

> 案奉
> 江南抗日救国军政治部通令节开
> 兹委派陈鹤为苏南第一行政区洋澄县县长。此令。
> ……
> 中华民国三十年二月十一日

洋澄抗日民主政府,在2月10日发表的成立宣言中,义正辞严地呐喊:

> 洋澄湖地区盘踞着顽军胡肇汉,勾结敌伪,阻挠抗战;近且奉其主子反共投降派的命令,与西面顽军遥相呼应,企图司(伺)机而动。——我们设立洋澄县,是为了以政权的力量配合军事力量来扫除东路抗战途上的一大障碍,并击破亲日派、顽固派的投降阴谋,使东路抗战顺利的坚持下去!
> ……
> 今天,洋澄县政府成立的今天,是杀人魔王、地方

六、浴血人生

恶霸胡逆肇汉开始灭亡的一天;是我们反胡肇汉斗争开始走入胜利的一天;是洋澄湖10万老百姓开始得到初步解放的一天。

新生的抗日民主政权与胡肇汉完全决裂,斗争趋于白热化。胡肇汉长期混迹阳澄湖,熟悉地形,耳目众多,洋澄县政府经常遭到他们的"游击"。在湘城镇,地方干部张晨曦被捕杀,"江抗"三营俘获助捕凶手湘城镇镇长并将其公审处决。湘沺、消陆、太平桥等区,敌我双方都贴出标语布告:

"活捉胡肇汉!"——洋澄县政府;

"活捉夏光!"——江苏省保安团。

胡肇汉没捉到夏光,陈鹤县长倒真的被捉去了。那天是1941年4月1日的清晨,陈鹤在毛家浜村给部队集中上课,巴城伪军突然来袭,部队边打边撤至曹家尖休整。傍晚时分,胡肇汉率200多人围困驻地,陈鹤等13人被捕。

两个月之后的一天,下午3时,一条小船装着陈鹤,摇向渭塘肖家浜河西岸的坟地。陈鹤被押出船舱,双手缠着绳,颈项里套了绳,绳子系在一棵柏树上,胡匪手中的日本军刀剜向陈鹤心胸,剜出了一颗24岁年青人的心,扒下他的短衫,包裹而去。

陈鹤,原名潘承岳,祖上是苏州望族。传至父辈,每况愈下,及至父殁,全家顿陷困境。陈鹤依靠"潘松鳞义庄"贴补,读完了小学。17岁,母亡,托亲友介绍到上海一家化妆品工业社当职员。日本进逼华北,上海成立职业救国会,陈鹤参加了工业社对门的惠大典当救国会小组。抗战全面爆发,工业社停办,陈鹤辗转沪、锡、苏城乡之间,躲避战祸。贫苦交加的哥哥承祜在黄埭投河自尽,陈鹤掩埋完相濡以沫的兄弟,鬼子就进了黄埭。

1939年,陈鹤在上海加入了中国共产党,以"江南抗日义勇军"的身份回到苏州,组成一个党支部,为抗日宣传奔波。仇恨的心被烧得滚烫,他说,抗战总有危险的,但也不是个个要牺牲,牺牲是可以避免的,可是为了国家,为了民族,要有牺牲的准备。

人们不禁要问,什么时候,以什么方式,歹毒残忍的胡肇汉受到了应有的制裁?1994年2月版《吴县志》记道:吴县解放前夕,胡逆逃往台湾,受训后被派回浙江舟山,委为"江苏省人民反共自卫救国军第二纵队"副总指挥。1950年4月13日潜入上海,发展特务人员近百名。5月21日,苏州市公安局在沪将胡逮捕归案。同年11月30日,被苏州专区人民法院判处死刑,于苏州金门外望亭墩伏法。

1941年1月7日,国民党顽固派制造了震惊中外的"皖南事变",宣布"解散新四军"。为了回击国民党顽固派,维护和发展人民抗日民主事业,苏南各部队奉命编为新四军六师,"江抗"7个支队,分别组编为6师8旅共4个团。这支英雄的部队投入了更艰苦的斗争。阳澄湖畔,一首《你是游击兵团》之歌开始传唱:

> 阳澄湖畔,虞山之麓,
> 三十六个伤病员,背负着党的旗帜,
> 在暗影笼罩着的鱼米之乡,

六、浴血人生

埋着头,流着血呀,流着汗,
辛苦地耕耘着被野狗蹂躏的田野。
东路人民的救星生长了!
你的威名震彻了江南,
你的钢刀刺破了敌汪的心房!
……

七、文化乳汁

徐枕亚:"发乎情,止乎礼"

在清末民初的洋场,出现了一个新的通俗文学流派,叫"鸳鸯蝴蝶派"。根据地域的差异,鸳鸯蝴蝶派分为以上海为中心的南派和以天津为重镇的北派。南派的大本营虽在上海,但作者却大多是苏州人。这并非偶然的巧合。范伯群先生详论渊源:

一、写鸳鸯蝴蝶派的作品,大抵要一点旧学根基,这在苏州那个所谓"人文荟萃"之地,出身于书香门第的才子是不乏其人的;二、苏州在旧时有"上有天堂,下有苏杭"的天堂之称,原是个地主官僚纸醉金迷的安乐享用之乡,这些才子从小耳濡目染,对鸳鸯蝴蝶派所要求的题材,有相当的了解;三、苏州在地域上与上海为邻,这些才子跑到洋场上去的机会,比

七、文化乳汁

其他地域的人来说算是得天独厚;四、上海洋场上的名妓,苏州人很多,一口吴侬软语,简直是爬上名妓宝座的必备条件之一,这样,苏州才子们又以同乡之谊,更容易对沦落风尘的女子滥用自己的感情,俨然以才子佳人自居,这是言情、哀情之类的绝好素材;五、……苏州才子中产生的鸳鸯蝴蝶派作者多,除了其它各种原因之外,同乡亲友的相互影响大概也是一个原因,象出外学生意一样,有的苏州才子到了洋场,学的就是做鸳鸯蝴蝶派小说。①

徐枕亚,历来被目为鸳鸯蝴蝶派的鼻祖,1889年诞生在常熟的虞山脚下。这里是言子的故乡,相传,公元前453年,22岁的言子离开虞山故土,游学中原,入孔门,治礼学,独得大同、小康之传,晚年回到吴地故国,开文学之嚆矢,从游弟子以千计,正宗儒学以此流衍而下,泽被后世。在此儒雅之区,徐枕亚的家庭备受乡里人的敬重。祖父鸿基,为邑中鸿儒,有"善人"之称;父亲懋生,劬学励行,治举业有声。枕亚幼承家学,5岁入馆,8岁填词,负"神童"之誉。1904年枕亚从常熟虞南师范学校肄业后,在父亲办的善育小学堂任课。从18岁开始,徐枕亚大量阅读古典名著,热衷于旧体诗词的创作,积诗800余首。枕亚承继了诗礼之家的遗绪。

1909年,徐枕亚至无锡西仓镇一学校执教。他没有料

---

① 范伯群:《试论鸳鸯蝴蝶派》。见《礼拜六的蝴蝶梦》,人民文学出版社1989年。本节有关程小青小说的评价亦见此出处。

到,一生的生活基调竟永远地定位于这里!

1912年,徐枕亚来到上海,经其兄天啸介绍,出任《民权报》新闻编辑。对于长期浸渍于传统文化髓液的徐枕亚来说,十里洋场的意义,只是宣泄生活苦难的庭院,而不是改变命运的锁钥。

在编报之余,徐枕亚开始编写言情小说《玉梨魂》,在《民权报》的副刊上连载。《玉梨魂》叙述了一个年青才子何梦霞与美貌寡妇白梨娘的爱情悲剧,故事情节甚为简单:何梦霞在无锡富绅崔家做家庭教师,崔家的守寡媳妇白梨娘,乃多情佳人。两人互相倾慕,书信往来,诗词酬答,热恋不已,为避瓜李之嫌,他们发乎于情,却止乎于礼,不肯越礼犯分,结为一体。为了医治梦霞的"情病",梨娘僵桃代李,将小姑筠倩许配与梦霞,自己以身殉情。失去梨娘的何梦霞情不能已;思想新派、向往自由的筠倩,也因不满包办婚姻,郁闷而逝。历经爱情磨难的何梦霞,东渡日本求学,辛亥革命时回国参加武昌起义,以身殉国。临死前,还恋恋不忘为情而殇的梨娘。

清末民初的一段故事,如今有人感到遗憾:一个绝妙的具有反封建意义的题材,却被处理成一部传道说教的作品。然而,这哪里是背负感情重债的徐枕亚所能写得出来的呢?徐枕亚在为后来的一部小说《雪鸿泪史》做序时,明告读者:"使以小说视此书,则余仅为无聊可怜随波逐流之小说家,则余能不掷笔长声,椎心痛哭。"

枕亚在《玉梨魂》中款款自述——

在鸿西小学时,枕亚班上有一学生叫蔡如松,是西仓镇

七、文化乳汁

蔡姓大族之后。如松母亲陈佩芬风姿绰约,书香门第出身,知书达理,却年青寡居。侄女蕊珠,幼失怙恃,也由陈佩芬扶养。对于如松,枕亚怜其孤而爱其慧,悉心教授,陈佩芬深为感激,也倾慕枕亚之才,遂挽族叔蔡子平执柯,将蕊珠许配与枕亚。

枕亚不敢越过封建礼教的雷池,自然也就无法得到倾心爱恋的陈佩芬,陷入了无以自拔的痛苦之中。

父亲病故后,枕亚母亲谭夫人体弱多病,性情暴戾。蕊珠婚后来徐家不满半年,为随嫁奁资纠纷,常被婆母训责,每每因无法忍受而返归娘家。枕亚惧母忧妻,以酒浇愁,作诗遣怀,经历了一段无法名状的感情纠葛后来到上海,来到了《民权报》,写下了《玉梨魂》。

在枕亚的笔下,流泻而出的是自身家庭的血泪,是当时千万个家庭的血泪。《玉梨魂》的故事真幻难辨,言人人殊。文史家时萌教授在1997年第1期的《苏州杂志》上,为我们大白真相:最近从一徐姓藏家处发见徐枕亚与青年寡妇陈佩芬的往来书札唱和诗词九十三叶,经对照《玉梨魂》,考核内容,对照徐氏流传于世的笔迹,并以笺纸上所印宣统年号、无锡北门塘经纶堂刷印字样为佐证,可以确证这些旧件乃《玉梨魂》故事蓝本,也可以认定这确是纪实性文学,是一篇人性受扼的血泪史。

可以列举其中数例。

比如主要角色:《玉梨魂》中男主角名何梦霞,盖枕亚又名枕霞,陈佩芬诗信初署"霞君文几"、"吾弟心鉴",情感由浅入深。徐致陈函,则署"芬卿贤姊爱鉴,辱爱弟枕霞手书"。由此主要角色都可"对号入座":"梦霞"即枕亚自况,"梨娘"即陈佩芬,"筠倩"影射蕊珠,"石痴"影射蔡子平。

比如生活环境:徐枕亚寓蔡家后院,与陈佩芬内室仅一墙之隔。自从隔窗偷窥之后,双方情丝袅袅,《玉梨魂》写曰,"帘中人影,窗内书声,若即若离,殊有咫尺天涯之感。"陈氏有诗描写此种心情:"粉墙隔断如天涯,痛我深情独自嗟,身轻若能随鸟去,飞南飞北乐无耶。素娥意愿属王孙,蜂蝶迷花久断魂,无限柔情终不解,衾寒月冷夜谁温?"年轻寡居独处,情何以堪,陈氏借《兰歌》抒诉这种寂寞:"我独爱兰兮,朝暮伴我兮,青香牵我兮,娇姿欲笑兮,赏花兮,尔何不能解语兮,观花兮,对我可消无聊意。"

比如恋爱经历:《玉梨魂》中有梦霞啮指挥血作书以表深情之举,两人信札中确也有之,陈氏含泪向爱弟作复之札云:"昨午接血书,如摘我心肝,见字此时心实痛难至(按,原文如此),不如速死……"又云:"午得手书,悉欲我从,岂有不肯相从之理,感情不弃,后为久聚。亦有一言,须梦儿成婚,不死当从。忆昔至今,两情愿不是独活的局面了,再加各存血迹,作可算铁证,此生血点惟尔能得,手迹更为独取,身亦为誓有,心为情死,何事不可。"

在徐枕亚笔下,《玉梨魂》中的一对才子佳人为避瓜李之嫌,一生只在万不得已之时,两次晤面。徐枕亚在小说中理智设置的森严的礼教之防,在生活中给他冲垮了。徐、陈两人多次深夜约会,情景生动曲折。佩芬有书云:"后场相见,非万全之计,仿(防)有看见,两人同行,反为不美,况此时我处后门不能开,有鹤高兄弟在家,开恐误事,又义庄前

七、文化乳汁

后门更不可开……君若能出义庄内墙门否,若不能,待到黄昏,以先将内墙门外,小庭中半壁处,仿(傍)一只茶几抵脚,然后人净(静),从小厅庭中,东首屋边,随(垂)一云梯,可出此门,不必虑别,虽有两重备拢门,庄里用(佣)人掌握,君自开不妨,一直向东行,又有门,君可至(止)行,此门开不得……转北行二三尺地,有门,虽老姑握持,我可以开候,再行五六尺地,向东首门,便我内室,西首门切不可敲,敲亦误矣。"

徐枕亚并不隐讳《玉梨魂》纪实的成分。后来《玉梨魂》由上海民兴社编演为话剧,徐枕亚观后,情不自禁地写下《情天劫后诗》六首:

不是著书空造孽,误人误己自疑猜,忽然再见如花影,泪眼双枯不敢开。

我生常戴奈何天,死别悠悠已四年,毕竟殉情浑说谎,只今无以慰重泉。

今朝都到眼前来,不会泉台会舞台,人世凄凉犹有我,可怜玉骨早成灰。

一番惨剧又开场,痛忆当年合断肠,如听马嵬坡下鬼,一声声骂李三郎。

电光一瞥可怜春,雾鬓风鬟幻似真,仔细认来犹仿佛,不知身是剧中人。

旧境当年若可寻,层层节节痛余心,"梦圆"一幕能如愿,我愧偷生直到今。

苏州史记(近现代)

缠绵悱恻的《玉梨魂》,10年间发行了32版,一时风靡海内,不知赚取了多少青年男女的眼泪。周作人读后,只觉得"文章很是肉麻,为鸳鸯蝴蝶派的祖师,所说的事,却可算是一个社会问题"。

徐枕亚涉及了一个什么样的"社会问题"呢?范烟桥说得很清楚:

> 辛亥革命以后,"父母之命、媒妁之言"的传统婚姻制度,渐起动摇,"门当户对"又有了新的概念,新的才子佳人,就有新的要求,有的已有了争取婚姻自主的勇气,但是"形隔势禁",还不能如愿以偿。两性的恋爱问题,没有解决,青年男女,为此苦闷异常。从这些社会现实和思想要求出发,小说作者就侧重描写哀情,引起共鸣……徐枕亚的《玉梨魂》,就是当时的代表作。①

1914年,徐枕亚主编《小说丛报》时,托言获得何梦霞的日记,矫正《玉梨魂》之误,写成《雪鸿泪史》。误在何处?病中的何梦霞作书与白梨娘:"渠是遗嫠,我非荡子,纵心怀坦白,迹不类乎桑中;而人约黄昏,嫌已多于李下。既知相见之时,亦至于清谈而止,悠悠良夜,空台不着行云,彼此无心,则亦何必自处于嫌疑之地位。"徐枕亚把两人变成了合乎礼教的正人君子!继《玉梨魂》之后的小说主人公,几乎都是这

---

① 范烟桥:《民国旧派小说史略》,《鸳鸯蝴蝶派研究资料》(上),上海文艺出版社1984年。

七、文化乳汁

样的君子。

作为鸳鸯蝴蝶派的"南派"始祖,徐枕亚用浓蘸血泪的笔墨,在历史上留下了那个时代的那个吴地。他不堪哀情,让《玉梨魂》中的何梦霞和白梨娘双双死亡,一为殉情,一为殉国,合二为一,斩断孽缘,一死了之,何其快哉!

然而,生活中的徐枕亚继续着感情的磨难。1915年,枕亚嫂嫂不容于谭夫人而自缢身亡,令蕊珠惊惧不已。谭夫人怔忡症大发,枕亚与亲友磋商,与蕊珠假离婚,暗中在上海另组小家庭。时隔一年,谭夫人又找上门来问罪;蕊珠生子无咎,谭夫人稍稍息怒,可无咎3岁时不幸坠楼,枕亚只得与蕊珠第二次离婚以平母怒。蕊珠迭遭凌辱,抑郁成病,于1922年去世。言子故里又堆起一座新茔。

对于蕊珠的永远解脱,枕亚感到幸运,所谓"先我逍遥脱尘网",可见创痛之深巨。这还不够,徐枕亚孽缘未尽,不得逍遥。

其时,远在京师的末代状元刘春霖之女刘沉颖,无意中读到枕亚的《玉梨魂》和《悼亡诗》,竟至废寝忘食,失魂落魄,顿生爱慕之心。便作书与枕亚,求为入室弟子。困顿之中的枕亚,"却从蕊珠碎沉后,又遇花愁玉怨人",互相唱和起来。殿选公之千金,下嫁贫贱文士,自是使不得的。只是沉颖乃一烈性女子,"愿魂化蜀鸟,啼血在君前",决心为此殉情。封建的门庭也有变通之法,先是枕亚拜刘春霖莫逆之交樊山为师,再由樊翁出面,总算玉成了这门亲事。

1932年,枕亚挈妇将雏回转常熟故宅。不过一年,重蹈婆媳覆辙,名门出身的沉颖小姐忧郁成疾,终至香消玉殒,是为1935年。两年之后,枕亚溘然逝世于战乱之中。

程小青:"企图揭开一切罪恶的底细"

鸳鸯蝴蝶派的小说,充斥着鸳鸯、蝴蝶、可怜虫、同命鸟之类的香艳词句,让人觉得肉麻兮兮,再加之一些淫邪僝薄的货色羼杂期间,所以被划为这一派的作家,总认为有些不光彩。在许多文学史书中,都把包天笑和周瘦鹃称作鸳鸯蝴蝶派的代表,可他们自己却极力否认。周瘦鹃认为:我是编辑过《礼拜六》的,并经常创作小说和散文,也经常翻译西方名家的短篇小说,在《礼拜六》上发表,所以我年青时和《礼拜六》有血肉不可分开的关系,是个十足的、不折不扣的礼拜六派。事实上,在"五四"运动之后,"这一派中有不少人也来'赶潮流'了,他们不再老是某生某女,而居然写家庭冲突,甚至写劳动人民的悲惨生活了,因此,如果用他们那一派最老的刊物《礼拜六》来称呼他们,较为合式"[①]。这是茅盾的意见。

在礼拜六派作家中,程小青是写侦探小说的宗匠。本来,他写的也是哼哼唧唧的题材。关于这一转机,有一个未经考证的说法:程小青年青时曾与一位富家淑女相恋,因为门户悬殊,最后未成眷属。心力憔悴的程小青,不愿再提那些痛苦的经历,不想再去抨击罪恶的封建婚姻,而转向从技

[①] 茅盾:《复杂而紧张的生活、学习与斗争》(上),《新文学史料》1979年第4辑。

七、文化乳汁

术方面去提示那罪恶的社会。

侦探小说的发轫,可追溯到1841年美国小说家爱迪加埃伦坡的《杜宾探案》第一篇,名《麦格路凶杀案》。后来,英国著名侦探小说家柯南道尔在他的作品中塑造了大侦探福尔摩斯的形象,侦探小说遂风靡世界。进入近代世界的中国读者,对节奏快捷、离奇曲折、刺激过瘾的侦探小说表现出了极大的兴趣。在辛亥革命时期翻译的作品中,绝大部分是侦探小说。19世纪20年代,在上海的程小青,通过不断翻译,与无数的读者分享着自己从侦探小说中获得的乐趣。

程小青是靠自学而成才的。他16岁时经人介绍,入西人开设的亨达利钟表店当学徒,每天干上10多个小时,再到附近的青年会补习英文。从菲薄的薪金中,居然能省下一点钱买来几本二手货的古典名著。小师兄家里有许多书,有《小说月报》、《小说大观》,有《文心雕龙》、《古文观止》,还有国外小说《哈姆雷特》、《茶花女》……程小青贪婪地阅读这些中外经典,也模仿着写一些小文章,得到的稿酬,差不多可以缴英语学校的学费了。程小青的处女作《鬼妒》,说的是一位私家侦探,侦破"鬼怪"作案的故事。稿子投寄到上海商务印书馆出版的《小说月报》,主编恽铁樵大为赏识,函邀晤谈。在恽先生的指点下,程小青开始有计划地阅读中外文学名著,对《礼记·檀弓篇》费力尤多。经此勖勉,程小青沉浸其间,一发不可收拾。从这时起,他接触、研究、翻译柯南道尔的《福尔摩斯探案》;进一步,又另辟蹊径,塑造出中国特色的福尔摩斯——霍桑。

大上海给他提供了机会。1914年秋,上海《新闻报》副刊《快活林》举办征文比赛,规定不得超过2000字。程小青一算,如果主人公的名字只有两个字,就可省出不少字来充实作品的内容了。于是,他给作品中的大侦探取名为霍森,助手包朗,题目叫《灯光人影》,正好2000字。《灯光人影》一出来,程小青马上买来一张报纸。让他惊讶不已的是,文中霍森变成霍桑!他想:或许是编辑改动过,或是排字工人误植了;霍桑就霍桑吧。霍桑从此登上文坛,在程小青笔下获得了永生。

喧腾的上海让默默无闻的程小青成了名,成了名的程小青却有些消受不了上海的喧闹。1915年,当苏州东吴大学聘请他担任附属中学英语科教员时,便欣然应聘,举家迁苏,投入了一个梦想的天地。程小青与美籍教师许安之(Sherejz)相约,互教互学中英文。上海的程小青把奶声奶气的苏州话,连同山温水软的苏州城,传达给了一对年轻域外夫妇;从许安之夫妇那里,程小青也学到了道地的英文,阅读英语文学作品和翻译侦探小说的能力大大提高了。外国作品的原汁原味地吮吸,把程小青对西方侦探小说的理解带入了一个新境界。

1919年《霍桑探案》中的《江南燕》被上海友联影片公司拍成电影。1922年,程主编《侦探世界》。1923年,名声日进的程小青被一向看重学历的东吴大学附中破例聘为正式语文教员。1923年,在葑门望星桥北堍筑成新居,门上钉着一块铜牌,自题"茧庐"。晚年程小青也自号茧翁,寓"作茧自缚"之意。茧庐拓地亩许,楼屋数楹,中间是客厅,左右卧室。屋前垒有花坛,四季名花,姹紫嫣红,花下种些菜蔬,临时佐

七、文化乳汁

餐不求于市;屋畔树木连荫。"茧庐"完全是苏州庭院风格,雅致小巧。程小青的卧室在后进书屋楼上,四周安窗,夏日晶窗俱启,凉风习习,神奇的故事便在这怡然自得中缀成了。临窗墙外,沃野一片,风送土香,远处炊烟袅袅,农夫耕耘,妻女馌饷。安逸钟灵的乡土苏州!40年后,程小青曾赋词"一剪梅"《茧庐(咏家园)》,浅吟着一个曾经存在过的属于苏州、属于文人的家园:

> 桥畔幽居鲟水西,
> 曲岸风微,
> 小巷人稀,
> 向阳庭院有花蹊,
> 春日芳菲,
> 秋日纷披。
> 高阁窗前绿树低,
> 晓接朝曦,
> 暮送斜晖,
> 闲来读画更吟诗,
> 家也怡怡,
> 国也熙熙。

人们无法想象,惊险恐怖的《霍桑探案》就流淌在这小桥流水之间。郑逸梅先生在介绍程小青创作过程时说:每当构思设想,他经常于清晨昧爽,跑到杳无人迹处,冥坐水边石畔,劲着脑筋。及群鸟出林,他已粗具结构,归家命笔,且

苏州史记(近现代)

把亲身经历的,耳闻目睹的,和所设想的打成一片。据称,一进书房,他娓娓道来,别人一一记下,自己再加修整润色。

但切莫以为程小青的侦探小说就是闭门造车之作。在苏州,他以文会友,参加了吴中星社。星社的同仁们几乎每人编有刊物,程小青也办了一份《太湖》,朋友见面,常常问"近来强盗捉得怎样?"其实,太湖里是真有强盗的,并且还很出名。当时(1933年3月12日)的一份《申报》随笔就是侦探小说的好题材:

> 提起太湖强盗,大家总有点不寒而栗,什么轮船被劫啦,村庄被抢啦,报纸上常有记载……那么,他们的存在与活动,靠着什么呢?原来是利用繁复综错的港汊。他们没有壁垒,没有山寨,甚至没有固定的帮伙。住在沿太湖山上、湾上的许多客民,平时藉耕种打渔艰苦过活的,都有加入的可能。只须有大头目发起,再由小头目分头活动,在村间的小茶馆里接洽一下,就可由小股结成中股,由中股合成大帮,把预先埋藏着的枪械分配使用,其势不难攻掠大镇,岂仅拦袭轮船。等到劫罢,把赃物一分,除开大头目,仍留都市作"阔人"外,其余均各散归原地做"良民",又好像其他安分的人一样了。

原来,错落在太湖洞庭七十二峰之间的渔村水乡,并不只是菱塘、菰田、桑堤连成的"世外桃源"。作为侦探小说家的程小青也想揭开这里的罪恶谜底。

身在苏州的程小青涉足上海影坛,把电影这一现代大

七、文化乳汁

众传媒媒介到姑苏古城。上海是现代化的都会,人文荟萃,颇具规模的电影制片厂就有数家,居全国之首。可是1927年之前的苏州,没有正规的电影放映院,当时只在青年会、乐群社、新民社和城外普益社等教会礼堂临时租片放映。迷恋上电影的程小青与徐碧波、叶天魂集资在五卅路公园内创办了一家电影院。苏州那时经常停电,公园路电影院配备了发电设备,至少可以保证日场放映。毕竟几个书生,不善经营,不久就停歇,令人遗憾。

1937年,程小青盖了新房,房子落成的时候,日本人已经打到上海了。在9月新学期开始之前,程小青随东吴附中的一批教师辗转来到徽州的黟县,以避寇氛。第二年秋天,东归"孤岛"上海。程小青怀念苏州的拱桥城垣,然而,他不是无筋无骨的流水,可以汩汩无阻地越过城池,淌经水巷,滋润庭院。苏州城有日本强盗当关,进出城门的人须向他们鞠躬,程小青受不了这样的侮辱。自由的地方是家园,他不肯回到属于自己的苏州,一直到抗战结束。

留在上海的程小青整理《霍桑探案》,翻译侦探小说。许多年来,社会上出现了无数的霍桑知己,程小青称他们"霍迷"。本来,侦探小说是有一定的套路的,程小青却在其中匠心独运。范伯群教授透辟分析道:"侦探小说虽有较为固定的模式,但读来却并不觉得单调化、划一化、公式化,就像万花筒中随着彩色玻璃珠的滚动,幻出各各不同的图案一样。程小青的《霍桑探案》也总是多线索、多嫌疑犯的错综矛盾的结构。总是在嫌疑与排除、矛盾与解脱、偶然与必然、肯定与否定、可能与不能、正常与反常的对立之中开展和深化情节,几经曲折反复,最后落实到似乎最不可能、最意外的焦点上,令读者瞠目结舌。此时作者却为此而作出无懈可击的逻辑推理,使读者口服心服。侦探小说的最大魅力就在于组织之严谨、布局之致密、脉线之关合等技巧的自如运用。程小青在这方面是有一定的功力的。他的作品在'启智'的悬念中使读者进入迷宫,而在'山穷水复疑无路,柳暗花明又一村'中豁然开朗,在这一进一出之间培养'霍迷'。"

"霍迷"们走入程小青布置的迷阵,无法逃逸,常常把霍桑等同于程小青。时常有人跟他打趣:"程先生,最近又在侦查什么案子呢?"

程小青还真的当过一回侦探。他从上海买回一辆老头牌镀铬自行车,一天晚上,骑着它去公园影院。电影散场时,车子不见了。"霍桑"遇上了贼,有些为难:报警吧,本来就瞧不起官方警察局,他们还不是和《霍桑探案》中的汪银林和警长倪金寿差不多的能耐?非得亲自侦破此案了。程小青初步分析:电影院门口只有他那辆镀铬的车子遭窃,作案者想来不是贪财起念之流,多半是追求时髦,却囊中羞涩而又缺德的小青年所为。根据经验,程小青作出三条判断:一、镀铬自行车在苏州极为稀少,容易暴露目标;二、自己很少去别处,作案者可能就在公园附近,或者经常路过此地;三、作案者一定要把车子改头换面才会骑上街。一日,程小青在一家自行车修理店发现一个反常现象:一副新的挡泥板却涂上了漆,师傅告诉他,板子上印有一个老人头的商标。事情已经十分清楚。程小青守株待兔,偷车的果真是位利令智昏的小青年!

七、文化乳汁

1948年秋,程小青在东吴附中教书。有一天,一架杭州笕桥空军航校的教练机坠毁在校园,飞行员当场殒命。一位学生奔进程小青办公室,便叫:"程先生,外面操场上死人了!"

程小青略一抬头:"听说了,飞机失事摔死的。"

"兴许有什么案子呢?"

"没啥好查的,那架飞机掉下来不是没起火吗?看来是汽油用完了,想降落在操场上,结果在降落的时候失事了。"

"那你不去检查一下那个死人吗?"

"那是法院验尸官的事情,"沉吟一下,又说,"血淋淋挺怕人的,没啥好看的。"①

看来,程小青跟霍桑和包朗不一样,对尸体不感兴趣!

其实,程小青与霍桑又有许多相似和一致。程小青穿衣皆为国产料子,造房皆用国产木料和中式砖瓦。据其子程育德先生列举,霍桑吸的纸烟是南洋兄弟烟草公司生产的白金龙牌烟,用的牙刷是梁新记双十牌牙刷,牙刷杯是江西景德镇的产品,穿西服的面料是章华毛纺厂出品的羝羊牌毛料,甚至连他寓所会客室里的地席也注明是温州产。

程小青笔下的霍桑是安徽人,与助手包朗在中学、大学同窗六年。后来包朗执教于吴中,霍桑因父母先后谢世,"孑然一身,乃售其皖省故乡之薄产,亦移寓吴门,遂与余同居"。程小青简直就是在叙诉自己苦难的童年:他祖籍安庆,太平天国战乱时,全家迁至上海;11岁时父亲在贩报途中

---

① 参见树棻:《校园坠机》,《苏州杂志》1991年第6期。

暴卒,从此全靠母亲针黹维持生活。书,当然无法再念下去了。就是包朗任教的吴中也与他后来所在的东吴附中暗合。

霍桑是程小青理想中的英雄,具有察微见著的非凡悟性。

少年程小青就具有这样的"私家侦探"的素质。江元舟先生在《小说家程小青》中描述了这样一则故事:

他蹲在小摊旁,好奇地看衔牌算命的把戏。一位30多岁的妇女,从算命先生的一叠纸牌中,抽出一张,看了一眼牌上的字,默记在心,然后交给算命先生放进那叠牌中,算命先生把牌砌了几次后,竖直放进木匣中。接着,算命先生把手边的小竹笼移到匣前,把小竹笼的门打开,一只羽毛浅褐色的小鸟,长长的颈脖,尖尖的嘴巴,黑黑的小眼睛东张西望,呷呷叫了几声,并不去叼牌子。算命先生轻轻地抚摸小鸟的头,小鸟的嘴乖乖地向牌伸去,真的把那妇女看过的牌叼了出来。接连几天,程小青都蹲在小摊旁,揣摩聪明小鸟的灵感。一次,他发现算命先生的手指上染有一种气味物,捏那妇女看过的牌时,气味留在牌角上,鸟闻到特有的气味,就能正确地把它叼出来。小鸟衔牌的秘密给程小青揭穿了。

程小青发现,柯南道尔的写作背景与他生长的十里洋场十分相似。在《请君入瓮》中,他借包朗的脑袋思索道:"我又想起近来上海的社会真是愈变愈坏,侵略者的魔手抓住了我们的心脏。一般虎伥们依赖着外力,利用了巧取豪夺的手法,榨得了大众的汗血,便恣意挥霍,狂赌滥舞,奢靡荒淫,造成了一种糜烂的环境,把无数的人都送进了破产堕落

七、文化乳汁

之窟。"跟柯南道尔一样,程小青塑造的霍桑形象,寄托着他改造社会的殷殷希望。

在程小青先生的墓碑上,陆文夫先生这样写道:

> 有一位正直而善良的作家在此长眠。他曾经走过漫长的人生之路。艰难、曲折、自强不息,用一枝秃笔与那邪恶和卑劣搏斗。他写下了著名的《霍桑探案》,企图揭开一切罪恶的底细。但愿他留下的智慧能使善良的人们变得聪明一些。

叶圣陶:心底永远的苏州

不是因为叶圣陶,历史学家们不会注意这个"不要太普通"的家庭。叶圣陶的父亲为一家姓吴的地主经营田租,苏州人称这行当为"知数"。有机会经常接触社会上层,然而又处于社会低层的叶家,从给三四岁的叶圣陶教最初几个汉字起,就在精心叠垒通向科举进身的阶梯。1905年,父亲决定让他经历考场。一个12岁的孩子,跨进考棚,全然不明白这是一个决定命运的所在,却一心想着小食篮里的两个马铃瓜,终于未能抵挡住瓜的诱惑,吃起瓜来。至于作文,勉强凑了306字完事。就在这一年,清廷发布上谕,从1906年起,科举废止。第二年春天,叶圣陶坐进了长元吴公立小学的教室。这是最早的新式学堂,执教的章伯寅、朱遂颖、龚庚禹诸先生,以前经受了戊戌维新新潮的洗礼,留学日本时又呼吸了明治维新以来的新鲜空气,办学完全新的气派。晚年叶圣陶追忆这一段生活时,说起这样几位师友:"章伯寅先生教育我们说:要爱国就得先爱乡土,晓得乡土的山川史地、名人伟业;要爱国就得先晓得我国的自然地理,历代英杰。所以,每逢礼拜天,我总与元善、颉刚等同学在一起,或聚于园林,或集于茶馆,谈苏州的人物地理,谈'天下兴亡,匹夫有责',把顾亭林引为骄傲,奉为楷模。章元善的父亲章珏,号式之,是清朝的进士、校勘家、书法家,又是苏州府学务处的监督,他常常给我们讲我国在鸦片战争、中法战争、中日战争中'割地赔款',教育我们立志救国。"①

叶圣陶(右二)与顾颉刚(左二)等合影(1911年)

---

① 见商金林:《叶圣陶年谱》第12～13页,江苏教育出版社1986年。

七、文化乳汁

叶圣陶只读了一年小学，1907年，以优异的成绩考入新创办的草桥中学。第一位校长蔡俊镛是一位教育家，去日本考察了中学教育后，按照现代教育的思想在苏州开办了这所学校。学校里有些课程让旧式腐儒们摇头：就连捐枪、骑马、军操也列入其中，教员魏旭东是辛亥革命的苏州商团总司令，同时还在上海南洋公学和苏州东吴大学教兵操。单说骑马这事儿，就让许多人大不以为然。叶圣陶小时候，苏州地方还没有人力车，代步的是轿子和船。一些墙门人家的女眷，即便要去的地方就在本城，出门也要依靠这两种交通工具。男人呢，为了比较体面的庆吊应酬，出门大都坐轿子，往城外乡间去上坟访友大都坐船。这是道地的苏州交通风尚。骑马的意义就不在代步了，那是"玩主"才做得出来的：虽然多数的马也由马夫饲养，但是很有几个浮华的名门的败家子也养着马，所以大家都把马看作要不得的奢侈品。谁如果要骑着马在路上经过，有些相识的人就不免窃窃私议，某人堕落了，他竟骑起马来了。中学生们没想到这一层，一时高兴，竟迷上了骑马。学校近旁有一片兵营里的校场，校场东边是一条宽阔的道路，两旁栽着柳树，正是试马的好所在。马夫养马的草棚又正在校场的西北角，花一角钱，就可以去牵一匹出来，骑它一个钟头。学校鼓励学生参加体育运动，只当不知道。

崇武尚文的学生，素质毕竟不一样。1910年秋天，学校组织到南京去参观南洋劝业会，正走进会场的正门，忽然来一阵粗大的急雨。他们好像没有这回事一般，立停，成双行向左转，报数，搭枪架，然后散开，到各个馆去参观。次日《会场日报》刊登特别记载:某某中学到来参观,完全是军队模样,遇到阵雨,队伍绝不散乱,学生个个精神百倍,如是云云。

1912年冬,叶圣陶从草桥中学毕业。家贫父迈,不能继续求学,几经周折,来到干将坊言子庙小学担任二年级的级任教员。经过新式学校熏陶的叶圣陶实在适应不了言子庙的封建气氛,精神极为痛苦。他给好友顾颉刚写信倾诉心绪:"昨倚阑干观鞋匠之工作,一刹那间,感想潮涌,以为以正当之腕力,做正当之事业,及其成功,当有无限快乐……如彼鞋匠,我力能以为鞋,则别无他之假借,他之思虑,抽其麻丝,持其皮刀为之不已;一鞋告成,此时之乐为何如哉!与我相较,则我始必托人引荐;得业矣,又必规规于课程;修身也,必有崇拜;同事也,必作寒暄;省县视学来,又必受牵制:百不自由……视彼制鞋人,羡之不已,效之无才,复自叹耳!"

叶圣陶所向往的创造性生活开始于1917年。这年春天,吴县县立第五高等小学校校长吴宾若(草桥时的同学),邀请叶圣陶到该校任教。"五高"位于苏州近郊的甪直,四周环水,出入必假舟楫,自苏城搭船,水程36里。方圆仅一平方公里的小镇人家,依河傍水,黛瓦白墙,石桥相连,相传唐代诗人杜荀鹤的"人家尽枕河"、"水港小桥多"就是吟咏甪直的。乡镇的人的内心似乎非常安定,非常闲适;就是一个卖菜的老妪,与别人讨价还价,也仿佛随意为之,一点也不紧张。叶圣陶开始领略水乡情趣,几成画中之人:吃茶于万象春,其肆虽简陋,而镇上所谓士绅者颇趋之,临河踞座,高

七、文化乳汁

谈阔论；饮酒于财源店，店在保圣寺山门外，财源为店主之名，其妻善治馔，鱼虾蔬菜皆可口，而索值不昂。有时至殷家听弹词，有时至某公所听昆曲。殷家是镇上之大族，英文教员殷康伯亦草桥同学，其族中常邀苏州说书人来镇，弹唱者每日下午到殷家说一回书，合族男女共听。镇上人多嗜昆曲，其闲暇者集于某公所，延曲师教授昆曲，进而至于串演。镇外四五里有张陵山，名为山而无石，灌木自生，高树无多。假日清明，数人偶或一往，聊寄游山之意。各村敬神演草台戏，亦尝往观数次。①

茶馆、书场、庭园、庙戏、木船，诸如此类的作为苏州文化表征的基本事象，叶圣陶从小耳濡目染。他从七八岁时候起，私塾里放了学，常常跟着父亲去"听书"。到十三岁进了学校才间断。这几年间听的"书"真不少，"小书"如《珍珠塔》、《描金凤》、《三笑》、《文武香球》，"大书"如《三国志》、《水浒》、《英烈》、《金台传》，都不止听一遍，最多的听到三四遍。书场设在茶馆里。除了苏州城里，各乡镇的茶馆也有书场，听众多是市井细民，30年代，连女子都进了茶馆听书。同为吴方言演唱艺术，弹词大众化一些，昆曲则是彻头彻尾的士大夫阶层的娱乐形式。昆曲演唱时地上铺有一方红地毯，算是剧中境界，乐器只是一品竹笛，词藻故实典雅，载歌载舞，调子异常迂缓，在悲欢离合的故事中，以娱寓教。逢到星期日，没什么事，叶圣陶就到演唱的厅堂里，消磨一个下午。

---

① 叶圣陶：《〈甪直闲吟图〉题记》，《叶圣陶集》第6卷。

苏州史记(近现代)

苏州是园林之城,叶圣陶趟过石桥流水,回转碎石曲巷,爬过假山亭榭。晚年的叶圣陶以独特的审美视角,充满深情地谈起苏州园林:游览者无论站在哪个点上,眼前总是一幅完美的图画。为了达到这个目的,就要讲究亭台轩榭的布局,讲究假山池沼的配合,讲究花草树木的映衬,讲究近景远景的层次。

谈到水乡的船,叶圣陶如数家珍:从前,姑奶奶回娘家哩,老太太看望小姐哩,坐轿子嫌吃力,就唤一条快船坐了去。在船里坐得舒服,躺躺也不妨,又可以吃茶,吸水烟,甚至抽大烟。想到附近乡镇去或者逢春秋佳日,游山玩景,以及清明上坟,叫一条船最写意。船家做的菜是菜馆比不上的,特称"船菜"。船菜只准备一席,小镬小锅,做一样是一样,汤水不混和,材料不马虎,自然每样有它的真味,叫人吃完了还觉得馋涎欲滴。①

叶圣陶去甪直当教师,与绍兴人的"啨啨船"有了缘。所以有这奇怪的名字,因那船上备着一面小铜锣,开船的时候就"啨、啨、啨"敲起来,算是信号;中途经过市镇,又"啨、啨、啨"敲起来,招呼乘客。"啨啨船"属于"乌篷船"的系统,方头,翘尾巴,穹形篷,横里只够两个人并排坐,所以船身特别见长。篷纯黑色。舵或红或绿,不用,就倒插在船艄,上面歪歪斜斜标明所经乡镇的名称。船夫都是健壮小伙子,不懂得爱惜力气,一开船就拚命划。从苏州到甪直36里,四个钟头就到。

---

① 叶圣陶:《三种船》,《叶圣陶集》第5卷。

七、文化乳汁

谈到航船,比"啃啃船"大,船身开阔,舱作方形,木制,不像"啃啃船"那样只用芦席。艄篷也宽大,雨落太阳晒,船夫都得到遮掩。头舱中舱是旅客的区域。因为风篷极大,顺风的日子,苏州到甪直只需三个半钟头。旅客们大多奉行的是"反正总是一个到"主义,早上了岸,似乎还有些怅然若失。

事实上,故乡任何一种具有特质的物事都足以勾起叶圣陶的缕缕乡情。1923年的新秋,他与朋友喝着酒,嚼着薄片的雪藕,眼前便浮现出一幅浑凝的画境:或许那是在产藕的池塘里,或许那是在城外弯曲的小河边,乡民们把涂满污泥的藕一再洗濯,洗得如雪洁白。若在故乡,门前一定有许多乡人经过:男的紫赤的胳膊和小腿肌肉突起,躯干高大且挺直,使人起健康的感觉;女的往往裹着白地青花的头巾,虽然赤脚,却穿短短的夏布裙,躯干固然不及男的那样高,但是别有一种健康的美的风致;他们各挑着一副担子,盛着鲜嫩的玉色的长节的藕。

比雪藕更让人系念的是莼菜。晋时吴人张翰的"莼鲈之思",成为后世恋乡的代词。莼菜系多年生宿根性的湖沼草本植物,产于太湖。它本身无味,味道全在好汤。在故乡的春天,叶圣陶几乎天天吃莼菜。嫩绿的颜色与丰富的诗意,无味之味真足令人心醉。在每条街旁的小河里,石埠头总歇着一两条没篷的船,满舱盛着莼菜。

心间常常涌动的深浓的恋乡情潮从何而来?叶圣陶索引出一个浅显的解释:因为在故乡有所恋,而所恋的又只在故乡有,就萦系着不能割舍了。若无所牵系,更何所恋念。原来，所恋在哪里，哪里就是我们的故乡！

在1923年春天迁居上海之前，叶圣陶虽然没有久离过苏州，却常常出入于苏州。1921年暑假后，叶圣陶离开甪直"五高"，先后到上海中国公学、杭州第一师范和北大预科短期任教，接触了许多当时或后来成为一流的文化人，其中包括周建人、蔡元培、郑振铎、郭绍虞、杨贤江、朱自清、柔石、冯雪峰等等。即使在苏州，他也时刻与外部世界保持紧密的联系。1913年6月，就读北大的顾颉刚回苏州度假，谈起北京诸种情状，叶圣陶愤然作诗：

> 北方是长安，冠盖属朋党。
> 白日妖霾现，杀人弃沟壤。
> 鸡鸣上客尊，狗苟公道枉。
> ……

1918年前后，北京新文化运动兴起，叶圣陶与在北大读书的顾颉刚、俞平伯书信往来频繁，深受影响。1919年3月，由顾颉刚介绍，叶圣陶加入以北大学生为主体的文学团体"新潮社"。新潮，即Renaissance，意为文艺复兴。鲁迅认为，新潮社的一批作家，没有一个以为小说是脱俗的文学，除了为艺术之外，一无所为。他们每作一篇，都是"有所为"而发，是在用改革社会的器械。这其中，叶圣陶却有更远大的发展。1921年初，叶圣陶与沈雁冰、郑振铎、王统照、王鲁彦、许地山等十多人，一起发起成立了文学研究会，这是中国第一个新文学社团，接着就有了第一份新文学杂志《小说

七、文化乳汁

月报》。作为小学教师的叶圣陶是在甪直小镇通过郑振铎的函约,成为文学研究会发起人的,但不久即成为这事业的中坚。

1919年在北京发生的"五四运动",很快传播到江南的深巷小镇。教师们从报纸上看到了北京和各地集会游行及罢课罢市的情形,当然很激奋,都说应当唤起民众,于是在学校门前开了一个会。这样的事在甪直还是第一次。日作夜息的镇民们为时代的氛围所激奋。6月16日,上海《时事新报》上,赫然刊载着来自一份苏州的乡下小学的郑重宣言,称作《甪直高小国民学校宣言》,这是叶圣陶与甪直另外两个小学共同拟定的:

> ……政府横肆摧残,务拂民情,吾三校感此潮流,五中愤结。……顾倒行逆施,曾不少悛,吾三校忍无可忍,于六月十一日一致罢课,非特为对待日本之表示,作释放学生之要求,根本解决乃在满足民众之希望。标的既悬,誓必践之!

逐渐融入外部世界的苏州古城,新潮人物亦不时光顾。1921年,美国人杜威先生也来了。这位风靡一时的实验主义哲学大师,通过学生胡适、陶行知等时代健将的绍荐,在中国各地演说其思想。6月21日,在苏州演讲时,叶圣陶亦欣然前往。从叶圣陶小说《欢迎》中,我们还能听到杜威的演说大意:我知道你们这里是历史上文化先进的地方,所以很愿意到这里来。你们能根据这一点,使文化永远持续,进步,才是你们的光荣,也是我的私愿。

这时的叶圣陶正在甪直乡下"实验"着杜威式的"学校即社会"的教育思想。他们在学校里办农场,开商店,造戏台,设博览馆……学校一派新气象。

从《倪焕之》中,我们也能发现,叶圣陶还曾经有过更为积极的以学校改造社会的设想:对于一个两万人的乡镇,你要是有理想有计划的话,把它改变成一个模范的乡镇也不见得难。现在有我们这学校,又有五个初等小学,一个女子高小。只要团结一致,大家当一件事情做,十年,二十年,社会上就满布着我们的成绩品。街道狭窄呀,河道肮脏呀,公共事业举办不起来呀,只要大家明白,需要,那末,就是把那些凌乱简陋的房屋通体拆掉了,从新打样,从新建造,也不是办不到的事。

1925年"五卅"事件发生时,叶圣陶就在上海,直接受到"五卅"运动急雨泼浇的叶圣陶,对苏州封建势力有了更为清楚的认识。为了唤起民众,革新苏州社会,他与王芝九等几人,于1926年初创办《苏州评论》。在"五卅"运动一周年之际,叶圣陶在《苏州评论》上发表纪念文章,指出:

> 苏州邻近上海,交通便利,每逢全国有一种什么运动,苏州也往往响应得很早的;然而也不过很早的响应而已,至于沉寂起来较任何地方(穷乡僻壤自然不算)为快,这是谁也看得出的,无庸多言。而且所谓响应,也带着敷衍的色彩,事前既无广泛的宣传,当时也没有激昂的举动,不过"虚应故事"而已……

七、文化乳汁

> 我们也并不希望苏州有怎样慷慨激昂的群众运动,因为苏州的地位以及苏州人的习性,是于此道不十分适应的。不过"五卅"运动断非上海一隅的事,也不是去年"五卅"一时的事,是几十年来中国人民生活凋敝,精神痛苦,受足内压外侵后的一点挣扎的呼声,这意义是确定不移的。所以"五卅"事件虽发生于上海,而全国人民应当一致声援;"五卅"流血,虽已事过境迁,而我们当永远继续此种精神。

叶圣陶不仅仅是一位编辑,作为一位作家,他以其特有的手段把江南乡村的社会结构动态地传达给世人。在甪直的五年,他以许多文学体裁表达出了乡镇社会的美丑哀乐;小说是最重要的方式,而小说所关注的是作为乡村主体的农民。

20世纪30年代中期的中国农民陷入了"丰收成灾"的怪圈。在风调雨顺的年头,一亩田多收了三五斗,却因为米行商人的操纵、洋米洋面的涌入,农民们受到了极大的伤害。不朽名篇《多收了三五斗》就是在这特定的背景下诞生了:自然经济瓦解之后,被抛进了市场的农民本能地感到恐慌,于是,离村的问题产生了,抢米风潮出现了……

外来压迫只是乡村社会问题的宏观成因,乡村社会的亚文化则是因果相依的扣结。在公认为中国小说扛鼎之作的《倪焕之》中,叶圣陶以教育家的眼光观照了这一文化现象:为了给儿童们"布置一种适宜的境界",学校里雇工开垦一片荒坟丛集、瓦砾堆积的荒地,准备在这里种菜、植花,栽下麻、豆和西瓜，成为学生们学习与实践合一的农场。小小的变革在乡镇社会掀起了轩然大波！什么垦荒移坟，拆散骸骨，颠荡了浪鬼，则群鬼合作，横冲直撞，瘟疫降临云云，改革者们一下子成了危害全镇的公敌！极善于窥测并利用乡村亚文化的劣绅蒋老虎乘机兴风作浪，于是，讥讽、指责、哄骂、控告等等，劈面而来……

倪焕之的理想教育就在愈掀愈大的风浪中归于幻灭。值得提出的是，乡村亚文化丝毫也没有损害乡村在叶圣陶心中质朴、自然的美感，对"自然乡村"的追求成了他一生的社会理想。《病夫》中，久为肺病缠绕的编辑最终感悟："疾病的地方，牢狱似的都市，金钱独霸的商场，今天与你离别了！你给我难堪的病，或竟是致死的病，我永远恨着你！我要去求我的新生。"新生的曙光在乡间。

面对儿童，叶圣陶的心态是矛盾的。在著名童话《稻草人》中，有贫穷、有病苦、有乞丐、有不公、有轻生，他认为，中国儿童从小就应该正视苦难，但他不忍在天性爱美的儿童心灵上加载重负。叶圣陶笔下的稻草人最懂得孩子的心，最清楚夜的田野：他知道露水怎样凝在草叶上，露水的味道怎样香甜；他知道星星怎样眨眼，月亮怎样笑；他知道夜间的田野怎样沉静，花草树木怎样酣睡；他知道小虫们怎样你找我、我找你，蝴蝶们怎样恋爱……

1937年7月7日，那越过芦沟桥的日寇铁蹄，辗碎了叶圣陶的温馨和宁静。9月21日，叶圣陶全家告别苏州青石弄。此后，叶圣陶再也没有在苏州长住过。一年后，他回忆说："那天走出家屋，几时再回来是未可预料的，也许回来

七、文化乳汁

时屋已被炸被烧了,可是当时我自己省察,并没有什么依恋爱惜之感。我以为抗战要本钱,本钱就是各个人的牺牲,具有积极意义的牺牲就是所谓'有钱者出钱,有力者出力',仅有消极意义的牺牲就是不惜放弃所有,甘愿与全国同胞共同忍受当前的艰苦。"① 叶圣陶甘愿牺牲,但心底充溢着对故居的眷恋。家在葑门内滚绣坊青石弄5号,是1935年秋从上海迁回时新造的,说不上讲究,倒还清爽,屋前屋后,遍植花树,四时不断地有花可玩。在这里住了三年的叶圣陶,被日本强盗赶出了家园。青石弄永远地留在叶圣陶的记忆里:青石弄小屋存毁无殊,芳香无挽,惟有永别。遥想梅枝,应有红萼……

---

① 叶圣陶:《抗战周年随笔》,《叶圣陶集》第6集,江苏教育出版社1989年。

八、市井生活

茶馆:苏州本色

茶馆,普遍存在于近代中国社会,而江南的茶馆以其独特的社会意义格外引人注目:"江南,那(哪)个较大的城市与集镇上没有这样中国的俱乐部?把吃茶看成一种了不得的罪恶,或者提到苏州人,就联想到他们的游惰生活,上茶馆居其一。"① 在江南,确实有许多城市"闲人",终日孵泡茶馆,成为日常生活的固定公式,所谓"白天皮包水,晚上水包皮"即是指此:白天孵茶馆,晚上泡澡堂。郁达夫嗅出了其中的味道,把玄妙观的孵茶馆视作"是苏州人风雅趣味的表现":

早晨一早起来,就跑上茶馆去。在那

---

① 秋文:《坐茶馆》,《盛京时报》1936年6月21日。

八、市井生活

里有天天遇见的熟脸。对于这些熟脸,有妻子的人,觉得比妻子还亲而不狎,没有妻子的人,当然可把茶馆当作家庭,把这些同类当作兄弟了。大热的时候,坐在茶馆里,身上发出来的一阵阵的汗水,可以以口中咽下去的一口口的茶去填补。茶馆里虽则不通空气,但也没有火热的太阳,并且张三李四的家庭内幕和东洋中国的国际闲谈,都可以消去逼人的盛暑。天冷的时候,坐在茶馆里,第一个好处,就是现成的热茶。除茶喝多了,小便的时候要起冷痉之外,吞下几碗刚滚的热茶到肚里,一时却能消渴消寒。贫苦一点的人,更可以藉此熬饥。若茶馆主人开通一点,请几位奇形怪状的说书者来说书,风雅的茶客的兴趣,当然更要增加。有几家茶馆里有几个茶客,听说从十几岁的时候坐起,坐到五六十岁死时候止,坐的老是同一个座位,天天上茶馆来一分也不迟,一分也不早,老是在同一个时间。非但如此,有几个人,他自家死的时候,还要把这一个座位写在遗嘱里,要他的儿子天天去坐他那一个遗座。①

苏州城乡,茶馆林立。城里不论,就说乡下,也让人惊讶:乡镇每条街上,总有几家茶馆,俗谓"没有茶馆不成'市'"。三四十年代,常熟城厢内外,大小茶馆不下百余爿;这不算多,在丝绸巨镇盛泽,晚清就有百家茶馆,里人有《盛湖竹枝词》状其盛:"五楼十阁步非遥,杯茗同倾兴自饶。"从

---

① 郁达夫:《苏州烟雨记》。

吴江档案馆的一份茶馆业登记材料上可以看到,1949年,盛泽尚有茶馆73家。

茶馆聚合了不同行业的社会角色,所谓"往来三教九流客,进出五湖四海人"。在有点规模的茶馆里,茶客们一般都明白自己应该落座的地方。北局的"吴苑深处"是清末兴起的苏州著名茶馆,规模大,堂口多,对其间的诸色分类,尤玉淇老人颇知其详:

它是五开间门面,西是香烟店,东是饼馒铺,从中间一条甬道进去,抬头即见朱底金字的匾额"吴苑深处"。左旁有一转折的大楼梯,可登前楼,楼上也是五开间,推开北窗就是热闹的太监弄。这里茶客都是一般的市民。从楼下正中进去是"方厅",中间以精致的"挂落"分为前后两部,前部的茶客大都是"白相人",常常在这里"吃讲茶"、"讲斤头";后部是报社记者时常吃茶的地方。西侧门内的一座院落,可谓是别有天地,中间是一座很大的四面厅,四面都是大玻璃窗,非常敞亮,且绕以围廊,廊上都有"吴王靠"式的栏杆,搁有小几,可以靠着吃茶。这厅上的茶客,都是苏州的地方士绅、工商巨子、知名律师、文人墨客,如做过教育总长的张一麐,就经常在这里吃茶,画家颜文梁、胡粹中、朱士杰、陈迦庵、樊少云等,也常聚于此。每逢夏季,卸下四周的玻璃窗,更是清风送爽,厅旁有假山、石笋、花木、小亭,环境清幽,使人留连。"方厅"之东是一个书场,场子很大,献艺的都是评弹界的响档。绕过书场再往东,里面也有一座楼,楼上是"话雨楼",楼下即所谓"爱竹居",因厅外有一静静的竹院。"话雨楼"是作家、画家、教师、学者晤叙的所在,周瘦鹃、范烟

八、市井生活

桥、程小青、范子明等都是这里的常客。"爱竹居"的茶客则常有变化,有律师,有士绅,但40年代初期,则常为一些年轻的作家、画家作为谈文论画的地方。由于竹院里凤尾森森,凉风习习,后来干脆就将茶桌搬到院子里,这些茶客曾自侃为"竹林群贤"。①

盛泽茶客自然归类,各有去处。显示出明显的职业特色:庄面(丝绸专业交易市场)近处的茶馆为丝、绸、领商人所占据,得意楼、同羽春、迎宾楼为外帮客商和旅客所据,万云台为绍帮(在盛泽专营练、染、轴业的绍兴籍人士)所聚,快活林是丝织工人的去处。一乐天茶馆是僧人们的聚集处,旧时找和尚拜忏无需到寺庙而是到此处去请。僻远的茶馆大都是机户、载船人的歇脚处,如嘉兴王江泾来的都在东隅,新塍、虹阳来的多在南端,坛丘、严墓来的多在西荡一带。茶馆中以文明阁档次最高,该阁位于长庆坊南岸,闹中取静,其三层阁楼是清末民初盛泽的最高建筑,可鸟瞰五桥市色,阁内陈设精致,古朴典雅,成为乡绅文儒雅集之处。②

旧时苏州的娱乐生活相对较少,除了庙会,最普通的消闲去处就是茶馆。在苏州,书场一般都设在茶馆,夜茶尤其如此。书场表演主要是苏州评弹,间唱昆曲和滩簧。苏州评弹是一种地方性曲艺,用苏州话说唱,流行于江南吴语区。评即评话,俗称"说大书";弹为弹唱,俗称说小书。苏州评

---

① 尤玉淇:《蕉肥竹瘦轩小札》,《苏州杂志》1994年第5期。
② 周德华:《绸乡话茶馆》,《苏州史志资料选辑》1992年第1~2合辑。

苏州史纪(近现代)

弹,本是江南城市市民的消费品。历来苏州人有到茶馆喝茶的习俗,随着评弹的兴起,一些茶馆就兼营书场。本世纪初,随着城市生活的近代推进,电子媒体等现代化娱乐手段次第出现,苏州评弹这种"带有大众色彩的地方艺术",经历了一个由城市茶园向乡村茶馆的扩散过程:

> 近一二年来(30年代初),无线电盛行,几位光裕社头儿脑儿,顶儿尖儿的人物,都舍掉了书场,改往播音台。只不过要有产有闲的阶级,才置备得起无线电收音机,至于乡下茅草屋的小茶馆里,聚集了许多黄泥腿的乡下人,静悄悄地恭候着说书先生上台,一块醒木,一只弦子,是安慰劳苦大众的恩物;那里的说书,才是大众艺术,说书先生的报酬虽然菲薄,可是价值却超出专在播音台上侍候有闲的太太小姐们的所谓说书名家。

这一过程是艰难的:"据说那些不曾成名,或是新近出师的,才肯去到小码头上弹唱或者开讲,至于成了名的,是誓不肯再跑码头的了。"① 苏州评弹的"下嫁",提高了乡村人的余暇生活水准。因为,所谓余暇,虽被定义为能自由利用的时间,但在这里,人是处于用自己的热情实现自我、用创造性的方法表现自我的状况中的。

茶馆里的评弹书目,无非是《珍珠塔》、《杨乃武与小白

---

① 栒子:《在乡下听书回来》,《申报》1935年1月29日。

菜》、《玉蜻蜓》、《英烈传》、《岳传》、《双金锭》、《孟丽君》等，茶馆书场断档的时候，主人也邀请一些说唱艺人，演出"小唱"、"清曲"或"说因果"等，其内容不外乎"闺阁千金有宿缘，私订终身后花园；落难公子中状元，御赐结婚大团圆"之类，充满了轮回报应、因果循环等说教。

在近代中国社会中，农民阶级的思想也只能是统治阶级思想的翻版；统治阶级的意志通过乡村茶馆这块跳板，潜入农民的心田。士大夫精心设计的僵硬的纲常伦理，被融泡在"一杯一杯复一杯"的茶水中，滋养着乡村人：农人见闻陋隘，感觉简单，受戏剧之潜化力为最易，豆棚茅舍，邻里聚谈，父诫其子，兄勉其弟，多举戏曲上之言词事实，以为资料，与文人学子之引证格言历史无异。①

茶馆不是专供人"白相"的。商人在茶馆里洽谈生意，报人在茶馆里猎取信息，文人在茶馆里高论学术，苏州人叫它"茶会"。最著名的莫过于玄妙观西脚门的三万昌米业茶会。三万昌茶馆有三开间，四个堂口，米业茶会就在南堂口，一般米粮上下两市，食油下午一市。对此，丁健先生在《漫谈苏州米业》一文中有一番描述：米行、米店的老板、经理或代理人，他们每天像上班那样准时去那里吃茶谈生意……如果今天是卖方，就要先出样品包，在包上注明品种，供货方的行名、店名或厂名，还有可供的数量，一包包放在台子上。尽管样品都是拣出来的好货色，包装却极不考究，好一点的用

---

① 参见高劳：《谈屑·农村之娱乐》，《东方杂志》第14卷，第3号。

绵筋纸，马虎的旧报纸包包就算了。还有，样品包上不标价格，绝对不肯明码标价、童叟无欺，是要凭种种情况随时涨落的。坐在样品包位子上的代表人物，内行叫"卖头先生"，由他评论米质，向在座的本地商人以及外地来苏采办的客商"开盘"兜售。他们如果今天是要进货，就由一位称作"成货朝奉"的代表，东张西望，吃几口茶，起来走走，等到看准了，于是双方讨价还价，成交为止。

苏州沦陷之后，三万昌茶会陷入了无序失控的状态：

市场已不再是业中人为主，任何人可以自由进出，有捐客、有地主、有教门弟子、有无业游民、有敌伪爪牙、有地痞流氓，群丑毕集，喧宾夺主。市场上有现货、有期货，高喊进出时价。双方成交后仅凭一纸货单，或白纸一张，盖上私章就算作数。自晨至晚，茶馆里人满为患。不再是人在茶座，一杯在手了，而是东一簇，西一堆，不是气粗颈胀，就是窃窃私议。来此者无不全身神经根根高度紧张，奔进奔出如入疯狂世界。①

在玄妙观三清殿左首的两家茶馆，与三万昌茶会风格完全不同。这里卖鸟的摊子最多，买卖双方的品评和洽谈就在茶馆里进行，那情形让你感受不到那是在做生意：

> 你坐在那儿可以看见一个人将粟子向上抛去，膀上的黑鸟会追到空中将那粟子将嘴接了；你又可以看到一个人将一叠香烟包里的画片放在桌子上，从笼中

---

① 朱宏涌：《苏州茶馆钩沉录》，《苏州文史资料选辑》第18辑。

八、市井生活

放出一只麻雀来,它会将嘴从那一叠中衔出一张画片;你可以听到一只鹦鹉对着你高声的说:"倷阿要买之我去?"①

茶馆里达成的买卖未必需要双方都在场,这时,掮客有了活动的余地。吴凤珍老人《茶馆闲话》道:我父亲便是个专做布生意的掮客,腋下夹的破皮包里带着像杂志那样(大)的簿子好几册,翻开来里面贴满了一块块的布样。他"上茶会"总是带着我一同去的,一进茶馆坐在便于眼观六路耳听八方的那只老位子上。他的眼睛向所有的茶客看去,有时皱着的眉毛一松,眼睛一亮,站起身来向某只桌子走去,双手捧出布样涎着笑脸找人洽谈。如果生意顺利,他回到桌子旁便脸现欣喜之状,若生意无望,便闷闷不乐地回来,颓然落了座。②

在吴江同里,沟通民间艺人与雇主之间的掮客有一个专门的名称,叫做"牌话",大多数就是茶馆老板。"牌话",顾名思义,就是以牌传话。"牌"挂在茶馆壁上,粘贴其上的红纸上写着诸如"同里·双禄堂堂名"之类的字。挂牌多少,要看"牌话"的能耐啦,少则一两块,多至十几块;挂挂摘摘,时常更换。街坊或乡间操办红白喜事,祭神拜佛,常常要请艺班助兴,这就得去茶馆看牌了。挑选到合适的就与"牌话"联

---

① 浮萍:《苏州观前大街的黄昏》。
② 吴凤珍:《茶馆闲话》,《苏州杂志》1989年第4期。本节涉及吴凤珍的回忆,还有《苏州杂志》1989年第1期。

系,预订日期和剧目,"牌话"传话给艺班,双方都无异议,就至茶馆填单签字,算是成交了。①

茶馆里的商业信息往往随季节的转换而转换内容。蚕茧上市,茧行开秤,茧价就是茶馆里的中心议题。胥门外枣市的明园茶馆,这时营业陡旺,横塘、木渎、香山等村子里的蚕农都来此吃茶探价,等候归径桥的韩蕲王庙茧行来此开秤。洞庭西山盛产梅子,由镇夏街上的山地货行收购。每到梅子上市季节,桥堍下那爿茶馆里就坐满了一屋子乡下人,在悠闲地喝着茶,高谈阔论地讨论一些山地货行市、农村新闻。

文人的茶会就高雅多了。包天笑先生说,苏州的吃茶风气,颇为别处的人所诟病;我并不菲薄,因为我得力于此种茶会,清末的时候,我们就有一种茶会,在胥门养育巷的一家茶馆里,每月约定日子,至少聚会两次。在聚会的时候,便无天无地的讨论一切,有什么新问题、新见解,便互相研究,互相辩难,居然是一个学术座谈会了。那个茶馆里,往往有一种圆桌,我们便开了圆桌会议,笑语喧哗,庄谐杂出。后来我们又组织了一个文会,轮流值勤,出了一个论文题目,或是属于文史的,或是属于时事的,大家又回去写了一篇,特地送给当地名人去指点批评。

有些报纸简直就把茶馆当作他们的编辑部了。观前街市中心,是各路新闻的汇集地,民国年间在宫巷口的汪瑞裕茶馆的三楼,《大光明报》的主笔们常常驻足于此,一边喝

---

① 徐文初:《茶馆"牌话"》,《苏州杂志》1995年第4期。

八、市井生活

茶,一边编报。记者们一旦探得消息,直冲茶馆三楼,汇报编者,形诸文字,成为特快新闻。

乡村茶馆里的新闻,可不能当回事。在那里,虽间或涉及诸如孙中山先生的民生主义、天下为公及棋琴书画等高雅话题,是为清谈;但更多的是流长飞短的荤说,有的讲昨天的赌局,打出了一张什么牌,就赢了两底;有的讲自己的食谱,西瓜鸡汤下面,茶腿丁煮粥,还讲怎么做鸡肉虾仁水饺;有的讲本镇新闻,哪家女儿同某某有私情,哪家老头儿娶了个十五岁的侍妾;有的讲些异闻奇事,说鬼怪之事不可不信,不可全信。① 茶馆老板对此更为津津乐道,什么东村李婶子,好轧野汉,昨晚给丈夫双双揪住;西巷的王阿毛,喝醉了烧刀,在坟头上睡了一夜,今天大发寒热,怕是被野鬼迷住了②……

这些社会新闻的传播者,擅长使用非语言符号,特别是体语来吸引听众,称为"唱新闻"。从语言的角度分析,这些社会新闻的叙说,推论和判断多,客观反映少,主观性非常强。茶客当然也是姑且听在耳里,随便传播开去。就在这种传播和交流中,获得了莫名的满足。有论者精辟地揭示了茶馆人际交流的社会意义:

> 类如这些不是一个人的,而愿合起众人的会聚,除却他们专有的因素,是音乐的激动,喜怒的表现,谈话

---

① 叶圣陶:《生活》。
② 茸余:《小茶馆里》,《申报》1934年5月18日。

的多方趣味,交易的需要,迷信等等之外,我仍然武断的说,他们都多少有点社会意义。假如一个人看戏,一个人在市上选购物品,一个人作赛会的观念,怎么样?……果有这等事,他一定意味索然,赶快向回头跑。世间的一切,"独乐"两字不能通用,即在独乐,也觉得有天地茫茫之感。①

到茶馆里来理论是非曲直的,称作"吃讲茶"。"吃讲茶"是社会冲突之一种,甚至还伴之以武力炫耀,但并不具有阶级压迫的性质,因为它是同一阶层的人们相互认可的解决民间纠纷的方式。"吃讲茶"是个切口语,"朋友"之间,略有纠纷而不能立时解决,就"吃讲茶"了。它含有"讲"开算数,"茶"以敬客之意。因为约定的地方,多半是双方常去的茶馆之类,故名。不难看出,"吃讲茶"的原意并不坏,而且是极端和平的手段,要把大事化小,小事化了。但后来大多数"吃讲茶"违背了初衷。民国时期,在苏州乡村茶馆里,这样的场面屡见不鲜:有几个人围坐一张台上,放大了喉咙,你一句我一句的说个不休,这就是所谓"吃讲茶"。乡人有一种脾气,一有争吵的事,动辄上茶馆评理,一言不和,大演全武行,拍台击凳,抛壶掷杯,没有旁人调解,战争决不停止。所以茶馆的台凳壶杯,有缺角的,跛足的,残破不堪,就是这个缘故!②

---

① 秋文:《坐谈茶馆》,《盛京时报》1936年6月28日。
② 参见钟岳:《乡茶馆》,《申报》1936年8月31日。

八、市井生活

茶馆跑堂的,叫堂倌。堂倌最拿手的本领是冲水,童年时的吴凤珍随父亲孵茶馆时,最感兴趣的便是欣赏堂倌的冲水:

> 那时泡茶都是茶壶,喝茶另有白瓷的茶碗,跑堂拎了把吊子来续水时从来没有先把茶壶盖拿下放在桌上后再冲的,他左手拿起茶壶时用一只手指勾起盖头,右手将吊子嘴凑近壶口,待水柱出来,他右手将吊子一拉,一条白练从一尺多高的半空里飞泻进壶,待壶中的茶到一定高度时,吊子陡然落下近壶口时打住了,此时茶壶里的茶刚好近壶口,壶外边是滴水不沾的,那功夫才叫绝啦。

据吴凤珍观察,茶馆里还备有好几只稍大一些的水烟筒,堂倌一见有茶客到,便先装好一锅烟,当了茶客的面将烟筒嘴用手一抹,然后点燃一根纸捻递过去。后来,时兴香烟,茶倌便根据老茶客的习惯而备好香烟了。

对于一班老茶客,堂倌自然个个叫得出姓名,某少爷,某先生,什么来头,有何嗜好。他们的香烟钱、点心钱、雇车费,都由茶倌代付,笔笔记入各人"折子",逢年过节与客人总算。

来茶馆的并不都是喝茶的。破落子弟前来兜售古玩书画,也不知其真伪;贩卖小吃的头顶藤匾,藤匾里是咸丝草蒲包,蒲包里藏着色香味俱佳的小吃。还有操吴侬软语的卖烟女,提着一只小皮箱,飘过茶客身旁,曼声问道:"阿要香烟、雪茄烟?"

……

庙会:传统生活底色

庙会萌芽于西周春秋时代的社祭和蜡祭,是一种以庙宇为依托的祭祀神佛、交易货物、娱乐身心的集会。宋代以后,中国民间诸神系统大为丰富,商品经济空前繁荣,庙会从都会名刹逐渐向村镇小庙转移。明清两代,江南庙会迅速成熟起来,遍及村村镇镇,成为江南社会生活中不可或缺的一个组成部分。历史进入近代,即使在烽火连天的岁月,苏州庙会仍然没有中断。20世纪30年代,世界经济恐慌的浪潮冲击着中国农村的每一个角落,随着农村经济的衰落和破产,庙会一年一年地减少了。

庙会具有多重功能,但休闲娱乐始终是其中的重要内容,它集中反映了苏州社会的闲暇生活。对于不同的时代、不同社区的人们来说,闲暇时间的分布是各不相同的。分布情况不同,闲暇活动的安排也就不同。庙会一年四季都有,但大都选择在风和日丽、桃红柳绿的春天,或是天高气爽、硕果累累的秋天。太湖一带是蚕乡,农谚曰:"小满动三车,谷雨两边蚕。"每年谷雨一过,蚕农们就要投入到饲养春蚕的劳作中去了。所以,这里的庙会多在清明至谷雨这段时间里举行。

7、8月里举行的庙会总是具有特殊意义的。祈雨会常常在夏日久旱不雨的时候,为向菩萨求雨,拣个黄道吉日,

八、市井生活

把当地庙里的菩萨抬出去巡行。这属于临时叫差,降下了甘霖,少不了要演戏相酬。

1934年,江南大旱,苏州庙会之盛,异乎寻常。据7月26日的《申报》报道,仪仗花色,愈赛愈烈,24日计有盛会两起:周王会,晶玉仪仗名目,有四十余项,参加人数达三万人,并殿以刀枪剑戟等古兵器,气象肃穆;猛将会,除高跷满街走外,并多半演黑白无常、抢羹饭、钱笃笤求雨、唐僧取经、白蛇传水满金山等,沿途滑稽表演、臂锣臂香蓝石锁等,也应有尽有,又是一番气象。25日又有两起:东山会,特点有辣椒扎成之旗伞,由麻面痢痢挏持,名麻辣班,及妙龄女子稚年童子穿臂挂花篮;春申君会。26日则有花王会等,闻铜观音定于31日送归光福,城区各神会也须赛至31日为止。

作为闲暇生活方式的庙会节奏,明显地体现出农业社会的特征。农民靠天吃饭,各种农事周期的"节奏点"是根据节气来安排的,庙会便被纳入了这种节奏之中。

庙会不是一般的民间集会,它必须以庙宇为中心,没有庙宇就无所谓庙会。庙宇是庙会产生的必不可少的条件。庙宇一般集中在苏州城和乡下小镇上,庙会也就以城镇为集聚点,四方生民共同娱乐。在这里,闲暇生活的结点与人们日常生活的结点,两者是吻合的,城镇不仅是经济中心,也是宗教中心。但出会未必就在城镇上。位于今张家港西南境的香山,是名播江南的宗教名山,当地有所谓"一观二院三寺四殿五庙六堂七庵"之说。每年农历三月十二至十八日,历时一周的庙会风靡了周围一二十个村庄。苏州西南的上方山,有楞伽寺,囿限于山、河、湖之间,处在新郭、越溪、横塘三镇交界处,偏于一隅,交通不便,平时人迹罕至,一到中秋后,江南各地的善男信女蜂拥而至,形成较大规模的庙会,迄今亦然。诸如此类的闲暇生活结点是在庙会期间即时营造起来的。

这样的闲暇生活结点,有些后来发生了变化,成为一方生民赖以为生的经济文化中心,升格为镇。在这里,张家港新苗头镇的形成具有典型意义。据传,有郑经者,中丁酉(1897年)科解元。在一次公案中,他倡议在沙洲设36个半坛,新苗头的长寿庵名为至善坛,为其中之一。1911年,翻建后的长寿庵供奉刘猛将、观音菩萨和蚕丝娘娘等神像。当时,庙宇周围并无多少住户,不过,时常举行的猛将会及其他法事,逐渐吸引了居民,形成市集。至民初,这里已开设小染坊、茶馆、酒店和小杂店等,更加便利香客和居民。在张家港,沿着这条路径发展而来的乡镇还有许多:西徐市、年丰镇、雁鸿镇、猛将堂镇、晨阳堂镇、盘明镇和土地镇。日本学者田仲一成也注意到这一现象的普遍性:在江南,有些"农村村落宗族联合据点(大多为乡村寺庙所在地)直接发展成为市镇。在这种条件下,以农村共同体为基础形成的村落联合、宗族联合也就具备了不断地向市场地转化的因素"。①

庙会特有的休闲娱乐功能,使城镇与腹地之间连为一体,强化了城镇中心意识。吴江平望农历四月十四的朱天

---

① [日]田仲一成:《中国的宗族与戏剧》第190页,上海古籍出版社1992年。

八、市井生活

会,出会的队伍向例要绕镇一周。庙神出巡遵循的固定路线,称为"路由"。昆山巴城每年农历七月十五日盛会祭祀城隍,在十四日抬神坐社船,西行折北,出里观看烟火,并去西坛义冢坟祭祀孤魂。祭毕,神船北进至斜堰闸,谓"巡阅边防",而后回渡巴城湖,其时龙船衔接候迎,齐绕三圈后,开始竞渡。十五日抬神上岸看戏,观赏龙船、拳船表演,至深夜回庙置原座。常熟赛会前,各庙都要先期发出"路由",宣告赛会的日期和路线。由于路线基本上是固定的,所以"路由"也就一成不变。所经大多为窄街深巷,在那里,住着翁、庞、杨等大家族,这些主宰乡镇命运的大户人家不能不过。

这种舁神周游的庙会,称"巡会",俗称"迎神赛会",与"坐会"不同。坐会常常是神佛在庙接受香火,一般烧香、诵经以祀,与生产贸易的结合较为密切,所以有人从经济民俗的角度,称它为"庙市"。巡会的娱乐性更强,场面更大些。在苏州,最大的巡会莫过于吴江的双杨会。吴江双杨会,始于清中叶,十年一度,准备数年,以为一逞。会期半个月,盛泽、梅堰、震泽三地合计耗资万余元。双杨会有个规矩,坐龙头船的就是当年双杨村在缫丝比赛中的新媳妇缫丝状元。"先生娘娘"风光地坐上了1924年双杨会的龙头船。这里叙述的是一个女人眼中的双杨会:

农历五月二十日清早,一乘小轿将我抬到元鹤荡边。一条约莫四五丈长的龙头大船靠在岸边,船舱正中搭一个六角飞檐、四面漏空、琉璃瓦顶的亭子,里面有一把龙椅,椅里端坐着常年供在双杨庙里的城隍菩萨。亭子上空扎着十字彩练,两边船舷各插数十面彩旗。船尾左右各有旗帜,一面是学校的,一面是丝业公会的。紧贴琉璃亭后面,一根桅杆高入半空,竖挂一面杏黄流苏大旗,上面写着:"敕封国昭灵普庇广佑王"。从村里选出来的十条壮汉,前四个撑篙,后六个把橹。村长和庙里的主持大觉和尚将我请上船。我恭恭敬敬地向菩萨行了三拜九叩礼,然后两个漂亮的护花小使者,将我扶到一只用木头做的四不象兽背上。我的身后立着四位"吊肉香"的大汉。三个"天地响""砰嘭"六响,很利市。这是头炮,二炮过后,龙头船驶离庙场前的水荡。三炮响过,只见一条条打扮得漂漂亮亮的会船从港里摇出来。有的船上搭起楼台亭阁,有的船上由少年人扮演戏文中的戏子,有的船上用活动机关做成的木偶、草偶,能演成缫丝、摇经、采桑、赶鸭、捕鱼等各种动作。每条船上都有一两个打扮得特别艳丽的年轻妇女。这些会船都是村里各个圩头的,大约有二十几条。它们隔夜就赶来了,按次序藏在港湾里,等龙头船出发,才轮到它们。一条条会船尾随龙头大船,连成一个船队。船队一路经过的地方,又有各地赶来看会的船参加,差不多每一条横港里都有船出来,船上挤满男女老小。有的村里也有庙,他们也把庙里的菩萨抬出来,在船上搭了亭子让"他"坐在里面。只是他们的船要比龙头船小得多,搭的亭子也显得寒酸。

　　船队行到震泽镇,我回过头去一看,傻了眼,只见船连船,看不到尾,弯弯曲曲总有几里路长。照双杨会老规矩,会船在镇上停留四天,到十里外的梅堰镇又要停三天。这些地方的镇上和商会早已作好迎接准备,搭起彩牌楼,请来了戏班子,分几个地方演戏,有京戏、绍兴戏、木人头戏。船队经

八、市井生活

过坛丘小镇到达盛泽大镇。我看见街道两边摆满生丝和各式各样绸缎的摊子,上摊下摊当中,挂满五颜六色的招贴纸。赶会的人差不多都带了新缲的土丝,用它换各种各样的东西。①

石湖庙会

苏州庙会,花样繁多,踵事增华,耗资甚多,以壮观瞻而资笑乐。顾颉刚先生儿时生活在苏州,后来到了北京,他在研究北京城西妙峰山庙会时,与当时盛行于南方的另一种形式的庙会——迎神赛会进行了比较:赛会是南方好,因为他们文化发达,搬得出许多花样,而且会得斗心思,一个地方有了几个赛会,就要争奇斗胜,竭尽他们的浮华力量。据统计,在盛泽赛五日,闻各庙所费,总共在一万千余金以上,而会中所费,和观会人所费又在一百万金以上,盛(泽)区二万余户口,除各处来盛观会者外,每人平均计其耗费,均在

---

① 参见陆廉德:《余音》,《苏州杂志》1992年第2期。

5元左右。① 苏州上方山庙会,年年举行,"岁费金钱,何止数十百万"?

庙会经费来自社会各阶层,而以社会富裕阶层——工商业者和地主为主。工商业家和地主可以从庙会中获得可观的利益,他们常常慷慨解囊,一掷千金。即如平日节衣缩食的平民百姓,此时也"阔绰"起来。庙会时节,农民正搁闲,手头也比较宽裕,逛庙会之际,除购买一般的生活必需品外,少不了诸如小孩玩具之类的额外花销。因此,庙场上摊贩云集,商品应有尽有,平时买不到、卖不掉的东西,这时都能各得其所。

还有一项开支,亦与庙会有关。时逢庙会,四面八方的亲朋好友前来赶会,自当款待,以尽地主之谊,此为人之常情。1936年5月21日,一记者去太仓璜泾采访猛将会,"踱出庙门,至亲戚家里去吃饭,知道此地的居户,几乎有十分之八,都在当'招待亲友'的差使"②。

苏州近郊的唯亭,"三·二八"龙墩山庙会,于廿八、廿九两日演戏,周围百里内的各村庄老妪皆与此会,达10万之众。其所以能臻此盛,源于一项俗例:凡新嫁娘,于此庙会,均须赴会,偕新郎归宁,赴母家宴,以陪桌愈多为愈有面子,同时新婚夫妇由亲友辈伴乘快船,开赴龙墩山观剧,若新式婚礼中度蜜月一样,视为紧要之礼节。亲戚朋友来了,

---

① 《新盛泽》1924年5月1日。
② 严洗尘:《五月廿一的太仓》,《中国的一日》上海书店1936年。

八、市井生活

自不能小菜一碟,总要以饭酒相待,非此则被人骂作"寿头"。会期一过,为此开销心疼不已,故乡例有"懊恼龙墩山"之谚。又据《常熟日日报》的两则报道,1919年6月,常熟莫城镇赛城隍会,原定于旧历初五六两日,届期适遇阴雨,遂顺延一日,乡人以鸡黍款客,因之大费,甚有典钗质衣,以尽地主之谊者。1922年4月,常熟练罗乡陈巷瑞兴庄庙要行庙会,缺少仪仗,有陈根福者,于去年病中,许下愈后斋待天地,及今乃思大掷金钱于虚耗,购买大锣一面,亦充入瑞兴庄内。这是比较特殊的开支。

虽口称懊恼,但逢到庙会,人们还是兴高采烈。他们希望通过庙会,了却一桩心愿。据说,丝行的祖先,蚕花娘子是其中之一,盛泽的生丝商行出资演"小满戏"以酬神,以为蚕花娘子能保佑四乡农民所养的蚕有好的收成,蚕的收成一好,丝业和绸业在经营上就会顺利一些。说到猛将神,苏州人都知道姓刘,是一位骁勇的驱蝗大将军,至于是刘锜、刘锐,还是刘承忠,说法不一。因为天旱容易发生蝗灾,1934年的旱季,猛将也上阵了。"毕竟猛将面子大,出会以后便洒了一阵毛毛雨。善男信女这般说:'关帝闯不进南天门,所以求雨无效,猛将曾封上天王,他是玉皇大帝的外甥,可以直入南天门,嬲着他娘舅降些雨水,所以猛将一出堂,天空便有雨意了。"① 虽说是见神见鬼的痴话,一般人听了,也点头摆脑。

要说赶会的人信仰有多少虔诚,那是值得怀疑的。在某

---

① 梅雪:《会的预识》,《申报》1934年7月26日。

种意义上,只不过是以酬神之名,行娱人之实。吴江黎里赛会时这样的场面是常见的:善男信女凡数百人,老幼男女,各手执塔香一柄,尾随于后。有穿红衣插犯条者,有手带铐链者,奇形怪状,不可思议。最可骇者,中有一人,伸其右臂,臂上挂香炉钩入皮肤,不知痛楚。其后有一对挂锣,锣重亦十余斤,不仅提锣而走,且须照例击十三记。提者泰然走数步,保护者一为烹水于挂处,惨不忍睹。① 此即所谓"吊肉香"。人们扮鬼作囚,作践肉体,沿街游荡,这是一个多么富于浪漫色彩的游戏!人们被一种神秘的氛围笼罩着,内心荡漾着神秘的快乐。

每逢庙会节场,聘请戏班演戏,谓之"节戏"。一次庙会演戏时间长短不一,短者一天,一般三天左右,也有长至七八天者,演戏剧种丰富,以京戏居多。

看到这热闹的景象,叶圣陶先生笔下的倪焕之感慨系之:"一般人为了生活,皱着眉头,耐着性儿,使着力气,流着血汗,偶尔能得笑一笑,乐一乐,正是精神上的一服补剂。因为有这服补剂,才觉得继续努力下去还有意思,还有兴致。否则只作肚子的奴隶,即使不至于悲观厌世,也必感到人生的空虚。有些人说,乡村间的迎神演戏是迷信又糜费的事情,应该取缔。这是单看了一面的说法;照这个说法,似乎农民只该劳苦又劳苦,一刻不息,直到埋入坟墓为止。要知道迎一回神,演一场戏,可以唤回农民不知多少新鲜的精力,

---

① 胡朴安:《中华全国风俗志》(下编),第176页,河北人民出版社1986年。

八、市井生活

因而使他们再高兴地举起锄头。迷信,果然;但不迷信而有同等功效的可以作为代替的娱乐又在哪里?"

庙会上的发泄和狂欢实际上也是一种休闲方式。时人在研究迎神赛会心理时窥测:愚民心理,平时畏官如虎者,一旦聚众,则恃众以自壮其胆,而可图一日之不畏。畏于平时者愈深,则求得不畏之心愈切,乃至不惜牺牲其财力、心力、体力,以图此无意识之一快,未必自知其无意识也,特不迎合众心,则众不我助,而傲睨官厅之一快,永不可得也。① 在苏州,过去人们经常可以看到,在庙会出巡队伍后面,杂有一个扮着喝夜壶水的官太爷。痴官形容不整,烂醉如泥,挤眉弄眼,路过酒店必讨酒,酒店视此为好兆头,也乐于施舍。只是在这时,人们可以大胆地揶揄,放声地大笑,在笑声中玩味。

节戏而外,奉神像出巡仪式是大同小异的。除了首末仪仗,作为最主要部分的中间仪仗是杂艺表演。苏锡交界处的甘露,杂艺表演丰富而精彩。首先是一班"高跷",扮演者"踢飞腿"、"左右开弓"、"跳跃"、"停步"等。突然听到爆竹声由远及近,原来是护饷的"猎户班"。他们一手托鸟枪倚肩,一手燃放腰间围着的大小爆竹。一阵喧闹之后,"清客串"到了。他们是甘露镇上的业余丝竹好手,各执擅长的乐器,吹奏着《梅花三弄》、《四合如意》、《柳青娘》、《龙虎斗》等曲子,只听得笛声清越,箫声悠扬,琵琶铮铮,八音合奏。接着是一班"掼担",由一批青年农民组成,扮演一对对情侣,肩担一

---

① 《迎神赛会之心理》,《申报》1919年4月10日。

副农担,表现劳动之余的欢乐。"逍遥伞"、"轮车队"之后,"抬阁"跟上。抬阁约高出屋檐一二尺,花团锦簇,上立孩童若干,扮成才子佳人。不知不觉之中,一阵阵幽香飘来,原来是"香亭"及近。六人抬着"香亭",亭内焚燃陈年檀香,烟雾缭绕,古雅庄严。行会快要结束了。

乡村社会的人们还利用会船进行竞技比赛活动,整个庙会散发出醇浓的水乡生活气息。苏州庙会中的竞技比赛主要有赛力量和赛技巧两类。会船竞技属于赛力类。许多庙会都少不了这项活动。周庄三月廿八的会汛里,附近农村派出"小川条"、"浪里钻"等快船与赛,两岸观者如潮,呐喊助威,节日气氛陡增。吴江平望的网船会是渔民举行的水上赛会,主要活动就是赛船。网船会于每年农历七月十五日举行,由三老爷庙周围十个自然村(圩)的十坊逐年轮值。届时每坊雇用快船参加,把神像供奉在大船上,周游一圈。最后,各方网船集中到莺脰湖赛快船,名为"踏白浪"。十坊的快船均可参加比赛。快船的船身较长,名舢板船,左右安上四至八支档桨,在船梢左右两边都有橹。两橹中央伸出一条跳板,在外档跳板站立一个强汉,两手抓住橹梗,一起用力协调推扳,名为"出跳"。每支橹上有四至五人,加上舱里人,一道划桨,船快如飞,扣人心弦。莺脰阁上,沿湖的楼房上,人山人海,热闹非凡。①

闲暇时间是能够自由利用的时间,但在庙会中,客串演戏、竞技比赛的人们,并不是无所事事,虚掷时光,他们用自

---

① 《平望镇志》第457页,江苏科学技术出版社1992年。

八、市井生活

我的热情实现自我,用创造性的方法表现自我,在实现自我和表现自我的过程中,发挥了个人才能,丰富了乡村社会闲暇生活。在小生产条件下,小农的经济生活以家庭为单位,其生产方式限制了他们的相互交往。苏州与生俱来的保守性格,常被人们谈起,城里的闲暇生活也很单调。处于近代化前锋的苏州人,迫切需要摈弃小生产的交往方式,发展起广泛的网络式交往方式,交流思想,愉悦身心。明清以来就有的"轧神仙"是苏州城里最热闹的庙会。据说,农历四月十四日这一天,八仙之一的吕纯阳,化作褴褛乞丐,下凡点化世人,城乡数万人,都赶到阊门下塘街的吕祖祠,彼此倾轧,希望沾点仙气。半个世纪前,有人真正领教了那个轧劲:

> 我在人潮中轧了老半天,鞋后跟被人踩脱都无法俯身拔起,只得趿拉着鞋子,夹紧脚趾,小心翼翼地继续往前轧。终于,我也轧到了吕祖祠的大殿门前,但只见香火弥漫,熏得整座大殿一片乌黑,人们已经难以瞻仰吕祖的仙颜了。
>
> 我站着转身环顾,只见人头济济,大家已经轧成一团。不过,其中仍然还有人挣扎着双手合十,有人高举香火,甚至还有人伏地叩头,真是不可思议。我也在人潮中挣扎,既来之,亦为之,费了九牛二虎之力,我也总算勉强伫立殿前膜拜了一下,接着就回头向人说尽好话,才好不容易地从善男信女们中挤出一条缝隙,脱离

苏州史纪(近现代)

了人潮。①

特别值得一提的是,传统社会里的妇女长期处于封建伦理纲常的压抑之下,人性受到极大的扭曲,庙会为她们提供了一个合理合"法"的机会纵情娱乐。吴江王江泾网船会汛,时值阳春三月,江浙渔户驾船举家赴会,苏州城乡民众争相前往,以妇女居多。《盛湖竹枝词》云:

网船赶会艳阳春,雁荡湖边多丽人。
争向陶家甸上去,衣香鬓影一时新。

客观地说,作为传统苏州,特别是乡土社会主要闲暇生活方式的庙会,也暴露出不少问题。庙会期间,人口哄聚一区,少者数百人,多至数万人,大多系自发而来,因为缺乏组织,秩序混乱,乱子不断,惨剧时有所闻。1934年5月20日的《申报》报道了发生在太仓的惨闻。农历四月十六、十七、十八这三天为城内赛会,日夜举行,四乡庙宇一致加入,赴会者达数十万人之多,为空前未有,交通为之阻断。十六日晨,有北乡乡民名阿生者,乘船来城看会,因船中乘客过多,被挤落水,当场捞摸无着,翌日尸身发现于直塘双凤间之盐铁塘内。十七日下午四时许,太仓城内皋桥附近居民苏庆霖,因日夜看会,精神疲乏,卧床休息,吸食纸烟,不觉睡去,香烟头遗落被上,星星不灭,床帐被焚,人尚不觉,烧着肌

---

① 翟璟:《我在苏州"轧神仙"》,《苏州杂志》1997年第6期。

八、市井生活

肤,始得痛醒,而火已冒上屋顶,全家尽付一炬,损失5000元以上。

盛泽位于江浙交界处,地夙富侈,素为土匪觊觎之区。1924年又值十年一次的双杨会,为防不测,盛泽绅商拒绝庙会来盛,3月14日的《新盛泽》报号召:还望我镇有血气的热心人士和负责地方的人,一致合作,使得民力民财不致损失,地方治安也不致发生意外的事情。到了1929年的农历七月十五日的童子赛会前后,土匪更为猖獗,日前竟致函地方当局,进行恐吓。一镇风声鹤唳,一夕数惊。当局为确保会期安全,未雨绸缪,特电请县政府遣派大批巡船来镇震慑,把守各路要隘,并率队游行,荷枪实弹,始得平安无事。

1927年,国民党政权建立以后,一度曾严厉禁止庙会,但结果是禁而不止。因此到1930年,在国民党中央执行委员会颁布的《推行国历办法》中,对于庙会的举行,就听之任之了:查庙会制度,虽系旧俗,今盛行于各地,此种庙会,不过假庙宇为贸易市场,早已成为纯粹商业性质之集会,并无迎神赛会种种迷信夹杂其间,实为集镇墟市集会,中下层社会,日用所需,每多取给于此,与民众关系至切,苟能改其会期,令从国历,则国历之推行,自易收效。

有了这样的说法,1934年的苏州祈雨会便一发不可收拾。据说,这种赛会,起先因当局以"其愚虽不可及,其诚却实可敬",采取放任主义,于是一班在佛面上肯牺牲的善男信女,顿时一窝蜂全体动员,有钱者出钱,有力者出力,在炎炎毒日下面奔走。苏州一时简直成了神道世界。赛会每天至少两起,仪仗中擘锣擘香,也由十余人激增至二三百人;

并且所挂的物件,也逐日变化,甚至乳部挂了西瓜,上身穿着绒球,奇形怪状,愈演愈奇。于是(国民)党部出了劝告,县政府下了训令,然而禁者自禁,出者自出。直到县长亲谕公安局,巡官去压,会首解局,这赛会的热浪才告平息。

民间社会对于庙会的争论着重其社会意义。有人说,迎神赛会"原是乡愚无知的俱乐,没有何等价值可说",不应该再出这种劳民伤财的赛会;"此种娱乐与公众娱乐无丝毫实益,亦不合现世之潮流"。因此,他们"奉劝祈神和要行赛会的人,不要把有用的金钱消耗在无凭的迷信上,总须一面勤俭,一面储蓄,安分守己,不生妄想,才是消灾降福的不二法门呢。"① 实际上,把庙会之举行等同于封建迷信活动,是当时许多人反对庙会的重要原因。他们说,庙会"踵事增华,不惜巨费,以助观瞻而资笑乐,淫亵浮靡,不特耗费金钱,抑且败坏风俗,甚有疾病时,许作阴犯,逢散会日,必散发囚首,赭衣游行,尤为谬妄之举动。此种深信,于民智颇有关系"②。

但是,也有很多人,包括素来提倡改良风化的新进人士,却对庙会大为赞赏。就说双杨会究竟应否举行,当时谁也不能给个明白答复。有人说,不管怎样劳民伤财,但农民十年一次的娱乐,也未始绝对的不可。不少人为庙会的民众文艺所吸引。盛泽南社人士徐蔚南为这种民众艺术大唱赞歌——

---

① 养气:《赛会祈神是无益的》,《申报》1922年4月21日。
② 唐世材:《迎神赛会之无益》,《申报》1923年4月5日。

八、市井生活

近时颇有一种半解之徒,反对赛会,以为赛会乃迷信之一种,与科学相反,不合时宜;通俗的赛会观亦只从迷信一点出发。我所欲加以纠正者,即在此也。唯没有说到赛会之我观之前,我要预先声明的,就是我并不替迷信辩护。我觉得赛会除迷信之外,且有艺术的重大意味。要晓得艺术并不是知识阶级所能独创,艺术赏鉴的力量并非知识阶级所独具有;赛会这件事,出发点虽在迷信,但同时就是除开知识阶级以外的民众之艺术表现。即就本区童子会考察,我们就可知道我所说这句话并非毫无根据的。童子会的行列是这样:金罗丝竹队、拜香队、旗伞队、香亭、韦陀轿、观音轿、抬搁、龙船、高脚人等等。我们看这一行列,试问哪一种不是艺术的表现?其中常被世人所忽略的,且以为是最迷信的,最无聊的如拜香队和香亭,就我见来,更却是艺术的。那拜香队是一队男女孩子,穿着一色的衣服,嘴里唱着最婉转和谐的赞辞,和着那手中悠扬的钟磬的声音。看到我们的眼里,多么的好看!听到我们的耳中,多么的好听!至于香亭呢,更显示精巧的艺术作品!铜的香炉和雕刻的香亭。童子会除了日间这样美丽的行列以外,夜间还有乡间农民摇一只船到市河里来对唱山歌。死读《桃花源记》、《春夜宴桃李园序》的书呆子,自然听不惯这种乡下人的歌曲,可是脱下了你书呆子的面目,张起你的耳朵来,细细的听去,你就可欣赏这种"乡曲"的音节是何等的和谐!词句是何等的率真!布局是何等的自然!再就文艺上来说,诗经中的"风",不就是乡曲吗?

> 德国的"尼勃龙"、法国的"罗来歌"、英国的Beowulf,在世界文艺坛上认为宝玉的,不就是戏曲或民间传说吗?这样说来,我们大抵可以同意于赛会同时是艺术的表现罢。总言之,赛会的出发点是迷信,可是由迷信而归结到民众艺术之创举与欣赏,这是我所深信的。①

徐蔚南既指出赛会所包含的迷信色彩,又不因此而全盘否定,他为庙会所散发出的幽美的艺术芬芳所陶醉,充满激情地肯定庙会作为传统闲暇生活方式的存在价值。

事实上,随着社会现代化程度的提高,传统庙会也在变异过程中。盛泽每届纪念蚕王日、清明、上元、中元观音会、盂兰盆会、十年一次之双杨会等令节讳日,总要举行赛会,这种宗教性节日民俗正发生蜕变。原先为了祛鬼酬神而连日演戏,随着时日的推移,迷信的色彩逐渐淡薄。如1923年中元赛会,"在东社庙内陈列名花异卉,歌唱各种名曲,对唱山歌"。有人甚至提倡取法美国之华盛顿纪念会,南洋、菲律宾之嘉年华会,"扮演新奇,暗寓讽劝"。1924年的一次双杨会期间,上演京剧、昆剧、湖剧、文明戏、木偶戏、草偶戏;展览采桑、缫丝、络纬、卖绸的生活场景;还借盛泽绸业公所举办农业物产展览会,特别是生丝及丝织成品,各地竞相端出清样,琳琅满目。对于传统闲暇生活方式的变化,时人已经觉察:对于庙会,"不能仅仅看作是乡愚无知,迷信神权的事"。他们认为,迷信确是原因之一,不过乡民无论做什么

---

① 徐蔚南:《我之赛会观》,《新盛泽》1925年9月1日。

八、市井生活

事,须得张着迷信的旗帜才行,譬如演戏,原是娱乐人民,便要说酬神。表面上是迷信,其实他们苦中行乐罢了。跨省区的双杨会,还沟通了蚕农、机户和绸商之间的交流,联络了感情。至于物产展览和物资交流,使得农民得到观摩的机会,收他山之石可以攻玉的实效。可以看出,随着时代的前进,昔日闲暇生活方式正日渐徒具形式,为新的内容所替代。①

---

① 参见小田:《盛泽民初之社会生活》,《东南文化》(吴文化研究专刊),1989年。

结语:历史传承与当代发展

第二次世界大战结束以后,在全球范围内,特别是在不发达国家,各种现代社区发展模式异彩纷呈。由此,隐含着"西方中心论"的"现代化即西化论",遭到了许多从事发展问题研究的中外学者的质疑和批判,他们提出了诸多崭新见解。其中,日本社会学家鹤见和子教授的"内发型发展论"格外引人注目。内发型发展论特别强调,现代化追求必须依靠各该地区的人和集团,依据原有的自然生态环境,根据自己的文化遗产,参照外来文明,自律地进行创造。无疑,这一理论具有重要的思想方法和社会实践意义。那么,就苏州而言,其自然、社会乃至思想的历史沉淀究竟是什么呢?

这首先倚赖于对苏州社会特质的整体把握。在对苏州走马观花之后,也许,每个人的心中都留下了一份属于自己的苏州,一如郁达夫、曹聚仁、余秋雨。1932年秋末冬初,陈醉云先生来到苏州。这位对苏州历史文化极为熟悉的学者,在醇浓的乡土气息中,认识了

结语:历史传承与当代发展

一个"乡土苏州"。他说,上海的繁荣依仗工商业;杭州的繁荣依仗游客;苏州的繁荣,却是依仗农业。

在欧风美雨浇灌了几十年之后的江南,还有这么一个性格顽强的所在,他为之震撼:苏州的住户,除了外来的寓公外,所谓本地人,多半靠着田租地租过活。土地的"主人"构成了城市主体。

土地环绕着太湖:苏州最得地利的是太湖,雨多时靠它涵蓄,雨少时靠它灌溉,不愁水灾不愁旱灾,农业遂有所赖,稻麦蚕桑,即提供了美食锦衣;而水泽宜于养鸭,湖中饶有鱼虾,也正是肴馔的资源所在,再加沿湖河道复杂,舟楫往还无阻,产物的交换自更便利,文化的构成也就更易。

太湖大桥

水乡苏州的物质文化景观由此铺开伸展:周围三四十

里的苏州城,四面都有河道环绕,除了流贯城内,更是远通四境。轮船所直达的重要路线,较远的如上海、杭州、湖州、嘉兴、常熟等地,落乡的如木渎、甪直、黄埭、荡口、东山等处,每天都有多量的行人往来。至于定时开行的航船,藉以装货载客的总有百数,城市与乡镇可通。

乡镇就是乡村的一部分,乡土气息更浓:苏州各乡镇的市梢上,每有黑色墙垣的巨厦门上挂着"周□□堂栈"或"王□□堂栈"等牌子,到了秋收时节,更会在门上贴出大红纸条,写着"某月某日开栈"等字样,并且是阴历与阳历并列的。这所谓"栈",原来就是地主们征收田租地租的场所。

依靠这连系着土地的条条脉线,苏州城的有闲生活生生不息:那些以田租为生的人,生活自然颇为闲暇,于是适于消闲的东西,就随着产生。同时又因农业都市的收益,还停滞在手工生产的阶段,不像工商业都市用机器生产那样饶有巨大的进益,高度的浪费势有所不能,所以物价也受相当的限制了。苏州有三多,一是茶馆,二是糖果,三是雀牌。这三样东西,同具着消闲的功能,也就是构成苏州生活的染色细胞。

苏州的路十有八九是用碎石砌铺的。在许多小城市里,即使未曾采用新式的沥青路和混凝土路,但平坦的石板路却是有的。难道苏州人不怕脚痛吗?原来,苏州的"大人先生"们,大都是有肩舆的,出门穿巷,自有轿夫扛着他们走,反正痛不到他们那些有闲阶级的脚上。于是,碎石路作为一项传统风格遗存下来了。

让陈先生费解的是,苏州几乎家家户户的墙垣都涂成

结语：历史传承与当代发展

黑色,白粉墙是少见的,连寺院也染成了黑色。"为什么要用这可憎的色彩呢?"我们忍不住要提醒一句:土地是什么颜色呢?在"土地的主人"眼中,黑色还是可憎的吗?他还有一个疑问,苏州护龙街是旧书铺和古玩铺荟萃的地方,"为甚苏州有这许多希罕的旧书呢?"①

顾颉刚先生的逻辑,以历史学家的持重,揭示了"乡土苏州"的文化根底:"从前苏州人生活于优厚的文化环境,一家有了二三百亩田地就没有衣食问题,所以集中精神在物质的享受上,在文学艺术的创造上,在科学的研究上。一班少年人呢,就把精力集中到科举上,练小楷,作八股文和试帖诗,父以此教,兄以此勉,每个读书人都希望他由秀才而举人,进士,翰林,一步步的高升。所以满清一代,苏州的三元一人,状元多至十八人,有的省分还盼不到一个呢。"

生活在温柔乡里的苏州人,便养成了安土重迁的脾性:"苏州这块地方,是最高度的农业文化,又是全国商业的交通中枢。所以,一家只要有了几百亩田或几十间屋,就一生吃着不尽,不必到社会上去奋斗立业,更不必到外地去寻求生活的出路。一个孩子读书应举,只要得了科举,就可以做个乡里中的绅士,戴着顶(帽)子去见官员,全家和他的姻亲都满足了。"素性"四方负贩"的徽州人到了苏州,竟也"踏上了苏州人的复(覆)辙。近百年来,浙江、江西、广东、四川等省人也就踏着安徽人的足迹而享受着苏州的安富尊荣

---

① 陈醉云:《姑苏散曲》,《东方杂志》第30卷,第8号。

苏 州 史 纪(近现代)

了。"①

于是在"乡土苏州",近代工业遇到了意想不到的冷遇。腰缠万贯的苏州豪绅富贾,宁愿滋润在广阔的土地,游刃于无数的典当,却不习惯于轰隆的机械。终于有一位"状元"出来主持创办苏纶、苏经厂,就"人人策其必败……附和者少,指摘者多",陆润庠递上辞呈,未获允准。到 1898 年服阕届期,就赴京做他的官去了。几经周折之后,还是上海的资本家严裕棠使奄奄一息的苏纶纱厂起死回生。

但是,合乎历史逻辑的是,乡土工业应运而生。费孝通先生说,苏南地区的历史传统可以概括为人多地少、农工相辅。这里人口稠密,人地矛盾突出,所以要富起来,不可能完全靠庄稼,在粮食之外要种其他经济作物,并从事农产品加工性的家庭手工业。这就是农工相辅这一历史传统的本质。自然经济结构的瓦解,乡土工业的衰落,封建剥削制度却依然如故,甚至更加狰狞。苏州农民面临着生死攸关的选择。选择不可能是别的,它必须植根于既往的传统社会经济结构中;但是,这种选择又不可能是传统经济结构的翻版,而只能是承袭传统经济结构中的合理成分,而又有所创新。经过重新整合的现代乡土工业,保留了"农工相辅"的传统形式,更新了生产技术和生产方式的性质。在苏州农民的眼中,它们是似曾相识的东西。

之后数十年,历经多少战争的灾难,政权的更替,人事的兴废,乡土工业的历史传统绵延到 20 世纪 60 年代末,又

---

① 顾颉刚:《苏州的历史和文化》,《玉渊潭忆往》。

结语:历史传承与当代发展

一次进行了自我扬弃。具有讽刺意义的是,引发这场经济革命的竟是"文化革命"这一特殊的历史环境:人多地少只是一股内在的动力,农工相辅的实现还需要外在因素的触发。社队工业兴起的外在因素就是"文化革命"这一特定的社会条件。十年动乱,全国遭劫难,然而在苏南的农村,在一定意义上却可以说因祸得福。社队工业正在这时狭处逢生,发展了起来,所以有人说社队工业是"乱世出英雄"。对此,费孝通先生起初颇觉意外,后来听了一些社队工厂的开办发展史,才了解到,大城市里动刀动枪地打派仗,干部、知识青年下放插队这两件使城里人或许到现在还要做恶梦的事情,从另一面来看,却成了农村小型工业兴起的必不可少的条件。① 这就是后来举世瞩目的乡镇工业的缘起。

到90年代初,有人自豪地宣称:如今的苏州靠"老乡"。1978年,苏州市的乡镇企业产值只有13.42亿元,仅占全市工业产值的19.3%;1991年高达441.7亿元,占全市工业产值的63.03%,三分天下有其二。乡村完成了对城市的包围。

乡土工业启动了苏州经济的长足发展。80年代中期以后,苏州经济从量态扩充转向内涵发展,从内向型向外向型拓展,区域经济在较高的起点上呈现出持续发展的态势。1992年,在社会主义市场经济的目标模式确立以后,苏州经济深入到制度创新的阶段。作为国际资本密集、现代产业

---

① 费孝通:《小城镇,大问题》,见《小城镇建设探讨》,人民日报出版社1985年。

集聚和区域经济辐射源的载体,经济技术开发区全面推进。仅在几年的时间里,苏州已经形成5个国家级开发区和10个省级开发区的规模,古城也由此插上了腾飞的双翼。

一翼是位于古城之西,作为新的经济增长点的新区。经过多年的发展,这里聚集了一批高科技企业和国际著名的跨国公司,它将带动全市产业结构的提升和产业布局的调整。预计到2000年,总产出将达到1000亿元左右。

另一翼是位于古城之东的工业园区。这里是近年来致力于开发海外经济的新加坡重点投资和转移"软件"的窗口,从1994年5月12日启动开发至今,一批国际著名的跨国公司,如美国超微半导体公司,哈里斯半导体公司、韩国的三星集团,德国的西门子公司等招引而入;同时引入的还有全新观念、现代管理机制和运行机制。早已完成了对城市包围的乡村开始自觉接受城市的辐射。如今的六县(市)为工业园区的开发正进行配套性的建设,如常熟、吴县、太仓等地的港口、机场、电厂等,力图在整个区域经济的发展中找到自己的位置,进而形成苏州全市经济共同繁荣的局面。

在传统经济结构中,"农工相辅"之"工",不单指丝棉纺织业,还有特种产品。曾经养活甚至富裕了一方生民的特种产品,由于其特殊性,如今,成为现代乡镇工业和专业生产的历史依据,促成了社区产品的开发。在吴江平望胜墩村,70年代末成立了鱼网厂,1979年全村有996人从事该项副业,共生产10100条鱼网,人均结网收入100元。在吴县焦山,1984年以来先后成立了藏书乡花岗石料厂、藏书联营采石加工厂和吴县花岗石标准板材厂。在浒墅关及其附近

结语:历史传承与当代发展

乡村,中共十一届三中全会之后,四乡草席专业户以专业市场为依托,大量生产"浒墅席",年产各类草席200万条以上,其中一部分出口到东南亚地区,盛誉空前。取代近代绣庄的是苏州刺绣厂和刺绣研究所等现代企业,从属于它的数万名绣女,仍然以传统的形式,散布于四乡,乘隙而绣,计件取资。全苏州绣品年总产量逾亿元。作为我国优质名砚之一的澄泥砚,随着人们书写工具的改变,市场逐渐萎缩,市区逐渐停止了专业生产,乡村则在时断时续的生产中,把这项特异的工艺保存到80年代。在这之后,因为砚雕绝技的复苏,吴县藏书一带的澄泥砚从日常工具砚向高档观赏砚方向发展,焕发起勃勃生机。在苏州城东的郭巷,以前只是作为照明、蓑衣或迷信耗材的灯草,在改革开放以后,因为国外市场的开拓,种植规模越来越大,成为社区特种产品。据称,这种出口东瀛的抢手货,一亩创汇近1000美元。

中国封建地主制经济的特殊运动规律与江南社会特定历史环境的交互作用,使得苏州社会的商品经济特别活跃。近代以降,沟通和联结地方市场与外部世界的城市和乡镇商行由此而生。绸行是专事经营丝绸交易的商行。民国年间,盛泽绸行招接来自全国各地的客商:广庄经营闽广沿海交易,再转销南洋及印度支那一带;店货庄专销沪、京、津等大城市;下县庄则以江浙一带中等城市及县以下镇、乡为经营对象。绸行的交易地点多在庄面,这是一个封闭形建筑,格局类如科举贡院。庄内系一式的砖木结构矮房,由绸行租用。室外陈设除柜台外,仅设帐桌、坐凳、钱柜等,其他备有秤具、量具及算盘之类,每天收市之后,绸匹及现金均由绸行各自携回,庄面内由绸业公所雇佣的老年工友守夜。

世纪初的庄面演变成世纪末的中国东方丝绸市场。改革开放以来,在资源丰富、技术力量雄厚、产品声誉卓著的绸都,迫切需要一个丝绸经营的窗口,蔚成一派"门泊东吴万里船"的气势。始建于1986年的中国东方丝绸市场发展至今,占地近30万平方米,建筑面积15万平方米。市场拥有固定经营部2600户,经营丝绸仿真丝面料和化纤原料等2000多个花色品种。场内有9个交易商区和3个分场,配有食、宿、运、托多种服务设施和交通、邮电、金融等服务系统,建立了遍及全国的通兑汇网点和快捷、安全的运输站、铁路、公路联运业务,辟有30多条专线,每天为客户起运数百吨货物至全国各地。建立了现代信息网络,市场共有2000余门国内直达电话,开办了全国首家有线电视台,发

盛泽东方丝绸市场

结语:历史传承与当代发展

行《东方丝绸》信息报纸,商品辐射至全国31个省(市)、自治区。10余年来,商品销售总额达到500多亿元……中国东方丝绸市场把昔日的庄面抛向了历史的暗角。置身于常熟虞山招商城,妙桥羊毛衫市场,吴县渭塘的珍珠市场,东山果品市场,我们只能发出同样的历史喟叹。

地处东南沿海的苏州乡村最早受到外国资本主义经济势力和近代化都会的渗透。对于市场,农户们并不陌生。经过市场的枢纽,经济作物和庭院产品小获其利,生活为之裕如,他们窃窃自喜;当世界资本主义市场的不景气波及到僻乡小镇,地方商行操纵更烈,农民们陷入丰收成灾的怪圈,他们深感市场变幻莫测,徒唤奈何。叶圣陶先生的《多收了三五斗》反映的正是这种情形。

由此不难看出,近代江南农民的经济生活离不开市场,他们熟悉市场行为。承袭着这一历史传统,当代江南乡村很快地与市场接轨,乡村经济呈现出勃勃生机;但历史与现实同时警告我们,小农仍然是脆弱的,他们需要政府的介入,规范市场行为,提供市场信息,需要社会化机构的服务和社区领袖的沟通,推动乡村产业化进程。

太湖流域的蚕丝区,直至20世纪20年代,仍然沿袭着千百年来的土制种,收成毫无把握,在国际生丝市场上渐渐处于劣势,无法与日本竞争。以郑辟疆先生为校长的"江苏女子蚕业学校"的师生们,1923年冬,雇有两条大船,抵达吴江震泽,在地方人士的支持下,在双阳、开弦弓等6个村巡回展览。每至一处,均以庙宇的大殿或学校的教室,展览科学蚕种、蚕具标本模型和图表浅说,利用戏台或板门架台作讲台。郑校长发表演讲,其余人员接待蚕农参观。"女蚕"更与震泽地方人士讨论,以开弦弓村进行科学育蚕的试点,成立蚕丝改进社。1926年,生产改良丝8担多,卖价每百两75元,比土丝价格高出三分之一。农民得到了实惠。

到了30年代,乡村改革理论家提出,当由地方当局、技术专家和农民几方联合,发展蚕丝事业。在这种较高层次的"合作"中,特别强调政府职能的发挥。政府应该高屋建瓴,了解市场信息,制定政策,扶持势单力薄的市场主体,这对于社会化程度低的乡村社会显得尤其重要。

今天,我们已经废除了封建土地私有制,但小农经济的形式一仍其旧,在某些乡村,农民市场信息闭塞,驾驭市场的能力不够,因此在生产力水平不可能很快得到提高,生产方式不可能很快改变的情况下,在农业部门,我们需要加快推进农业的产业化进程,这就是:以市场为导向,进行生产、加工、销售一体化经营;龙头企业按照市场要求,与农民签订产销合同,建立生产基地和社会服务体系;产供销结成风险共担、利益均沾的经济共同体。

走向现代化的苏州城市景观,是一种什么样的格调?这是苏州人的经常话题之一。唐代诗人杜荀鹤的《送人游吴》被人们传诵了千百年:

> 君到姑苏见,人家尽枕河。
> 古宫闲地少,水港小桥多。
> 夜市卖菱藕,春船载绮罗。
> 遥知未眠月,乡思在渔歌。

结语:历史传承与当代发展

诗里行间传达出"乡土苏州"的独特神韵;苏州人、苏州乡亲、苏州友人都希望保留这份古韵。这种恋恋不舍的传统情绪,实际上是厌倦了整齐划一的钢筋混凝土"积木"的城市人向自然的回归。作为苏州基本现代化的目标指向之一,"东园西区,古城居中,一体两翼,四周山水"的城市格局,构架起历史传统与现代文明融为一体的城市形态框架。

古城之躯,是祖辈给予我们的一份无法拒绝的馈赠,我们将她珍存,整饰一新,传之后世。1991年启动的十全街改造工程和1992年开始的桐芳巷小区试点改造工程,就沿着这条思路探索而来。1994年,作为古城主骨架和大动脉的干将路拓宽改造工程竣工,通过它,现代城市所必备的基本设施从城市中心地带向两侧辐射,为街坊的改造提供了先决条件。现已改造完毕的街坊,还是"前店后坊,枕河人家"的传统民居格局,还是"粉墙黛瓦,小桥流水"的水乡建筑风格,消失掉的是淤塞经年的水浜,也不见了马桶、浴桶、吊桶和煤球炉。这是老苏州,还是新苏州?这是现代苏州!

作为古城伸延和扩张出去的两翼,园区和新区,一者依水取景,一者靠山得势,青山软水相映成辉,构成了一幅现代苏州平江图。

苏州躲不开乡镇。余秋雨先生说:如果把它们全都躲开了,那就是躲开了一种再亲昵不过的人文文化,躲开了一种把自然与人情搭建得无比巧妙的生态环境,躲开了无数中国文人心底的思念和企盼。岂止是中国文人!居住在现代化城市中的人们思念和企盼她;蜗缩在穷乡僻壤里的乡下人也思念和企盼她。这是时代的企盼,未来的企盼。江南小镇,乍看起来,都是古色古香,细加品味,却各具特色。拥有900年历史的昆山周庄本来也想引进项目,大力发展乡镇工业,同济大学的学者们建议开发旅游业。据称,著名画家陈逸飞以周庄为题材的作品在美国展出,轰动了媒体,周庄从宁静的渔村变成了旅游大镇。实际上,10多年前,上海等地的报纸上就有连篇累牍的对周庄的介绍。深闺中的周庄一旦为人所识,厚重的文化便转化成了可观的经济效益。在苏州西郊,随着太湖大桥的建成通车,花果从西山源源运出,游人向"桃源"岛镇源源涌进,原来的孤岛与光福、木渎、胥口、东山联成一片,形成了一个颇具整体效应的度假观光区。

苏州的文化太厚重,踩在脚下的都是历史。今天正在开发中的工业园区,斜塘乡有元末吴王张士诚墓,娄门外官渎里有干将墓,娄江有双桥,金鸡湖有李公堤……人们呼吁善待这些名胜。大运河的苏州河段,文物古迹近20多处,著名的寒山寺、宝带桥、吴门桥、横塘古驿站、新郭越城遗址,都在沿线。在大运河的整治过程中,为了保护宝带桥的安全,将河道北移近百米,另开一条100米长的新河;为了防止越城城垣和墩基的泥土流失,河道又北移350米;拓宽到横塘段时,将清代三孔彩云桥"整旧如旧",实行移建,使其由东西走向横跨运河变成南北走向横跨胥江,风貌依旧。

古城区简直是历史博物馆,还没有埋入地下、获得"文化层"意义的历史就十分可观。在一般苏州人都没听说过的马大箓巷,太平天国时期的军械所在这里,辛亥革命时期"洗程会"骨干蒯际唐的老宅也在这里!干将路改造工程中

结语:历史传承与当代发展

所牵动的古宅、古井、古桥、古树、古楼实在太多,动工之前,市文管会和干将路工程指挥部的有关人员对工程区段逐个走访,逐个登记、摄影、录相、收藏,最大程度地把它们保留了下来。与其说他们在保存文物,毋宁说是在保留苏州。

顾颉刚先生一再指出过的苏州人安土重迁的文化心态,在乡村更为明显。清雍正《昭文县志》云:其商贾自他乡转贩者为多,邑人率居积营生,少离乡,远服贾。"岁得常稔"的常熟是这样,天堂哪一处不是这样?但是,毕竟是安土重迁,也是安居乐业,而不是流离失所,人们没有过分指责的理由!倒是另外两种情况让人忧虑。30年代之后,随着乡村经济的破产,一部分无以为生的苏州农民抛弃了"安土重迁"的习惯,"轻迁离土"了,到上海去做保姆,拉东洋车,进工厂。上海人满为患,有些人流落街头,有些人狼狈返里。令人庆幸的是,加入这支队伍的苏州农民还在少数。

更严重的是地方人才的流失。费孝通先生指出:在我们传统的乡土文化中,人才是分散在地方上的。中国落叶归根的传统为我们乡土社会保持着地方人才。这些人物即使跃登龙门,也并不忘本;不但不损蚀本乡的元力,送往外洋,而且对于根源的保卫和培养时常看成一种责任。因之,常有一地有了一个成名的人物,所谓开了风气,接着会有相当的时期,人才辈出的。循环作育,蔚为大观。人才不脱离草根,使中国文化能深入地方,也使人才的来源充沛浩阔。可是近代中国乡村社会不断地被损蚀和冲刷,以前保留在地方上的人才被吸走了;原来应当回到地方上去发生领导作用的人,离乡背井,不回来了。一期又一期的损蚀冲洗,发生了那些渣滓,腐化了中国社会的基层乡土。①

苏州乡村也经过了同样的损蚀,但留下来的地方领袖在那里发挥了巨大的作用。叶圣陶、柳亚子、陈去病、金松岑等人的活动已经说明了这一点。

如今的乡村子弟又回来了。据说,在教育发达的常熟,输送出去的大学生每年数以千计,他们普遍要求回乡工作,甚至忽略了专业方向。常熟出现的情况在全国只能说是太少了。

苏州的生活环境也曾散发着呛人的乡土气息。苏州由密如蛛网的河道构架而成,河道被污染的记载一定远远早于叶圣陶在30年代初的一段描画:城里的河道非常脏,有人家倾弃的垃圾,有染坊里放出来的颜色水,淘米净菜洗衣服刷马桶又都在河旁边干,使河水颜色和气味变得没有适当的字眼可以形容。有时候还浮着肚皮胀得饱饱的死猫或者死狗。到了夏天,红里子白里子黄里子的西瓜皮更是洋洋大观……

这种令人作呕的环境之形成,不只在于技术力量的落后,更在于人们麻木不仁的环境意识:"这些,在姑奶奶老太太等人是不管的。只要小天地里舒服,以外尽不妨马虎,而且习惯成自然,那就连抬起手来按住鼻子的力气也不用花。"②

60多年过去了,在迈向现代化的过程中,水环境质量

---

① 费孝通:《乡土重建》第70~71页,上海观察社1948年。
② 叶圣陶:《三种船》。

结语:历史传承与当代发展

成为苏州的主要环境问题。据统计:全市 81.2%的主河道水质达不到相应水功能区标准;部分城市(镇)河道水质劣于地面水 v 类标准,黑臭现象时有发生。

政府部门出台了环境保护规划,已经和准备实施包括疏浚河道、污水截流和处理、引水冲污、河道管理等一系列整治措施,除此之外,生活在小桥流水之间的苏州城镇人该做些什么呢?

主要参考文献

包天笑:《钏影楼回忆录》,(香港)大华出版社1971年。

柳亚子:《南社纪略》,上海人民出版社1983年。

柳亚子:《磨剑室文录》,上海人民出版社1993年。

郑逸梅:《南社丛谈》,上海人民出版社1981年。

杨天石等:《南社史长编》,中国人民大学出版社1995年。

王宗拭编:《我说苏州》,古吴轩出版社1997年。

陆允昌编:《苏州洋关史料》,南京大学出版社1991年。

汤志钧:《章太炎年谱长编》(下),中华书局1979年。

《叶圣陶集》第1~5集,江苏教育出版社1987~1988年。

许寿裳:《章炳麟》,重庆出版社1987年。

陈旭麓:《近代思辨录》,广东人民出版社

1981年。

来新夏:《林则徐年谱》,上海人民出版社1981年。

周天度:《七君子传》,中国社会科学出版社1989年。

陈映芳:《资金流向与苏纶纱厂的兴衰》(硕士学位论文)。

王卫平:《俞樾与中日文化交流》,《浙江学刊》1992年第3期。

徐云:《苏州日租界述略》,《苏州大学学报》1995年第3期。

李炳华:《柳亚子与汪大千》,《南社研究》第4辑,中山大学出版社1993年。

劲草:《南社影事》,《南社研究》第6辑,中山大学出版社1994年。

《吴江文史资料》第11、14辑。

《吴县文史资料》第4、5、7、8、9辑。

《吴县党史资料》第1、2辑。

《张家港文史资料》第13辑。

《苏州史志资料选辑》第2、3、4、5辑;1989年第1~2辑。

《苏州文史资料选辑》第1-5合辑;第7、10、11、12、14、17、18辑。

《江苏文史资料》第53辑。

《苏州杂志》1989~1996年。

后　记

在正文中或者没有交代、或者无法说清、或者不宜叙述的问题,放在这里一并谈一谈。

苏州史纪,顾名思义,是对苏州社会进行历史的考察。《苏州史纪》(近现代)基本上限于近代(1840～1949年),从历史传承与现代发展的关系角度,延及当代。根据我们的理解,史纪不是一般的通史,不能面面俱到,泛泛而论,而应该选择能够说明苏州社会特征的典型史实,加以述论。这样的选择,实在是一件见仁见智的事情。我们展示的子目,自认为是具有典型性的,但极可能的情况是,还有一些典型性的史实,应当却没有进入我们的视野。之所以会如此,不外乎:眼光限制,篇幅限制,内容限制,或者还有别的。眼光就这么个眼光,那是没有办法的;一本小册子的容量是可以想见的,我们宁愿少说几个问题,却想把想说的问题说清楚;一些内容比较庞杂的人和事,难以缀为一个专题的,只好忍痛割爱了,尽管有些问题,从某种角度来说,还是有相当分量的,比如"五四运动在苏州","五卅

后 记

运动在苏州"、"共产党人在乐益女中的活动"、"中共苏州支部的建立"等等。诸如此类的内容，有些尽可能在其他的专题里进行了适当的侧面讨论，或者作为论述的背景。好在这些内容，前人论述已经很多，想必我也说不出什么新东西。对于像"杨荫榆苏州殉难"一类的题目，最初觉得有点意思，甚至连初稿也写好了，一放到整个框架里，又显得它不是一个层次的问题，只能舍弃了。

史纪不是史话，更非随笔。史实不是作者的"反刍物"，更不作无根据的信口开河、空泛议论。材料必有所自，只有这样，我们才感到踏实。议论不是就事论事，力求与本书的整体框架和思想旨趣相关合。唯其如此，才能凸现苏州社会的特质，个别的人物和事件的发生才能找到合理性的解释，历史传承与现代发展之间的关系才会显得那样紧密。这样做，也许会散发出浓重的学院气息。为了松弛绷紧了的历史面孔，除了在行文上"轻松"一些外，引文的注释，也跟正统的学术著作有所区别。偶或涉及的论著随文说明；重要的参考资料，或作页注，或于书末列出参考文献目录，不敢掠美；有些容易引起误会的部分，文中和书末一并列出。关于注释，不能说毫无疏漏，但我是诚恳的。如果说有什么思想的话，都是从这些思想材料出发的；有些思想就是别人思想的引用。在此，对原作者表示感谢。

作　者
1999 年 3 月 23 日于苏州

苏州文化丛书

苏州史纪

（古代）

王卫平 王建华 著

苏州大学出版社

图书在版编目(CIP)数据

苏州史纪:古代/王卫平,王建华著.—苏州:苏州大学出版社,1999.8(2022.7重印)
(苏州文化丛书/高福民,高敏主编)
ISBN 978-7-81037-547-4

Ⅰ.苏… Ⅱ.①王…②王… Ⅲ.地方史-江苏-苏州-古代-史料 Ⅳ.K295.33

中国版本图书馆CIP数据核字(1999)第35264号

苏 州 史 纪(古代)	王卫平　王建华　著
责任编辑　张凝	**责任校对**　刘海

出版发行	苏州大学出版社 (苏州市十梓街1号　215006)
经　　销	江苏省新华书店
印　　刷	丹阳兴华印务有限公司 (丹阳市胡桥镇　212313)
开　　本	850mm×1 168mm　1/32
字　　数	341千字
印　　张	17.5　(共两册)
版　　次	1999年8月第1版　2022年7月第8次印刷
印　　数	18 001 - 19 000册
标准书号	ISBN 978-7-81037-547-4
定　　价	49.00元(共两册)

《苏州文化丛书》编委会

主　　编	高福民　高　敏

编　　委（以姓氏笔画为序）

成从武　朱水南　吴国良

吴培华　张季裕　陆　凯

沈海牧　陈少英　陈长荣

陈　嵘　周矩敏　耿曙生

执行编委　陈长荣

执行编务　缪　智　唐明珠

朱钧柱　赵高潮

《苏州文化丛书》总序

梁保华

苏州的历史源远流长,建城二千五百多年以来,文化积淀十分深厚。在这块得天独厚而又美丽富饶的土地上,世世代代的苏州人在创造物质文明的同时,也创造了灿烂的吴地文化,并以其独树一帜的风格而在华夏文化史上占有着重要的位置。

苏州地灵水秀,人文荟萃。先辈们在这里留下了丰厚的文化遗产。其丰厚性体现在古城名镇、园林胜迹、街坊民居以至丝绸、刺绣、工艺珍品等丰富多彩的物化形态,体现在昆曲、苏剧、评弹、吴门画派等门类齐全的艺术形态,还体现在文化心理的成熟、文化氛围的浓重,等等。千百年来苏州人才辈出,如满天繁星,闪烁生辉。文化底蕴的厚重深邃和文化内涵的丰富博大,是苏州成为中华文苑艺林渊薮之区的重要原因。

面对这么丰厚的文化遗产,我们有理由

为此感到光荣与自豪,但不应当因之而自我陶醉。文化之生命力在于繁衍不绝、生生不息的传承和开拓,文化长河之内在生机在于奔腾不息、永不终止的流淌与前进。苏州的文化经久不衰,源于世世代代不息的继承和传播,在继承优秀传统的同时,又正是由于一代一代人的辛勤探索与不断创新,使苏州的文化日益根深叶茂,绚丽多彩。

我们处在一个伟大的时代,苏州人民正沿着建设有中国特色的社会主义道路阔步前进。我们的目标是,努力把苏州建设成为一个经济发达、科教先进、文化繁荣、生活富裕、社会文明的地区,成为二十一世纪新的"人间天堂"。社会主义现代化应该有繁荣的经济,也应该有繁荣的文化。文化的繁荣,渊源于悠久的历史,植根于今天的实践。全面、系统而深入地研究苏州文化资源开发与现代化建设之间的关系,这是我们社会主义文化建设的题中应有之义。历史赋予我们这一代人的一项任务,就是要认真总结、研究与继承优秀传统文化,充分挖掘苏州文化的丰富宝藏,博采八方精华,古为今用,推陈出新,更好地为社会主义现代化建设服务。

苏州市文化局和苏州大学出版社编辑出版一套《苏州文化丛书》,是苏州文化建设中一件很有意义的事情。有感于斯,写了以上的话,聊以为序。

1999年夏

《苏州文化丛书》总序

陆文夫

苏州是个得天独厚的地方。得天独厚不完全是土地肥沃,气候温和,还在于它的文化积淀的深厚;地理的优势是得于天,文化的优势是得于人,天人合一形成了苏州这一座历史文化名城。

每一个地方都有它的历史与文化。历史是人类生活的轨迹,文化是人类精神的产品,产品有多有少,有高有低,从一个地区的总体上来看,人们拥有精神产品的多少与高低与人的素质是密不可分的。

我不敢说苏州是全国文化最发达的地区,也不敢说苏州的伟人和名家就比其他的地区多,但是有一点要感谢我们的祖先和时代的先驱,是他们全方位地发展了苏州的文化,使得苏州文化的综合实力在全国占有优势。一个国家的强大与否,要看它的综合国力,一个地区的文化是否昌盛,也要看它的综合实力。苏州文化的优势是在于它的综合实力强大,文化门类比较齐全,从古到今一脉相承,只有发展,没有中断,使得每一个文化的门类都有一定的成就。

苏州园林已经列入了世界文化遗产,这仅仅是苏州文化的一个侧面,即使从这一个侧面来看,就能看出造园艺术的登峰造极需要多少文化精品的汇合,诸如建筑、绘画、雕刻、堆山叠石、花木盆景、诗词楹联、家具陈设……每一项都是苏州文化的一个门类,都能写几部书。

苏州市文化局与苏州大学出版社推出一套《苏州文化丛书》,囊括了苏州的戏剧、绘画、园林、街坊、名人、名胜、民俗、考古、工艺……向世人展示苏州文化的综合实力,用以提高苏州人的文化素养,提高人的素质,用以吸引与沟通五湖四海的朋友。文化的沟通是一种心灵的沟通,具有一种强大的凝聚力,谁都知道,一个民族的凝聚力主要来自于其民族文化,一个地区的吸引力和凝聚力恐怕也是如此。

1999年7月21日

目 录

引 言 …………………………………………………… (1)
一、苏州历史文化的源头 ………………………………… (3)
  三山文化 ……………………………………………… (3)
  草鞋山遗址及其他 …………………………………… (5)
二、吴国兴衰与阖闾城修建 …………………………… (11)
  太伯、仲雍奔吴与早期发展 ………………………… (11)
  阖闾改革与称霸中原 ………………………………… (14)
  阖闾城：春秋后期的吴国都城 ……………………… (32)
  真山墓地是吴国王陵区吗 …………………………… (37)
  《孙子兵法》与吴国 …………………………………… (40)
三、秦汉六朝时期的"江东一都会" …………………… (45)
  悲剧英雄项羽 ………………………………………… (46)
  汉代苏州与刘濞谋反 ………………………………… (52)
  孙吴立国的根据地 …………………………………… (57)
四、唐宋元时期的东南雄藩 …………………………… (64)
  "上有天堂，下有苏杭"与"苏湖熟，天下足" …… (65)
  "何似姑苏诗太守，吟诗相继有三人" ……………… (79)
  范仲淹在苏州的政绩与范氏义庄 …………………… (87)

朱勔与花石纲之役 …………………………………… (91)
　　《平江图》反映的苏州城市风貌 …………………… (96)
　　田园诗人范成大 ……………………………………… (100)
　　马可·波罗笔下的苏州 ……………………………… (105)
　　张士诚建立大周政权 ………………………………… (111)

五、明清时期的工商业中心 …………………………………… (117)
　　从《阊门即事》诗看苏州城市的发展 ……………… (118)
　　况钟治苏的政绩 ……………………………………… (122)
　　《盛世滋生图》与苏州 ……………………………… (129)
　　会馆与公所 …………………………………………… (143)
　　惊心动魄的市民斗争 ………………………………… (149)
　　苏州社会风尚的变迁 ………………………………… (156)

六、中国文化的苏州时代 ……………………………………… (165)
　　异彩纷呈的苏州文坛 ………………………………… (167)
　　名家辈出的吴门书画 ………………………………… (193)
　　精美的工艺之花 ……………………………………… (211)
　　苏州园林冠天下 ……………………………………… (221)
　　苏州科技成就举例 …………………………………… (230)
　　吴中古来多名医 ……………………………………… (236)
　　姑苏文盛出状元 ……………………………………… (245)

主要参考文献 …………………………………………………… (251)
后　　记 ………………………………………………………… (255)

引　言

苏州，是镶嵌在江南大地上的一颗璀璨明珠。

苏州的自然条件得天独厚。苏州处于亚热带向暖温带过渡的地区，气候温暖湿润，四季分明。冬季受大陆冷高压控制，天气干燥寒冷；夏季受东南气流影响，天气湿热多变。全市年平均气温为15℃～17℃，平均降水量在1 000毫米以上，平均日照为2 000小时左右。由于气候暖湿，光照充足，有利于各种作物的生长。

苏州的地理条件优越，交通便利。她北枕长江，东临大海，西滨太湖，有"三江五湖"之形胜。区内湖泊棋布，河道纵横，有"水乡泽国"之称誉。尤其大运河绕城而过，北可达北京，南可抵杭州；通过黄金水道长江，可与长江中上游地区相连；经古码头刘家港及上海，可与辽东半岛、东南沿海乃至海外沟通。现代又有京沪铁路、沪宁高速公路横穿而过。因而,交通便利,自古以来即为重要的商业口岸。

苏州地处太湖平原,土壤肥沃,物产丰饶,是著名的鱼米之乡,素有"江南之奥壤"、"财富之渊薮"的誉称。由于自然、地理条件优越,苏州适宜于水稻、小麦、油菜、豆类、蔬菜、桑树、棉花和果树等的种植,尤其水稻生产,秉承数千年的传统,种类繁多,品质优良,单位面积产量在全国一直处于领先地位。苏州渔业生产发达,鱼类品种繁多,白、青、银、鲤、鲢、鲫、鳊、鳗、鲈、鲥鱼等以及蟹、虾之属应有尽有。其中,太湖的银鱼、吴江的鲈鱼、常熟的鲥鱼素享盛名,为鱼中名品;鲥鱼、刀鱼、河豚被誉为"长江三鲜",银鱼、梅鲚、白虾则号称"太湖三宝"。苏州既为"水乡泽国",水生植物自然丰富,莲藕、茭白、茨菇、菱角、芡实、莼菜、荸荠等遍地种植,尤以太湖莼菜声名最著,被清末曾国藩誉为"江东第一美品"。基于农业生产的发展,苏州的工商业也极为发达。明清时期,这里已成为全国的丝织业中心和棉布加工业中心,并由此导致了城市商业的繁荣。解放以后,苏州的棉纺、丝绸、电子、仪表、机械等工业都得到了快速的发展,成绩显著。今日的苏州,已经发展成为一座现代化的工业城市,正以全新的姿态,矗立于世人的面前。

作为一座举世闻名的历史文化古城,苏州走过了2 500多年漫长而艰难的历程。还是让我们从头说起吧!

一、苏州历史文化的源头

苏州历史悠久,文化源远流长。早在1万年以前,先民们就已生活、劳动在这块带有原始气息的土地上。在六七千年前的新石器时代,他们已经创造出内涵丰富、富有特色的原始文化,水稻的种植、纺织技术的发明以及四五千年前技术高超的制玉工艺的出现,无不透露出重要的信息:这里是我国水稻种植的发祥地之一,生活在这块土地上的先民曾经创造出足可与中原文化媲美的辉煌的原始文明。

三 山 文 化

1985年,吴县三山岛哺乳动物化石和旧石器的发现,第一次揭示了太湖地区1万年以前旧石器时代文化的面貌,也揭开了苏州历史文化发展的帷幕。

三山岛位于苏州市西南50公里处,是太

湖中的一个小岛,由大山、行山、小姑山相连而成,隶属江苏省吴县市东山镇三山村。石器的出土地点在岛西北端清风岭下一个溶洞前的湖滩上,发掘面积36平方米,出土石制品计5 263件。从出土石器分析,石制品的原材料主要为燧石、石髓、玛瑙等,种类包括加工成型的石器工具、生产坯件的石核和石片以及丢弃的废片,其中石器工具又可分为刮削器、尖状器、锥、钻、雕刻器、砍砸器等。这些石器的主要特点是个体小,砍砸器数量少、重量轻,从刃缘部分看,它们不适于砍斫树木或挖掘块根,而更像是一种敲砸工具或加工其他工具的锤子。在工具组合中,刮削器数量多、品种全,其中复刃刮削器占多数,属于可割、可切、可刮、可削的多用途工具;凹刃刮削器很有特色,适于加工木质和骨角质器物,是加工渔叉和渔钩的理想工具;端刃刮削器、盘状刮削器和似拇指盖状刮削器被认为是加工兽皮的工具。尖状器数量少,但较为精致,可能是对刮削器功能的一种补充,起剔、挖、穿刺等作用。锥、钻的存在表明,当时可能普遍用兽皮制作衣服和制作穿孔的装饰品。从石器工具组合的整体判断,这一文化反映了一种以渔猎为主、采集为辅的经济形式。在渔猎经济中,似乎又以捕捞为主,狩猎为辅。

根据三山岛旧石器遗址各方面材料的分析,可以初步断定,这是一处石器制造场。除了在此生产石器外,古人类还将此地作为季节性的居住营地,常在气候适宜和食物丰富的季节来此作短期居留,在此制成一批工具后再离去。

值得指出的是,三山岛旧石器与这一地区新石器时代的磨光石器,没有合乎逻辑的迹象来解释它们之间的文化传承关系。三山岛古人类可能在全新世海浸开始后不久即已离去,之后取代他们到此定居的,已经是获得了崭新经济手段的新石器时代的人类了。

草鞋山遗址及其他

目前,考古学界对太湖地区新石器时代的文化面貌已经有了较为清楚的认识。太湖地区的新石器时代文化发展序列依次为:马家浜文化(约距今7 000~6 000年)、崧泽文化(约距今6 000~5 000年)、良渚文化(约距今5 000~4 000年)。苏州地区发现的草鞋山遗址、张陵山遗址、龙南遗址等,即是典型的新石器时代文化遗存。

草鞋山遗址位于阳澄湖南岸、吴县市唯亭镇东北约2公里处,因遗址中心土墩草鞋山而得名。遗址总面积为44 000平方米,文化层堆积厚约11米,可以分为10层,分属于不同的文化时期。其中,第8~10层为马家浜文化层,第5~7层为崧泽文化层,第2~4层为良渚文化层,直至进入春秋时代的吴国文化层。这个遗址的文化序列,从新石器时代较早阶段的马家浜文化开始到太湖地区早期国家的繁荣阶段,几乎跨越了太湖地区、长江下游先秦历史的全部编年,可以毫不夸张地认为,草鞋山遗址是一幅埋藏于地下的完整的历史画卷,为长江下游地区古文化的研究提供了一把标尺。

在马家浜文化时期,草鞋山的居民已经过着定居的生活。草鞋山遗址第10层发现了一处由10个柱洞围成的圆形居住遗迹,房内面积约6平方米。居住遗迹有柱洞、木桩和木板。木桩树立在地面上,应是房屋的柱子。有些木板上留有明显的砍劈、锯截的加工痕迹。在木桩周围发现有印有芦苇痕迹的烧土块、草绳、用草绳捆扎的草束、芦席、篾席等实物。这些遗迹说明当时已直接在地面上建造房屋。房屋盛行木架结构,在柱洞的木桩下衬垫一两块木板,以芦苇为筋涂泥成墙,再用芦苇、草束盖顶。其平面布局类似现在江南农村的看瓜竹棚。草鞋山的早期居民已经进行原始农业生产了。第10层遗址中发现了含炭化稻谷粒的土块,经鉴定,除籼稻外还有粳稻,这是我国迄今发现的最早的人工栽培水稻之一。原始的手工业也已经出现。遗址中发现的3块已经炭化的纺织物残片,是迄今我国出土的最早的纺织品实物。经鉴定,纺织品的纤维原料可能是野生葛麻,织物为纬线起花的罗纹编织品,花纹为山形和菱形的斜纹。它不同于普通的平纹粗麻布,显示了较高的织造工艺水平。

采集和渔猎仍是当地居民获取生活资料的重要手段。草鞋山遗址中发现了水生植物菱的茎部和果实,果实比现在的圆角菱略小。这一文化层遗址中出土的动物遗骨,最多的是梅花鹿、四不像、野猪、牙獐和水牛。梅花鹿、四不像和野猪都是林栖动物,牙獐和水牛是爱好在近水区域生活的动物;由此可以推断,当时这一带覆盖着原始森林,分布有河流、湖泊和沼泽,水中有丰富的鱼类资源。根据狗、水牛骨的出土,结合同时期吴江梅埝遗址的发现,可以知道,当时已经开始饲养家畜。

在草鞋山下层遗址中,还发现了属于马家浜文化时期的墓葬106座。当时盛行单人俯身葬,头部向北。有些头骨用釜、钵、豆、盆等陶器覆盖。随葬品一般都很少,主要是日常生活用的陶器。在这106座墓葬中发现了5座同性合葬墓,3座为女性,2座为男性。所有这些都说明,当时的社会处于母系氏族公社时期;男女分区埋葬的现象表明当时盛行对偶婚制。在这种婚姻制度下,本氏族的男女不准通婚,男方必须到另一个氏族中去寻找配偶,死后归葬本氏族;氏族成员没有或只有极少量的随葬品,说明当时还不存在贫富差别和财产的私有观念。

大约6000年以前,苏州地区的氏族部落相继进入了父系氏族公社时期。反映这一时期文化面貌的,除草鞋山遗址第5～7层文化外,还有吴县张陵山遗址、吴江梅堰遗址等。

随着生产经验的逐步积累、生产工具的改进和技术水平的不断提高,崧泽文化时期的农业生产有了明显的发展。这一时期,生产工具虽仍以石器为主,但种类增加,且大多磨制精致,大型厚重的磨光穿孔石斧增强了人们垦辟土地的能力。吴江梅堰遗址中出土的石耘田器表明人们已注意加强水稻田的田间管理和中耕除草活动。张陵山遗址的一座墓葬中随葬有储藏粮食用的5口大陶缸和1口大陶瓮,反映了农业产量的提高。

手工业的发展以制陶业表现得较为明显。当时陶器的制作普遍采用慢轮修整,有些已采用轮制技术。陶器器形丰富,种类繁多,器物的纹饰趋于复杂。

草鞋山遗址崧泽文化层共发现95座墓葬,分为南北两区。墓葬一般头向东南,盛行仰身直肢葬。与马家浜文化时期相比,这一时期的墓葬出现了新的变化:一是墓葬中大多附有随葬品,且随葬品多寡不一的现象相当普遍,多者达25件,少者仅有一两件。二是部分墓葬中除葬有陶器等外,还随葬有猪下颚骨,这可视作个人财富的象征。

草鞋山、梅埝遗址出土的手制和轮制陶器

三是发现了2座男女合葬墓,按男左女右排列,其中一座女性侧身埋在仰身男性的旁边。上述种种迹象表明,崧泽文化时期,草鞋山遗址的居民已出现了贫富分化,并已有了私有财产和私有观念;婚姻形式已是一夫一妻制,女子开始成为男子的附庸,父权制已经确立。

到了良渚文化时期,苏州地区迎来了文明时代的曙光。

良渚文化时期,农业生产得到了飞速的发展。石器制造有了明显改进,不但制作精致、棱脊分明,而且穿孔技术发达。特别是三角形石犁形器的大量出土,说明当时已经出现了较为普遍的犁耕农业,大大提高了生产效率;吴县澄湖、昆山太史淀等遗址中发现了数量众多的水井,表明原始居民已经掌握了人工灌溉技术。除了传统的稻谷生产外,在苏州周边地区的遗址中,还发现了花生、毛桃核、酸枣核、葫芦等植物的种子,说明菜蔬的种植、栽培已成为农业生产的一

一、苏州历史文化的源头

个重要方面。

手工业从农业中分离出来,成为独立的生产部门。良渚文化遗址中出土了不少竹、草编织物和丝、麻织品;陶器以泥质黑衣陶最具特色,普遍采用轮制,器形浑圆、规整,胎壁很薄,具有相当高的工艺水平。良渚文化时期,制玉业特别发达,不但数量大、品种多,而且出现了许多大型的玉琮、玉璧、玉钺等礼器,成为良渚文化的显著特色。玉器制作技术达到了空前的水平,已掌握了切割、磨制、抛光、雕镂等工艺。

琮、璧、钺等大型玉器,最早发现于草鞋山遗址的良渚文化墓葬,其后在余杭反山、上海福泉山、常州武进寺墩等地又有更多的出土。琮、璧等玉器并非一般装饰品,而是一种用于祭祀天地的礼器。那些随葬有琮、璧的墓主,在生前当具有祭

草鞋山遗址出土的玉琮

祀天地的权力,掌握着原始宗教的祭祀权。而钺则为兵器,在墓中被置于死者的手侧,是墓主人生前拥有军事统帅权的象征。因此,包括草鞋山遗址在内的良渚文化大墓中发现的琮、璧、钺等大型玉器,表明墓主是集神权、军权、政权、财权于一身的统治者。这种情况标志着太湖地区的良渚文化已进入到闪烁着文明曙光的时期。著名考古学家苏秉琦先生曾经指出:草鞋山上层的良渚文化玉琮,在《周礼》上就有记载,如果不是阶级社会,那也是阶级社会的前夜,已经踏

— 9 —

到文明时代的门槛了。这个结论,还得到了墓葬材料的印证。在吴县张陵山、草鞋山遗址中都曾发现了人殉现象。张陵山遗址一座墓葬中,除随葬了琮、璧等玉器外,在墓主脚下还发现了3个头骨,这当是杀殉的奴隶。草鞋山遗址良渚文化晚期的198号大墓,是一个男性附葬两个女性的合葬墓。男性居墓坑中央,两个附葬的女性则分别埋于他的头部和足端,她们应是男性的妻妾,说明一夫多妻制已经存在。而一夫多妻制显然是奴隶制的产物,只有占据特殊地位的人物才能办到。由此可见,良渚文化时期已经出现了剥夺他人劳动成果、占有大量财富、拥有妻妾、杀殉奴隶的特权阶层,他们实际上是最早的奴隶主。草鞋山遗址等良渚文化墓葬材料表明,当时苏州地区的氏族制度已经濒临崩溃,社会发展即将跨入文明时代的门槛了。

二、吴国兴衰与阖闾城修建

在苏州历史上，春秋时期的吴国曾经掀起过一个发展高潮。吴国从一个被中原人鄙视的"蛮夷之邦"，经过历代吴王的发愤图强，竟然西破强楚，南服越人，北威齐、晋，一度成为号令诸侯的霸主。尽管吴国的霸业仅仅昙花一现，但它对于东南地区的开发却作出了巨大贡献，其影响历数千年而不绝。

太伯、仲雍奔吴与早期发展

商代末年，位居西北的周族逐渐兴起。周族首领古公亶父有3个儿子：太伯、仲雍、季历。季历之子姬昌自小聪明伶俐，深受古公喜爱，故古公欲传位于季历，以至于姬昌。太伯、仲雍领会到这个意图，便自动让贤，相率出奔，来到了俗称"荆蛮"的江南地区。或许他们拥有较土著居民先进的文化,因而受到了土著居民的拥戴,被立为君长,建国号为"勾吴"。这就是吴国的起源。

太伯、仲雍向江南土著居民传授了北方先进的生产技术,领导人民努力生产,使"数年之间,民人殷富"。他们为了保卫生命财产的安全,还就地起城,城周3里200步,外郭则达300余里(或谓30里之误)。在物质财富增加的同时,太伯还企图用周族先进的礼乐文化来改造土著,遭到了土著文化的顽强抵抗。因此,仲雍在位期间,便不得不放弃努力,而改从土著居民的习俗,"文身断发",从而创造了颇具特色的吴国文化。

太伯无嗣,吴国君位便传给了其弟仲雍。仲雍三传而至周章。其时正逢周武王伐纣取得胜利,周族推翻了商王朝而成为天下的统治者。周武王追尊其曾祖父古公亶父为太王,并寻找逃奔江南的太伯、仲雍的后裔。他得知周章已当了吴国的君主,便加封其为诸侯。周康王执政以后,又对周章的儿子熊遂进行了改封。1954年江苏丹徒县烟墩山出土的"宜侯夨簋"所刻铭文,具体地反映了熊遂由吴侯改封宜侯的经过。

熊遂以后至寿梦上台,历13世近500年,吴国的事迹如雾中看花,不甚分明。不过,从先秦的史籍中,还是可以知道,吴国处于不断的发展之中。春秋初期,吴国竟敢不把威震中原的齐桓公放在眼中,当齐桓公称霸时,居然出现"吴越不朝"的现象;楚庄王在吞并了东方诸国以后,竟然没有威加吴国,反而"盟吴、越而还"。凡此可见,在春秋早、中期,吴国的国力已是不容忽视,而寿梦正是在先辈奠定的基础

二、吴国兴衰与阖闾城修建

上开始了进一步的扩张。

公元前585年,寿梦继承了吴国的王位。寿梦是一个胸怀大志、富有远见的国王,他不愿蜗居江南一隅,永远被人鄙视为"蛮夷"之邦,因而积极采取措施,改变吴国在诸侯心目中的形象,进而要求在中原政治舞台上登台亮相。

寿梦继承吴国王位后所做的第一件事是朝见周天子。自西周中期以后,吴国与周王室的联系越来越少。为了加深周天子和诸侯的印象,加强吴国与中原地区的联系,寿梦专程前往中原朝见天下共主周简王。一路上,他注意考察诸侯国的礼乐文化。所谓"礼"是当时社会各个阶层的行为准则,"乐"是祭祀、朝会、行军时演奏的乐曲和舞蹈。通过考察,寿梦为博大精深的中原礼乐文化所倾倒,明显地感觉到了吴国与中原诸侯国之间在文化方面的差距,不禁大发感慨,说:"孤在蛮夷,徒以椎髻为俗,岂有斯之服哉!"虽然由于史料的限制,我们无法知道他回国以后究竟采取了哪些措施来吸收先进文化,改革落后风习,但从他的儿子季札身上大致可以推知。季札精通中原礼乐文化,在出使中原诸侯国期间,恰当地评论中原歌舞,见微知著,表现出高深的文化素养,因而受到中原人士的推崇,连儒家鼻祖孔子也极口称赞:"延陵季子,吴之习于礼者也。"季札能精通中原礼义和先进文化,必然受过系统的教育,这与其父寿梦的倡导、传播和推广应是分不开的。

寿梦二年,吴国接受晋国的帮助,培植军事力量,开始了对楚国的战争。楚国大夫申公巫臣因在国内遭到迫害而逃往晋国,矢志报诛族之仇。他请求晋国国君出使吴国。在中原诸侯的争霸战争中,晋、楚两国早已针锋相对,是一对宿敌。申公巫臣逃奔晋国时,晋国也正在考虑联合位于楚国东方的吴国以共同对付楚国。因此,晋君马上答应申公巫臣的请求,派他率领一队士兵乘战车来到吴国,教吴军御车、布阵的作战方法。吴国地处江南水乡,主要从事水战,对于车战的基本方法是不大了解的。经过训练,吴军的车战技术得到了很大提高,军事实力增强。以此为契机,吴国调整了军事战略,与晋国结成联盟,撕毁与楚国的盟约,发动了对楚国的战争。《左传》中说:从寿梦二年开始,"吴始伐楚,伐巢,伐徐,子重(楚大夫)奔命。马陵之会,吴入州来。子重自郑奔命……蛮夷属于楚者,吴尽取之。是以始大,通吴于上国。"

寿梦非常注意与中原诸侯的交往。在他统治期间,曾多次与中原诸侯会盟,如公元前576年的钟离之会、公元前568年的善道之会和戚之盟、公元前563年的柤之会等。这些会盟,扩大了吴国的影响,促进了吴国与中原地区的经济文化交流,加速了吴国的开发,使吴国日益壮大,从而为以后吴国争夺霸权、取得诸侯盟主地位奠定了基础。

阖闾改革与称霸中原

寿梦有四子,依次为诸樊、余祭、余眛、季札。季札贤明,才能出众,深得寿梦欢心,因此寿梦有意将王位传于季札。但是,季札认为这样做不合礼义,坚决拒绝。寿梦临终以前与诸子约定,王位兄终弟及,这样就使季札可以继承王位而

二、吴国兴衰与阖闾城修建

没有拒绝的理由。随着诸樊、余祭、余眜的相继去世,照理应由季札继承王位,但季札再次拒绝,并逃回自己的封邑。一群无奈的大臣,在迫不得已的情况下,只好推举余眜之子州于(一说州于为寿梦庶子)继位,是为王僚。按照嫡长子继承制,王位应由诸樊传公子光(一说公子光为余眜之子)。因而,王僚的继位引起了公子光的不满。他认为,寿梦让王位兄终弟及,无非是要传位于季札。如今季札既不肯即位,那么按理应由自己继承王位。所以,他对王僚阳奉阴违,私下培植自己的势力,准备通过政变的方式夺取王位。

公子光是一个很有才华的人,作为吴国的将军,他曾率军破楚,屡立战功。特别是在公元前519年的吴楚鸡父之战中,公子光以其出色的智慧和卓越的军事才能,指挥吴军打败了数倍于己的以楚国为首的七国联军,这是春秋时期一个以少胜多、以弱胜强的典型战例。凭藉赫赫战功,公子光为夺取王位创造了条件。

在公子光的夺权政变中,伍子胥立下了汗马功劳。

伍子胥,名员,楚国贵族之后,史书称他有"文治邦国,武定天下"的杰出才能。他因父兄被楚平王所杀,只身逃出楚国,辗转漂泊,历经千辛万苦,来到吴国。经吴国市吏的中介,他受到王僚的召见。两人交谈三天三夜,伍子胥没有说一句重复的话。王僚觉得伍子胥是一个"贤人",想重用他。公子光怕伍子胥成为王僚的谋臣而妨害自己的夺权计谋,就在王僚面前诋毁伍子胥,说伍子胥要求攻打楚国,并不是为了吴国的利益,不过是想报私仇而已。王僚接受了公子光的劝告,放弃了重用伍子胥的打算。伍子胥觉察到公子光的计谋,并看出公子光是一个有所作为的人,便转而帮助公子光,为公子光出谋划策。

在逃奔吴国的途中,伍子胥结识了一位名叫专诸的勇士。当时,专诸正要与人斗殴,"其怒有万人之气,甚不可当"。但是妻子一喊,他便马上收手回家。伍子胥感到非常奇怪,就问他是何道理,专诸回答说:"夫屈一人之下,必申万人之上。"伍子胥看他的相貌,见眉额凸出而眼眶深凹,有老虎似的胸膛,熊一样的脊背,像是一个敢于冒险的人,知道他是一

伍子胥像

个勇士,就与他结为朋友。在投靠公子光后,伍子胥把专诸推荐给公子光,作为袭击王僚的刺客。鉴于王僚有吃炙鱼的嗜好,公子光安排专诸去太湖中学习烹饪技术3个月,回来后等待时机。

公元前515年春,趁楚平王新丧、昭王年幼的机会,王僚派两个弟弟公子掩余和烛庸率军攻楚,又派季札出使中原以观察诸侯的态度。楚国听闻吴师来犯,立即调动部队进行抵御,前后夹击,把吴军围困起来。

听到吴军被楚军前后夹击、陷于困境的消息,公子光非常高兴,认为机会难得,决定实施他蓄谋已久的计划。

二、吴国兴衰与阖闾城修建

一天,公子光在地下室里埋伏好身披铠甲的武士,在堂中备办酒席,宴请王僚。王僚知道公子光对自己继承王位心怀不满,目中时有怨恨之色,恐在宴会中有变,故而作了严密的防范。他自己身穿用优质铁片制成的铠甲三层,在宫中至公子光家的道路两旁以及室内布满了手持锋利长戟的亲兵侍卫。为了防止进献食品的人身藏武器,要求他们在门口脱光衣服,改换服装,然后膝行而入。王僚以为,如此戒备,足可以做到万无一失。酒宴开始不久,公子光佯称足疾,离席而去,暗中吩咐专诸将鱼肠剑置于炙鱼的腹中进食于王僚。专诸在接近王僚时,迅速掰开鱼腹抽剑猛刺王僚。鱼肠剑刺穿王僚三重铠甲,贯穿胸背。两旁的卫士同时以长戟猛戳专诸的胸膛,专诸身亡。趁众人大乱之际,公子光出动伏兵全歼了王僚的亲军。这便是历史上著名的专诸刺王僚事件。王僚既死,公子光自立为王,号阖闾。为了表彰专诸舍身刺王僚的功勋,阖闾把专诸的儿子封为上卿。

阖闾上台以后,为了巩固政权,唯恐"国人不就","诸侯不信",实行了"厚爱其民"、治国兴邦的一系列措施。

一是任贤使能。阖闾深知国家之治以得人才为先的道理。《国语·楚语》中说他"闻一善若惊,得一士若赏"。他登上王位后所做的第一件事就是重用伍子胥,举为行人(职掌接待宾客礼仪),让其参与国家政策的制定。据《吴越春秋·阖闾内传》的记载,阖闾考虑到"吾国僻远,顾在东南之地,险阻润湿,又有江海之害,君无守御,民无所依,仓库不设,田畴不垦"的情况,向伍子胥求教治国之策,伍子胥答称:"凡欲安君治民,兴霸成王,从近制远者,必先立城郭,设守备,实仓廪,治兵库,斯则其术也。"对此,阖闾非常赞同。后来吴国所进行的社会改革,就是照此方案进行的。在国力增强后,吴国与楚国的矛盾又尖锐起来。吴国虽然具备了进攻楚国的物质基础,却缺乏英勇善战、能够"折冲销敌"的将领。这时,伍子胥向吴王介绍了孙武的情况。孙武是齐国将门之后,因国家内乱而流亡吴国,隐居于野,与伍子胥相交甚笃。伍子胥深知他的军事才能,便在与吴王谈论军事之际,一天7次推荐孙武。起先吴王还以为伍子胥是为了呼朋引类,拉帮结派,及至召见孙武,看了孙武所写的兵法,才觉得孙武确是一个少有的奇才。只是不知他的实际指挥才能如何,因而想检验一下。于是,孙武以吴王的宠姬两人为队长,分别率领一队宫女,武装起来,就在宫中当着吴王的面进行演习。孙武告诉她们进退左右旋转的步伐,并要求她们听鼓声动作。可是打鼓3遍,宫女们只是掩口而笑。孙武见状,再次宣布纪律,并亲自击鼓,可宫女们仍视同儿戏,嬉笑如故。孙武大怒,"两目忽张,声如骇虎,发上冲冠",叫人取来刑具,说:"军令不明是将领之罪,军令既明而士卒不用命则是军士之过。"于是下令斩两位队长以严军令。坐在台上的吴王见孙武要杀自己的宠姬,大为惊骇,派人传话说:"我已经知道将军能用兵了。没有这两个美人侍候,我就会寝不安席,食不甘味。请将军赦免她们吧。"孙武回答说:"我既已受命为将,将在军,君命有所不受。"执意要杀两个宠姬。吴王不忍心眼看着宠姬被处死,又不便发作,便一气之下,拂袖而去。孙武斩杀两姬后,其他宫女一个个全神贯注,认真操练。操演完毕,孙武派人进宫向吴王报告说:"队伍已经练好,这样的军队即便让她们去赴汤蹈火也不会有问题,请国王检阅。"但吴王怒气未消,不愿前往。孙武说:"王徒好其名,而不用其实。"后来伍子胥向吴王申述了兵道尚法才能创建霸业的道理,吴王才转怒为喜,挽留孙武。除了伍子胥与孙武以外,吴王还任用了伯嚭、华登等来自他国的人才。正是在他们的辅佐下,吴王才西破强楚,北威齐、晋,南伐越人,创出了一番轰轰烈烈的伟业。

二是收揽民心。吴王深知民心向背直接关系到国家的安危和政权的稳固与否。银雀山汉墓出土的《孙子兵法》中有《吴问》一篇,记载了吴王与孙武讨论晋国6个执政贵族谁将最后取得晋国政权的问题。孙武从晋国之贵族田制的宽狭、赋税的轻重、统治者对人民的态度等方面推论他们未来的成败。吴王对孙武的分析连连称善,最后得出结论说:"王者之道,□□厚爱其民者也。"因此,从他上台起,就能够勤俭治国,对人民施以恩惠,并且身体力行。楚国大臣子西曾这样评价阖闾:"吴光新得国而亲其民,视民如子,辛苦同之,将用之也。"① 他并用赞扬的口气说吴王"食不二味,居不重席,室不崇坛,器不彤镂,宫室不观,舟车不饰;衣服财用,择不取费。在国,天有菑疠,亲巡孤寡而共其乏困。在军,熟食者分而后敢食,其所尝者,卒乘与焉。勤恤其民,而与之劳逸,是以民不罢劳,死不知旷。"② 他不吃两样荤菜,不穿锦衣彩裳,不住华丽宫室,对于普通百姓和士兵给予一

---

① 《左传》昭公三十年。
② 《左传》哀公元年。

定的关怀。这样就减轻了人民负担,改善了人民生活,吴王由此而得到了人民的拥护,所谓"是以民不罢劳,死知不旷",在对楚战争中连连获胜。楚大夫在总结柏举之战吴胜楚败的原因时就说:"阖庐惟能用其民,以败我于柏举。"①

三是发展生产。阖闾上台后,积极推行伍子胥所提出的"实仓廪"的主张,因为只有物产丰富、府库充足,国家的强盛才有可靠的物质保证。为此,他鼓励开垦荒地,扩大种植面积。夫差在回顾阖闾攻伐楚国的情形时说:"譬如农夫作耦,以刈杀四方之蓬蒿。"② 这应该是阖闾当年鼓励农民披荆斩棘、开垦荒地的生动写照。为了发展农业生产,阖闾重视水利的兴修,据说当时在伍子胥的主持下开凿胥溪,使皖南的宣、歙诸水与太湖相通,后又置五堰以节制。这些措施收到了明显的效果,吴国的农业生产有了很大的发展,史书中有"民饱军勇"、"仓廪以具"的记载。《越绝书》中也说到"吴王夫差之时,其民殷众,禾稼登熟",并且一次就借贷给越国"粟万石",这当是阖闾时期发展农业生产的结果。随着农业的丰收,吴国的畜牧业也大大地发展起来,并成立了由国家经营的专门饲养某种家畜、家禽或鱼类的场所,见于史书的有鸡陂墟、牛宫、猪坟、鸭城、鱼城等,饲养鸡、鸭、牛、羊、猪、马、鱼等禽畜、鱼类。

四是扩建都城。鉴于吴国地处东南、江海为患的情况,阖闾接受伍子胥"立城郭"的建议,委派伍子胥主持扩建都

---

① 《左传》哀公元年。
② 《国语·吴语》。

城的工作。伍子胥"相土尝水,象天法地",在调查研究的基础上,把原有的城邑扩建成一座规模宏大、气势雄伟的阖闾大城。城内街衢宽广,河道纵横,水陆交通,四通八达。阖闾大城成为吴国的政治、军事、经济中心。都城的重建,促进了吴国经济文化的发展,对于吴国的强大以及争霸事业起了重要作用。

五是振军经武。春秋时期是一个战火纷飞、社会剧烈变动的时代。任何一个诸侯国,要想图生存、求发展,都必须注重武力、发展军备。由于吴王采取了安邦治民的政策,吴国府库充实,国力增强,这就为扩充军备,训练士兵,继而从事争霸战争创造了条件。

在伍子胥、孙武等人的辅佐下,阖闾采取措施,加强军事建设。

首先,精选士兵,进行严格的军事训练。吴王责成伍子胥、孙武等人负责"选练士,习战斗",教给士兵战、骑、射、御等各种本领。他尤其重视培养士兵视死如归的勇敢战斗精神,从而使吴国军队成为一支纪律严明的天下劲旅,虽赴汤蹈火也决不畏缩。所以,越国大臣文种称赞说:"夫申胥(即伍子胥)、华登简服吴国之士于甲兵,而未尝有所挫也。"[1]

其次,组建水军。吴国地处水乡,人们主要的交通工具是船只。作为吴国的主要敌人,楚国居长江中游,越国隔太湖相望,无论从进攻或防御的角度,建立一支强大的水师对于吴国而言至关重要。为此,吴国大量建造船只,兵船有大

---

[1] 《国语·吴语》。

翼、中翼、小翼、突冒、楼船、桥船、戈船之分。大翼长12丈（约合今24米），配备船工、战士等91人。组建后的吴国水师，组织严密，训练有素，船种多样，在对楚、对越战争中发挥了巨大作用。

其三，制造武器。精良的武器是决定战争胜负的一个不可忽视的因素。有鉴于此，吴王奖赏重金，鼓励工匠制造武器，吴国工匠铸造钩、剑，一时成风。著名工匠干将、莫邪夫妇"采五山之铁精，六合之金英"，用大型的冶炉，"使童女童男三百人鼓橐装炭"以提高炉温，终于铸成两把锋利无比的宝剑，名曰

吴国青铜剑

"干将"、"莫邪"。《吴越春秋·阖闾内传》中还记载了这样一个故事：阖闾在得到莫邪剑以后，又号令国中以百金求征金钩。有人来到宫门献两柄钩求取奖赏。吴王问他："造钩的人很多，为何就你一个人来求赏，难道你造的钩有什么特异之处吗？"献钩的人回答说："为了贪图大王的奖赏，我在造钩的时候杀掉了两个儿子，把他们的血涂在金上而制成了这两柄钩。"这人所献的钩与许多其他人所制的钩混在一起，吴王问他哪两柄是他所献的，这人便对着钩呼唤两个儿

子的名字:"吴鸿、扈稽,我在这里,大王不知道你们的精灵啊。"话音刚落,两柄钩便都飞来附着在父亲的胸前。吴王大为惊奇,便奖赏了他百金,并把这两柄钩时常佩带于身。这当然只是一个传说,但从中至少反映了吴国的钩是一种值得珍贵的兵器。战国时候的著名诗人屈原在《楚辞·九歌》中描述楚国兵士的装备情况时说,"操吴戈兮被犀甲",把"吴戈"看作是最精良的武器。而文献中赞扬得更多的则是吴国的宝剑,《庄子·刻意篇》中就说:"夫干(吴)越之剑者,柙而藏之,不敢用也,宝之至也。"这说明当时的人把吴越之剑当作宝贝一样加以珍藏。已出土的吴王光剑、吴王夫差剑、夫差戈等也证明了这一点。尽管它们深埋在地下已有2 500年左右,但基本上没有腐蚀,仍然保持耀目的光泽,异常锋利。经现代科技鉴定,这些武器由铜、铅、锡、铁、砷诸元素组成,并经过硫化处理,不仅耐锈蚀,而且既犀利、美观,又不易折断。

经过3年的励精图治,吴国实力大增,具备了进行争霸战争的条件。

吴国的矛头指向首先是西边的楚国,因为自寿梦以来,吴、楚已成为宿敌。吴国邻境的诸侯中以楚国势力最为强大,打败楚国,可以使众多小国归附,这对于吴国北上争霸具有重要意义。此外,就个人恩怨来说,吴国主要谋臣伍子胥、伯嚭等人与楚国有着杀父灭家之仇,他们时刻不忘进行报复。

公元前512年,吴国借口依附于楚的徐国收容吴国叛将,发兵讨伐,很快攻下徐国,翦除了楚国的羽翼。考虑到楚国的力量比较强大,吴王采用伍子胥提出的游击战术,将部队分为3支,轮番骚扰楚国,"彼出则归,彼归则出",声东击西,"多方以误之",弄得楚军疲惫不堪,然后发动大军攻击。在这个战术原则指导下,吴国取得了一连串胜利,战斗力愈来愈强,而楚国则处于被动挨打的地位。

公元前506年,阖闾认为大举进攻楚国的时机已经成熟,便乘唐、蔡两小国怨楚之贪婪、请吴救助的机会,调集3万精锐部队,联合唐、蔡,大举攻楚。在战争中,阖闾"选多力者五百人,利趾者三千人以为前阵"。这些人力大无比,能扛各种兵器,行路神速,善于跋山涉水、跨越险道。他们以奇袭的战术直逼汉水,在柏举(今湖北麻城县北)大败楚军。在伍子胥的提议下,吴军一鼓作气,五战五胜,击溃了楚国20万大军,一直攻进楚都郢(今湖北江陵县纪南城)。楚昭王慌忙逃奔随国。后来由于秦国出兵救援,吴军才弃楚退回。经过这一战役,楚国元气大伤,从此不再构成对吴国的威胁。而吴国则声威大振,影响所及,中原为之叹服。

楚国的威胁解除后,吴国与南方邻国——越国之间的矛盾又尖锐起来。从公元前510年开始,两国经常交战,互有胜负。公元前496年,阖闾乘越王允常死去、勾践刚刚继位的有利时机,亲率大军伐越。越王勾践闻讯,立即出兵抵御。两军在吴、越边界上的欈李(今浙江嘉兴)展开了激烈的争战,结果越军大胜,吴军惨败。吴王阖闾被越国将军所伤,狼狈退军,途中因伤势过重而身亡。吴国的王位由太子夫差继承。

兵强马壮、一度直捣郢都打败楚国的吴国竟然败给了

二、吴国兴衰与阖闾城修建

名不见经传的近邻越国,这是吴国的奇耻大辱。尤其吴国的国君还在战争中丧失了性命,杀父之仇不共戴天。因此,夫差继位以后,时刻不忘洗刷耻辱、报仇雪恨。为了牢记杀父之仇,夫差派人每天站在庭中,当自己进出的时候就大声提醒:"夫差,你忘了越王杀你父亲的仇恨了吗?"他自己敬谨地回答:"我决不敢忘记。"与此同时,担任将相职务的伍子胥也"内责自伤"。他认为槜李之战的失败、阖闾的重伤致死和士兵的惨重伤亡,自己是有责任的,是失职无能的表现。因此,他亲自埋葬死者,抚慰伤者,一心想着如何对付越国,"欲复其仇"。吴国的君臣有着一个共同的念头,那就是复仇雪耻,向越国讨还血债。

为此,吴国君臣同心,积极从事战备活动。吴王夫差和伍子胥终日率领士兵"习战射",训练杀敌本领。同时,努力积蓄钱粮,充实府库,制造武器,扩充军队。经过不到3年的准备,吴国国力更为增强,士气更加高昂,伍子胥"发令告民,归如父母"。全国上下,"师众同心",伐越的物质基础和精神条件都已成熟。

公元前494年,越王勾践听说吴国"日夜勒兵",欲想复仇,便决定先发制人。他不听谋臣范蠡等人的劝告,一意孤行,调集军队,乘船从水上进攻吴国。吴王夫差得到情报,立即调集全国精兵前往抵御,两军相遇于夫椒(今江苏吴县西南太湖边)。吴军人多势众,训练有素,同仇敌忾,士气高涨。伍子胥又采用灵活的战术,布置"诈兵",扰乱敌人。乘越军混乱,吴军发动攻击,大败越军。勾践收拾残部,仓惶南撤。夫椒一战,越国精锐几乎丧尽。勾践放弃都城,带了5 000名披甲带盾的士兵,逃到会稽山(今浙江绍兴市东南),凭险固守。吴军攻破越都,迅速追踪而至,把会稽山团团围住。时间久了,越军的粮食、饮水发生了危机。在走投无路的情况下,勾践接受大夫文种的建议,决定向吴国求降。

夫差其人,爱好虚誉,听了越国使臣的求降说辞,颇为动心。尤其后来越王再派文种前来求和,软硬兼施,又贿赂吴国太宰伯嚭,请他出面劝说,夫差遂倾向和的一面。尽管伍子胥一再劝阻,陈说利害,主张除恶务尽,乘机消灭越国。无奈夫差坚决不听,最终接受越国请求,达成和议。伍子胥见事情无法挽回,心情十分沉痛,他怀着无限忧虑的心情对人说:"越国今后用 10 年的时间休养生息,再用 10 年的时间来总结经验,训练教育人民,20 年后,吴国将为越国所灭,壮丽的吴国宫殿将要成为荒地废墟了。"

根据吴、越双方和议的条件,越王勾践夫妇必须充当吴王的侍臣。公元前 492 年,勾践夫妇带着大夫范蠡来到了吴国,进见吴王夫差。勾践装出一副卑躬屈膝的样子,叩头下拜,请求宽恕。夫差见勾践表现得那么谦卑,以为他出于真心,就有意对他采取宽容措施。站在一旁的伍子胥看穿了越王的做作,立即提醒夫差不要被勾践的表象所迷惑,主张杀掉勾践。但夫差终究下不了这个决心,让勾践当了自己的马夫。

勾践在吴国 3 年,过着奴隶般的生活,忍受着常人难以忍受的辛酸和耻辱。他喂马驾车,甚至口尝吴王的粪便,口无怨言,面无恨色,百般驯服,显得无限忠诚,终于迷惑了吴王。夫差决定赦勾践回国。临行之前,吴王与群臣设宴相送。

二、吴国兴衰与阖闾城修建

见此情景,伍子胥再次劝谏吴王:"3年来,勾践只是外表装得很恭顺驯服的样子,其实他心里无时无刻不在想着复仇的事。希望大王不要被勾践的表象所骗。"夫差怒气冲冲地反驳说:"我卧病3月,从来不闻你的问候,可见你的不慈;又不进献我平日喜欢吃的东西,可见你的不仁。为臣不慈不仁,能知其忠信吗?勾践弃守边之事,亲自带着他的臣民来归附于我,这是他的义;勾践自作奴房,妻为隶仆,不怨恨我,我有病还亲口尝我的粪便,这是他的慈;勾践虚其府库,尽献财宝,不念旧恨,这是他的忠信。我如果听了你的话而诛杀他,这是我的不智而使你私下快活,岂不有负于皇天吗?"于是不听伍子胥的劝阻,赦免勾践回国。从此以后,吴王觉得伍子胥倚老卖老,总是干涉、阻挠自己的决定,心中越来越厌恶伍子胥,对他更加疏远了。

夫差以为越国弱小,从此会一蹶不振,不足为患,而且勾践临回国前,信誓旦旦,保证永远追随吴国,决不敢做对不起吴王的事情。于是,夫差就把目光从东南移向中原,开始了北上争霸的事业。

从公元前492年开始,吴王就不断地侵伐北方的小国,当年入陈,次年入蔡,后来又进而伐齐,公元前488年向鲁国征取百牢的献礼,公元前487年又助邾伐鲁。在吴国强大的军事攻势面前,很多小诸侯国都屈服了。

出于经营中原、北上争霸的需要,吴国做了一系列准备工作。公元前486年,吴王夫差组织民力,在邗(今江苏扬州市北)筑城挖沟,连通长江和淮水。邗沟的挖成,便利了吴国出师北上在交通上的需要,进一步加强了吴王征服中原的野心。

吴国北上争霸的最大障碍是齐国。吴、齐之间,屡次争战,互有胜负。公元前484年,吴王准备再次发动伐齐战争。伍子胥感到事关吴国存亡,犯颜进谏,劝阻攻齐,但夫差断然拒绝。伍子胥满腔激愤,走出朝廷,感叹道:"唉!吴国的朝廷一定要荆棘丛生了。"就在这年夏天,吴王亲率大军,联合鲁国军队,浩浩荡荡,开赴齐、鲁边境,先后攻克博、嬴等地,在艾陵(今山东莱芜县东北)地方,吴、齐主力交锋,结果齐军大败。

艾陵之战的胜利,助长了夫差骄傲轻敌的情绪。他自以为天下无敌,更加不可一世。吴军凯旋归来后,夫差在文台设宴庆功。独不见伍子胥,便命人去召。对于吴王的胜利,伍子胥没有丝毫的颂扬,反而说夫差"播弃黎老,而孩童焉比谋",以患为福,这是吴国灭亡的先兆。吴王见伍子胥说出这种不吉利的话,暴跳如雷,责问伍子胥:"你一次次声言吴国灭亡,到底是何居心?你对得起先王的嘱托吗?"言毕,命令卫士拿来宝剑,要伍子胥自裁。伍子胥仰天而叹:"想当初我竭诚辅佐你的父亲,设谋破楚,南服劲越,威加诸侯,有霸王之功。现在你不听我的忠言,反而赐宝剑要我自杀。我今天死了,用不了多久,吴国宫室将成废墟,庭园将生蔓草,越人就会灭亡吴国。"伍子胥临死对家人说:"我死后,请把我的眼睛挖出来,挂在都城的东门上,我要看着越军是如何灭亡吴国的。"吴王听到后说:"孤不使汝得有所见。"命令把伍子胥的尸体装在皮袋中,抛到了江里。

伍子胥死后不久,公元前482年,吴王夫差又倾全国兵

二、吴国兴衰与阖闾城修建

力北上黄池（今河南封丘县西南），与单平公、晋定公、鲁哀公会盟。这次北上，吴王夫差来势汹汹，以强大的武力作后盾，一心想夺取霸主地位，与晋国一较高低，成为周王室的保护人。

就在这时，越国复仇的时机日趋成熟。经过10年的休养生息，越国度过危机，逐渐强大起来。越王见吴国出动全部精锐，与晋国在黄池争夺霸主地位，国内只剩些老弱残兵，感到机不可失，便出兵吴国，很快攻进吴都，焚烧姑苏台，俘虏了吴太子友。

吴都被攻破的消息传来，吴王夫差按捺不住心中的焦急和恐惧，便召集诸大夫商议：究竟是夺取霸主地位以后回国还是放弃争霸立即回国？商量的结果认为夺取霸主地位以后回国最为有利。于是在第二天黎明，吴军排成方阵，整队出行，向晋军挑战。晋定公见吴军队形整齐，准备充分，不敢应战。最后在吴国的威逼利诱下，晋国不得不让步，同意吴王为霸主。吴王乃派大臣向周敬王报告，周敬王赞扬了吴国。这样，吴国的霸主地位就更名正言顺了。

夫差夺得霸主地位后，立即撤军回国。到家一看，国内被越军洗劫一空，积蓄的军备物资丧失殆尽。面对这一局面，夫差只好放下霸主的架子，派人向越国求和。此时吴国势力尚强，又刚刚取得诸侯霸主的地位，越王估量自己未必能马上灭亡它，就同意了吴国的求和。

越王虽然同意了吴王的求和，但他最终目的是为了消灭吴国，因此，越军撤回后，越王抓紧时机，加强战备，制造兵器，扩建战船，训练士兵，整顿军纪。公元前479年，吴国遭到一次严重的自然灾害,赤地千里,饿殍遍野,国内一片混乱。越国君臣认为灭吴的时机已经成熟,遂决定集中全国兵力同吴决战。

公元前478年三月,越王勾践在边境誓师,宣布作战纪律后,攻入吴境。吴王夫差闻报起兵抵御。两军在笠泽(今江苏苏州市南)相遇,摆好阵势。越王勾践把越军分成3部分,命令左军溯江而上,至上游5里处待命;右军沿江而下,至下游5里处待命;自己率中军主力隐蔽不动。到夜半时分,越王命左、右军涉江而渡,鸣鼓喧噪,发动佯攻。吴王听到沿江上、下游两处的喊杀声,以为越军已从左、右两翼夹攻而来,大为吃惊,立即把吴军分作两队,分头迎击,自己则率少量士兵,坚守中央阵地。

越王勾践见吴军主力已被调开,便命令中军,人人口含小木条,悄悄地由中路渡江,直扑吴王夫差镇守的中央阵地。越军登岸后,鼓声大作,杀声震天。吴军没料到越军会从中央突然袭击,人人惊恐,乱作一团,被越军杀得大败。越王又命令左右两军乘机渡河包抄,吴军一触即溃,被打得落花流水。天亮时,战斗结束,吴军主力几乎全部被歼。吴王夫差只得带少量兵将逃回都城固守。越军经过一段时间的休整,于公元前475年再举伐吴,一路势如破竹,直逼姑苏城下,把吴国都城团团包围起来。

越军这次围城,勾践采取了围而不攻的战术,对于吴军的挑战,不理不睬,只是断绝吴军的粮草供应,消弭吴军的斗志。到公元前473年十月,吴国都城整整被包围了两个年头,城中军民无衣无食,饿死的人不计其数,百姓士兵纷纷逃散,越军毫不费力地占领了吴都。

吴王夫差带领着高级官吏和亲近之士逃出都城,又被围困在吴都西南的姑苏山上。在走投无路的情况下,夫差便命令王孙雒携带所有宫中的财宝,向越王勾践乞和存吴。

王孙雒袒露胸脯,用膝盖行路,来到越王面前,请求放吴王一条生路,让吴王充当越国的奴隶。面对吴人的卑辞厚礼,勾践为之心动,但站在一边的范蠡立即劝阻,希望越王不要忘记所受的苦楚和耻辱。勾践不忍心见到吴国使者的可怜样子,便全权委托范蠡处理这件事。范蠡驳回了吴国使者的请求,挥兵直上姑苏山。夫差见越兵攻来,东躲西藏,在姑苏山西北的干隧被越兵擒获。越王勾践不忍杀掉夫差,便派人对夫差说:"我想把你安置到甬东(东海的岛屿),分派300户百姓侍奉你,以使你安度晚年。"夫差推辞道:"天降祸于吴国,正当是我在位。如今宗庙被毁,国家被灭,吴国的土地、百姓都被越军占有了,我有何面目再见吴国的百姓!"又痛悔万分地说:"我懊悔不听伍子胥的话,以致落到这步田地。如死者无知,倒也罢了;如其有知,我有什么脸见伍子胥于地下!"说罢,就用一条大巾覆盖自己的面部,自刎而死。

夫差是在特定的时刻继承王位的,他念念不忘杀父之仇,苦心经营,厉兵秣马,终于打败越国,迫使越王勾践臣服。继而,挥师北上,争霸中原,黄池之会,吴晋争长,夫差依恃武力夺得霸主地位,使吴国趋于鼎盛。但夫差刚愎自用,不听诤言,终被经过"十年生聚,十年教训"而恢复发展起来的越国所灭。吴王夫差由诸侯霸主一变而为亡国之君。

苏州史纪(古代)

阖闾城：春秋后期的吴国都城

如前所述，吴国是由周族的太伯、仲雍南奔荆蛮，在江南地区建立起来的国家。不过，太伯、仲雍所奔之地究竟在何处？这是一个迄今悬而未决的谜。结合考古资料和文献记载来看，吴国的立国之地可能在镇江一带。以后逐步向东南迁徙，至迟诸樊统治期间已迁至今天的苏州。

公元前514年，吴王阖闾在夺取王位后，委派伍子胥在原有的基础上重建都城。这一年被看作苏州正式的筑城年代，迄今已有2500多年。

根据《吴越春秋》的记载，伍子胥在接受任务后，即相土尝水，象天法地，造筑大城。所造的大城平面形制呈西、北稍短而东、南较长的不规则四边形。据《吴越春秋》等书的记载，城周为47里，但按照《越绝书》中东、西、南、北四面城垣长度的具体记载测

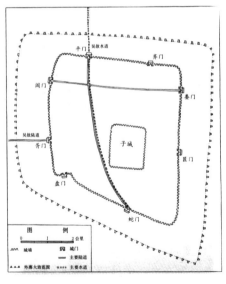

阖闾城址平面示意图

算,城周应为37里。大城中有小城(或称内城、宫城),周围12里;小城东还有伍子胥城。据说大城外面另有外郭,周围68里。但从阖闾大城形制分析,外郭之说值得怀疑。

重建后的都城有水、陆城门各8个,每面城垣各开2门,自西南至于东北,分别为阊门、胥门、盘门、蛇门、匠门、娄门、齐门和平门。各门名称均有来历。《吴越春秋》中说:"立阊门者以象天门,通阊阖风也。"阖闾为了西破楚国,而在西北方向"立阊门以通天气",所以阊门又名破楚门。胥门又名姑胥门,因城外有姑胥山,取以为名。盘门,古作蟠门,从风水的角度,吴处于辰位,辰即龙,而越在巳位,巳即蛇,以龙克蛇,表示吴国征服越国的意思。蛇门,在东南方,其含义与蟠门略同,吴、越分别处于辰、巳之位,以龙、蛇为表征,故在南大门上制作一条木蛇,头向北,以示越国臣服于吴国。匠门,又称将门,干将门,即今相门,据说阖闾曾使名匠干将在此铸剑,因以为名。娄门,因通娄地而得名。齐门,吴国伐齐取胜,齐景公以女儿送入吴国为人质,后许配给吴太子。但齐女年少,思家心切,日夜啼泣,至于生病。吴王乃建北门,让齐女登高远望,以慰乡思,故齐门又称望齐门。平门,相传因伍子胥打败齐国,班师回朝,大军从此门进城,故名。在东南角又有葑门、赤门等,有些学者认为可能是原来阖闾城外郭的城门。

城内辟有宽广的街衢和密集的河道。其中见于《越绝书》称之为"邑中径"的中心干道有二:一条从阊门到娄门,约长3 825米、宽32米;一条从平门到蛇门,约长4 244米、宽46米。另有水道,约宽39米。城内街衢、水道的长度与宽度,在诸侯国都城中是少见的。从阖闾都城辟有8座陆门和8座水门的情况看,城内外陆路和水道是相当密集的。由此反映了阖闾都城水陆交通的四通八达。

重建的阖闾都城是吴国的政治、军事中心。城中有大量的宫室和军事设施,如阖闾宫、东宫、西宫、南城宫、射台等,城外也建有众多的离宫别馆和苑囿,如姑苏台、长洲苑、馆娃宫、吴宫、消夏湾等,其中以姑苏台、馆娃宫最为有名。姑苏台建于城西南的山上,有人以为即皋峰山。姑苏台始建于阖闾,增筑于夫差,耗时费力。建成后的姑苏台高300丈,宽80丈,据说周围300里内都能看到它,成为吴国的标志性建筑。台上别立春宵宫,宫中乐伎千人,又造千石酒钟,供作"长夜之饮";还造了天池,池中有青龙舟,供夫差和西施寻欢作乐;其他如海灵馆、馆娃阁等,无不以珠玉为饰,豪华精致。这座富丽堂皇的姑苏台,在公元前482年越军进攻吴国时被焚毁。秦始皇统一全国后,东巡会稽,曾慕名登上姑苏台基;汉代著名史学家司马迁游历天下时,也曾登临姑苏台基眺望太湖;唐代大诗人杜甫、李白等也曾在姑苏台旧址留下过身影,杜甫《壮游》诗云:"东下姑苏台,已具浮海航。到今有遗恨,不得穷扶桑。王谢风流远,阖庐丘墓荒。剑池石壁仄,长洲荷芰香。嵯峨阊门北,清庙映回塘。每趋吴太伯,抚事泪浪浪。枕戈忆句(勾)践,渡浙想秦皇。蒸鱼闻匕首,除道哂要章。"诗中记述了他青年时畅游苏州的踪迹,抒发了思古之幽情。馆娃宫建于砚石山(今灵岩山)上。夫差自纳越国美女西施后,便营建这座离宫藏娇。吴人称美女为娃,故名馆娃宫。至今山上还保留了许多当年的遗迹:有琴

二、吴国兴衰与阖闾城修建

台,相传为西施抚琴处;有玩花池、玩月池和吴王井,是夫差和西施赏月、赏花、避暑之地;有响屧廊、砚池、西施洞等。今灵岩寺基即为馆娃宫遗址。唐代诗人白居易曾作《宿灵岩上院》诗,首4句感叹道:"娃宫屧廊寻已倾,砚池香径又欲平。二三月时但草绿,几百年来空月明。"

此外,都城周围还有不少的军事城堡,见于记载的如南武城、鱼城、越城、阖闾城等,起着拱卫都城的作用。

阖闾都城的经济职能显著,成为吴国的经济中心。城内外有手工业作坊、市场、仓库和畜牧业生产基地。吴国的青铜冶铸业十分发达,著名工匠干将、莫邪的铸剑作坊,相传就设在匠门;吴国的造船业也很有名,城外的楄溪城,即是吴国的造船之所;胥门西南3里之处有酒醋城,当为王室生产酒醋的作坊;其他如丝织、制玉、陶瓷等作坊也大都分布于城内或城郊之地。城内有市场,从有关的记载分析,吴国的商业相当发达,市场当有一定的规模。市场可能坐落在今白塔西路与皮市街交界之处。遍布城内外的仓库、冰室、宾馆等构成阖闾都城生活设施的要素,如胥门南3里处建有储城,为"吴王储粮处"。为王室储存食物用的冰室有两处:一在阊门外郭中,一在巫门(即平门)外;城外还有一处名为巫楄城的宾馆,专门用于接待各诸侯国的使者。

都城周围还分布着王室的农业和畜牧业生产基地。称为畴、虚的吴王田,是吴国的粮食生产基地;鸡陂墟、鸭城、牛宫、猪坟、麋湖城、鹿园、马城、豆园等,则是王室饲养鸡、鸭、牛、羊、猪、马、鹿等禽畜的地方。

由此可见,作为春秋时期吴国的政治、军事、经济中心,阖闾都城规模宏大、设施齐全,在发展国力、对外争霸战争中发挥了重要的作用,所以民国《吴县志》的修纂者评论说:"阖闾所凭藉以称雄之矣。"

苏州城建于春秋后期,成为吴国的政治、军事、经济中心是一个不争的事实。迄今城内外尚有不少与吴国有关的遗迹,极大地丰富了苏州作为历史文化名城的内涵。而相传为吴王阖闾墓穴所在的虎丘,更成为古城苏州的象征。

公元前496年,吴王阖闾在槜李之战中负伤身死。夫差把他的父亲安葬在都城西北郊的虎丘山。

虎丘山原名海涌山,占地面积2平方公里,山高10丈。据说,夫差征发10万夫役修筑陵墓,下葬3日,忽有白虎蹲踞其上,

虎丘剑池

故名虎丘山。《越绝书》具体介绍了这座王陵的内部设施,称:"下池广六十步,水深丈五尺。铜椁三重,坟池六尺。玉凫之流、扁诸之剑三千,方圆之口三千,时耗、鱼肠之剑在焉。"而《吴地记》则说墓穴是以"水银灌体,金银为坑"的,可以想见营建这座陵墓时耗资之巨。相传,越王勾践灭吴后,曾想寻找宝藏,但面对虎丘山上的茫茫丘壑,嶙峋岩石,有无从下手之感,只好作罢。以后,秦始皇、孙权都曾有过挖墓

取宝的念头,但也只能望山兴叹、徒唤奈何。岁月不驻,时光如流。明代正德年间,虎丘剑池之水忽然枯竭,文徵明、唐伯虎等苏州名士在好奇心的驱使下,下到池底探索,竟在剑池的北端尽头发现了△形石洞。他们估计这可能是吴王幽宫所在,立即报告了长洲县令。县令感到暴露先王遗骸乃后人的罪过,下令叠石封洞。直到1955年,苏州市文管会为整修虎丘,疏浚剑池,再次发现了这个石洞。石洞仅可供一人进出,尽头处稍宽,但被3块青石板叠砌封闭。据推测,石洞可能是进入墓穴的甬道。由于凿开石板可能会导致山顶虎丘古塔的崩塌,出于保护文物的考虑,只好放弃进墓探查的打算。所以,虎丘山下阖闾墓的存在与否至今仍是一个历史之谜。唯其如此,才使得虎丘更加神秘,更具魅力。

真山墓地是吴国王陵区吗

1992年11月,苏州浒墅关真山采矿二厂在真山东脉(俗称小真山)炸山取石时,炸开了一座古墓。苏州博物馆闻讯后,即组织力量进行了抢救性发掘,开挖土墩3座,发掘清理墓葬7座,出土文物115件,并追回了散失的文物。后来,苏州博物馆等单位又对真山主峰的大墓进行了发掘。根据发掘出的文物,考古工作者取得了惊人的发现。一时之间,真山是吴国王陵区的消息,通过各种新闻媒体沸沸扬扬地传布开来,不仅在学术界,甚至在苏州普通市民中也引起了少有的轰动。

真山位于苏州郊区浒墅关西北1.5公里处,主峰海拔

76.9米,围绕主峰分东、南、西、北4脉。鸟瞰整个真山,形如展翅飞翔的大鸟,南脉较短似鸟首,北脉逶迤稍长似鸟尾,东、西两脉翼展两侧。傍山东侧有312国道及江南运河,北有华山,西临太湖,南有群山连绵叠嶂;从东至西分别为观山、凤凰山、鸡笼山和阳山。

目前,在真山墓地区内共发现了57座土墩(编号为D_1~D_{57})。土墩的分布较有规律,以主峰D_9M_1为诸墩之冠,高达15米,直径50米左右;分布在山脊上的土墩,一般高3.5~5米,直径20~30米;真山东脉依次排列6座土墩,最大的即为已被炸开的D_1M_1。根据对出土器物的分析,考古工作者认为小真山6座墓葬的时代约为战国至西汉初期。

与吴国历史密切相关的是位于真山主峰、编号为D_9M_1的土墩大墓。

D_9M_1是在山体基岩上下凿形成的墓穴,在墓口堆筑高大的封土。封土顶部东西径26米,南北径7米;底部东西径70米,南北径32米;墓底至封土顶高8.3米。墓穴呈不太规整的长方形,墓口东西长13.8米,南北最宽处8米,最高处距墓底1.8米。墓坑东部有一条长3.6米、宽3米的墓道与墓室相通。整个墓室位于山体主峰正中,略偏向封土的东南部。发掘过程中发现,在墓中部的地表层下有一条长18米、宽3米的盗沟,估计在很早的时候,该墓即已被大规模地盗掘过。

D_9M_1中发现了大量的遗物,总数达12 573件,主要为玉石器,还有陶瓷器和贝等。玉石器中,大部分为装饰品,计

11 262件,有佩饰、器物上和衣上的坠饰、镶嵌饰以及用途不明的饰品,其中用玛瑙管、玛瑙珠、水晶珠及绿松石珠等串成的饰品即达11 055件。玉器中比较重要的是玉覆面,即用眉、鼻、眼、口等形状的玉片组成人脸的瞑目。与西周和西汉的玉覆面不同的是,墓中的玉覆面大于人的脸面。以玉覆面,是否吴国的风俗,不得而知,但从《吴越春秋·夫差内传》中夫差自杀以前对左右随从说"吾生既惭,死亦愧矣。使死者有知,吾羞前君地下,不忍睹忠臣伍子胥及公孙圣。使其无知,吾负于生。死必连綮组以罩吾目,恐其不蔽,愿复重罗绣三幅,以为掩明"的记载来看,吴王夫差死时是以玉和丝织物覆面的。之所以这样做,是因为夫差觉得生前未能听从伍子胥和公孙圣的忠谏,如果人死有知,即使在彼岸世界也是羞于面对两位忠臣的缘故。D_9M_1中出土的玉器具有较高的工艺水平。在琢玉技法上,不仅保留了传统的细线阴刻与阴刻一面坡斜切法,还采用了减地线浮雕与阴刻阳线相结合的手法,多数玉器上都钻有大小不同的洞孔。这种琢玉技法,在1986年吴县严山窖藏出土的一批吴国王室玉器中也明显被采用①。

根据墓中出土的玉器、陶瓷器等遗物的形状、制作方法、纹饰等判断,考古工作者认为真山大墓(D_9M_1)应属于春秋中、晚期的墓葬。从墓葬所处的位置以及墓的规模来推测,D_9M_1的墓主应该是吴国国王。但是,由于未能找到可

---

① 参见姚勤德:《论严山出土的吴国王室玉器》,载《吴地文化一万年》,中华书局1994年版。

供判断的依据,墓主究竟是哪一位国王难以确定。在已经公布的发掘报告中,考古工作者推定为不知姓名的吴国国王墓。

真山墓的发现,在考古学界引起了很大的震动,同时也引发了学术争议。一些学者提出了真山为吴国王陵区的观点。但是,从考古调查来看,位于真山主峰的 D_9M_1 是真山地区 57 座土墩中最大的,就规模而言,其他墓的墓主至多为贵族。因此,依据现有资料尚难得出真山地区是王陵区的结论。而且,真山地区的墓葬时代偏晚,约为春秋中、晚期至西汉初期。在此,必须提到的是,从 50 年代至 80 年代末,考古工作者在镇江丹徒发现了多处吴国时期的大型墓葬,并伴有铜器铭文或象征权力的器物出土,时代从周初至春秋中、晚期。有人据此认为丹徒谏壁至大港沿江低山丘陵地带是吴国的王陵区[1]。由此看来,即使承认真山周围地区是王陵区,其时代也只能定在春秋后期。

《孙子兵法》与吴国

孙子,名武,字长卿,孙子是后人的尊称。春秋后期,孙武出生于齐国的贵族家庭。其父孙书,官居大夫,在公元前 503 年讨伐莒国的战争中表现出高超的军事才能。所以,家学渊源是孙武写作举世闻名的《孙子兵法》的一个重要条

---

[1] 参见肖梦龙:《吴国王陵区初探》,载《东南文化》,1990 年第 4 期。

二、吴国兴衰与阖闾城修建

件。

春秋后期,齐国内部陈、鲍、栾、高4个贵族争权夺利,内部矛盾尖锐。为了不成为争权夺利斗争的牺牲品,孙武离开了故土,远走南方的吴国,在离吴都不远的郊外隐居下来。

这时正值楚平王杀害伍子胥父兄,伍子胥投奔吴国之时。因未得到吴王僚的重用,伍子胥便转而支持公子光,向公子光推荐勇士专诸,自己却在郊外隐居。隐居期间,伍子胥与孙武相识,结为知己。公元前515年,通过专诸刺王僚事件,公子光登上了吴国的王位,便封伍子胥为"行人",与谋国政。吴王采取种种措施,励精图治,历3年而国力大为增强。此时,吴王有心与楚国一争高低,却又苦于缺少折冲销敌的将领。伍子胥适时推荐孙武。在召见孙武以及看过孙武所献的兵法以后,吴王大喜。经过吴宫练兵的试验,孙武被委以将军之职,在对楚战争中发挥了重要作用,为吴国的强大立下了汗马功劳。

《孙子兵法》是先秦时期兵学成就的集大成之作。它的成书固然有其家学渊源的因素,植根于齐文化的土壤,但是不可否认,它也受到了吴文化的熏陶,是齐文化与吴文化共同孕育的成果。

在《吴越春秋》的记载中,公元前512年孙武初见吴王阖闾时,已经献上了自己所写的兵法,似乎《孙子兵法》早就已经作成。但是,从书中所载有关吴越争战以及水战问题的议论可以推知,《孙子兵法》有一个逐步完善的过程。《孙子兵法》既是孙武对前人兵学成就的继承,也是自己军事实践经验的总结。

《孙子兵法》由13篇构成,论述了"计"、"作战"、"谋攻"、"形"、"势"、"虚实"、"军争"、"九变"、"行军"、"地形"、"九地"、"火攻"、"用间"等方方面面的问题。它不仅揭示了具有普遍意义的战争规律,而且充满了朴素唯物主义和辩证法的论断。

《孙子兵法》第一篇讨论了国家的长久大计,开宗明义提出了"兵者,国之大事也。死生之地,存亡之道"的思想,分析了决定战争胜负的5个基本条件。第二篇论述了作战用兵之事。从战争对人力、物力和财力的依赖关系出发,着重阐述了"兵贵胜,不贵久"的观点。第三篇论述了谋划进攻的问题。书中强调要"多算",要以谋胜敌。第四篇是关于敌我军备形势,指出军队作战首先要使自己立于不败之地,然后寻找战机,以达到"自保而全胜"的目的。第五篇强调发挥将帅的指挥才能,造成和利用有利态势,出奇制胜地打击敌人。第六篇要求在作战指导上"避实而击虚"、"因敌而制胜"、"致人而不致于人",主动灵活地争取战争的胜利。第七篇讨论主力军的正规战争,这是全书的中心部分。在这一篇中,孙武论述了克敌制胜的条件以及取得有利的作战地位的问题,并提出了"避其锐气,击其惰归"的著名军事原则。第八篇主要论述根据情况灵活运用原则的问题。第九篇阐明行军作战的要领。第十篇讲述构筑阵地对敌攻守作战时如何利用地形。第十一篇主要讲军队应适应不同的作战地区用兵,并阐述了兵贵神速等问题。第十二篇讨论火攻的种类、条件和实施方法。第十三篇主要论述使用间谍的重要性

二、吴国兴衰与阖闾城修建

及其方法,并提出了先知敌情"不可取于鬼神"、"必取于人"的朴素唯物主义观点①。

《孙子兵法》作为一本系统的军事理论著作论述了基本的战略战术原则,提出了许多战略上卓越的命题,如"先胜而后求战"、"知彼知己,百战不殆"、"致人而不致于人"、"攻其无备,出其不意"、"避实而击虚"、"以正合,以奇胜"等,至今仍具有科学的价值和指导意义。正因为如此,《孙子兵法》被后世奉为兵家经典。三国时的军事家曹操说:"吾观兵书、战策多矣,孙武所著深矣。"明代人茅元仪在为《武备志·兵诀评》作序时则说:"前《孙子》者,《孙子》不遗;后《孙子》者,不能遗《孙子》。"毛泽东也曾高度评价孙子及其所提出的"知彼知己,百战不殆"的军事原则,指出:"中国古代大军事学家孙武子书上'知彼知己,百战不殆'这句话,是包括学习和使用两个阶段而说的,包括从认识客观实际中的发展规律,并按照这些规律去决定自己行动克服当前敌人而说的,我们不要看轻这句话。"② 又说:"孙子的规律,'知彼知己,百战不殆',仍是科学的真理。"③《孙子兵法》不仅在军事史上占有重要的地位,而且在哲学史、文学史和科技史上也占有重要一席,甚至被运用于经济领域。它不仅导演了中国历史上千百次有声有色的战争,培养了众多的军事将领,而且早在一千多年以前即已流传国外,先后被译成

---

① 参见《孙子兵法新注》,中华书局1981年版。
② 《毛泽东选集》第1卷,第182页,人民出版社1991年版。
③ 《毛泽东选集》第2卷,第490页,人民出版社1991年版。

英、日、法、德、俄、朝等 20 多种文字,成为国外许多著名军事家爱不释手和竭力推崇的著作。《孙子兵法》的影响是深远的,它的价值与意义是名扬世界的。

三、秦汉六朝时期的"江东一都会"

公元前221年,秦始皇统一全国,建立起中央集权的君主专制制度,在全国推行郡县制,分天下为36郡,苏州属会稽郡,在原吴国故都设吴县,并以此作为会稽郡治。会稽郡辖26县,"兼有闽、两浙之地",而吴县为首邑。当时的吴县疆域包括今吴江、常熟、江阴、张家港等县(市)及上海西部地区。东汉顺帝永建四年(129年),考虑到会稽郡地域辽阔,难以管理,乃析郡地东北部另置吴郡,郡治在吴县,而会稽郡治则徙山阴。分置后的吴郡辖13县,疆域大致相当于今苏南、上海及杭嘉湖平原的东北部。三国时期,苏州仍为吴郡治所,属孙吴,领15县。孙皓宝鼎元年(266年),从吴郡划出阳羡、余杭等5县和丹阳郡数县,另置吴兴郡。"三吴"的说法由此而来。此后,吴郡的建置时有变化,至陈代武帝永定二年(558年)割吴郡所属海盐、盐官、前京3县置海宁郡；后又划钱塘、富阳、新城等数县置钱塘郡；析建德、寿昌、桐庐等数县属新安郡。吴郡的辖地越来越窄，仅领吴、昆山、常熟、嘉兴4县。陈后主祯明元年(587年)析扬州地，另置吴州。吴郡和钱塘郡等改属吴州。吴州、吴郡、吴县三级政权机构同驻苏州一城。

这一时期，苏州地方发生过项羽起兵反秦的战争和以吴王刘濞为首的叛乱，经历了孙吴割据政权的统治，并受到侯景之乱、苏峻之乱的摧残。但是，相对于东汉末年以后北方地区的战火而言，苏州地方的政治还是比较稳定的。与此相应，社会经济也得到了较快的发展，有"江东一都会"的称誉。

悲剧英雄项羽

宋代著名女词人李清照曾经写过一首《夏日绝句》诗："生当作人杰，死亦为鬼雄。至今思项羽，不肯过江东。"诗中说的就是楚汉相争中的失败者项羽的事情。

项羽(前232年～前202年)，名籍，字羽，下相(今江苏宿迁市)人，出生于楚国贵族家庭。在项羽10岁那年，他的祖父、楚国名将项燕在抵抗秦将王翦攻楚的战争中，兵败自杀。第二年，秦灭楚。国破家亡的悲剧，在项羽幼小的心灵中埋下了复仇的种子。项羽从小性格豪爽粗犷，有雄心大志，据说有一次他在会稽看到出游天下、威势赫赫的秦始皇，情不自禁地说道："彼可取而代也。"项羽幼时学识字不

三、秦汉六朝时期的"江东一都会"

成功,改学剑术也没学好。他的叔父项梁问他究竟想学什么,他回答说想学"万人敌",也就是一个人能战胜许多人的本领。于是,项梁教他学兵法,他很高兴。可是,学习并不适合他的个性,因而也只是学了点皮毛,"略知其意"即罢。这也是他后来演成兵败自杀悲剧的原因之一。

后来项梁杀了人,为躲避仇家,带着项羽逃到了吴县(今苏州)。地方上有大徭役或丧事时,常请项梁主办,项梁事实上成为颇有威望的人物。利用这样的条件,项梁暗中用兵法教练吴中子弟,为反秦斗争作准备。而项羽则因为身材高大,"力能扛鼎,才气过人",也得到了青年人的拥戴。

公元前209年七月,陈胜、吴广率先举起义旗,反对暴秦统治,一时天下响应,连秦朝的各级官员也看出秦朝的灭亡已不可避免,因而纷纷自谋出路。同年九月,会稽郡守殷通主动找项梁商议起兵,打算委派项梁和桓楚为将军。当时桓楚正在逃亡中,项梁称只有他侄子项羽知道桓楚的下落。殷通要项梁召见项羽。项羽应召而来,受项梁的指使,拔剑砍下殷通的脑袋,夺取了会稽郡的官印。项梁自称会稽郡守,任命项羽为裨将,选择精兵8 000人作为骨干力量,打出了反秦的旗号。

陈胜起义6个月后,兵败被害。其部将召平以陈胜王的名义封项梁为上柱国,并要项梁领兵西进,攻打秦军。项梁受命,率领江东子弟8 000人渡江北上,沿途收编了陈婴、黥布等起义队伍,发展壮大了自己的力量,并先后攻克彭城(今徐州)、薛城等地。

攻下薛城后,刘邦率领丰、沛子弟前往归附。项梁给刘邦补充士卒5 000人,让他回军攻下丰城(今江苏丰县)。此后,刘邦与项羽经常并肩作战,并结为兄弟。

公元前208年六月,项梁采纳范增的建议,立楚怀王之孙熊心为楚王,建都盱眙(今江苏盱眙县北),重新建立起对抗秦王朝的政治中心。此后,义军在苏、鲁、豫交界处多次打败秦军,声威大震。但是,面对胜利,项梁表现出骄傲轻敌情绪,结果在定陶之战中受到秦军的偷袭,不幸战死。其时,项羽、刘邦正在围攻陈留,得知项梁兵败的消息,立即撤军彭城,会聚各支起义军,共商大计。

楚怀王亲自主持了彭城会议。根据当时的形势,会议决定兵分两路,一路由宋义率主力北上,攻打秦军章邯,救援赵国;一路由沛公刘邦领军西征,直捣咸阳。会议同时议定:谁先攻破秦国进入关中,谁就作秦王。当时,因秦军势力还比较强大,各路将领谁都不愿冒险西进。唯独项羽因报仇心切,"奋愿与沛公西入关"。但是考虑到项羽性格残暴,"所过无不残灭",楚怀王不让他与刘邦西进入关,而让他作为宋义的副将北上救赵。

宋义带兵北上,因害怕和秦军作战,在安阳停留46天迟迟不进。项羽主张火速进兵,配合赵军内外夹攻,击破秦军。但宋义不予采纳。面对将士受冻挨饿的情况,项羽忍无可忍,在进帐参见宋义的时候,趁机砍下了宋义的头,并号令军中说宋义勾结齐国密谋反楚,自己奉怀王之令将其处死。全军欢呼,拥戴项羽为全军统帅。项羽整顿军队,挥师渡过漳河,命令将士凿沉渡船,砸破炊具,烧掉营房,只带3天的干粮,奋勇前进,表示了勇往直前、义无反顾的决心。这

三、秦汉六朝时期的"江东一都会"

就是流传千古的"破釜沉舟"的故事。楚军以高昂的斗志向秦军发起进攻,在巨鹿地方九战九胜,大破秦军,俘虏秦军大将王离,斩杀副将苏角,副将涉间也被迫自杀。后来秦军另一大将章邯见大势已去,也率领20万大军投降了项羽。

巨鹿之战,项羽歼灭秦军主力,取得了反秦战争的决定性胜利。利用项羽牵制秦军主力的有利时机,刘邦军队一路势如破竹,顺利地进入了关中。秦王子婴向刘邦投降,维持统治仅15年的秦朝灭亡。刘邦进入咸阳后,与父老约法三章,"杀人者死,伤人及盗抵罪",受到秦地民众的欢迎。刘邦怕项羽争夺关中,派兵把守住函谷关。

项羽在取得巨鹿之战的胜利后,威名大震,被诸侯推为上将军,带领各路义军40万人,浩浩荡荡地开赴函谷关。到了关下,始知刘邦已经进入关中,并派兵驻守,不禁勃然大怒,便挥兵破关而入,于公元前206年十二月进抵咸阳,驻兵鸿门,扬言要与刘邦决战。当时,刘邦仅有10万军队,驻在霸上,自知不是项羽的对手,便找谋臣张良商量对策。这时项羽的叔父项伯因曾受张良救命之恩,派人劝张良逃走。但张良却趁机拉拢项伯,使其与刘邦结为儿女亲家,并要他代刘邦向项羽求情。项伯满口答应,提出翌日清晨刘邦要到项羽营中陪礼;同时在回营后又劝说项羽:"要不是刘邦先入关中,你也不可能不费吹灰之力地进关。刘邦立了大功而你却要消灭他,这是不义行为。明天刘邦要来陪罪,你不如好好款待他。"项羽同意了这个请求。

第二天清晨,刘邦带了张良、樊哙等百十名随从到鸿门拜见项羽。项羽设宴款待。席间,刘邦向项羽致歉说:"我和

苏州史纪(古代)

将军同心协力灭了秦朝,将军在河北作战,我从河南进兵,没料到我先进了关,今天得以在这里见到将军。不知是哪个小人造谣挑拨,使将军对我产生了误会。"性格直爽的项羽未及思考,脱口说道:"听你的左司马曹无伤说,你要当关中王。"项羽的谋臣范增见项羽没有动武杀掉刘邦的意思,就叫来项羽的堂兄项庄在酒席上舞剑,以便伺机刺杀刘邦。项伯识破了项庄的用意,随即离席拔剑同他对舞,时时注意着掩护刘邦,使项庄没有下手的机会。张良见情势危急,赶忙出去找来刘邦的侍卫官樊哙。樊哙全身披挂,直闯大帐,对项羽怒目而视。项羽称赞说:"好一位壮士,赏他一杯酒。"左右捧上一大杯酒,樊哙一饮而尽。项羽又说:"赏他一只猪肩。"左右拿来一只生猪肩,樊哙拔剑切而食之。项羽问:"壮士,还能喝酒吗?"樊哙借题发挥说:"臣死且不辞,岂特卮酒乎!且沛公先入定咸阳,暴师霸上,以待大王。大王今日至,听小人之言,与沛公有隙,臣恐天下解,心疑大王也。"① 项羽无言以对,便说:"请坐。"紧张的气氛总算缓和了下来。老谋深算的刘邦趁机以上厕所为名,招呼樊哙等4名亲信溜出军中,逃奔回营。留下张良去向项羽道歉说:"沛公酒喝多了,不能亲来辞行。叫我献上白璧一对,敬赠大王(即项羽),玉斗一对,敬赠大将军(指范增)。"项羽收下了白璧,而范增却拔剑把玉斗砍了个粉碎,感叹说:"唉!竖子不足与谋。夺项王天下者,必沛公也,吾属今为之虏矣。"② 鸿

---

① 《史记·樊郦滕灌列传》。
② 《史记·项羽本纪》。

三、秦汉六朝时期的"江东一都会"

门宴上的刀光剑影,预示着项、刘誓不两立。4年之后,范增的话果然应验了——项羽被刘邦围困在垓下,落得个刎颈自杀的下场。

鸿门宴之后,项羽驱兵进入咸阳,"杀降王子婴,烧秦宫室",据说大火"三月不灭",同时又封了18个诸侯王,自称西楚霸王。本来,项羽听从范增的计谋封刘邦为蜀王,想把刘邦束缚在西南一隅。后经张良运动项伯说情,改封刘邦为汉中王。项羽刚刚东归彭城,刘邦便明修栈道,暗渡陈仓,占领关中地区,从汉中杀出,与项羽公开争夺天下,从而开始了历时4年之久的"楚汉相争"。

项羽的分封诸侯,引起了各方面的矛盾;他所施行的坑杀降卒、"所过无不残灭"的残暴政策,招致了老百姓的普遍不满和反对;他猜忌功臣,只听信项伯等亲戚的话,致使有才干的人都倒向刘邦一方;能征善战的韩信,得不到项羽的重用,给刘邦当了大将;足智多谋的陈平,背叛项羽,给刘邦当了谋臣;甚至项羽手下最得力的大将黥布也投了刘邦;项羽最重要的谋臣范增,也因为刘邦使用的反间计而遭到项羽的猜疑,一怒之下拂袖而去,未几便"疽发背而死"。至公元前202年十月,项羽已到了众叛亲离、难以为继的地步。正在这时,刘邦又设计了一个陷阱:以鸿沟为界,与项羽平分天下。鸿沟以东归楚,以西归汉。项羽识不破刘邦的阴谋,一口应承,撤兵东去。刘邦趁机调动几路大军,对项羽发动战略反攻。公元前202年十二月,项羽被围困在垓下(今安徽灵璧东南),"兵少食尽"。夜间,汉军四面大唱楚歌,迷惑项羽。项羽误以为楚国已尽被刘邦所占,感到了穷途末路,十分悲哀。他借酒浇愁,面对心爱的乌骓马和美人虞姬,情不自禁地慷慨悲歌:"力拔山兮气盖世,时不利兮骓不逝。骓不逝兮可奈何,虞兮虞兮奈若何!"虞美人随声附和,凄凉婉转。项羽泪流满面,"左右皆泣,莫能仰视"。然后,项羽跨上乌骓马乘夜突围,左右壮士能跟上去的仅八百多骑。天明后,汉军派五千骑兵追击。几天后,项羽来到了乌江边(今安徽和县境内),身边只剩下28名骑兵。乌江亭长划着一条小船在江边等候,他劝项羽说:"江东虽小,地方千里,也足够独立称王。现在就我这一条船,请大王快上船吧。"项羽苦笑着回答:"天要亡我,我渡江干什么?想当年我带着江东八千子弟渡江西征,现在却没有一个人回来,我怎么有脸去见江东父老?"他于是把乌骓马送给亭长,自己徒步冲入汉军,又斩杀了100多人,自己也负伤多处,最后拔剑自杀。

曾几何时,西楚霸王从吴郡走向天下,叱咤风云,身经百战,在反抗暴秦的斗争中立下了赫赫功绩。但是,由于策略上乃至个人性格上的失误与欠缺,最终演出了一曲"霸王别姬"的悲剧。毛泽东曾经以项羽为例告诫全国军民"宜将剩勇追穷寇,不可沽名学霸王"。作为一位悲剧英雄,项羽为后人留下了许多值得引以为戒的教训。

汉代苏州与刘濞谋反

吴国灭亡以后,吴地隶于越国。公元前334年,越国又为楚国所灭。吴地并入楚国的版图。楚国封春申君黄歇于江东,以阖闾旧城为封国都邑。春申君在苏州大建宫室,以前、后两殿为主体,东、西两仓为外围,另建有附房若干间,形成了完整的建筑群。该建筑群宏大壮丽,以至司马迁游历至此,发出了"宫室盛矣哉"的感叹。春申君还在城内修筑了多项水利工程,"大内北渎,四从五横",初步奠定了苏州城市空间的基本格局。

秦汉时期,江南地区由于人口稀少,未能得到很好的开发,经济发展水平远远落后于中原地区,司马迁《史记·货殖列传》中的一段话形象地描绘了江南地区的社会面貌:"楚越之地,地广人希,饭稻羹鱼,或火耕而水耨,果陏蠃蛤,不待贾而足,地势饶食,无饥馑之患,以故呰窳偷生,无积聚而多贫。是故江淮以南,无冻饿之人,亦无千金之家。"但是,江南地区的情况不可一概而论。尤其是作为会稽郡治、吴县县治以及汉初荆国都城的苏州,城市建设并未停滞,经济仍然得到了缓慢的发展。苏州城内外大量汉井和汉墓的存在,印证了司马迁"江东一都会"的记载。尤其在吴王刘濞统治时期,苏州经济发展曾经掀起过一个小小的高潮。

汉高祖刘邦在位期间,为了巩固汉朝的统治,在消灭异姓诸侯王的过程中,分封了一批宗室子弟到各地担任诸侯。考虑到苏州所在的江南地区民风"轻悍",必须派一个强有力的诸侯才能治理,于是立侄子刘濞为吴王。据说刘邦分封时,曾为刘濞看相,见他面有反相,心里非常懊悔。但身为皇帝,一言既出难以轻改,因而手抚其背告诫说:"汉后五十年东南有乱者,岂若邪?然天下同姓为一家也,慎无反!"[①] 其

---

① 《史记·吴王濞列传》。

实,刘濞倒也并非寡仁薄义之辈,汉文帝和当时的大臣都说他"重厚"、"惠仁以好德",是一个讲究仁义的忠厚之人。刘濞来到封国后,即利用本地的有利条件,开山铸铜、煮海为盐,以使

天宝墩汉墓出土的钱币

"国用饶足";他还认真执行汉王朝的与民休息政策,在国内免除百姓的赋税;对于那些不愿服劳役的人,规定可以通过本人出钱由政府雇人代役的办法解决,在付给受雇者费用时,按照平价付钱,以示公平;另外,收容和保护从其他诸侯国逃亡来的人员以充劳动力。通过这些措施,吴国成为一个封土广大、经济富庶、实力雄厚、民人安附的诸侯国。吴王刘濞在起兵反叛时发布的"遗诸侯书"中所称"敝国虽贫,寡人节衣食之用,积金钱,修兵革,聚谷食,夜以继日,三十余年矣……寡人金钱在天下者往往而有,非必取于吴,诸王日夜用之弗能尽"[1],并非全是虚夸之辞。《汉书·食货志》中即有"吴以诸侯即山铸钱,富埒天子"及"吴、邓钱布天下"之说;枚乘也称"夫吴有诸侯之位,而实富于天子。"可见,吴国积累的财富是非常惊人的,这是刘濞发动叛乱的物质基础。

---

[1] 《史记·吴王濞列传》。

三、秦汉六朝时期的"江东一都会"

吴、楚七国之乱是王国分权势力与中央集权的矛盾日趋激化的产物。但是,就吴王刘濞来说,其对中央的反叛之心起于文帝时吴太子的被杀。当时,吴太子入京朝见,与皇太子争道,表现颇不恭敬而被皇太子所杀。在封建等级制度下,吴王刘濞虽不敢公开表示反对,但是当吴太子遗体被送至吴国时,刘濞以"天下同宗,死长安即葬长安,何必来葬为"的态度表露心中的愤恨,并"由此稍失藩臣之礼,称病不朝"①。尽管文帝采用了安抚之策,"赐吴王几杖",并考虑到他年事已高,特准免去朝见之礼,但吴王心中失子之痛是不可能平复的,所以司马迁说刘濞"逆乱之萌,自其子兴"的分析,应该说是符合历史实际的。

最终促使刘濞决心反汉的还是景帝的"削藩"政策。

早在文帝时期,面对诸侯王国势力坐大、时有反叛发生的情况,大臣贾谊就提出了"众建诸侯"之策,主张尽封诸侯王子弟,使大国分为尽可能多的小国,从而削弱地方势力,达到"令海内之势如身之使臂,臂之使指,莫不制从"的目的。景帝上台以后,加强了这方面的措施,采用大臣晁错提出的"请诸侯之罪过,削其地,收其枝郡"的建议,直接削夺诸侯王的土地。晁错在提出这一建议时,已经考虑到了诸侯王发动叛乱的可能性,但他认为"今削之亦反,不削亦反。削之,其反亟,祸小;不削之,其反迟,祸大"②。既然是祸,迟发作不如早发作,因而建议景帝抓紧"削藩"。景帝先后削夺了

---

① 《史记·吴王濞列传》。
② 《汉书·荆燕吴传第五》。

赵国、楚国、胶西国的几个郡县。这样一来,引起了诸侯王的惊恐。吴王刘濞"恐削地无已",便在景帝前元三年(前154年)正月,以"诛晁错、清君侧"为名,联合楚、赵、胶西、胶东、菑川、济南6国,发动了公开的叛乱。

刘濞谋反开始时,下令国中14岁以上、62岁以下的男子全部入伍,聚众20多万人,从广陵(今扬州)出发向西汉统治中心区域进攻。楚、赵等6国也起兵响应。一时之间,叛军声势浩大,大有"黑云压城城欲摧"的态势。汉景帝面对吴、楚等7国气势汹汹的进攻,也发生了动摇。他以为既然叛军以"清君侧"为名,只要牺牲晁错,叛军就会自动退兵,因而听信大臣爰盎之言,杀掉了晁错。但是,事情并没有朝着他预想的方向发展。当谒者仆射邓公从前线归来,景帝问他:"……闻晁错死,吴楚罢不?"而邓公回答说:"吴为反数十岁矣,发怒削地,以诛错为名,其意不在错也。"这时,他才恍然大悟,发觉自己犯了一个可笑的错误,但错已铸成,无可挽回,只有"喟然长息"① 而已。

刘濞发动叛乱是蓄谋已久的。"诛晁错、清君侧"只是一个幌子。他的目的是进军长安,夺取西汉中央政权。当晁错已诛,枚乘劝刘濞罢兵时,刘濞予以拒绝,并对朝廷派来的使者说:"我已为东帝。"其"吞天下之心"昭然若揭。但是,统一是大势所趋,任何破坏国家统一的企图都是不得民心的。吴、楚七国之乱破坏了社会政治安定的局面,阻碍了社会经济的发展,失败是不可避免的。

---

① 《汉书·爰盎晁错传》。

三、秦汉六朝时期的"江东一都会"

在叛乱的消息传到长安时,汉景帝即已进行了部署,派太尉周亚夫率领大军迎击吴、楚叛军,又派曲周侯郦寄领兵攻赵、将军栾布率兵解齐之围、大将军窦婴驻守荥阳督战策应。

吴、楚叛军西进,遇到拥护汉王朝的梁国军队的拼死抵抗。与此同时,周亚夫派兵切断了叛军的粮道。叛军久攻梁国不下,即掉过头来攻击汉军。汉军在周亚夫的统领下,据险固守,并不应战。叛军连战无功,供应短缺,士气低落,终于自行崩溃。周亚夫挥兵猛追,大破叛军,吴王刘濞带领残兵数千人逃往东越。楚王自杀,叛军主力瓦解。在汉王朝重赏引诱下,东越人杀死刘濞,献其头于汉王朝。吴、楚七国之乱,历时仅3个月就失败了。

镇压叛乱后,汉王朝即抓住时机,对诸侯王国的设置进行了大调整。吴国被废除,苏州直接隶属于中央王朝。

孙吴立国的根据地

东汉末年,群雄并起,干戈不休。经过长期的争战,逐渐形成了北方的曹魏、长江上游的蜀汉、长江下游的孙吴3个割据政权,出现了三国鼎立的局面。其中,割据江东的孙吴政权是在苏州发迹的。

孙吴政权的奠基人是吴郡富春(今浙江富阳)人孙坚。孙坚起自县吏,曾经历事朱儁、张温、袁术等,官至长沙太守,封乌程侯。他一直在别人的号令指挥下,未见有割据一方的意图,所以史书中称许他有"忠壮之烈"。实际上,他也在尽量扩张自己的势力,逐步巩固自己的地位,为他的儿子占据江东打下了基础。

孙坚死后,长子孙策继承了父业。他向袁术要回父亲的部曲1 000多人,并募得部众数百人,以此为基本队伍,开始在江东发展势力。兴平二年(195年),孙策继占据丹阳、会稽后,回师进攻吴郡,赶走吴郡太守许贡,消灭吴地地方武装严白虎,完全控制了苏州一带。至建安四年(199年),孙策已尽占包括吴郡、丹阳、会稽等6郡在内的江东之地。第二年,孙策遭许贡原部属的伏击暗算,重伤而亡。临终以前,遗令弟弟孙权继位,并对孙权说:"举江东之众,决机于两陈(阵)之间,与天下争衡,卿不如我;举贤任能,各尽其心,以保江东,我不如卿。"①孙权掌权后,继续在江东巩固和发展势力。曹操封孙权为讨虏将军,领会稽太守事。但孙权将会稽政务交由顾雍管理,自己则常驻苏州。此后十多年间,孙权以苏州为根据地,苦心经营鼎足江东的事业。

孙权初立时,形势很不稳定:虽然占有江东6郡之地,但深险之处,多为山越所据,未尽从命;部下也各怀彼此,去就未定;特别是土著的世家大族,尚未归心。正如《三国志·吴书二·吴主权传》中所分析的:"是时惟有会稽、吴郡、丹杨、豫章、庐陵,然深险之地犹未尽从,而天下英豪布在州郡,宾旅寄寓之士以安危去就为意,未有君臣之固。"针对这种情况,孙权在周瑜、张昭等人的协助支持下,在苏州"分部诸将,镇抚山越,讨不从命",扑灭了以庐江太守李术为首的

---

① 《三国志·吴书一·孙策传》。

三、秦汉六朝时期的"江东一都会"

反叛势力,同时又"招延俊秀,聘求名士",把江东土著大族和北方南下的士大夫团结在身边,稳定和加强了自己的政权。

江东土著大族的支持,对孙吴政权具有举足轻重的意义。江东大族以吴郡顾、陆、朱、张四姓最为著名。陆机《吴趋行》中曾说:"属城咸有士,吴邑最为多。八族未多侈,四姓实名家。"吴郡所属城邑,几乎都有强宗存在。最多的是吴县,除顾、陆、朱、张四姓外,还有陈、桓、吕、窦、公孙、司马、徐、傅八族。这些大族居高官、享厚爵。吴郡四姓之中,以顾、陆两族兴起较早,朱、张两姓兴起略晚,他们各自形成了独具特色的门风,《世说新语》中曾称"陆忠、顾厚","张文、朱武",即陆氏忠烈、顾氏厚重、张姓尚文、朱姓重武。在孙吴政权中,顾雍、陆逊都曾贵为丞相,顾、陆两姓子弟为官者相继,可以说是孙吴政权的两大支柱。他们还拥有强大的经济、军事力量,所谓"吴名宗大族,皆有部曲,阻兵仗势,足以建命"①。他们"势利倾于邦君,储积富乎公室……僮仆成军,闭门为市。牛羊掩原隰,田池布千里……金玉满堂,伎妾溢房,商贩千艘,腐谷万庾"。孙策据有江东,便是依靠拥有部曲和财富的江东大族的支持。东晋史家孙盛评论说:孙策虽据江东,但"势一则禄祚可终,情乖则祸乱尘起"。就是说,江东大族如果一致支持孙氏,那么孙氏的政权就可延续下去,如果二者发生冲突,那么孙氏的天下就难保了。正因为如此,孙吴政权所采取的政策始终不敢违背江东大族的利

---

① 《三国志·魏书·邓艾传》。

益。

建安十六年（211年），孙权徙治秣陵（今南京），后来又迁都武昌。苏州虽不再作为孙吴政权的政治中心，但经过十多年的经营，经济得到了开发，并不断地发展，出现了"其野沃，其民练，其财丰，其器利"的局面，成为孙吴政权巩固的后方基地。

为了维持鼎足江东的局面，巩固孙氏的统治，孙吴政权采取了很多措施，推动了苏州地区经济的发展。

以苏州为中心的江南地区拥有得天独厚的自然条件，资源丰富，所谓"畛畷无数，膏腴兼倍，原隰殊品，窳隆异等"，生产条件十分优越。但是，孙吴建国以前，由于缺乏必要的劳动力，江南经济资源长期得不到开发。孙吴占据江东后，注意招徕劳动力：一是掠夺敌国人口，如孙策当政时，周瑜攻破皖城，把原属袁术的"百工及鼓吹、部曲三万余人"掠回江东。二是吸引外来人口。由于北方战乱，锋镝之下少有苟生之人，故而中原士大夫把江南视为"乐土"，纷纷举族南迁，孙吴政权中的著名大臣张昭、鲁肃等即是由北方迁入吴地的。三是驱山越民众出山。当时在孙吴辖境内的山区，居住着大量的越族后裔，称为山越。他们在丛山中过着自给自足的生活。孙吴政权出兵征服，并采取了"强者为兵，羸者补户"的政策。据统计，孙吴共掠得山越精兵十多万人，约占吴国兵额的半数，并增置了不少郡县，以安顿其中的老弱、女子，使他们参加生产。这些措施，在很大程度上缓和了吴国劳动力紧缺的矛盾。同时，孙吴还大办屯田，兴修水利，使得吴国的农业生产得到了前所未有的发展，社会经济面貌发

三、秦汉六朝时期的"江东一都会"

生了显著的变化。西晋文学家左思追忆当时的农业经济情况,在《吴都赋》中作了如下的描述:"其四野则畛畷无数,膏腴兼倍,原隰殊品,窊隆异等……国税再熟之稻,乡贡八蚕之绵","窥东山之府,则环宝溢目;眡海陵之仓,则红粟流衍"。

苏州的手工业也有了很大的发展。汉代即已著名的葛、麻布生产,孙吴时更为发达。丝织业逐步发展起来,政府建立了官营织造工场——织络,专为统治集团生产丝织品。在此基础上,出现了刺绣工艺,《三国志·吴书·华覈传》有"妇人为绮靡之饰","绣文黼黻,转相仿致"的说法,人们追求华丽的丝织绣衣成为风气,这是吴地手工业发展中的一项突出成就。

瓷器制造是孙吴时期手工业发展的又一重要标志。青瓷器的烧造是这一时期手工业的重大贡献。从考古发现的窑址、窑具和生产的成品看,青瓷烧造已成专业,水平和规模在全国处于领先地位。1975年和1976年在苏州平门城墙中发掘出两座孙吴时代的墓葬,出土了一批图案造型美观、烧制精良的壶、罐、碗、钵等青瓷制品,充分体现了苏州制瓷业的水平。

狮子山西晋墓出土的
青瓷谷仓罐

— 61 —

苏州史纪(古代)

苏州的造船业在继承传统的基础上有了更大的发展。政府专门设置了负责造船的官吏,称典船都尉。因造船业发达,吴国已拥有一支相当规模的水师。大的战船有上下5层,海船长达20余丈,可载人数百、载货万斛。而且,吴国的船只"雕刻丹缕,青盖绛襜",造型美观,装饰华丽,左思《吴都赋》中描写道:"弘舸连舳,巨槛接舻,飞云盖海,制非常模。叠华楼而岛跱,时仿佛于方壶。"孙吴政权灭亡时,西晋收缴到的船只竟多达5 000余艘,足见造船数量之多。舟船的精良,加上航海技术的提高,吴国的船只能出海远航台湾、辽东、日本、高丽等地。孙吴政权与海外的频繁联系,扩大了中国在海外的影响,在隋唐以前,"吴"成为日本称呼中国的代名词。

农业、手工业的发展,促进了城市商业的繁荣。《隋书·地理志》称南朝时的吴郡等地川泽沃衍,有海陆之饶,珍异所聚,故商贾并凑,当是孙吴时期打下的基础。

苏州城中至今保留着一些孙吴时期的遗迹。随着佛教传入中国,信奉佛教的人越来越多,孙权的母亲吴夫人即是虔诚的信徒之一。相传孙吴时期创建于城内的寺院有9所,其中最为著名的是坐落在郡城北部的报恩寺,俗称北寺,赤乌年间由吴夫人舍宅而建(原名通玄寺,后改为报恩寺);赤乌四年(241年),西域僧性康来吴传教,孙权在盘门内为他辟建普济禅寺;赤乌十年(247年),孙权为报乳母陈氏恩,又在普济禅寺内建13层舍利塔,这就是历经浩劫而未堕废的瑞光塔。景德路雍熙寺弄西城隍庙旧址的周瑜宅第,是孙策据吴时所建,这座宅第一直保存到宋代,其地至今以周将军巷为名。宅内有周瑜手植柏树一棵,名为"周将军柏",至近代犹存。

孙权称帝前吴中流传的"黄金车,班兰耳,阊阖门,出天子"的童谣,表明了苏州在孙吴建国过程中的特殊地位。其后,吴都虽屡经迁徙,而苏州在支持孙吴政权对外争战、鼎足江东的事业中所发挥的后方基地的作用仍是不可低估的。

四、唐宋元时期的东南雄藩

公元589年,隋文帝灭陈后,废吴郡建置;以城西有姑苏山之故,易吴州为苏州,这是苏州得名之始。后越国公杨素以苏州地处平原,"非设险之地"为由,在城西南10多里处的横山山麓另建新城,作为州治。唐初又将州治迁回旧城。武则天时期,因吴县地广人众,析其东南地另置长洲县,于是苏州城以卧龙街(即今人民路)为界,东归长洲,西属吴县,并且州治和长、吴两县治同驻一城。以后,苏州的建置、名称屡有更易。唐代宗大历年间,苏州因人口繁富,被升为江南地区唯一的雄州。五代时期,苏州属吴越国,改称中吴府,后又置中吴军节度使。北宋政权建立后,吴越国纳土称臣。宋太宗改中吴军节度使为平江军节度使,属两浙路。苏州一度成为两浙路转运司、提点刑狱使司、安抚使司和提举常平司治所。宋徽宗政和三年(1113年),敕升苏州为平江府,从此苏州又有平江之称。元朝以苏州为平江路,属江淮行省。元末张士诚起义,割据平江,建大周政权,一度改平江路为隆平府。后来张士诚接受元朝册封,复称平江路,直至被朱元璋所灭。

"上有天堂,下有苏杭"与"苏湖熟,天下足"

随着南朝时期江南地区经济的快速增长和全国经济重心的逐渐南移,苏州的经济地位日益上升,发展成为江南地区的经济中心城市。

苏州经济的发展与江南运河的修拓有密切关系。江南运河奠基于春秋晚期,至隋代正式修成。运河通航后,改善了江南地区的水陆交通,促进了生产力的发展与社会经济的繁荣,加强了南北经济文化的交流。从此以后,江南地区的粮食物资源源不断地运往北方,"天下利于转输"。同时,它也刺激了处于运河侧畔的苏州的经济发展。唐初,统治集团采取了一系列发展生产的措施,使苏州经济在隋末一度受挫后得到了恢复和发展。1969年,我国考古工作者在洛阳含嘉仓内发现了一块载有武则天圣历二年(699年)从苏州运去1万余石糙米的铭砖,表明苏州在唐朝前期已是全国的一个重要产粮区。唐朝中叶以后,北方经安史之乱,一片残破,而江南地区的经济却愈益发达,逐渐成为国家财政的支柱。而苏州在江南地区又居于领先地位,白居易在《苏州刺史谢上表》中声称:"况当今国用,多出江南;江南诸州,苏最为大。兵数不少,税额至多。"①

苏州经济的发展,在人口的增长和税收增加两方面有明显的反映。

唐朝初年,苏州的户数仅1.1万余,开元时期为6.8万多,天宝年间增至7.6万,安史之乱以后人口猛增,突破10万,唐末更超过了14万。从唐初至唐末,苏州户数一直呈上升趋势,这在整个江南地区是独一无二的现象。正因为如此,苏州成为江南地区唯一的雄州。苏州人口众多、地繁民富,也引起了诗人们的浓厚兴趣,在他们的诗中曾多次予以揭示,如白居易诗有"版图十万户,兵籍五千人"、"十万夫家供课税,五千子弟守封疆"的说法。在古代社会,经济发展速度与人口增长速度是成正比的,因而人口的持续增加反映出苏州经济发展较快的事实。

苏州每年向朝廷交纳的赋税,据《吴郡志》引《大唐国要图》中称,为105万贯钱。当时,两浙地区13州,共纳钱665万贯,平均每州负担51万贯,而苏州的税额竟达105万贯,占两浙诸场收钱总数的1/6左右,超出各州平均数的1倍,所以刘禹锡说"苏州口赋,首出诸郡",白居易称"江南诸州,苏最为大,兵数不少,税额至多"是客观的事实。税额的增加,一方面固然说明统治阶级剥削的苛重,另一方面也表明苏州的经济发展水平高于其他地区。

苏州经济的发展还突出地表现为农业和工商业的兴

---

① 顾学颉校点:《白居易集》第4册,第1433～1434页,中华书局1979年版。

四、唐宋元时期的东南雄藩

盛。

农业生产工具的改进是农业发展的一个重要表现。唐代苏州农具的改进,主要表现为对耕犁的改造。据晚唐诗人陆龟蒙《耒耜经》的记载,江东犁(曲辕犁)由铁制的鑱、壁和木质的犁底、压鑱、策额、箭、辕、梢、评、建、槃等11个部件构成,轻巧灵便,可以调节入土深度,操纵自如。以前的耕犁都是直辕犁,笨重费力,效率不高。由直辕改为曲辕后,不仅省力,而且大大提高了耕地效率。其他还有耙、磟碡、锹、铲、耘荡、耘爪、艾、镰等配套工具用来碎土、平田、挖土、除草、耘田、收割,其中耘荡、耘爪等都是吴农新创的。农具的改进和创造,使精耕细作成为可能,从而大大提高了农业产量,"吴门转粟帛"、"粳米来东吴"等诗句,从一个侧面反映了苏州地区粮食产量提高的实情。

唐代,苏州的手工业发展很快。《新唐书·地理志》等史书所记苏州上贡朝廷的手工业品种达数十种之多,包括丝葛、丝绵、八蚕丝、绯绫、乌眼绫、衫缎、罗纻布、折皂布、白角簟、草席等,其中最为突出的是丝织业。唐代以前,苏州丝织业虽已出现,但不及黄河流域和四川地区发达。安史之乱以后,随着北方人口南下和江南经济的发展,苏州丝织业的规模有了扩大,技术水平不断提高。天宝年间,吴郡进贡的方文绫受到唐玄宗的赞赏。诗人们在他们的作品中对当时江南地区生产的吴绫、越罗、绛纱等也称颂不已。尤为可道的是,苏州的"织纴"技术,成为帝都所在的关陇地区之人仿效的对象,充分反映出苏州丝织业地位的提高。唐代,苏州生产的各种书画用的彩笺也备受人们青睐,《吴郡志》说:唐代彩笺,吴中所造,名闻四方。这种彩笺是用多种颜料和胶刷制作而成的,隐以罗纹,状如鱼子,故又称鱼笺。著名诗人皮日休与陆龟蒙唱和鱼笺诗中有"向日乍惊新茧色,临风时辨白萍文"句,即是指此。到了宋代,四川所造的粉笺因采用了苏州的工艺,故名"吴笺"。此外,如苏州的造船、煮盐、草席、酿酒、食品加工、金银细作业等也都有可述之处,兹不一一罗列。

运河的通航,农业、手工业的发展,推动了城市商业的兴盛。唐代以前,城市中实行坊市制度,规定居民的住宅区和市区分开,交易必须在市区进行,商品交换受到时间、空间的严格限制。但是,随着商品经济的发展,这种束缚城市经济发展的坊市制度受到冲击,并逐渐走向崩溃。白居易诗中称苏州"人稠过扬府,坊闹半长安",前句表明当时苏州城市人口超过了当时有"扬一益二"(意即城市的繁华以扬州为第一、成都为第二)之誉的扬州,后句则说明城内商业活动的喧闹景象,而这种景象在严格实行坊市制度的情况下是难以见到的。夜市的兴起是坊市制度趋向崩溃的重要表征。杜荀鹤《送人游吴》诗中说到,"君到姑苏见,人家尽枕河。古宫闲地少,水港小桥多。夜市卖菱藕,春船载绮罗",极为生动地描写了苏州城内夜市的情景。这种夜市不仅限于城内,甚至已经出现在整个江南水乡地区。杜荀鹤的另外一首《送友游吴越》诗描绘了苏州农村夜市的情况:"去越从吴过,吴疆与越连。有园多种橘,无水不生莲。夜市桥边火,春风寺外船。"坊市制度的崩溃还表现为市场的增多。按照坊市制度的规定,苏州应有东、西两市,但唐代的苏州,在传统的市区之外又出现了不少新的市场,这些市场因专门出售一种或几种商品而被称为谷市、橘市、鱼市、槐市等。市场的扩展为商业发展提供了更为有利的条件,从事工商业经营的人越来越多,皮日休《吴中苦雨因书一百韵寄鲁望》诗中"吴中铜臭户,七万沸如臛",即形象地说明了这一点。凭藉交通的便利,苏州市场上吸引了不少远方的商旅,刘禹锡《采菱行》诗中有云:"笑语哇咬顾晚晖,蓼花缘岸扣舷归。归来共到市桥步,野蔓系船苹满衣。家家竹楼临广陌,下有连樯多估客。"这些估客大多是从事贩运贸易的商人,他们携带各种货物来到苏州市场,再从苏州运走农副产品和手工业品,从而沟通了苏州市场与外地市场的联系,促进了苏州城市的繁荣和商业的兴盛。

唐代末年,藩镇割据,战火纷飞,古城苏州历尽劫难。其后,苏州成为吴越国的辖地。由于吴越国统治者采取了保境安民的政策,苏州地区的经济才又得到恢复和发展。尤其吴越政权重视农田水利建设,组织了一支拥有七八千人之多的营田军(或称撩浅军),管理、养护农田水利,使得太湖流域形成"五里或七里一纵浦,七里或十里一横塘"、圩田和塘浦相应布列的棋盘式圩田系统,为宋代苏州农业的发展打下了坚实的基础。

苏州的经济开发到宋代进入了一个新的阶段。

经过夺权政变建立起来的北宋王朝,很快结束了干戈扰攘和分裂割据局面,把广大的国土置于中央政权的有效管理之下。宋朝统治者清楚地认识到农业是富国裕民、安邦定国的物质基础,因而积极推行奖励农桑的政策,地方官府认真贯彻朝廷旨意,注意发展生产。在这样的背景下,苏州经济潜力得到了进一步的挖掘,粮食生产上升到前所未有的水平。

宋代,苏州农业经济的高度发展是与注重农田水利建设密不可分的。苏州地处太湖流域。太湖地区自然条件优越,雨水丰富,西南的天目山苕溪水系和西面茅山荆溪水系汇集到这个地势低洼的地区,形成了包括著名的太湖在内的大大小小的湖泊,水利资源丰富。然而,水源畅旺并非绝对是好事,如果不能加以改造、利用,往往会变水利为水害,历史上太湖地区水灾频繁,即由此之故。处于太湖东北部的苏州,是这一地区最为"沮洳"的低洼之地,同时又是太湖水系东向入海的枢纽,排除积潦便成为苏州,也是太湖地区水利建设的当务之急。

注重农田水利,不自宋代始。可以说,六朝以来苏州经济地位的上升,是农田水利开发的结果。唐代,苏州地区的地方官都十分重视兴修水利,先后筑有运河塘、常熟塘等。吴越农田水利的成就更为突出。北宋初年,苏州地区农田水利一度松懈,以致"其患方剧",水灾连年。其后,有识之士都十分注重水利,范仲淹、郏亶和郏乔父子、单锷、苏轼等人都对太湖水利提出过各自的认识和主张。历任地方官对太湖主要泄水道吴淞江也屡次进行整治。景祐年间,范仲淹治苏时,"询访高年","深究利病",认为吴淞江不能尽泄太湖等众湖之水,主张向北开辟通江河道,引湖水"东北入于扬子江与海"。他"力破浮议","亲至海浦,开浚五河",即在昆山、常熟之间开茜泾、下张、七丫、白茆、许浦,引湖水东北流于

四、唐宋元时期的东南雄藩

江,从而"为数州之利"。事隔50年,朱长文作《吴郡图经续记》时仍说此举使"民到于今受其赐"。北宋末年,平江府司户曹事赵霖募灾民兴修水利,"开一江一港四浦五十八洓",也以排除积涝为主。宋室南迁后,继承了这种做法,如开昆山七丫、茜泾、下张诸浦,浚导吴淞江,并开大盈、顾汇、柘湖、下金山小官浦以入海,"自是水不为患"。开港浦和疏浚吴淞江,排积涝于江海,这是宋代太湖地区水利的主要工程,是太湖地区人民改造低洼地的主要手段。这种做法收到良好的效果,同时在施行中,泾浜港汊纵横交错,相互贯通,逐步建立起水网化系统,为本地区粮食的稳产高产创造了条件。

在兴修水利的过程中,苏州地区人民向自然开战,与水争田,取得了重大成果。与水争田的主要方法是"治湖造田",这有两种情况:一种是废湖为田,即将湖水排干,以湖底为田,前代已有"决湖以为田"的记载,宋时此风大炽;另一种是围田,即在水中筑堤,与岸相接,将湖泊一部分围圈起来,排出堤内之水,露出湖底,以之为田,堤立于水中,水挡在堤外,水高于田,干旱时可随时灌溉,故围内都是旱涝保收的良田。与此相类的还有圩田,规模更大,其堤又高又厚,堤长少则数十里,多则百余里。湖底土壤肥沃,故水中所造之田产量很高,收入甚丰,对于农业的发展起了积极作用,加强了江南的经济地位,同时也增加了政府收入,稳固了宋王朝统治的经济基础。但不能不看到,废湖为田或围湖为田破坏了生态平衡。南宋时,苏湖之间被围湖田达1 489处之多,并继续恶性发展,以至于"陂塘、溇淡悉为田畴,曩日潴水之地，百不一存"。湖泊本是调节水流的天然水库，废湖或围湖为田的结果，缩小了湖面或消灭了整个湖泊，致使湖泊调节水流的功能丧失，大多数良田旱则无灌溉之利，涝则洪水横流，泛滥成灾；而且，由于废湖或围湖为田缺乏统一规划，往往只求近功，不计长远后果，围垦的目的，又往往多在得田而不在治水，治水的其他措施，如开掘、疏浚河道之类，也都未能贯彻执行，造成了太湖地区水道系统的紊乱；再加上豪强贵族、达官权势之家纷纷加入造湖为田的行列，导致混乱，为害益烈。由此，有识之士纷纷陈辞，请求制止。从宋高宗末年开始，政府即下令严禁，但这些诏令遭到豪势的公然抵制，他们撤毁禁约石碑，肆意围筑，广包强占，如有过问者，则刀刃相向，以致几十年间，江河湖泊尽皆为田。因此，后人谈及吴中所以有水旱之患的原因时，认为"其弊在于围田"。可见，太湖地区对低洼地的改造，是付出了沉重代价的。

与水争田的另一种方法是"葑田"，这是苏州地区劳动人民的一大创造。所谓葑田，又名架田，就是在江湖水面上，茭、蒲等植物经水流长期冲击，根部与土分离，浮于水面，动辄有数十丈大小，厚达数尺，上面可供耕种，人居其上犹如木筏一样。从宋代诗人的吟咏中可见，葑田俨然土肥苗壮，林和靖《葑田》诗云："淤泥肥黑稻秧青，阔盖深流茇苁生，拟倩湖君书版籍，水仙今佃老农耕。"葑田的产生，反映了劳动人民的聪明才智和与水争田的坚强意志。

耕作栽培技术水平的提高，促进了苏州农业生产的进一步发展。宋代苏州，无论是生产工具的改进，抑或生产过

四、唐宋元时期的东南雄藩

程的经营管理,以及粮食品种的选择等方面,都达到了前所未有的水平,反映出精耕细作程度的提高。

先进的生产工具是苏州农业得以采用精耕细作经营方式的主要条件。前文曾经述及,从唐代后期始,苏州地区的耕犁就已得到改良,由直辕改为曲辕,既灵活方便,又提高了耕田效率。宋代沿用了曲辕犁,并作了重大改进,在犁上配置了䥽刀(䥱刀)。"䥽刀"是用来垦辟荒田的,把䥽刀安置在犁上,能轻易地划断芦根。两宋时期,曾对太湖地区大片低洼地进行改造,除筑堤御水外,很大的工程是在排水后芟夷丛生的蒲芦杂草,而安置在耕犁前部的䥽刀,是改造这种低洼地的一种极其得力的工具。是故著名农史专家刘仙洲教授在所著《中国古代农业机械发明史》一书中,对这一创造大加称赞,认为是一件值得大书特书的事情。

宋代创制、改进的工具中,还有秧马、耘荡、筒车等,在节省人力和提高劳动生产率方面起了很大的作用。其中值得一提的是作为灌溉工具的筒车。筒车又称水轮,建立在靠河岸的水中,利用水流的力量,将轮辐转动,轮辐上的竹筒灌满了水,而后流到岸上,通过渠道灌于田中。时人称赞说:"吴农踏车茧盈足,用力多而见功少。江南水轮不假人,智者创物真大巧。一轮十筒挹且注,循环上下无时了。"此外,前代早已出现的龙骨水车在此时使用得更为普遍,范仲淹专门写了一篇《水车赋》,称颂龙骨水车为大旱之岁的"霖雨",说这种水车"假一縠汲引之利,为万顷生成之惠,扬清激浊,诚运转而有时,救患分灾,幸周旋于当世……河水浼浼,得我而不滞不凝;原田每每,用我而无灾无害。"苏东坡《无锡道中赋水车"诗中也有"翻翻联联衔尾鸦,荦荦确确蜕骨蛇。分畦翠浪走云阵,刺水绿针抽稻牙"等句,描述天旱之际水车引水灌溉稻田的情景。

在长期实践的基础上,苏州地区逐渐形成了一套比较完整的田间管理技术和精耕细作经验。高斯得《宁国府劝农文》中描写当时包括苏州在内的太湖地区精耕细作的情况时说:"浙人治田,比蜀中尤精。土膏既发,地力有余,深耕熟犁,壤细如面,故其种入土坚致而不疏。苗既茂矣,大暑之时,决去其水,使日曝之,固其根,名曰烤田。根既固矣,复车水入田,名曰还水,其劳如此。还水之后,苗日以盛,虽遇旱暵,可保无忧。"

太湖地区古属扬州,《禹贡》说这个地区"厥田唯下下"。但唐、宋以后,太湖地区一改卑湿下田而为肥沃之壤,其来有因。著名词人秦观说:"今天下之田称沃衍者莫如吴越闽蜀,其一亩所出视他州辄数倍。彼闽蜀吴越者,古扬州梁州之地也。按《禹贡》扬州之田第九、梁州之田第七,是二州之田,在九州之中等最为下,而乃今以沃衍称者何哉?吴越闽蜀地狭人众,培粪灌溉之功至也。"①可见,宋代太湖地区农民十分注重以粪肥田。除以粪肥田外,河泥的肥田功用也引起人们注意,南宋诗人毛珝《吴门田家十咏》中有一首诗说:"竹罾两两夹河泥,近郭沟渠此最肥。载得满船归插种,胜如贾贩岭南归。"他把河泥肥田看得比到岭南经商好处更大,显见时人对施肥的重视。

---

① 《淮海集》卷15。

四、唐宋元时期的东南雄藩

宋人郏亶说过:"天下之利,莫大于水田。水田之美,无过于苏州。"苏州地区以种植水稻为主,从文献记载看,水稻品种很多,如昆山有33个,常熟有40多个。水稻品种丰富,充分说明了水稻种植的兴盛,同时也是苏州农业发展的重要标志。在认识各品种性能的基础上,人们选择优良品种培育。或者因地制宜,发展稻稻两作或稻麦两作制。因此,苏州地区"稻一岁再熟"等记载不绝于书,从而大大提高了粮食产量。

宋代,苏州地区农业生产的内部结构也发生了变化。经济作物的数量增多,种植更为普遍,并且出现了商品性农业,从而涌现出大批种植经济作物的专业户,形成了新的农业分支。

苏州地区的茶叶生产获得很大发展,茶叶名品更多,种植更为普遍,唐时盛行的川茶至宋则为江南各地名茶所取代。苏州吴县洞庭山所产的茶叶曾作为贡品进奉朝廷。

苏州地区蚕桑业后来居上,逐渐成为蚕桑业中心。唐代,吴地的蚕桑生产还不普遍,至宋代,情况就大不相同了,李觏描述说:"东南之郡,……平原沃土,桑柘甚盛,蚕女勤苦,罔畏饥渴,急采疾食,如避盗贼,茧簿山立,缲车之声,连甍相闻;非贵非骄,靡不务此,是丝非不多也。"① 苏州地区因自然条件较好,出现了"蚕一年八育"的情况。蚕桑业欣欣向荣,推动了丝织业的发展,其具体情况将在后文述及。以太湖地区为中心的两浙路上贡的丝织品和租税占全国总数

---

① 李觏:《直讲李先生文集》卷16。

的1/4。这充分说明全国的蚕桑业中心已转移到以苏州为中心的太湖流域。

宋代,苏州一带以盛产甘蔗著称,即所谓"甘蔗盛于吴中"。当时甘蔗有很多品种,其精粗好坏,主要是根据所含糖分的多少来区分。

苏州的柑桔在唐代即已有名,上贡朝廷,宋代更为发展,范成大《吴郡志》称苏州一带"桔园甚多",成为产桔中心。柑桔产量最多、质量最好的是两浙路的温州、苏州和台州。苏州洞庭山的洞庭桔树苗大多买自苏、湖、秀3州,而以湖州所产为上,经本地水土的浸润,长成后"皮细而味美",遐迩闻名。

此外,如养花业、蔬菜业等也都发展起来了,至迟在南宋,苏州地区已经开始种植木棉了。

随着经济作物的广泛种植,出现了许多专业户,如苏州洞庭山民,"皆以树桑栀柑柚为常产",或以蚕桑为生,或以种植柑桔为业,"糊口之物,尽仰商贩",完全靠商品粮供给,一旦粮食供给断绝,便有挨饿甚至饿死之虞,如南宋绍兴二年(1132年)冬,天大寒,湖水结冰,米船不能通行,以致饿死许多山民。可见,这些专业户已完全脱离粮食生产。蚕桑、柑桔等业在苏州地区某些地方已经独立成为一个新的农业分支了。

水利的兴修,圩田的增加,以及深挖土地潜力,注意精耕细作,使苏州农业生产有了明显发展,单位面积产量大大高于其他地区。范仲淹说:苏州水稻"中稔之利,每亩得米二石至三石",折合稻谷约3石至5石间。这还只是中等年成

四、唐宋元时期的东南雄藩

的情况。因此,太湖地区遂成为宋朝政府的粮仓。范仲淹说过:"苏、常、湖、秀,膏腴千里,国之仓庾也。"著名宋史专家朱瑞熙先生在《宋代"苏湖熟,天下足"谚语的形成》一文中曾经指出:如果以湖州每年粮食产量仅达苏州的一半计算,两州的年产粮食则达到1 000万石以上,这样,就不是一个很小的数字了。按照南宋全国人口保持在1 100多万户到1 200多万户……平江府和湖州两地每年的粮食产量几乎可以分给全国每户1石米。实际情况还不止如此。① 因此,到南宋年间就有了"苏湖熟,天下足"和"苏常熟,天下足"的谚语。吴泳《隆兴府劝农文》说:"吴中厥壤沃,厥田肥,稻一岁再熟,蚕一年八育……故谚曰:'苏湖熟,天下足',勤所致也。"陆游《常州奔牛闸记》则说:"语曰:苏常熟,天下足。"不论哪一种说法,都深刻地反映出苏州农业生产发展的状况。

粮食生产的增长,为手工业的发展奠定了基础。除传统的手工行业外,又出现了一些新的部门。宋代的苏州已成为丝织品生产最为发达的地区之一。以太湖地区为中心的两浙路所生产的罗、绢、绸、丝绵等产品产量都占全国首位。不仅丝织品数量超过前代,质量也大为提高。明代著名画家董其昌评论说:"唐绢粗而厚,宋绢细而薄。"从"粗而厚"到"细而薄",反映了宋代丝织技术上的一个突破。宋代的刺绣工艺更为精巧,1956年3月,苏州市文管会整修虎丘云岩寺

---

① 朱瑞熙:《宋代"苏湖熟,天下足"谚语的形成》,载《农业考古》,1987年第2期。

塔时曾发现了建隆二年(961年)保护经卷的丝织物——"经袱"和"经帙",虽时隔千余年之久,但仍可辨出黄、绿、紫等不同色泽的绫、绢和锦,印有淡黄色的圆形花纹、金黄的黑色花纹和拉毛织纹。同时,还发现了4块残破的刺绣经帙,绣有花卉图案,针法虽不甚细致,但都古朴大方,反映了苏州丝织技术和刺绣工艺的水平。

金银制作业等成就非凡。崇宁元年(1102年),宋王朝在苏州置"造作局",专门制造牙、角、犀、玉、金银、竹藤、裱糊、雕刻等物,每天役使能工巧匠不下数千人。1978年在苏州瑞光塔中发现了制作于大中祥符年间的真珠舍利宝幢一座,通高122.6厘米,由须弥座、经幢和刹顶等部分构成,上饰银丝如意,描金牡丹,宝相花和海棠花嵌宝图案漆雕,木雕天王神像,金银丝编织的飞龙走狮,串珠嵌宝的飞檐、翘角、华盖等等,制作精细,设计巧妙,它综合了描金、漆雕、木雕、金银细作和珠宝镶嵌等各种工艺。宝幢镶嵌珍珠就近40 000颗,是一件稀世国宝,它是古代苏州劳动人民智慧的结晶,反映了精湛的手工艺水平。

其他如酿酒、造船、瓷器、印刷业等也都有不同程度的发展。

农业、手工业的发展,促进了城乡商业的兴盛。苏州作为商业都会,冠盖东南,朱长文《吴郡图经续记》中描写道:"自钱俶纳土至于今元丰七年,百有七年矣。当此百年之间,井邑之富,过于唐世,郛郭填溢,楼阁相望,飞杠如虹,栉比棋布,近郊隘巷,悉甃以甓。冠盖之多,人物之盛,为东南冠。"俨然蕃阜气象。城中商业兴盛,交易频繁。同书中又说:

四、唐宋元时期的东南雄藩

"珍货远物,毕集于吴之市。"商业市场的分工日趋细致。宋代,苏州的商业中心在乐桥、利市桥附近,各行业相对集中,出现了谷市、鱼行、丝行、荞行等专门市场。此外,从王謇《宋平江城坊考》书中所列纸廊巷、豆粉巷、米巷、药市街、金银巷、绣衣坊等街巷名称,也可看出宋代苏州城内手工业和商业市场分工的大致情况。城乡经济联系更为加强,在草市的基础上,市镇开始兴起,如南宋时,苏州府有 11 个市镇,有些市镇的商业盛况不下于州县城市。苏州府吴江县的平望,"宋元间,两岸邸肆间列,以便行旅";庇村"自古为市",南宋初年,"士民随驾南渡寄居此地者千余家";江阴的江下市"以通黄田港,绍熙间商船倭舶岁尝辐辏,故市大于城阛",南宋嘉定时,"高丽、日本不至,非复昔日,然而通、泰、靖所之贸易者犹翕集焉"。市镇兴起的过程,既典型地反映了商品经济由城市伸展到农村的横向进步,同时标志着封建社会的商品经济逐步把基础建立在农副业经济的发展上,也包含着纵向的进步。

发达的农业,繁华的城市,优美的环境,使苏州地区成了人们向往的人间乐土。"天上天堂,地下苏杭","上界有天堂,下界有苏杭"的谣谚渐渐蜚声海内外。以苏州地区为中心的江南地区经济重心地位完全确立,这种格局延续数百年而未变,至今仍发挥着她独特的功能。

"何似姑苏诗太守,吟诗相继有三人"

唐代的苏州相当繁荣,已成为繁剧难治之地,来守土者往往是一时之人选。尤为可道的是,唐代著名诗人韦应物、白居易和刘禹锡曾先后出任苏州刺史。他们在任的时间虽然不长,却为苏州百姓做了不少好事。他们留下的描绘和歌颂苏州的众多诗篇,也为古城添姿增彩,扩大了苏州的影响。他们享有"诗太守"的美誉,其守苏的事迹被传为历史佳话。

最早出任苏州刺史的是韦应物。韦应物(737～793?年),京兆万年(今陕西西安市)人,出身于高门望族。他少年时代喜欢习武,有很高的骑射本领,因而15岁时即当上了唐玄宗的侍卫。安史之乱以后,他历任洛阳丞、高陵宰、鄠县令、栎阳令、滁州刺史、江州刺史、苏州刺史等地方官,被后人称为韦江州或韦苏州。

韦应物是唐代中期一位杰出的诗人。他的诗歌注重反映现实生活,具有浓厚的生活气息,风格潇洒自然,淳厚朴实,清远简净中时见秾丽,淘洗锤炼而又轻松活泼,在吟诗成风、诗人辈出的唐代卓然成家,形成了自己的特色。白居易称赞他的五言诗"高雅闲淡,自成一家之体";苏东坡甚至说"乐天(指白居易)长短三千首,却逊韦郎五字诗",所论虽未必公允,亦足见韦应物在文学史上具有相当的地位。

唐德宗贞元四年(788年)秋,韦应物被任命为苏州刺史。比起江州来,苏州是一个富庶繁华的"大藩"。由江州转任苏州,虽不是升官,却是对他能力和成绩的肯定。因此,来苏州后,韦应物颇想成就一番事业。《登重玄寺阁》一诗即表露了他的心迹:"时暇陟云构,晨霁澄景光。始见吴都大,十里郁苍苍。山川表明丽,湖海吞大荒。合沓臻水陆,骈阗会四方。俗繁节又暄,雨顺物亦康。禽鱼各翔泳,草木遍芬芳。于兹省眈俗,一用劝农桑。诚知虎符忝,但恨归路长。"尽管结尾处语声略显凄凉,但全诗充满了喜悦之情和积极向上的精神,希望能够有所作为。

韦应物深受儒家仁政爱民思想的熏陶,关心民瘼,表示"仁贤忧斯民,贱子甘所役",为了解百姓之忧,即使吃苦受累也无怨言。他曾训诫下属,必须"矜老疾,活艰困"。贫民若有欠赋之事,由"乡计之而白于县,县审之而上于郡",然后由刺史根据实情予以蠲免。他对于百姓的疾苦给予了一定的同情,在《夏至避暑北池》诗中说:"未及施政教,所忧变炎凉。公门日多暇,是月农稍忙。高居念田里,苦热安可当?"在自己闲暇高居的时候,能够想到农田里顶着烈暑辛勤劳作的农民。基于仁政爱民思想和对劳动人民的同情心,他常常因不能解除百姓的苦难,自己却无功受禄而感到惭愧,所谓"自惭居处崇,未睹斯民康","身多疾病思田里,邑有流亡愧俸钱"。在这种心情支配下,韦应物勤于政务,"省眈俗","劝农桑",以致荒废了自己热衷的诗歌创作。韦应物的爱民与勤政,收到了良好的效果,也赢得了后人的敬重,朱长文《吴郡图经续记》中赞扬说:"若韦应物、白居易、刘禹锡,亦可谓循吏,而世独知其能诗耳。韦公以清德为唐人所重,天下号曰'韦苏州'。当正(当为"贞")元时,为郡于此,人赖以安。"

为政之余,韦应物还热衷于与吴中文士诗歌酬唱,交流感受,与他密切交往的有著名诗人刘太真、顾况、孟郊、皎然等,既增进了友谊,也沟通了思想,切磋了诗歌创作的理论,为唐诗宝库增添了新的篇章。

贞元七年(791年)秋,根据3年一任的规定,韦应物任苏州刺史期满。尽管为官30载,他仍然两袖清风,甚至拿不出回乡的路费,到头来还要流落他乡,寄迹于苏州郊区的永定寺,晚景之凄凉令人难以置信。为了生活,他便督子弟租田耕种,《寓居永定精舍》诗中对此有如下的描述:"野寺霜露月,农兴羁旅情。聊租二顷田,方课子弟耕。"退官后约2年,韦应物便离开了人世。

白居易(772~846年),字乐天,号香山居士,祖籍太原,出生于河南新郑。贞元十六年(800年)考中进士,曾任翰林学士、左拾遗、赞善大夫之职,后因直言遭贬,出任外职,在杭州当过两年刺史,宝历元年(825年)被任命为苏州刺史。自宝历元年五月抵任至翌年九月离任,在苏州为官时间虽仅17个月,但诗人与苏州却结下了深厚的情缘。

早在贞元初期,少年白居易即已到过苏州游历。当时的苏州刺史韦应物、杭州刺史房孺复均为性格直爽之人。韦应物喜欢作诗,房孺复喜欢饮酒,

白居易像

四、唐宋元时期的东南雄藩

每当与宾友相聚时,一醉一吟,其事迹风流传播吴中,因而被人称为"诗酒仙"。白居易以年少未得与游,但却深切地感受到韦、房二人的格调之高与郡守的地位之尊,不觉生出"异日苏、杭苟获一郡足矣"的遐想。人生际遇是如此的奇妙,为官后的白居易竟然先后出任杭州刺史和苏州刺史,以至于"苏、杭之风景,韦、房之诗酒,兼有之矣",这就无怪他有"岂始愿及此哉"的感叹了。

宝历元年五月五日,白居易抵苏以后,即投入紧张的公务之中。经过10多天的了解、研究,初步确定了施政方针。《白香山集》卷54所收《自到郡斋仅经旬日方专公务未及宴游偷闲走笔题二十四韵兼寄常州贾舍人湖州崔郎中仍呈吴中诸客》诗中说:"候病须通脉,防流要塞津。救烦无若静,补拙莫如勤。削使科条简,摊令赋役均。……敢辞称俗吏,且愿活疲民。"以冷静的态度处理繁杂的政务,简化清规戒律,平均赋税徭役,力图救民于水火。为此,他勤于政务,工作极为紧张。在《秋寄微之十二韵》中提到:"清旦方堆案,黄昏始退公。可怜朝暮景,销在两衙中。"从早到晚在衙中处理庶务,如此两个月,才缓过气来,开始举行宴会,招待宾客和郡僚。

白居易极为喜欢苏州的自然风光。在苏州的大街小巷到处都留下了他的足迹。他的《正月三日闲行》诗有云:"黄鹂巷口莺欲语,乌鹊河头冰欲销(消)。绿浪东西南北水,红栏三百九十桥。"为了游赏方便,他还特意造了一只游艇,他的《小舫》诗说:"小舫一艘新造了,轻装梁柱库安篷。深坊静岸游应遍,浅水低桥去尽通。黄柳影笼随棹月,白蘋香起打头风。慢牵欲傍樱桃泊,借问谁家花最红。"他遍访名胜,游灵岩,上天平,而最常去的地方是虎丘,诗中曾说:"不厌西丘寺,闲来即一过。"虎丘作为苏州的名胜古迹,是游人荟聚之地。为了方便游人往来,白居易在山塘河边修建了一条从阊门到虎丘的7里长堤,后人称为"白公堤",即今山塘街。堤上夹种桃李,河中栽植荷莲,每当春、夏、秋三季,红男绿女,游人如织,白居易有诗描写道:"自开山寺路,水陆往来频。银勒牵骄马,花船载丽人。"

作为唐代著名的大诗人,白居易在苏州写下了很多诗篇,其中不少描写了苏州的城市风景,为我们了解唐代苏州的城市风貌提供了不可多得的素材。

有一次,在公务之余,白居易登上阊门城楼,举目眺望,满城秋色,水色山风尽入眼底,不知不觉间,诗兴油然而生,遂吟《登阊门闲望》,诗云:"阊门四望郁苍苍,始觉州雄土俗强。十万夫家供课税,五千子弟守封疆。阊阓城碧铺秋草,乌鹊桥红带夕阳。处处楼前飘管吹,家家门外泊舟航。云埋虎寺山藏色,月耀娃宫水放光。曾赏钱塘嫌茂苑,今来未敢苦夸张。"九月九日重阳节,白居易宴集郡楼,凭高远眺,觉得古城着实壮观,值得称赞,遂作《九日宴集醉题郡楼兼呈周殷二判官》:"半酣凭槛起四顾,七堰八门六十坊。远近高低寺间出,东西南北桥相望,水道脉分棹鳞次,里闾棋布城册方。人烟树色无隙罅,十里一片青茫茫。"吟颂这样的诗句,在我们的脑海中足以浮现出当时苏州城市布局的立体图像。作为一座水乡城市,多水多桥构成苏州城市风光的一个重要特点。对此,白居易诗中也有反映,所谓"东西南北桥相望","绿浪东西南北水,红栏三百九十桥"。"三百九十桥"未必是一个确数,但却足以说明苏州城中桥梁之多。白居易在苏州当了17个月的刺史,大约在宝历二年(826年)九月初,停职离任。临行前,他再次登上郡治后子城上的齐云楼,面对巨郡雄姿,不觉思绪万千,引起阵阵离愁别绪,作成《齐云楼晚望偶题十韵》:"潦倒宦情尽,萧条芳岁阑。欲辞南国去,重上北城看。复叠江山壮,平铺井邑宽。人稠过扬府,坊闹半长安。插雾峰头没,穿霞日脚残。水光红漾漾,树色绿漫漫。约略留遗爱,殷勤念旧欢。病抛官职易,老别友朋难。九月全无热,西风亦未寒。齐云楼北面,半日凭栏干。"当时的苏州城不愧为雄冠东南的一方巨藩,人口之多超过扬州,坊市之喧闹仅稍逊于京城长安。尽管诗人因病去职,甚至去职后感到了无官一身轻的愉悦,但毕竟在苏州为官是他少年时代就有的梦,为官期间又曾度过了一生中极为欢乐的岁月,充满了令人愉快的回忆,因而一旦别离,心中仍不免有点凄凉。由于他为官清正,造福于民,苏州的百姓也十分怀念他,殷勤挽留,"州民劝使君,且莫抛官去";离苏时,更是倾城而出,为他送行,刘禹锡作诗描述道:"姑苏十万户,尽作婴儿啼。"后人还在虎丘为其建立了白公祠以资纪念。

刘禹锡(772~842年),字梦得,祖籍中山,北魏时迁居洛阳。安史之乱时,举家南迁于浙江嘉兴。贞元九年(793年)进士,曾任太子宾客,世称刘宾客。因参加王叔文革新集团,先后被贬为朗州司马和连州刺史。太和六年(832年)出任苏州刺史。

苏州史纪(古代)

在刘禹锡来苏州前一年,恰逢苏州遭遇特大水灾,哀鸿遍野,满目疮痍。太和六年二月,刘禹锡到达苏州后,亲眼目睹了水灾所造成的严重后果,"水潦虽退,流庸尚多","饥寒殍仆,相枕于野"。因此,他深入民间,询访疾苦,了解灾情,筹谋救灾之策。在得到朝廷的批准后,从常平义仓中拨出12万石大米,按户口数平均分发给饥民,并宣布免除赋税徭役。这些措施安定了民心,为恢复和发展农业生产提供了条件。朱长文《吴郡图经续记》中称道:"梦得之为州,当灾疫之后,民无流徙。"朝廷以其政绩突出,

刘禹锡像

赐三品紫金服。为此,白居易专门给他写了一首贺诗,而刘禹锡自己也在《酬乐天见贻贺金紫之什》中洋洋自得地说:"旧来词客多无位,金紫同游谁得如?"刘禹锡在苏州做了两年多刺史,关心民瘼,注意发展生产,不仅灾情基本消除,户口也有了增加。后人把他与韦应物、白居易并称为"循吏"、苏州的"三贤",为他们建了三贤堂,岁时致祭。

刘禹锡也是一位著名的诗人。他与白居易过从甚密、时相唱和,被人称为"刘、白"。他的诗于诸家之外独辟蹊径,在

内容上积极反映下层民众的生活和风土人情,在艺术形式上则努力学习民歌,逐渐形成自己独特的艺术风格,如他写的《竹枝》,"杨柳青青江水平,闻郎江上唱歌声。东边日出西边雨,道是无晴却有晴",具有清新爽朗的情调和响亮和谐的节奏,读来琅琅上口。即便像白居易这样的大诗人,对刘禹锡也深为推崇,称之为"诗豪",说他的诗达到了"神妙"的境界。在苏州任上,刘禹锡因"夙夜竭诚"地忙于救灾等公务,作诗的时间不多,仅为我们留下了《题报恩寺》、《虎丘寺路宴》、《姑苏台》等少数诗作。太和八年(834年)七月中旬。他离开苏州时曾写《别苏州二首》,其二曰:"流水阊门外,秋风吹柳条。从来送客处,今日自魂销。"从中可以看出他对苏州依依不舍的恋情。

范仲淹在苏州的政绩与范氏义庄

范仲淹(989～1052年),字希文,祖籍邠州,后来徙家江南,遂为苏州吴县人。他的高、曾、祖、考4世的墓域位于苏州城西天平山麓,故天平山或称范坟山。

范仲淹出生于徐州,从小在北方长大。他幼年丧父,母亲谢氏本为侧室,家贫无依,再嫁山东长山朱氏,范仲淹改从朱姓,名说。青年时期的范仲淹刻苦好学,据说他在山寺读书时,夜以继日地学习,疲倦了就以冷水"沃面",吃不起饭,每天煮一锅稠粥,待冷后划为2块,早晚各吃1块,有时拌一点腌菜,这便是众所周知的"断齑划粥"的故事。他27岁时考中进士,步入仕途,开始了心忧天下、不断进取的政治生涯。

范仲淹胸怀大志,"以天下为己任",在《岳阳楼记》中写下的"先天下之忧而忧,后天下之乐而乐"的名句,既是他孜孜追求的人生境界,也是他一生行事的光辉写照。

范仲淹一生出将入相,"忠义满朝廷,事业满边陲,功名满天下",是中国历史上不可多得的杰出人物。无论"居庙堂之高",还是"处江湖之远",他总是关心民间疾苦,想方设法消除弊政,所至之处,都留下了卓著的声名和政绩。尤为可道的是,范仲淹直言勇谏,不畏强权,不计得失,一身浩然正气。

范仲淹像

他曾屡次上书,要求朝廷改革弊政。特别是庆历三年(1043年),他出任参知政事、枢密副使时,与名臣韩琦、富弼等人"条奏当世之务",写成《答手诏条陈十事》,提出了包括明黜陟、抑侥幸、精贡举、择官长、均公田、厚农桑、修武备、减徭役、覃恩信、重命令等在内的10条兴利除弊的改革措施,并得到宋仁宗的支持,推行"庆历新政"。尽管"庆历新政"后因保守派的反对而被迫中断,但却为后来的王安石变法开了先河。所以,南宋著名理学家朱熹推崇他为"天地间正气,第一流人物","其心量之广大高明,可为百世之师表"。

苏州是范仲淹的故乡。他一生从政30余年,1034年出任平江知府,为官仅一年多,主要政绩虽不在苏州,却为家乡的父老乡亲做了不少好事。

苏州地处太湖下游,地势低洼,是太湖出水必经之地,也是水灾的多发地区。范仲淹出知苏州后,对苏州的水患进行了充分的调查研究。他"询访高年",了解前人导河筑堤的治水经验,同时"按而视之,究而思之",在"深究利病"的基础上,提出了治理水患的主张与办法。他认为治理太湖水患的关键在于疏导太湖出水,不但要使湖水泄于东南的淞江,还要使之分流,由东北入于长江与大海,以减轻淞江泄水的压力。为此,他主持开浚了处于昆山、常熟之间的白茆、茜泾、许浦、下张、七丫5条大河,在河上设闸,平时关闸以阻潮沙,旱潦时开闸灌溉或泄洪。这样一来,苏州地区的水患得到了有效的控制,农业生产得到了保障。元代著名水利专家任仁发评论说:范仲淹尽心于水利,疏浚积潦,数年大稔,民受其赐。范仲淹治理苏州水患收到了显著的效果,取得了重要的成就,也为后世提供了成功的经验。

范仲淹是一个有远见卓识的政治家。他重视人才,主张兴学育才。他到苏州后,"叹庠序之未立",奏请朝廷,购南园之地创立苏州府学。关于他创建府学,在苏州还流传着这样一个故事:范仲淹原想在南园建造私宅,有一位阴阳先生看了风水后,对范仲淹说:这条街(即今人民路)就像龙的身体,北寺塔是龙尾,这里(指南园)正处龙首的位置,如在这里兴建住宅,家中定会科甲不断,公卿相继出世。范仲淹听了以后笑笑说：如此风水宝地，与其让我家独占，何不让出建立学校，让苏州士人在此受教育，出更多的公卿将相人才。于是就在这块地方建立了府学。当时所建的府学，左为广殿，右为正堂，泮池在前，斋室在旁，规模相当大。创立之初有学生20余人。有人提出府学地基太大，范仲淹却说："我还怕将来会嫌太小呢！"府学建成后，范仲淹聘请了著名学者胡瑗、孙明复等来此讲学。胡、孙二人是当时有名的大儒，被后人视为"宋学的开山者"。在他们的主持下，苏州府学文风大昌，英才云集，"登科者逾百数，多致显"，人才辈出，盛况空前，影响越来越大。后人评论曾说："天下郡县学莫盛于宋，然其始亦由于中吴，盖范文正以宅建学，延胡安定为师，文教自此兴焉。"① 范仲淹为苏州教育事业的发展和文化中心的形成作出了巨大贡献。

范仲淹在苏州首创范氏义庄，开了中国封建社会义庄制度的先河，在历史上产生了广泛而深远的影响。

宋仁宗皇祐元年(1049年)，出任杭州知州的范仲淹返回故乡，寻访宗族，创建了旨在解决族中贫困之人的范氏义庄。关于范氏义庄的创建情况，与范仲淹几乎同时代的钱公辅在《义田记》中有较为详细的说明，并因收入《古文观止》一书而广为人知，文中有谓："范文正公，苏人也。平生好施与，择其亲而贫，疏而贤者，咸施之。方贵显时，置负郭常稔之田千亩，号曰义田，以养济群族之人。日有食，岁有衣，嫁娶凶葬皆有赡。择族之长而贤者主其计，而时共出纳焉。"为

---

① 同治《苏州府志》卷26。

了确保义庄的正常运行,实现他创办义庄的初旨,范仲淹还手书《义田规矩》13条,对赡族支出作了种种规定。义田是义庄的主体,除此以外,义庄内还包括义宅和义学等。义宅是义庄的建筑,位于今苏州景范中学校址,用以收聚族人;义学用以培育子弟,所以元代牟巘《范氏义塾记》中指出:"范文正公尝建义宅,置义田、义庄,以收其宗族,又设义学以教,教养咸备,意最近古。"由此看来,范氏义庄是一个自成系统的救济机构。范仲淹死后,其子孙世修其业,经久不衰。其后,吴中大族纷纷效法,至清代达到了数百个,形成了一种义庄制度。范仲淹建立义庄固然是为了巩固封建的宗族制度,稳定封建的统治秩序,但与他倡导的"先忧后乐"思想也是一脉相承的,是"先忧后乐"思想的一种外在表现。尽管在后来的流变中,范氏义庄劣迹昭昭,但这与范仲淹倡建义庄的初衷已是相去甚远了。

朱勔与花石纲之役

北宋王朝是通过统治阶级内部夺权政变的手段建立起来的,从它建立的时候起就奉行保护大地主集团利益的政策,因而有宋一代的阶级矛盾和斗争十分尖锐。北宋末年,封建统治集团越来越腐朽。宋徽宗更是历史上有名的荒淫帝王,他只知道声色犬马,寻欢作乐,搜刮民脂民膏,任用奸佞,朝政大权落入蔡京、童贯、王黼、朱勔、梁师成、李彦等被民间称为"六贼"的人的手中。他们为非作歹,肆意掠夺,使得北宋王朝统治更加黑暗,处于危机四伏、内外交困的境地。而花石纲事件终于敲响了北宋王朝灭亡的丧钟。

纲是一种运输货物的组织编制。北宋时期,全国各地的货物往京城开封运送时,都要编成一组一组的,一组就称为一纲。这种成批运送货物的方法,称为"纲运",如当时把运牛的叫牛纲,运粮的叫粮纲。而所谓花石纲,是指蔡京等"六贼"组织人马从全国,尤其是江浙地区掠夺大量的奇珍异宝、可供观赏的花木和玲珑剔透的太湖石,然后运往京师的纲运。说起北宋末年的花石纲事件,不能不谈到苏州,而说到苏州,又不能不提起"六贼"之一的朱勔。

朱勔是平江(即苏州)人,其父朱冲本为市井贱流,因家贫落魄而佣作于人。由于他"狡猾有智数",借到些本钱,以卖药为生,方使家业渐增,"易为药肆",逐渐致富。朱冲从一个潦倒者一跃而为暴发户,但他并没有改掉市井无赖的本性,因行为不检,两次受刑。随着财富的增加,他一方面经营园圃业,交结权贵,另一方面又施小恩小惠,收买人心,以至得到不明真相之人的称誉,成为地方的名人。有一次,蔡京自杭州路过平江,欲建佛教寺院,需钱数万。朱冲感到这是巴结蔡京的绝好机会,独力出资赞助,赢得蔡京欢心。蔡京回朝后,让其冒充军功,父子都取得了官位。

宋徽宗爱好书画,喜欢花石珍奇。蔡京投其所好,引见朱勔于徽宗,使"密取浙中珍异以进"。起初,进贡数量很少,次数也不多。后来在童贯的指使下,朱勔负责苏州应奉局,专门采办进贡物品,于是进贡的数量越来越多,"舳舻相衔于淮、汴,号花石纲"。当时,徽宗大兴土木,相继营建延福宫及艮岳,正需要大量的奇花异草、珍木怪石来装饰,"一时应奉天下皆不及",而"朱勔之纲为最"。朱勔由此更博得了徽宗的青睐,官位累迁至合州防御史。这个无赖子弟依靠蔡京的引荐、童贯的扶持,用巧取豪夺来的珍奇物品奉迎徽宗,从此官运亨通。

花石纲之役给全国人民带来了灾难。遍布各地的采办人员穷凶极恶地掠夺,阻碍了商品流通,摧残了商品经济的发展。纲运所过之地,往往要拆桥、毁房,因而花石纲给江南,特别是苏州人民带来了深重的灾难。

《宋史·朱勔传》记载:应奉局设于苏州,专办采贡之物,"豪夺渔取于民,毛发不少偿"。对于民间稍堪玩赏的一石一木,即领爪牙直入其家,贴上黄封条,作为御前贡物,下令保护,稍有不慎,即被冠以"大不恭罪"。运走的时候,"必彻屋抉墙以出"。老百姓一遭花石纲之灾,中等之家即遭破产,甚至有卖妻鬻子"以供其须"的,以致民间"畏之如虎",不敢私藏一花一木。

运送花石纲工程浩大。太湖石经过水波的长期冲击,有很多嵌空的洞孔,形成皱、瘦、漏、透的特点,搬运时极易损坏。于是有人想出办法,先以胶泥将洞孔填实,外面用麻筋夹泥包裹,待晒干坚实,才以船启运,但做起来相当麻烦。有一次,朱勔发现了一块后来赐名为"神运昭功石"的太湖巨石。为了运此石,"载以巨舰,役夫数千人,所经州县,有拆水门、桥梁,凿城垣以过者"①,花了几个月时间才运到开封。这一切力役、费用负担无不落在苏州人民身上。当时的花石

---

① 《宋史·朱勔传》。

纲运,连樯接橹,日夜不绝,名曰"神运",有时还要征发粮船和民间商船,以致影响到了京城的粮食供应。

由于朱勔是苏州人,苏州人民还要受到多方面的奴役和掠夺,如地方官赵霖为了拍朱勔的马屁,在严寒的冬季,大征徭役,使得"役死者相枕藉","吴、越不胜其苦"。朱勔利用手中的特权公开掠夺,大肆兼并农民的土地,家有田庄10所,良田30万亩,岁收租课10多万石,"甲第名园,几半吴郡,皆夺士庶而有之者"。凡是他看中的地方,只要对地方官稍加示意,即可轻而易举地占为己有,《宋史·朱勔传》中记载:"所居直苏市中孙老桥,忽称诏,凡桥东西四至壤地室庐悉买赐予己,合数百家,期五日尽徙,郡吏逼逐,民嗟哭于路。"他在盘门内造的绿水园,栽种牡丹数千株,每株饰以彩帛,挂以金牌,标以名称,园中有水阁,造九曲径以进,范围极广。家中"服膳器用逼王食,而华致过之",说其富比王侯,诚非虚言。

朱勔因采办花石纲有功,官越做越大,从防御使到节度使。"一人得道,鸡犬升天",朱氏一门也因此尽居显职,兄弟子侄15人分别当上了承宣使、阁门宣赞舍人、朝奉大夫直龙图阁、观察使和刺史等高官,"一时轩裳之盛",空前未有。为了保证朱氏世代为官,门第不衰,朱勔又千方百计地攀龙附凤,与皇族结成姻缘。赫赫权势,炙手可热,"在仕途者,稍拂其意,则以违上命文致其罪"。而东南一带的郡守县令多出其门,"颐指目摄,皆奔走听命"。朱氏一门的荣华富贵是建立在广大劳动人民的血海骨山之上的。

统治阶级大兴花石纲之役,草菅人命,使得本来就已尖

四、唐宋元时期的东南雄藩

锐的阶级矛盾更加激化,而江浙地区被害最甚,"吴民不聊生矣"。因此,到了宣和年间,终于在东南地区爆发了方腊领导的声势浩大的农民起义。起义军打出了"诛朱勔"的旗帜,因而"所在响应,数日有众十万",很快就攻下了浙东的数十个州县。当时在苏州也发生了以石生为首的农民起义,他与方腊等起义军互相呼应,使得"东南大震"。

面对越烧越旺的农民起义烈火,北宋统治集团一方面宣布撤销设于苏、杭两地的应奉局,停止花石纲之役,并罢免朱勔父子的官职,另一方面又调集重兵,进行血腥镇压。到第二年4月,起义失败。

但是,农民起义军将士的血迹未干,统治阶级又恢复了苏、杭应奉局,朱勔父子重被起用。他们怙权恃势,收受贿赂,培植亲信党羽,有不愿附己者则罢去,时人目为"东南小朝廷"。宋徽宗对朱勔更加宠信。朱勔出入宫廷可以不避嫔妃。在一次宴会上,徽宗曾亲握其手与之交谈,朱勔以此为无尚荣耀,在这只手臂上缠上黄罗,与人见面作揖,此臂竟然不举。朱氏势力"前后盘结固宠二十年",威风无比,不可一世。

长达数十年之久的花石纲之役,使得国库空虚,民不堪命,北宋王朝再也无力抵御女真族的侵扰。宣和七年(1125年)十月,金军包抄开封。宋徽宗匆忙让皇位于儿子钦宗,自己带领蔡京、朱勔父子等人逃到镇江避难。由于金军未克开封而还,徽宗才得以回到京城。这时,朝野内外同声要求诛杀"六贼"。在全国舆论及官民的强大压力下,钦宗不得不处置了"六贼",削朱勔父子弟侄之官,将其流放韶州、循州,后又下诏中途处死,籍没其家。当这个消息传到苏州后,积怨已久的人们迅速冲进朱勔家中,赶出朱勔家人,捣毁园宅。当时有人作了一首谑词嘲讽道:"做园得数载,栽培得那花木,就中堪爱,特将保义酬劳,反做了今日殃害。诏书下来索金带,这官诰看看毁坏,放牙笏,便担屎担,却依旧种菜。"现在苏州留园内的瑞云峰和第十中学内的冠云峰,据说就是当年花石纲的遗物,现已列为省级文物保护单位。

《平江图》反映的苏州城市风貌

北宋时期,苏州的繁荣超过唐代,达到了相当的程度。但是,到了南宋建炎四年(1130年)二月,这座古城却遭到了空前的浩劫。金兀术自临安退军途中,进犯平江。金兵由盘门入城,劫掠民居,纵火延烧。大火升腾天空,五昼夜不息。苏州城中居民"迁避不及遭杀者十之六七"。兵事过后,苏州城市建设重新展开,逐渐恢复了昔日的风貌。现存南宋绍定二年石刻的《平江图》即为经过恢复后又有所发展的府城平面图。

《平江图》碑通高279厘米、宽138厘米。碑额高76厘米,雕有二龙相交图案,正中刻"平江图"3字。额下为碑心,高203厘米,内刻平江府城全图。该图基本上沿用了东晋裴秀所创造的制图六法,方位、比例、尺度等掌握得比较正确,具有较高的测绘水平,而且雕刻精细,图像清晰。图中刻有2重城垣及水陆5门、65座坊表、314座桥梁以及公署、军寨、学校、楼台、亭馆、园第、寺观、祠庙、河流、湖泊、山陵、古

四、唐宋元时期的东南雄藩

迹等等,从中可以看出平江府城的城市布局。

由《平江图》来看,平江城呈一不规则的长方形,北部两侧略宽,西南盘门所在之处略向外凸出呈弧形。其所以如此,主要是因势利用天然河道作为护城河及考虑河水的缓急而形成的。平江城四周筑有高大的城墙,墙身内外都包砖加固。城墙每隔一段距离都筑有"马面"(突出部分),共有60余个,既可起加固的作用,也有利于防守。苏州自春秋筑城起即有城门8座,历代时有兴废,《平江图》中只有5座城门,即阊门、盘门、葑门、娄门、齐门,各门都建有高大的城楼。

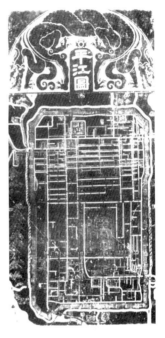

宋《平江图》原碑

城内,街道、河流的布列井然有序。街、河并行,南北方向6条,东西方向14条,以城北居民区最为密集。居民住宅临水面街,夹岸相望。与此相应,城内桥梁遍布,有名可考者285座,加上城外的桥梁,共计314座。唐时,苏州的桥梁均为木质,故白居易诗中有"红栏三百九十桥"之说。因木质易于腐烂,入宋以后,"叠石甃甓",都改成了"工奇致密"的石桥。正是这块《平江图》碑,形象地反映了苏州"小桥流水人家"的水乡城市风貌。

城中央偏东南有子城,周围12里,辟有南、北、西3座城门,皆有楼,是平江府治所在。内有府署,设厅、签判厅、小堂、宅堂、路分厅、路黔辖、教场等建筑与设施,以及东斋、西斋、坐啸亭、逍遥阁、观德堂等亭台楼阁,组成一个有序的建筑群体。后园西北隅建有"瞻仪堂",绘历届郡守像于壁间,后专门供奉韦应物、王仲舒、白居易、刘禹锡和范仲淹五贤像于此。此外,子城外面也有不少的官署或官方设施,如北部的长洲县、吴县,西部的府仓、贡院,西南部的府学、姑苏馆等等。在平江城的四周城墙内侧,有标着"威果二十八营"、"威果四十一营"、"雄节营"等字的营寨,驻有禁军及地方武装数千人。凡此都说明平江府城仍然是江南地区的政治、军事中心。

平江城文化气息浓厚。坐落在南园的府学广袤宏大,占地150亩,建有洗马池、大成殿和教授厅等,是平江的最高学府。在其周围还有长洲县学、鹤山书院、和靖书院等。可以说,这一带是平江城内主要的文化区。在西城墙下,建有供科举考试用的贡院,院中东、西两旁,号舍林立。城内寺观坛庙众多,据说有139处,见于《平江图》的即有报恩寺、能仁寺、崇真观、至德庙等50多所,所以史书中有"东南寺观之胜,莫盛于吴郡"的说法。出于表彰先贤、提倡封建道德以激励后学的需要,平江城中坊表林立,仅《平江图》中所标示的坊表即达65座之多,如"儒学坊"、"状元坊"等等。园林第宅,遍布各处,城南有沧浪亭、南园,城东有杨园,城中有乐圃等,风景秀丽,"不出郛郭,旷若郊野",有花木、山石、林泉之胜。学校、寺观、坊表、园林的多重组合,使得苏州城内充

四、唐宋元时期的东南雄藩

满了浓厚的文化气息,构成了古城绚丽多姿的文化风景线。

平江城的经济职能显著加强,工商业日趋繁荣。如前所述,宋代苏州地区的农业生产有了长足的进步,吴中水利专家郏亶所说"天下之利,莫大于水田。水田之美,无过于苏州"的赞语以及"苏湖熟,天下足"谚语的广泛流传,真实地反映了宋代苏州在全国的粮仓地位。平江城内仓库众多,除子城内的公使库、酒库、军资库,子城外西侧的茶场、盐仓等外,还有南仓(即府仓)、北仓、常平仓、归仁仓、报功仓(以上三仓均在南仓内)、户部百万仓(后增为东、西二仓)、平籴仓、宝祐百万仓、本府籴纳仓等等,其中南仓贮税粮,北仓贮和籴米。粮仓的不断兴建,说明运输出入平江城的粮食数量庞大,由粮食运输所带动的多项经济活动越来越盛。平江城手工业的发展情况已在前文作了专门介绍,而在《平江图》中也可以得到证明。当时的手工业有100余种行业,并出现了按行业性质而聚居生产的专业坊巷,如醋库巷、石匠巷、乐鼓巷、弓矢巷、砖巷、巾子巷、绣线巷、幛子巷、金银巷等,见于文献记载的就更多了,从中反映出行业分工的扩大和专业生产能力的提高。在此基础上,城市商业趋于繁荣。城内主要商业区在乐桥一带,有大市、西市和东市等集中进行贸易的综合市场。从"米行"、"丝行"、"果子行"、"药市"等名称可以推知,当时城内存在不少的专门市场。随着城市经济的发展,宋代苏州的城市机能开始发生变化,由传统的政治中心城市朝着以经济职能为主的城市转变。

通过《平江图》,我们可以了解宋代苏州的城市风貌及其发展趋势。

田园诗人范成大

范成大(1126～1193年),字至能,自号石湖居士,吴郡(今苏州)人。父亲范雩,宣和六年进士,宋室南渡后官至秘书郎,颇有文名。母亲是北宋名臣蔡襄的孙女、宰相文彦博的外孙女。出身于书香门第的范成大自幼便受到传统文化熏陶,12岁时遍读经史,14岁时即能文章。不幸的是,未成年时即遭家庭变故,父母相继谢世。范成大的身心受到摧残,一度借住于寺院,以读书吟咏为乐,无意于科举功名,度过了10年的光阴。后经父亲挚友相助,于绍兴二十四年(1154年)考取进士,开始了历时30年的仕宦生涯。

范成大出仕后,担任过徽州司户参军、监临安太平惠民和济局、圣政所检讨官历枢密院编修、秘书省正字、校书郎、著作佐郎等职。乾道二年(1166年)由史馆的职务转入政务机构,除吏部员外郎,后又出知处州。在处州任上,深感胥吏催租贪索害民之事,创"义役"法,又兴修水利,做了一些有利于地方人民之事。

乾道六年(1170年),已被擢升为起居郎假资政殿大学士的范成大受宋孝宗的委派,出使金国,旨在索取河南陵寝之地,并面议受书礼仪。当时,朝臣惧怕金人如虎,另一被推荐为使者的李焘胆怯不允,而范成大却慷慨请行,表现出了超人的胆识。出使途中,范成大凭吊了历史上英雄人物遗留的故迹,前辈将领以及广大爱国军民和金兵浴血奋战的疆场,故都汴京的断壁残垣,特别是沦陷区父老百姓流涕扶

四、唐宋元时期的东南雄藩

拜,渴望宋军早日收复中原的情景,激起心中无限感慨,写下了72首记事诗和使金日记《揽辔录》。在金国期间,范成大面对金国君臣的胁逼,始终表现了不屈的气概,以至金国君臣也不能不表示钦佩。范成大的不辱使命,为南宋朝廷赢得了威信,因此深受宋孝宗的器重和朝野人士的称道,回朝后即升任中书舍人、实录院同修撰。后因事触犯圣颜,请求归里。乾道九年(1173年),范成大再度被起用为广西经略安抚使,5年后改知成都府,任四川制置使。无论是在边关,还是在少数民族地区,他都能在力所能及的范围内做一些匡时救弊、有利于百姓的事情,尤其注意招纳贤士、选拔人才。1178年,范成大以中大夫为参知政事,成为宰执之臣,但仅两个月即遭御史弹劾,落职归里。其后还曾知明州、建康等地,淳熙十年(1183年),因病归隐苏州石湖达10年之久。对于范成大的仕宦生涯,时人曾给予较高的评价,岳飞的孙子岳珂在《桯史》中赞扬说"石湖(即范成大)立朝多奇节";楼钥在《资政殿大学士通议大夫范成大转一官致仕》文中说"胸中之有甲兵,世称小范之多才",以北宋名臣范仲淹抵御西夏的典故媲美范成大,可见时人对他的推崇。

范成大素负文名,周必大在《神道碑》中说他"文章赡丽清逸,自成一家";与范成大齐名的杨万里在《石湖集序》中对范成大的文章作了如下的评价:"训诂具西汉之尔雅,赋篇有杜牧之深刻,骚词得楚人之幽婉,序山水则柳子厚,传任侠则太史迁。至于大篇决流,短章敛芒,缛而不酿,缩而不窘。清新妩丽,奄有鲍谢,奔逸隽伟,穷追太白……"他的《三高祠记》、《馆娃宫赋》一出来,人们争相传诵,被誉为"天下奇笔"。不过与散文相比,范成大在诗歌方面所取得的成就更为辉煌,作为南宋时期的著名诗人,范成大与陆游、杨万里、尤袤并称为"中兴四大家",以清新、温润、轻巧的多样诗风为人所推崇。

范成大一生写作了1900多首诗。他的诗歌创作,随着生活阅历的变化而呈现出不同的风采,题材内容亦很广泛,既有描绘山川形胜、风土人情、岁时民俗和农家苦乐的诗篇,也有关注国事、表现自我的作品,其中成就最高的是表现爱国思想情操的诗作和反映农村耕织生活图景而富有泥土气息的田园诗。

范成大生活于靖康之耻、神州陆沉的时代,金人进犯,中原失陷,南宋王朝僻居江南,破国失土之痛与怀念故国的精神风貌,在他的诗篇中得到了清晰的反映。尤其他在出使金国途中所作的72首绝句,是他爱国诗篇的代表作品。在《双庙》一诗中,在歌颂张巡、许远保卫孤城和力抗强敌的同时,范成大对那些使神州陆沉的误国权奸进行了谴责:"平地孤城寇若林,两公犹解障妖祲。大梁襟带洪河险,谁遣神州陆地沉!"在《州桥》诗中,诗人对中原百姓迎拜汉使、天街父老南望王师的动人情景进行了描述:"州桥南北是天街,父老年年等驾回。忍泪失声询使者,'几时真有六军来'。"逗留金国期间,面对金朝的威逼,范成大从容镇定,赋《会同馆》诗明志:"万里孤臣致命秋,此身何止一沤浮!提携汉节同生死,休问羝羊解乳不。"而最能代表范成大艺术成就的篇章,当属晚年隐居石湖时所作的田园诗。

石湖是太湖东出水的一个分支,位于苏州城西南郊。南

四、唐宋元时期的东南雄藩

北长 4.5 公里,东西宽 2 公里,面积 3.5 平方公里。石湖四周有溪、河、塘、港、浜、湾等组成的完整的水系和各具异趣的水景,并与湖西的上方、七子、吴山、尧峰等远山近峰相映成趣,成为一幅天然的山水画图。范成大喜爱石湖的山水,于淳熙十年(1183 年)告老回乡,即选择石湖为隐居之地,在春秋吴越争战时的古迹越城之南筑石湖别墅,背山临湖,随地势高下而构堂、馆、亭、轩,以湖中"天镜阁"为最胜。宋光宗赐以御书"寿栎堂"额,一时名人会聚,作文以贺。别墅之南辟有"范村",范成大于此植梅种菊,并著有《范村记》和《范村梅菊二谱》。在 10 年的隐居生活期间,范成大优游吟唱,但仍不忘民生疾苦,曾多次应诏上书,极论利弊,惜未能被采纳。他把自己的生活感受尽寄于诗篇,写下了千古传诵的《四时田园杂兴》60 首。

范成大的《四时田园杂兴》,集我国古代田园诗之大成。他继承了自《诗经》以来包括陶渊明、王维、元稹等田园农事诗的传统,并把它推进到一个崭新的阶段。在表现农村生活的广度和深度上,范成大均超过了前人。钱钟书先生在《宋诗选注》中认为,"到范成大的《四时田园杂兴》六十首才仿佛把《七月》、《怀古田舍》、《田家词》这三条线索打成一个总结,使脱离现实的田园诗有了泥土和血汗的气息,根据他的亲切的观感,把一年四季的农村劳动和生活鲜明地刻画出一个比较完全的面貌。田园诗又获得了生命,扩大了境地,范成大就可以跟陶潜相提并称,甚至比他后来居上"。

范成大的田园诗,诗风"清新、温润、妩丽,尤喜吟唱乡俗、节令、物产,把风土岁华的制作,寄之于《杨柳》、《竹枝》

的体裁,颇具民歌风味"①。他的《四时田园杂兴》组诗,恰似一幅农村耕织的长卷,描绘了江南水乡的农村风光,反映了农民的生产劳动、生活情态和思想感情,如:"高田二麦接山青,傍水低田绿未耕。桃李满村春似锦,踏歌椎鼓过清明";"昼出耘田夜绩麻,村庄儿女各当家。童孙未解供耕织,也傍桑阴学种瓜";"新筑场泥镜面平,家家打稻趁霜晴。笑歌声里轻雷动,一夜连枷响到明"。这些诗轻松活泼,读来琅琅上口,至今仍为人们传诵。通过这些诗篇,苏州地区农民的生产与生活情状,栩栩如生地展现在读者的眼前。尤为可贵的是,诗人能透过农村和谐生活的表面,深刻地揭露统治阶级残酷剥削农民的事实:"垂成穑事苦艰难,忌雨嫌风更怯寒。笺诉天公休掠剩,半偿私债半输官";"租船满载候开仓,粒粒如珠白似霜。不惜两钟输一斛,尚赢糠覈饱儿郎";"黄纸蠲租白纸催,皂衣旁午下乡来。'长官头脑冬烘甚,乞汝青钱买酒迴'"。这些诗暴露了租赋苛重、胥吏贪横的社会现实和农民的艰辛劳动以及遭受压榨的苦难情景,成为范成大诗作中最为光彩、最富社会意义、最有影响的部分。

涉及范成大与苏州的关系,不能不说到他所编纂的苏州地方志——《吴郡志》。

《吴郡志》由范成大初纂,后经汪泰亨等订伪补缺,于绍定年间刊行于世。全志50卷,分沿革、风俗、城郭、学校、官宇、古迹、山川、水利、人物等39门,是一部以苏州兼及所属

---

① 孙望、常国武主编:《宋代文学史》下册,第74页,人民文学出版社1996年版。

四、唐宋元时期的东南雄藩

诸县为记述对象,并以"志"命名而流传迄今的宋代唯一的方志。它记事详赡,内容丰富,门类区分也较为合理,历来受到方志学者的好评,清代《四库全书总目提要》称其"征引浩博,而叙述简核,为地志中之善本";清代方志学的创始人章学诚虽然对《吴郡志》颇有微词,但也不能不承认它"文笔亦自清简……编次亦尔雅洁","今学者论宋人方志,亦推罗氏《新安志》与范氏《吴郡志》为称首,无异辞矣"。①

马可·波罗笔下的苏州

1271年,来自北方蒙古高原的忽必烈建立元朝,开始了统一中国的进程。1275年,元军占领平江,由于执行了"凡城池悉命夷湮"的政策,苏州城遭到了严重的破坏。

元朝政局稳定后,采取了一系列措施发展生产。尤其自宋代以来,全国经济重心已经转移到以太湖流域为中心的江南地区。凭藉雄厚的基础,苏州的经济得到了迅速的恢复和发展,城市呈现出初步繁荣的景象。这在《马可·波罗游记》一书中得到了明显的反映。

马可·波罗是著名的意大利旅行家,出生于濒临亚得里亚海的威尼斯城。17岁时,他跟随经商的父亲和叔父克服重重艰难险阻,于1275年到达中国的上都,受到元世祖忽必烈的热烈欢迎和盛情款待。马可·波罗勤奋地学习中国文化,通晓汉语和蒙语,在很短的时间内就熟悉了元朝宫

---

① 章学诚:《书"吴郡志"后》,载《章氏遗书》卷14。

廷中的礼仪和行政机构中的法规,深受忽必烈的器重。忽必烈就让他在元朝政府中供职。前后17年中,马可·波罗多次奉命出使,足迹遍及长城内外、大江南北和周边诸国。他每次出使归来总要详细地汇报情况,尤其着力探索和收集各地风土人情、物产资源,忽必烈因此而更加喜欢他,"待遇优渥,置之左右"。

马可·波罗和他的父、叔尽管在元朝宫廷里过着优越的生活,但故国之思始终未曾泯灭。1292年夏天,他们利用护送蒙古公主去波斯的机会,踏上了返回故乡的旅程,终于在1295年冬回到了阔别20多年的故乡。长达17年之久的中国生活,使马可·波罗"在举止和言行上有一种不可形容的鞑靼人的风味",语言变调,加上长途跋涉后外貌的变化,以至亲友们差点不敢相认。回到故乡的马可·波罗作为游历异域的英雄和百万富翁,受到了威尼斯社会的普遍欢迎。

在他回乡后不久,即发生了威尼斯和热那亚之间争夺商业利益的战争。马可·波罗自费购置舰船,带兵作战,结果被热那亚人俘虏,投入了监狱。正是在那里,他把自己的亲身经历口述给狱中结识的一位通晓法文的难友——比萨作家鲁思梯谦,由鲁思梯谦笔录成稿,这便是著名的《马可·波罗游记》,也称《东方见闻录》。《马可·波罗游记》是脍炙人口的"世界一大奇书",出版以后即被翻译成多种文字,风靡于世。书中描绘得栩栩如生的景物,激起了欧洲人对东方的向往,成为15世纪末地理大发现的原因之一。

《马可·波罗游记》记录了马可·波罗游历中国时在各地所见到的风土人情。其中对苏州的描述,为我们了解元代

四、唐宋元时期的东南雄藩

前期苏州的情况提供了生动的素材。

《马可·波罗游记》第75章《苏州市和吴州市》记道：

> 苏州城漂亮得惊人，方圆有三十二公里。居民生产大量的生丝制成的绸缎，不仅供给自己消费，使人人都穿上绸缎，而且还行销其它市场。他们之中，有些人已成为富商大贾。这里人口众多，稠密得令人吃惊。然而，民性善良怯懦。他们只从事工商业，在这方面，的确显得相当能干。如果他们的勇敢和他们的机智一样优越，那么，就凭他们众多的人口，不仅可以征服全省，而且还可以放眼图谋更远的地方。
>
> 他们中有许多医术高明的医生，善于探出病根，对症下药。有些人，是学识渊博著称的教授，或者如我们应该称呼他们的那样，是哲学家，还有一些人或许可以称做魔术家或巫师。
>
> 在城外附近的山上，大黄长得茁壮喜人，并从这里分布到全省各地。也盛产生姜。而且售价低廉，一个威尼斯的银币，可买到十八公斤的生姜。
>
> 有十六个富庶的大城市和城镇，属于苏州的管辖范围。这里商业和工艺十分繁荣兴盛。苏州的名字，就是指"地上的城市"，正如京师的名字，是指"天上的城市"一样。①

---

① 陈开俊等译：《马可·波罗游记》，福建科学技术出版社1982年版。

马可·波罗的有些记述并不切合实际,有些记述可能夸大其辞,但不可否认,其记载大体上是可信的。

苏州是一个人口众多的大城市。虽然由于史料的缺乏,我们无从得知当时城市人口的确切数字,但就大的平江路范围来看,与前代相比,人口有了快速的增加。北宋初年,平江府人口为3.5万多户,元丰年间近20万户,南宋德祐元年曾达32.96万户。其后经过南宋末年的战争,人口大量减少,但在忽必烈统治时期,人口又增加到了46.6万户。从横向比较来看,同时期的常州路近21万户、102万人,每平方公里人口密度为158.86人,松江路约16.4万户、80万人,人口密度为每平方公里231.88人,而介于两路之间的平江路则为46.6万户、243.4万人,人口密度高达每平方公里328.48人。当时的苏州是江南地区的中心城市,城市中有河道埋塞、"人皆聚闬而居,开凿为难"的说法,不难想见城市人口多、人口密度大的盛况。

苏州人善良怯懦。众所周知,崇尚武力是六朝以前吴地民风习性的最大特色。随着北方人口的大量南下,北方先进文化的广为传播,吴地民风习性开始发生深刻的变化。昔日有"天下劲旅"之称的江东子弟被"吴人不习战"、"南人怯懦"的评价所替代。由于社会经济的发展、人民生活水平的提高和礼教的传播,尚武的风气逐渐泯灭,崇文重道之风成为吴地社会的主流,所谓"当赵宋时,俗益不变,有胡安定、范文正之遗风焉。及后礼义渐摩,而前辈名德,以身率先,又皆以文章振动。今后生文词,动师古昔,而不桔于专经之陋。矜名节,重清议,下至布衣韦带之士,皆能摛章染墨,其格甚美"①。所以,"尚礼、淳庞、澄清、隆洽"成为宋代以后苏州民风习性的主要特征。

苏州有许多医术高明的医生。今人所编《吴中名医录》元代部分收录了17位名医,还未必全面。吴中名医医术高超,多有奇效,《明史·葛乾孙传》记载:某官家女四肢痿痹,目瞪不能食,医治无效。苏州名医葛乾孙诊视以后,辨明症状,让撤去房中香奁流苏之属,掘地坎,置此女于其中,令家人待她手足能动则相告。过了一段时间,此女果然举手而呼。葛乾孙又让她服药一丸。第二天,此女就从坎中走了出来。葛乾孙还长于针灸,疗效显著,以至名列金元四大家的神医朱震亨对其也极为推崇。有一次,朱震亨为浙中一女子治肺结核病,将痊愈,但该女子两颊上丹点不退。朱震亨无法可施,便对主人说只有吴中葛乾孙能治。主人乘舟前往迎接。朱震亨对葛乾孙说明原故,请出女子诊治,葛乾孙说:"依法应当针刺两乳。"主人感到很为难。葛乾孙说可以穿上衣服,不必裸身。援针而刺,颊上丹点应手而灭。葛乾孙精医多能,"勇士言其长于武,士子言其长于文,方士言其长于医,实文武医药皆精通"②。苏州的名医不仅精于疗疾,且精研医道,在医学理论方面也多所发明,如葛乾孙的父亲葛应雷,专攻医学,对古代医籍《灵枢》、《素问》等书加以精研,深窥奥旨,"见世之言医者,拘方执论,而莫究其原委,宣泄补

---

① 胡朴安:《中华风俗志》卷2,上海文艺出版社1988年影印本。

② 苏州地方志办公室、苏州市档案局编:《吴中名医录》,1985年内部发行。

益,守护攻伐之法,不识时用",于是著《医学会同》一书,"推五运六气之标本,察阴阳升降之左右,以定五脏六腑之虚实,以合经络气血之流注,使学者知疾病之侯(候),死生之期"①。再如倪维德,见历代有关伤寒、内伤、妇幼之科著述已多,惟治眼疾者独缺不全,遂著《原机启微》一书,为现存最早的眼科专书。由此可见,马可·波罗所谓苏州多名医,"善于探出病根,对症下药。有些人是学识渊博著称的教授"等,是言而有征,可以引为依据的。

苏州的丝织业日趋兴盛。如前所述,宋代的苏州丝织业已有了相当程度的发展,南宋晚期,丝织业已普遍成为苏州农家副业。沿至元代,丝织业有了进一步的发展,以至政府在苏州设立了"织染局",作为专门的织染机构。由于丝织业的兴盛,从事丝织业的同行还在玄妙观建立了行会组织——吴郡机业公所,以便协调和管理。苏州的丝织品以其品种多、质量高而闻名,方志中说:"纱有数等,暗花为贵。暗花者,素纱之上,花纹隐然,即之若无,望之则有。他处少传其法,惟平江机工能之。"又说:"巾纱,吴郡漆者最佳。""绫,土人善织……今时织纻丝细花绫,亦龙凤等样练染,光彩耀目。"正因为如此,元代输出海外的丝织品统称为"苏杭色缎"。所以,尽管马可·波罗说苏州"人人都穿上绸缎"不免夸张,但说苏州居民大量生产生丝制成的绸缎,行销其他市场,还是反映了客观实际的。

---

① 苏州地方志办公室、苏州市档案局编:《吴中名医录》,1985年内部发行。

四、唐宋元时期的东南雄藩

马可·波罗把苏州理解成"地上的城市",实际上是对"上有天堂,下有苏杭"谚语的曲解。作为一个未能深入地域文化的外国人,这样的错误是难免的。但是,通过马可·波罗的中介,中意两国人民之间架起了友谊的桥梁。今天,水乡城市威尼斯和享有"东方威尼斯"之誉的苏州已结成了友好城市。我们衷心地祝愿两国、两城人民的友情世代长存!

张士诚建立大周政权

今苏州市五卅路体育场一带旧称王废基。考其名称由来,即与元末张士诚在苏州称王有关。

张士诚,小名九四,泰州白驹场(今江苏大丰县境内)人。与弟士义、士德、士信等贩盐为业,平时常受元朝军士的窘辱,又受富户欺凌,心中愤懑,伺机复仇。恰逢各地农民起义风起云涌,元朝统治处于岌岌可危之中。至正十三年(1353年)正月,张士诚与诸弟及李伯升等18人杀军士丘义及仇家,焚其庐舍,起兵反元,攻克泰州。此后,他招募兵丁,不断扩展自己的势力,连占兴化、高邮、扬州及其附近州县。至正十四年(1354年)正月,张士诚于高邮建立政权,国号大周,自称诚王,改元天祐。张士诚的称王,引起元朝政权的忧虑,元顺帝派丞相脱脱督率各省兵马,号称百万,出征高邮。张士诚惊慌失措,想要投降。适逢脱脱遭谗被贬,临阵易将,元军溃散。张士诚不战而胜。

至正十五年(1355年)底,张士诚为江南的"钱粮之多,子女玉帛之富"所吸引,决定挥兵南下。先遣其弟士德由通州渡江,进攻常熟。次年二月,又攻克平江城。平江城中元军一触即溃,江浙行省参政脱因被杀,平江达鲁花赤哈散沙自溺而死。张士诚军又分兵四出,进占常州、湖州、松江、杭州等地,江南富庶之地大部为其所有。三月,张士诚自高邮移居平江,以元至正十六年(1356年)为天祐三年,仍以大周为国号,设官分职,以阴阳术士李行素为丞相,张士德为平章,蒋辉为右丞,潘元明为左丞,史文炳为枢密院同知,改平江路为隆平府,以锻工周仁为太守。当时,张士诚的势力发展至鼎盛,占领的地区"南抵绍兴,北踰徐州,达于济宁之金沟,西距汝、颍、濠、泗,东薄海,二千余里,带甲数十万"①。

张士诚"记功碑"

张士诚占据平江之初,采取了一些措施,安定人民生活和恢复生产:免除百姓欠赋,赈济贫民;针对元朝滥发宝钞,以致物价飞涨、民不聊生的情况,采矿炼铜,铸成铜币;设劝农官,提倡养蚕煮茧,发展农桑;修筑城墙,如在苏州城墙上增置月城;重视兴修水利,减轻了水患等。他还注意吸收一些社会下层的人充实政权机构,如担任隆平府太守的

---

① 《明史·张士诚传》。

周仁就是锻工出身。时人黄省曾在《吴风录》中说:张士诚时,"走卒厮养皆授官爵,至今称呼榨油作面庸夫为博士,剃工为待诏,家人奴仆为郎中,吏人为相公。"

但是,张士诚没有能够利用军事胜利的大好形势和江南地区"民物蕃盛,储蓄殷富"的有利条件,联合其他农民起义军,扩大成果,致力于推翻腐朽的元朝统治,而是满足于划地称王的局面,热衷于建立一个封建小王朝,终于蜕化变质,走向了农民起义的对立面。

在生活上,张士诚与其部下贪恋江南的财富美色,追求安乐享受,沉湎于纸醉金迷的生活。他"经岁不出门,不理政事",忙于招延宾客,日夜歌舞自娱;同时大兴土木,造宫殿王府,修富丽堂皇的景云楼和齐云楼,以作金屋藏娇、寻欢作乐之用。其弟张士信有"后房百余人",珠金玉翠,极其丽饰,园中采莲舟楫,竟以檀木制成。部下们大建第宅,饰园池,畜声伎,购图画,唯酒色耽乐是从,以至有军事行动,将领装病,不肯应命,待到"官爵美田宅"到手,才肯出征。出征时也是"载妓女歌舞,日命游谈之士酣宴博弈"。及至丧师失地,非但不予惩处,有时"复用为将",赏罚不明,威权不立,这样的军队当然缺乏战斗力。大周政权的灭亡只是迟早而已。

在政治上,张士诚反复无常,曾有多次降元的经历。早在泰州起兵不久,他就曾受高邮知府李齐的招降,被委任为千夫长。后因嫌官职太小,又不愿充当元朝的炮灰,遂再次起兵反元。占据平江后,张士诚向西进攻镇江,为朱元璋红巾军所阻。朱元璋占领集庆(今南京)后,接受儒士朱升"高筑墙,广积粮,缓称王"的建议,致力于巩固根据地和整顿内政,不愿四面树敌,愿与东面近邻张士诚修好。但是,张士诚踌躇满志,拒绝朱元璋的要求,首先挑起战端,结果屡遭失败。在此形势下,张士诚被迫采取低姿态,向朱元璋低声下气赔礼道歉,并表示愿岁输粮20万石,黄金500两,白银300斤,以为犒军之资。不意遭到朱元璋的训斥。1357年,朱元璋军连克长兴、常州、泰兴、江阴、常熟等地,在常熟并俘虏了张士诚的弟弟、大周政权中最有作为的张士德。面对势穷力迫的困窘,张士诚在周围一帮旧官吏政客的蛊惑下,决定投降元朝,派周仁赴元朝江浙行省衙门具陈降意。元朝江浙行省右丞相派参知政事周伯骑到平江"抚谕"。起初,张士诚还想继续称王,遭到拒绝,最后只好接受元顺帝所封的太尉官职,废弃国号,改奉元朝至正年号,立江淮分省、江浙分枢密院于平江,以设其官属。从此以后,张士诚完全背叛了农民起义的宗旨,堕落为元朝的帮凶。当时,元大都发生粮荒,元顺帝向张士诚"遣使征粮",张士诚便"自海道输粮十一万石于大都,岁以为常",从而支持了元朝镇压农民起义的力量,延长了元朝的统治时间。至正二十三年(1363年)三月,张士诚趁北方红巾军三路北伐、后方空虚之机,派干将吕珍率领10万大军围攻红巾军政权中心安丰(今安徽寿县),杀死了最早举起反元大旗的红巾军首领刘福通,赶走了"小明王"韩林儿,对元末农民起义犯下了不可饶恕的罪行。张士诚占领安丰后,又恃功向元朝政府邀封。这年九月,张士诚自称吴王,要求元朝批准,又遭元顺帝拒绝。张士诚便立即停止向大都供粮,与元朝断绝关系。张士诚的吴政

四、唐宋元时期的东南雄藩

权完全成为割据江南的封建政权。

在政权内部,张士诚重用的大都是元朝的旧官吏和封建文人,即便原来的农民起义军将领也蜕化成新的地主分子。张士德被俘后,张士诚重用四弟士信。张士信生活奢侈、荒淫无道,一切政事委托弄权舞弊的地主文人黄敬夫、叶德新、蔡彦文3人处理,以至国事日非。吴中百姓对此十分痛恨,作17字民谣加以讥讽:"丞相作事业,专用黄蔡叶,一朝西风起,干瘪!"呻吟在元朝残暴统治下的广大人民盼望起义军犹如大旱之望云霓,但张士诚的倒行逆施却使吴中百姓大失所望,原来曾有"死不怨泰州张(士诚),生不谢宝庆杨(完者)"的说法,现在则改变了态度。至正二十三年冬,张士诚疏浚白茆塘。这本来是一件好事,但老百姓却并不支持,他们编了一首民歌说:"好条白茆塘,只是开不全,若还开得全,好与西帅歇战船。"西帅是指朱元璋,可见吴中人心已向着朱元璋了。

至正二十五年(1365年)起,张士诚与朱元璋之间展开了决战。在此以前,趁着朱元璋与长江中游的陈友谅争战的机会,张士诚在平江加强城防,在虎丘筑城,于枫桥铁铃关、浒墅关驻扎重军,构成犄角之势,拱卫平江,因而有效地阻止了朱元璋军队的进攻。后来,朱元璋改变战略,派徐达、常遇春率师绕过苏州,自太湖向南先取湖州、嘉兴、松江等地,迂回包抄,形成对平江城的包围。张士诚拒守数月,弹尽粮绝,以至于1只老鼠可卖300文钱,将士只能煮皮革充饥。1367年9月,徐达驱军攻破平江,张士诚督军巷战,兵败自杀未遂,被俘送往应天(今南京),最后自缢身亡。张士诚死后,朱元璋命令给棺木以葬。据《元和唯亭志》的记载,张士诚墓在吴县斜塘。

在长达10个月之久的围城战役中,平江城又遭到严重的破坏。张士诚初居承天寺,后迁入子城,先后改为太尉府和吴王府。城破之时,子城建筑毁于大火。明初仅存南门颓垣;子城周围城濠,即锦帆泾也逐渐淤塞;昔日高耸入云的齐云楼,化为灰烬。面对张士诚的吴王府废墟,后人作《张王府基》诗感叹道:"舞榭倾欹蔓草荒,宾贤旧馆益凄凉。张王事业随流水,又见西风蔡叶黄。"

五、明清时期的工商业中心

1367年9月,徐达大军攻克平江后,改平江路为苏州府。其后,苏州府的隶属关系尽管一再改变,管辖的区域范围也时有变动,但苏州府的名称一直沿用至清末。明代,苏州是江南巡抚的常驻之地。清代,苏州是江苏巡抚驻地和江苏布政使司所在地。雍正年间,从长洲县析置元和县。江苏巡抚、江苏布政使、苏州知府和长、元、吴三县同治一城,苏州成为包括省、府、县三级行政机构的大城市。

明清时期,城乡商品经济的发展,促进了城市工商业的繁荣,推动了社会的进步和文化的昌盛。苏州发展成为全国著名的经济中心和文化中心。

苏州史纪（古代）

从《阊门即事》诗看苏州城市的发展

生活在明代中期、有江南第一才子之誉的苏州文人唐伯虎曾写过一首《阊门即事》诗,诗中描述了阊门一带工商业的盛况:"世间乐土是吴中,中有阊门更擅雄。翠袖三千楼上下,黄金百万水西东。五更市买何曾绝,四远方言总不同。若使画师描作画,画师应道画难工。"在诗人的笔下,苏州是人们向往的乐土,其中阊门一带楼阁林立,翠袖飞舞,店肆众多,市场繁荣,来自全国各地的商贾操着不同的方言,通宵达旦地进行着巨额的交易。这是一幅无论多么高明的画师都难以描摹的立体的市井繁华图卷。

唐伯虎家居阊门附近的桃花坞,身历其境,对苏州、对阊门商业繁荣情况的描写是不过分的。

明代初期,战争的重创使苏州的城市经济一度处于萧条状态,当时人王锜在《寓圃杂记》卷5中曾这样记载:"吴中素号繁华,自张氏之据,天兵所临,虽不被屠戮,人民迁徙,实三都、戍远方者相继。至营籍亦隶教坊,道里萧然,生计鲜薄。"由于明朝政府实行了一系列"与民休息"的政策,使苏州的经济逐步得到了恢复和发展。时隔近百年,苏州城市出现了崭新的面貌,王锜说:"迨成化间……以至于今,愈益繁盛。间檐辐辏,万瓦甃鳞;城隅濠股,亭馆布列,略无隙地。舆马张盖,壶觞罍盒,交驰于通衢永巷中,光彩耀目。游山之舫,载妓之舟,鱼贯于绿波朱阁之间。丝竹讴舞,与市声相杂。"城内民居鳞次栉比,寺观庙宇林立,亭台楼阁密布,行人车马往来,一派繁忙景象。文人雅士、富裕之家游山玩水,狎妓逐欢,追求奢侈豪华的生活,沉湎于歌舞升平之中。自此以后,苏州日臻繁华,成为"商贩之所走集,财货之所辐辏,游手游食之辈,异言异服之徒,无不托足而潜处"的天下"一大都会"。①

明代以前,苏州的商业中心大致在城中乐桥一带。南宋以后,凭藉近傍运河、交通便利的有利条件,城西北的阊门一带逐渐发展成为新兴的商业区。元代后期,阊门外的土地因"附郭通舟,商旅辐集"而为"规利者之所必争"。

《姑苏繁华图》片段——阊门

进入明代,阊门内外更趋繁华,明后期的王心一说:"尝出阊市,见错综连云,肩摩毂击,枫江之舳舻衔尾,南濠之货物如山,则可谓此亦江南一都会。"阊门一带终于取代乐桥商业区,成为苏州城中最为热闹、商业最为繁盛的地区。

---

① 《镇吴录》,转引自韩大成著:《明代社会经济初探》,第241页,人民出版社1986年版。

苏州城中有众多的外地商人,他们从五湖四海汇聚到这个全国最为著名的工商业都会,希望能圆自己的淘金梦。弘治年间的吴宽称苏州为"四方商人辐辏其地,而蜀舻越舵昼夜上下于门"。外地商人操着不同的方言,带来了各自家乡的土特产品和江南地区最为紧缺的商品——粮食,从苏州运走丝绸、棉布以及其他各种商品,因此在当时的苏州市场上,商品琳琅满目,应有尽有。明代末期到过苏州的意大利天主教传教士利玛窦曾说:"经由澳门的大量葡萄牙商品以及其他国家的商品都经过这个河港。商人一年到头和国内其他贸易中心在这里进行大量的贸易,结果是在这个市场上样样东西都没有买不到的。"[1]

苏州商业的兴盛,是与它得天独厚的地理位置分不开的。苏州倚湖枕江控海,又得大运河之便利,是南北往来的水陆交通要道。明代为科举应考人士和商人编写的《士商要览》一书中,列出全国水陆行程图100条路线,其中有6条以苏州为起点,还有一些是以苏州为必经之途的,这是苏州成为商品货物集散地的前提条件。

明代苏州商业的兴盛和城市的繁华,是建立在手工业发展的基础上的。

苏州是一个发达的手工业城市,手工行业很多,其中最为著名的是丝织业。丝织业的发展与丝织技术水平的提高密不可分。据徐光启《农政全书》的记载,明代后期出现了由

---

[1] 利玛窦、金巴阁著:《利玛窦中国札记》,第338页,中华书局1983年版。

人工操作的脚踏南北两式缫车,每天可缫细丝10两、中等丝20两、粗丝30两,缫丝生产达到了空前的水平。织机也有了改进,除有织平面纹的腰机外,出现了提花机,宋应星《天工开物》中称:提花机长、高各1.6丈,置有花楼,需要2人同时操作,1人司织,1人提花,能织出由画师设计的各种复杂的纹饰和图案。明末,苏州市场上有绫、绢、纱、绸、罗、布6种织机销售,所织成品"巧变百出,花色日新"。

由于拥有悠久的传统和雄厚的技术力量,从明代初年起政府就在苏州设立了官营织造局。织造局位于天心桥北局,分设6堂,共有房屋295间、织机173张。每堂设一堂长,由官府挑选民间殷实机户充当,有各式工匠1705名,从事挽花、络纬、络丝、攒丝、打线、染、结综、裁金、刷印等工种。织造局还剥削民间机户的劳动,实行领织制度,即由政府发放钱粮,机户买丝置料,承领包织,回收成品。随着商品经济的发展,明代后期,政府改变了剥削方式,允许机户纳银代役,官府募匠应役,发给口粮。匠役制度的变革和封建隶属关系的松弛,为苏州民间丝织业的发展创造了条件。苏州东城区是丝织业的中心地区,嘉靖《吴邑志》中说:"绫锦纻丝纱罗绸绢,皆出城机房,产兼两邑,而东城为盛,比屋皆工织作,转资四方,吴之大资也。"所以,有人称苏州"以杼轴冠天下"。在丝织业的发展过程中,出现了贫富两极分化的情况。有的人发财致富,扩大生产规模,雇用机匠进行劳动;有的人在竞争中破产,沦为出卖劳动力的雇佣工人。二者之间以金钱为纽带,"相资为生",从而使得城市的社会矛盾日趋复杂化。

棉纺织加工业也是苏州的特色行业。明代,苏州所属的嘉定、常熟、太仓等县是著名的植棉区,居民大多以纺纱织布为业。农家织成的坯布往往要经过踹、染加工后才运销各地,而苏州扮演了区域性的棉布加工业中心的角色。而且,由于苏州交通便利,是著名的经济大都会,南来北往的布商大都以苏州作为商品转运的中心枢纽,所谓"布店在松,发卖在苏",说的就是这个道理。

得天独厚的地理位置和发达的工商业,促成了苏州在江南地区乃至全国作为经济中心城市的地位。她的繁华给人们留下了如此深刻的印象,以至被誉为"世间乐土"、"人间天堂"。

况钟治苏的政绩

况钟是大家熟悉的著名历史人物。五六十年代,在全国各地上演的昆剧《十五贯》,即是依据况钟的历史原型创作的。不过,昆剧《十五贯》仅仅反映了主人公为民申冤、执法公正的一个侧面。况钟出任苏州知府13年,不仅清正廉洁,还改革弊政,为苏州人民办了不少好事、实事,因而受到了苏州人民的爱戴和尊敬。

况钟(1383～1442年),字伯律,号龙冈,别号如愚,江西靖安县人。他出生于破落地主家庭,幼年时生活在民间,对民生疾苦有一定的了解。23岁那年,因才识出众而被靖安知县录用为礼曹,后来即以吏起家,供职礼部,繁简轻重,处置得宜,受到主官信任。宣德五年(1430年),鉴于苏州繁

五、明清时期的工商业中心

剧难治、税粮甲于他省的情况,朝廷打算选派得力干臣前往掌理,经同乡内阁首辅杨士奇推荐,皇帝钦定才能超卓的况钟为苏州知府。从宣德五年至正统七年(1442年),况钟在苏州知府任上,不畏强暴,兴利除弊,进行了许多大刀阔斧的改革。

第一,减免重赋,废除苛捐杂税。从唐朝后期起,江南即已成为全国财富之区。到了明代,这种情况更为突出。尤其是苏州府,田地数量只占全国总数的1/88,而赋税额却占了全国总额的1/10左右,足见税额之重。究其赋重之由,在于官田多于民田,官租重于民租。

官田问题是明代最大的社会问题之一。朱元璋在攻克苏州以后,把大量富民迁徙他乡,富民的土地成为官田,据顾炎武的说法,"是一府之地,无虑皆官田,而民田不过十五分之一"。官田的租粮普遍高于民田,一般在民田的1倍以上,有些官田的租粮甚至为民田的14倍。因此,苏州上交国家的税粮年年不能完成,拖欠越来越多。况钟上任以后,多次请求朝廷予以蠲免。

宣德五年,苏州官粮绝大部分被派运到北京、临清、徐州等地,朝廷征收官粮,还加收运粮开支。在征收粮赋时,农民还要遭受官僚、胥吏的层层盘剥。不堪重负的农民只好背井离乡,纷纷逃亡。对此,况钟一方面上书朝廷要求削减税粮,另一方面制定措施堵塞漏洞,如建立纲运簿,尽量减轻运粮费用和防止押运官员从中渔利等。此外,国家还有许多不合理的苛捐杂税,对于诸如此类的滥征科派,况钟也都一一上书,辩明原委,请求废除。这样就减轻了苏州人民的负担,对于安定地方、发展生产起了积极的作用。

第二,兴修水利,发展农业生产。苏州地区素有"水乡泽国"之称。每当雨季来临,河水泛滥,水患成灾。因此,兴修水利,疏浚河道,历来是地方官的重要职责。况钟来到苏州后,看到"湖水泛涨,淹没田地"的情况,探明原委,请求朝廷派员前来,将出水干道加以疏通,导泄水源,并在自己的职能范围内,对府内的圩田进行整治,收到了较好的效果。

第三,设济农仓,备荒赈济灾民。苏州府田赋沉重,贫民无以为生,被迫向富室借高利贷,灾荒之年更是如此。宣德八年(1433年),况钟协同江南巡抚周忱奏请设置济农仓,在当年收成后,以官钞平籴及向富民劝借之法,筹得30万石米以为仓本,又通过节省运粮开支,增加济农仓储备。当青黄不接之时,就从仓中借给贫民粮食,秋收后归还。济农仓的设置,不仅使苏州贫民百姓免除了高利贷的盘剥,而且在救灾抗灾中发挥了重要作用。

第四,整饬吏治,严惩贪官污吏。况钟就任苏州知府时,宣德皇帝在敕书中鼓励他"毋为权势所胁,毋为奸吏所欺。凡公差官员人等,有违法害民者,即具实奏闻。所属官员人等,或作奸害民,尔就提下差人解京"。为此,他一到任,就写了一篇座右铭:"卑而不可不牧者,民也;迩而不可不察者,吏也;严而不可不用者,刑也;微而不可不崇者,德也。不植其德,难施乎刑。不施乎刑,难以正吏。不正乎吏,民曷由安之?"表达了整饬吏治、严肃纲纪的决心。况钟以吏起家,深知官场的浑浊,也积有治理的实践经验。他认为"法不立则吏奸难除,而民终不得蒙其利",因此,他以坚决但又策略的态度,首先依法整治了一批专横跋扈、欺上瞒下的吏胥。而后又在充分调查研究、掌握确切证据的基础上,罢黜了一批怯懦无能、庸碌无为的僚属。对于那些贪赃枉法、扰害民生的贪官污吏,他更是严惩不贷。他查得苏州府经历傅德"以催并秋粮等项为由,非法用刑拷打、逼取银两等物入己"、贪污赃银573两的事实,即据实参奏,要求"明正其罪"。接着又连上两本,参奏昆山知县任豫、县丞吴仲郢,"节次酷刑,科取银两等物入己"的罪行,奏劾长洲县典史薛孟真,以催粮为由,敲诈勒索、殴打推官、欺压知县、辱骂县丞的不法行为。通过这一系列雷厉风行的举措,苏州府的吏治为之一清,从而为社会经济的发展廓清了障碍。

第五,不畏强暴,打击不法豪横。苏州是富庶繁华之地,那些仗势欺人的豪强莫不将之当作肥肉。经办织造的太监,临江沿海的卫所军官,地方上的乡宦富豪,都是权势显赫、关系网上通下达、作恶害民的豪强劣绅。况钟在处理这类案件时,不畏强暴,有胆有识,一旦查有实据,即施打击,绳之以法。苏州府属粮长、里老、圩长等基层小吏均由富户充任,本意是让其劝民农桑、催征税粮。然而,这批人往往"倚法为奸,豪横粮里"。他们"以催征税粮、买办军需颜料等项为由,科敛小民财物,以一科十,无措者至准折子女;或作佣工,逼民逃窜"。对于这帮坑害百姓的恶棍,况钟一面"许被害之人告官,从重治罪",一面又将圩长等具奏革除。港口、海边卫所的军官更是如狼似虎,经常凌虐平民,有的甚至明火执仗,抢劫过往商船,有的贩卖私盐,抗拒缉捕。况钟敢于碰硬,先后把做强盗的海宁卫百户林保,贩卖私盐的千户所军户陈胜童,百户叶俊、陶义等一一捉拿解京。由于况钟执法如山,迫使那些一贯欺压良善、横行不法的豪强富户和卫所军官不得不有所收敛。所以,时人称赞他"专戢豪狡,抚良善","兴利除害,不遗余力"。

第六,清理积案,为民申冤平反。苏州前任知府对民生疾苦漠不关心,致使豪强吏胥横行乡里,诬陷冤案堆积如山,讼狱累年莫决。况钟到任后,即着手处理历年积案。苏州府辖吴县、长洲、吴江、昆山、嘉定、崇明、常熟7县,他"每一日轮治一县事,未期年,勘问过轻重罪囚一千五百二十余名",无不分辨是非,若有冤狱,则为之昭雪。况廷秀《太守列传编年》卷下中说:"折狱明断,民有奇冤,无不昭雪。有熊友兰、友蕙兄弟冤狱,公为雪之。"这便是昆剧《十五贯》的蓝本。在况钟任内,"吏不敢为奸,民无冤抑,咸颂包龙图复生"。

第七,兴办学校,培养举荐人才。况钟非常重视教育,十分注意培养人才。他说:"尝谓士为民秀。国家之简拔,所凭学先品行,平日之敦养。宜预教官之设,专为人才。"他考虑到苏州府学房舍狭窄,难于容纳众多生徒,便在正统初年下令大规模进行扩建,先后建成了大成殿、至善堂、后堂、明伦堂、斋舍和射圃,共数百间之多。他认为,学校是为士子提供良好学习环境的必备条件,"提调官员常加省视",遇有损漏,应及时修缮。他还谆谆告诫学生,"诚宜鼓舞振兴,积学端品,以绍前休,以图进取",成为一个"行修学博"的国家所需要的有用之才。况钟把向国家举荐优秀人才作为一个地方官的重要职责,凡是品德和才能有突出表现的,他都竭力

五、明清时期的工商业中心

向国家推荐。长洲县儒生邹亮"才性通敏,德行无亏,文词丰赡,书法亦佳。屡试高等,为士林所推服",是一个"出众之才",经况钟力荐,得以擢用,从吏部、刑部低级官员升迁至监察御史。况钟"重学校,礼文儒"的措施,得到了苏州士人的敬仰,推动了地方文化的发展。

况钟铲除贪官污吏,自己则勤俭节约,一生正气。他在《示诸子诗》中说自己"虽无经济才,尚守清白节",告诫子女们"非财不可取,勤俭用无竭"。他生前俭约,死后薄葬。"文化大革命"中大批清官时,况钟的坟墓被挖开,结果仅发现几件衣服和一根发簪。对于他的俭约,时人多予赞美,称他为"廉太守",如内阁首辅杨士奇就曾在《咏梅赠况伯律》诗中说:"我忆吴门廉太守,一枝遥寄岁寒情。"

况钟在苏州关心人民疾苦,兴利除弊,使苏州境内社会相对安定,经济得到发展,人民生活有所改善,所谓"岁复丰稔,家给人足,讼简风醇,几致刑措",呈现出封建经济复苏、人民安居乐业的"太平"景象。苏州人民因此而尊敬他、爱戴他,称他为"况青天",生前死后,建祠祭祀。况钟到苏州赴任的第二年,母亲故世,按照礼制,应回籍守丧3年。苏州士民3.7万多人上书挽留,要求破例,还编了歌谣:"况太守,民父母。众怀思,因去后。愿复来,养田叟。""郡中齐说使君贤,只剪轻蒲为作鞭。兵仗不烦森画戟,歌谣曾唱是青天。"这些歌谣在大街小巷到处传唱。明宣宗顺从民意,命令况钟回苏州就任。宣德九年(1434年)正月,况钟进京述职。苏州人民以为他将升官离去,心中戚然。及其归来,民心欣悦,作歌唱道:"太守朝京,我民不宁;太守归来,我民忻哉!"宣德十年

苏州史纪(古代)

(1435年)春,宣宗死,英宗即位,下诏"天下府州县官有廉勤公正能恤民者,亲临上司,宜以礼待"。苏州7县士民8万多人上书歌颂况钟的政绩。十一月,况钟任满6年,奏准进京朝觐。苏州百姓咸谓:"公优异政绩既达,必升擢去。"老年人作歌唱道:"公政惠我,公恩息我。父母畜我,长我育我。我饥谷我,我困苏我。公去愍我,谁与活我?"儿童唱道:"况青天,朝命宣;愿早归,在新年。"明英宗也从民之请,于第二年令况钟再任苏州知府。消息传来,"耆民夹道欢迎,视昔有加焉"。正统五年(1440年),况钟任满9年,循例应进京候升。在他起程时,苏州士民"饯送者数百里不绝"。当时,吏部已选定杨衡接任苏州知府,但苏州百姓1.8万多人上书请求,认为苏州知府非况钟莫属。英宗见状,命升况钟为正三品衔,仍复苏州知府任。当他返苏时,"民欢迎者,不远数百里之遥"。据说,自明朝开国70多年中,苏州知府没有一个是满任后才离去的。一再经士民恳请留任的苏州知府,唯有况钟。正统七年(1442年)夏,况钟积劳成疾,两次上疏乞求解任,未得批准。苏州百姓听说况钟生病,纷纷为其筑坛祈祷,甚至有人愿意"以身代死"。十二月,60岁的况钟卒于任上。噩耗传出,"郡民罢市,如哭私亲"。不仅苏州府7县的百姓都"奔赴哭奠",甚至邻近的常州、松江、嘉兴、湖州等府的士民也络绎不绝地前来吊唁。第二年春天,况钟的灵柩送归故乡,苏州全城百姓出城相送,穿白衣带白帽的人挤满了河堤,不少人随船而走,一路祭奠。翻检史书,在中国历史上得到百姓如此爱戴、尊崇的地方官员唯况钟一人而已。①

《盛世滋生图》与苏州

明清鼎革,朝代更易,苏州经济遭到摧残,一度凋敝不堪,物价飞涨,斗米升至千三四百文,以致"民生日艰"。经过几十年的休养生息,大致到康熙中期,苏州经济得到恢复并取得了初步发展,从阊门到枫桥,"列市二十里"。乾隆年间,苏州城市经济更呈现出前所未有的繁荣景象。在苏州游历以后,孙嘉淦写下了他亲身的见闻:"阊门内外,居货山积,行人水流,列肆招牌,灿若云锦。语其繁华,都门不逮。"②一位不愿透露姓名的人通过对汉口、扬州、苏州和北京等城市的对比,作了这样的描述:"繁而不华汉川口,华而不繁广陵阜,人间都会最繁华,除是京师吴下有。"③ 类似的记载,在文献中引不胜引,我们大可不必再事罗列,只要看看徐扬所画的《盛世滋生图》,即可概见苏州城市繁华、工商业发达的情况。

《盛世滋生图》又称《姑苏繁华图》。作者徐扬,号云亭,吴县人,家住阊门专诸巷,是乾隆年间有名的画家。乾隆十六年(1751年),乾隆南巡到苏州时,他因献画而入画院,并得到乾隆皇帝的赏识,钦赐举人,官至内阁中书。乾隆二十

---

① 本段引文均见吴奈夫等点校:《况太守集》,江苏人民出版社1983年版。
② 《南游记》卷1。
③ 佚名:《韵鹤轩杂著》。

苏州史纪(古代)

四年(1759年),他为了颂扬"国家治化昌明,超轶三代,辐员之广,生齿之繁,亘古未有"的"乾隆盛世",创作了《盛世滋生图》。该画长1 225厘米,宽35.8厘米,画面起自城西灵岩山,经木渎镇东行,过横山,渡石湖,历上方山至苏州城,绕葑门、盘门、胥门出阊门,转山塘街至于虎丘。作者采用了我国传统绘画的长卷形式和散点透视法,重点描绘了一村(山前)、一镇

《姑苏繁华图》片段——胥门

(木渎)、一城(苏州)、一街(山塘)的景况。画面上,人物摩肩接踵、熙来攘往,据粗略统计约有12 000多人;河上运粮船、货船、客船、木筏等各种船只穿梭往来,拥挤不堪,计近400只;街道上店坊林立,市招繁多,可以辨认的市招共有230余家,其中包括丝绸业、棉花棉布业、蜡烛业、烟草业、染作

业、杂货业、饭馆业、医药业、珠宝首饰业、典当钱庄业、洋货业等50多个行业。经营的商品,除本地所产外,不少是来自外地的名、特产品。《盛世滋生图》不过是当时苏州城市繁华的一个缩影,实际情况远非一幅画所能描绘。结合这幅画,我们可以具体看到苏州的城市风貌和工商业情况。

人口的增加和居民结构的变化,是清代苏州城市经济发展的突出标志。

清代,苏州城市人口数量迄今没有精确的统计。史书中有所谓"郡城之户,十万烟火"的说法,但"十万烟火"不过是一种习惯的表述方法,并非统计数字。有人以杭州作为参照,推测苏州人口在乾隆年间约为10万人、嘉庆年间约为28万人,显然这是难以令人信服的。因为,从康熙年间起,苏州即已有"除是京师吴下有"的天下第二大城市之称,时人盛称"吴城烟火,奚啻百万"。尽管"百万"之说仍是笼统的概念,但既然有人敢于把苏州与人口达百万的京师媲美,说明苏州人口即使不及北京,相去也不会太远,应大大超出其他城市。通过苏州与南京的比较,可以认为,乾隆年间苏州的人口不会少于70万,嘉庆年间更在百万以上。

中国的传统城市一般为政治中心,是历代王朝实行统治的各级据点,因此贵族、官僚、地主、军人和富商巨贾以及为他们的生活服务的手工业者与商人,成为传统城市人口的主要成分。但是,明清时期苏州城市居民的成分已发生了变化,在城市经济和生活中发挥主体作用的是广大的工商业者。

官员、军人的数量在苏州城市人口中只占极小的比重。

苏州史纪(古代)

清代中期,苏州的百万人口中,政府官员及其眷属、属员与军队的人数估计不超过6 700人,只占人口总数的0.67%,可以说是微不足道的。

城居地主的人口有所增加。商品货币经济的发展,促使人口不断地向城镇集中,尤其是以苏州为中心的江南地区,为繁华的城市生活所吸引,原来蛰居乡村的地主纷纷迁居城市,出现了地主城居化的现象,如苏州附近就有约占一半的地主迁到了城中。城居地主"种种皆取于钱",尽管有丰厚的地租收入,也不可能坐城消费,其中有不少人从事商业和高利贷活动。

手工作坊主或手工工场主不断产生。苏州城东北部是从事丝织业的机户聚居之区。这些机户除了一部分是小商品生产者外,有不少是从中分化出来的、拥有一定数量织机和资金的殷实大户,即手工作坊主或手工工场主,如郑灏家中雇用了数十个织帛工和挽丝佣,潘璧成家通过织作丝绸发家致富,家财达百万。苏州城中的手工作坊或手工工场为数甚多,仅纸坊就有60多家,雇用工人800多人。据调查统计,鸦片战争以前,吴县开业的账房约有11家,他们是经营纱缎机业的铺户,故称"经造纱缎账房"。这些账房一般将经纬材料发放给机户,由机户在自己的作坊内雇工织造,也有少量的账房自设工场,置机雇匠生产。在这样的作坊或工场内,存在着"机户出资,机工出力"的雇佣劳动关系。因此,这些手工作坊主或工场主是典型意义上的近代市民阶级的雏形。

富商大贾人数众多,在城市经济中起着重要作用。苏州

五、明清时期的工商业中心

城中居住着大量的富商巨贾,他们手握重金,操纵大宗商品的运营,有的甚至操纵生产,如著名的绸缎庄最多时有61家,布庄字号最多时达76家,"汪益美"字号设在阊门,一年售出的布匹在百万以上,"十年富甲诸商,而布更遍天下"。孙春阳南货店规模有如州县衙门,辖有6个部门,即南北货房、南货房、腌腊房、酱货房、蜜饯房和蜡烛房,"售者由柜上给钱,取一票自往各房发货而总管者掌其纲,一日一小结,一年一大结"。这是一种大规模的批发商店,反映了商业资本的活跃。与孙春阳南货店齐名的店铺作坊,仅据《吴门表隐》一书列举的,就有高遵王葵扇、曹素功墨局、褚三山眼镜、雷允上药材、黄宏成绸缎等20多家。

广大的小商品生产者、手工业工人、小铺户商人和肩担手提沿街叫卖的小商贩,是城市经济活动的主体,东北半城是小商品生产者、家庭手工业者、丝织工匠聚居的地方,据统计,从事丝织业生产、销售的人及其家属人数约有30万。城西是广大手工业者和商人集中之处,阊门内外集中了数以万计的踹匠和染匠,而且这一带店肆充斥、铺户众多,居民大多以经商为生,以至年终年始也不得休息。值得指出的是,这里还汇集着大量的外来经商人口,仅来自福建的工商业者就有万人之多。他们以地缘为纽带组织会馆、结成商帮,正如后文将要谈论的,在苏州,外来工商业者结成的会馆达60多所,徽商、晋商、江右商人、闽粤商人、浙江商人等在当时都是势力雄厚的著名商帮。

明清时期,苏州的城市空间布局发生了异于前代的变化,这就是随着城市经济的发展和职业分化而形成的区位差异。

苏州城以南北向的卧龙街为界,分成东、西两区,东属长洲,西隶吴县。明代中期以后,东、西两区形成了不同的职业分工。东城之人以丝织为业,西城之人比户贸易。入清以后,这种布局有了进一步的发展。

东北半城仍是丝织专业区,所谓"织作在东城,比户习织"。从丝业公所创设于花桥阁、等待别人雇用的缎工和纱工等在花桥、广化寺桥站立候唤等情况分析,东城的丝织业是北部盛于南部。

西北的阊门外上、下塘一带是棉布加工区。由于商路的改变,明代有"衣被天下"之称的松江棉布加工业逐渐衰落,雍正后期起,苏州取代松江成为棉布整染加工业的中心。从事这一行业的布号大都集中在阊门外上、下塘一带,乾隆《元和县志》中说:"苏布名称四方,习是业者,阊门外上下塘居多,谓之字号,自漂布、染布及看布、行布各有其人,一字号常数十家赖以举火。"

阊胥一带商业更为繁盛。这一带为百货所聚,是苏州最大的商业中心,所谓"南濠为苏州最盛之地,百货所集,商贾辐辏"。七里山塘,到处都有杂货店肆、酒楼饭馆。阊胥附近一些地方明时尚属空地,至清代已变成商业繁华地段,商店房屋鳞次栉比;本来阊门街上尚有不少名公巨卿的跨街坊表,道路为可容五马并行的康庄大道,而清代已是民舍店铺侵占官道,"人居稠密,五方杂处,宜乎地值寸金矣"。

葑门乃是新兴的海货水产市场。从明代至清朝前期,苏州城内东南部一直是较为荒凉的地方,人烟稀落,乾隆初年有人将这里豪华的房子出售,却无人购买。但到乾隆后期,这里一变而为"万家烟火"的热闹地区。尤其是葑门,开辟为苏州最大的海货水产市场,每天从黎明起,船帆云集,市场上的水产鱼类堆积如山。

西南部仍然是政治中心区,集中了巡抚衙门、布政使司衙门、府署、吴县署、长洲县署及其他附属机构。

从明至清,苏州的南部经济发展比较明显,西部的商业更为繁荣,因此《盛世滋生图》从城东南绕至西北,较为全面地反映了苏州商业发达地区的情况。

丝绸织作和贸易在苏州工商业中占有突出的地位。清朝在底定江南后,即在江宁、苏州和杭州三大城市恢复了织造局。苏州织造局是在顺治三年(1646年)恢复的。织造局分为总织局和织染局。总织局坐落在带城桥东孔副司巷内,即今第十中学基址;织染局在明朝织造局旧址,即今人民商场附近,俗称北局。苏州织造局恢复以后,为了满足朝廷享受的需要,规模和设备不断扩大,最多时有织机800张,机匠达2330名。织造局编制完备,两局各设头目3人,下设总高手、高手、管工等管理和指导织挽的技术人员,督率匠役从事织造。局内从事织作的工匠,技术分工很细,有拣绣匠、挑花匠、折缎匠、花素机匠等种类,按工序进行染色、摇纺、刷纱经、打线、织挽等工作。他们受着残酷的封建剥削与压迫。织造局因为生产皇家贡品,集中了技艺高超的工匠,又不惜成本,精益求精,新品佳作源源不断地推出,就这方面而言,影响并推动了民间丝织业的发展。但是,官营织造局的产品专供朝廷消费,并不投入市场,固而对苏州丝织业的兴盛所起的促进作用是十分有限的。

清代,苏州的民间丝织业在明代的基础上有了进一步的发展,东北半城仍是丝织业的繁盛之区,估计有织机12 000台左右。丝织业的分工更加细密,仅花素机业的有关辅助行业就分为结综掏泛、捵丝、牵经接头、上花等。发达的丝织业,吸引了众多的外地商人前来经商贸易,使得苏州成为丝绸贸易的中心。苏州市场除了销售本地生产的绸、缎、纱、罗外,还集中了远近各地的特产,见于《盛世滋生图》的即有山东沂水茧绸、震泽绸、院绸、湖绉、宁绸、贡缎、杭绸等,甚至上供用的汉府八丝、粧蟒大缎、金银纱缎、宫绸及国外的哔叽、羽毛等也能买到。

棉布加工业尤为发达。苏州不是一个棉布生产中心,而是棉布加工和销售中心。与丝织业略有不同,棉纺织业大都集中于乡村地带,棉布织成以后,必须经过整染加工,才能运销外地。明朝时,江南地区的棉布加工中心是松江,入清以后则转移到苏州。整染业是棉织品的加工工业,分为染色和踹跴两部门。明代后期,苏州的染色业已经发展起来,从事染色的工匠有数千人之多。清代,苏州的染色业更为兴盛,分工更加细密,染坊有蓝坊、红坊、漂坊和杂色坊之分;花色品种繁多,蓝坊可染天青、淡青、月下白等色,红坊专染大红、露桃红,杂色坊有黄、绿、黑、紫、古铜、水墨、蟹青、佛金面等各色。染坊集中在阊门外上塘至虎丘的白公堤畔。由于染坊数量多,污水流入河道,使得"满河青红黑紫",塘河污染严重,不仅有损于吴中第一名胜虎丘的形象,而且影响了百姓的身体健康和作物种植,引起公愤。当地居民120多家联名上书官府,要求取缔。乾隆二年(1737年),元和、长洲、吴县官府联合告示,严禁再设染坊,并要求已建染坊将器物搬至他处经营。从此以后,染坊大都迁到了娄门外。

布匹染色之后,还需经过踹跕加工,就是用月牙形的巨石把布匹压平、踹光,使布质变得紧薄而有光泽。阊门外上、下塘踹坊林立,据浙江总督李卫的统计,雍正年间共有包头340余人,设踹坊450多家,计有踹匠10900人。由此不难想见踹布业的兴盛情况。

在乡村地带织作的棉布,经过商人之手汇聚到苏州加工。苏州城内有许多专门经营青蓝大布的布庄字号,从碑刻资料来看,康熙九年(1670年)有21家、康熙三十二年有76家、康熙四十年为69家、康熙五十四年为72家、乾隆四年(1739年)有45家。这些布庄字号以苏州为大本营,在周边城市和市镇设立分号,专门收购四乡农民的布匹,运往苏州加工后再运销外地。这在《盛世滋生图》中也是有所反映的。图中经营棉花棉布业的共有22家,包括布行(有4家)、大布、崇明大布、松江标布、青蓝梭布、松江大布、本庄扣布等。苏州所产的布匹"名重四方",运销全国各地,"北走齐燕、南贩闽广",甚至销往国外。乾隆元年(1736年),有人称苏州及松江、常州三府出洋的棉布,如果"流转内地,可多被数百万穷民矣"。

日本著名历史学家宫崎市定先生通过对明清时期苏州城市的产业结构、发展特点的考察,曾经指出:从明代开始,苏州成为金融业的中心和全国最大的商业市场,并逐渐由政治、商业城市变为一个轻工业城市。清代直至太平天国战争以前,苏州的经济中心地位不断加强,其与北京的关系,犹如日本德川时代的大阪(经济中心)与江户(政治中心)的关系。换言之,苏州是当时全国的经济中心。这种评价是不过分的。

随着苏州城市经济的发展,工商业的经营方式也发生了显著的变化,出现了所谓的资本主义萌芽。

资本主义萌芽,是在封建社会后期成长起来的资本主义生产方式的初始形态。资本主义有两个基本的要素:一方面是占有生产资料即货币资本的企业主,一方面是一无所有的自由劳动者。企业主利用掌握的货币购买生产资料,同时购买劳动力,进行商品生产,以实现其资本增值;而自由劳动者,指摆脱封建的人身依附获得了人身自由而又失去了生产资料的人,他们只能依靠出卖劳动力为生。

明代中期,伴随着商品经济发展而形成的激烈竞争,使众多的机户不断发生两极分化,一部分上升为手工作坊主,如苏州富民潘璧成,其家"起机房织手,至名守谦者,始大富,至百万",再如长洲人郑灏,"其家有织帛工、挽丝佣,各数十人",而大部分人则沦为自由劳动者,常熟人蒋以化记道:"我吴市民,罔籍田业,大户张机为生,小户趁织为活。每晨起,小户数百人,嗷嗷相聚玄庙口,听大户呼织,日取分金为饔飧计。大户一日之机不织则束手,小户一日不就人织则腹枵,两者相资为生久矣。"这里的"大户"即机户,是拥有生产资料的手工作坊主或工场主;而"小户"即机工,他们朝不保夕,得业则生,失业则死,实际上是一无所有靠出卖劳动力为生的劳动者。机户与机工之间的关系是"机户出资,机

五、明清时期的工商业中心

工出力,相依为命"的雇佣劳动关系。这些材料表明,当时的苏州丝织业中已经存在着不少从事资本主义性质剥削的手工业作坊,其中有的雇用数十位工人,已经扩大到手工工场的规模。

不仅在苏州这样的大城市中,即使在一些市镇也出现了资本主义萌芽的情况。例如,冯梦龙《醒世恒言》卷18"施润泽滩阙遇友"一篇,说的是盛泽镇施复夫妇勤俭创业的发家史。书中记道:"嘉靖年间,这盛泽镇上有一人,姓施名复……家中开张绸机,每年养几筐蚕儿,妇络夫织,甚好过活……一日,已积了四匹……到个相熟行家来卖……人看时光彩润泽,都增价竞买,比往常每匹平添钱多银子。因有这些顺溜,几年间,就增上三四张绸机,家中颇颇饶裕……欲要又添张织机,怎奈家中窄隘,摆不下机床……恰好间壁邻家住着两间小房,连年因蚕桑失利,嫌道住居风水不好,急切要把来出脱,正凑了施复之便……夫妻依旧省吃俭用,昼夜营运。不上十年,就长有数千金家事。又买了左近一所大房居住,开起三四十张绸机,又讨几房家人小厮,把个家业收拾得十分完美。"施复从一个小生产者,勤俭持家,又乘人之急,逐渐积累资本,经过10多年时间,终于上升为拥有三四十张织机的手工工场主。

封建社会母胎中孕育的资本主义萌芽,在清初一度遭到摧残,但自康熙中叶以后,它又随着生产力的恢复和发展而重新活跃起来。到了乾嘉时期,由于社会分工的不断扩大,商品经济的持续繁荣,资本主义萌芽有了新的发展。

据雍正年间立于玄妙观机房殿内的《长洲县永禁机匠

叫歇碑》云:"苏城机户,类多雇人工织。机户出资经营,机匠计功受值,原属相需,各无异议。"所谓"类多雇人工织",是说机户大多雇用工匠织造,机户与机工之间存在着"计工受值"(或计件或计日)的金钱货币关系,同时还存在着"机户停织,机匠废业"的相互依存关系。当时,苏州城内行业内部分工很细,雇佣劳动者数量很多,劳动力市场远远大于明代,康熙《长洲县志》的一则记载说:工匠各有专能,匠有常主,计日受值。有他故,则唤无主之匠代之,曰唤代。无主者,黎明立桥以待。缎工立花桥,织工立广化寺桥;以车纺丝者曰车匠,立濂溪坊;此外,素缎织工聚白蚬桥,锦缎织工聚金狮子桥。这还仅仅是指丝织行业而言,如果包括其他行业,则数量更多,如棉纺织加工业中的染、踹业,雇佣工人即在2万以上。必须指出的是,如果说明代"大户"与"小户"即机户与机工之间的雇佣劳动关系还比较松散的话,那么清代机户与机匠间的雇佣劳动关系就比较固定了。这情况正如列宁所说:"劳动的代表和资本的代表之间的分裂在这里已经充分表现出来。"① 而且,机户对机匠的剥削采取了计件付钱的办法,如《长洲县永禁机匠叫歇碑》中说:"至于工价,按件而计,视货物之高下、人工之巧拙为增减。"这种计件受值的工资形态被马克思称为"最适合于资本主义生产方式的工资形态"。

清代的商业资本更加活跃,商人支配生产的情况愈来愈多,如苏州丝织业,据碑刻资料,道光二年(1822年)发生

---

① 《列宁全集》第3卷,第393页,人民出版社1960年版。

一起机匠"会聚多人,向轮年机户李升茂庄上滋闹"的事件,于是有26家"机户"联名向元和县府控告,县衙即行弹压,并发出布告说:"查民间各机户,将经丝交给机匠工织,行本甚巨,获利甚微。每有匪匠,勒加工价。稍不遂欲,即以停工为挟制,以侵蚀为利薮。甚将付织经纬,私行当押;织下纱匹,卖钱侵用。""自示之后,各乡匠揽织机只,概向机房殷书立承揽,交户收执。揽机之后,务宜安分工作,克勤克俭,计工授值……"①碑文中的"机户",实际上是一种放料收货的绸缎铺号,即称为"账房"的商人。

账房是具有资本主义萌芽性质的包买商。据1913年江苏省实业司的调查,苏州共有57家账房。这虽然反映的是民国初年的情况,但据载,最早的账房"石恒茂英记"出现在康熙四十一年(1702年),另有10家开设于乾隆至道光年间。也就是说,鸦片战争前,苏州已出现了11家账房。这些账房"除自行设机督织外,大都以经纬交与织工,各就织工居处,雇匠织造,谓之机户。此等机户,约近千数,机匠约有三、四千人,亦散处东北半城,娄齐二门附近乡镇,如唯亭、蠡口,亦间有之。女工摇丝,俗谓之调经娘。婺妇贫女,比户为之,资以度日者众焉"②。这种账房是经营纱缎铺庄的商人业主,是丝织业中一种商人资本的代表者。他们不仅自己拥有丝织设备,雇工织作,而且还把丝织原料预付给丝织业

---

① 《元和县严禁机匠借端生事倡众停工碑》,见《明清苏州工商业碑刻集》,第25页,江苏人民出版社1981年版。
② 彭泽益编:《中国近代手工业史资料》第2卷,第428页,中华书局1962年版。

中的机户,待其织成后付予工钱。作为商业资本的账房,通过发料收货的方式,把丝织的各个工序都组织起来,使从事各道工序的劳动者成为账房支配下的雇佣工人。在这里,账房的商业资本通过预付原料的形式渗入生产领域,转化为产业资本,而账房的经营者也就转化为最早的丝织业资本家。马克思说过,封建生产方式向资本主义生产方式的转化,经过两条途径,一条是生产者变成商人和资本家,一条是"商人直接支配生产",即商业资本控制小商品生产者,出现资本主义的家庭劳动。清代,苏州丝织业中的资本主义萌芽主要属于第二条途径。同样的情况在苏州的踹布业中也能够看到。从事踹布业的踹坊是由包头开设的。这些包头"置备菱角样式巨石、木滚、家伙、房屋,招集踹匠居住,垫发柴米银钱,向客店领布发碾,每匹工作银一分一厘三毫,皆系各匠所得,按名逐月给包头银三钱六分,以偿房租家伙之费"①。由此可知,踹坊并非独立的手工工场;踹匠的工资是由布号发给,按匹计价的,踹匠实际上是布号的雇佣工人;而包头并不直接雇用工匠,他不过是布号的包工头,负责管理工人、组织生产。这就说明在踹布业中,布号这种商业资本已渗入到生产领域。此外,在造纸等行业中也存在资本主义萌芽的情况。

尽管苏州手工业中出现的资本主义萌芽,由于处处受到封建势力的压制,发展非常艰难,步履缓慢,但毕竟已经

---

① 《雍正朱批谕旨》卷174,雍正八年七月二十五日浙江巡抚李卫奏。

五、明清时期的工商业中心

破土而出。它敲响了封建社会的丧钟,绽放出近代社会的曙光。

会馆与公所

会馆与公所的大量涌现,也是明清时期苏州城市经济发展的突出标志。

会馆,原指在异地的同乡人聚会的馆舍,后来延伸为泛指异乡人在客地建立的同乡或带有同行性质的社会组织。会馆的设置起源于北京。目前已知最早的会馆,是明代永乐年间安徽芜湖人、工部主事俞谟在北京捐建的芜湖会馆。创建会馆的用意,是为在京的同乡仕宦、游历士绅及应试举子提供居停场所。因此,明清时期出现于北京的大部分会馆,是由仕宦所建,目的是为仕宦服务的,一般称为仕宦会馆。

明代中期以后,随着商品经济的发展,地区间的经济交流日渐密切,流动人口不断增加,因此在一些工商业繁荣的城镇,出现了不少以工商业者为主体建立的会馆。这种主要服务于工商业者的工商会馆,以有天下经济都会之称的苏州最为典型。

明代万历年间,在苏州为官、经商的广东人和福建人,相继在虎丘山塘桥西、胥门万年桥大街建立岭南会馆和三山会馆,这是迄今所知苏州最早的会馆。天启五年(1625年),广东东莞商人又在山塘街上建立了东官会馆。不过,明代会馆的设立只是零星的。到了清朝,会馆建设才趋于兴盛,而且工商业会馆所占的比例越来越大。根据现有资料的统计,明、清两代苏州的会馆约为60余所,其中可以确定在1840年鸦片战争以前所建的为43所。43所会馆中,仕商合建的10所,工商业者建立的33所。

会馆是以地缘关系为纽带而建立的同乡组织。前面曾经述及,明清时期的苏州是一个工商业发达的经济都会,滞留了大量的外地工商业者,乾隆《吴县志》卷8中说:"吴为东南一大都会,当四达之冲,闽商洋贾,燕齐楚秦晋百货之所聚,则杂处阛阓者,半行旅也。"说明清代的苏州活跃着来自全国各地的商人和手工业者。告别家人、远离故土、身在异乡的客商,在生活和经营方面往往会遇到诸多不便和困难,如遭受当地商人的排挤和牙行的刁难、欺压,语言有障碍,生活不习惯,生病遭难时得不到安慰、照顾和帮助,以致有些人抛尸他乡、叶落不得归根。有鉴于此,他们感到有必要联络同乡,组织团体,依恃群体的力量,对外抵抗当地商人及牙行的欺负,对内则操乡音、过乡节,寄托思乡之情,减轻在外生活的压力。这可能是会馆建立的最初动机。因此,会馆基本上都不是本地工商业者设立的。

会馆有一套自己的管理机制。

首先,会馆事务有专人负责,负责人员通常称为董事、司事、总理等。这些董事由会馆成员共同推选,一般而言由"才具贤能,心术公正之人"担任。董事有一定的任期,如苏州的潮州会馆,每3年更换一次。董事的职责,一是征收基金,二是掌管房产契据,三是维持日常活动。

其次,会馆有固定的集会、栖息、祭祀场所。会馆的建筑无论大小,一般都设有戏台、宴会同乡宾客的大厅、供来宾栖息的厢房、放置货物的仓库等,而安置、供奉乡土神祇的殿堂,更力求"殿宇巍峨,楼台整肃",这成为会馆建筑的一大特色。不少会馆还辟有花圃、园亭,供人游观。

全晋会馆遗址

其三,会馆有经费来源,以作为维持活动的基金。经费来源大致有两种渠道:一是会馆成员的捐助金,各地会馆最初的经费大都由此而来,这是会馆经费来源的主要渠道;二是用会馆成员捐助金的一部分购置不动产,然后出租,收取租金以补会馆开支。

会馆作为一种同乡组织,主要用于供同乡人聚会、祀神,也为同乡商人提供驻足和贮存货物之地,并对同乡的贫病之人提供帮助,如客死异乡时代为掩埋等。在乾隆以后,会馆的功用越来越偏重于商业方面,如作为同乡同行商人集议贸易事务的场所、议立规条、评定市价、统一度量衡器等,并逐渐演变为工商业行会组织。

相对于会馆来说,公所从一开始就表现出明显的行会职能。

公所的本意是指公共办事之所,在清代演变为同业者组成的工商业组织的专称。早在宋元时期,苏州就已出现了以公所为名的行业团体,如粮船公所、吴郡机业公所。但是,公所的名称未能延续下来,直到入清以后,公所才如雨后春笋般地涌现出来。根据新编《苏州市志》的统计,明、清至民国年间苏州计有公所198所,其中建于鸦片战争以前的有53所。

与会馆相比,公所有自身的特点:第一,会馆以同乡为纽带,而公所则以同业相结合;第二,会馆成员主要是外地的同乡客商,而公所成员则包括本地和外地的同行;第三,会馆、公所都进行祀神活动,但会馆供奉的是地域神祇或先贤,而公所祭祀的则是行业神;第四,会馆、公所都办理善举,但会馆的对象是同乡人,而公所的对象则是同业者。

作为同业者的组织,公所也有自己的运营管理方法。公所实行董事负责制,董事由成员选举产生。由于公所的成员来自各地,且同业者之间也有身份、地位的差别(如老板与伙计等),在内部管理方面表现出较为复杂的情况。公所的经费,开始也是来自成员的捐助,有些公所则根据成员的营业情况按规定抽取资金,并且后一种方法逐渐成为公所经费的主要来源。公所也有建筑,但不似会馆那样宏阔壮观,而是求其实用,往往比较简陋。

公所的职能随着时代的剧变而有所变化,但基本职能不外乎以下几个方面:

第一,制订行规,限制竞争。公所普遍立有行规,通过行规章程,用强制的办法限制来自行业内部或外部的竞争,以维护同行的既得利益,如对新入行的工商业者收取规定数量的行规钱、严格控制各业主的学徒人数以限制生产规模、限定开设店坊的地点、统一货物价格、统一规格质量、规定工价标准等等。行规一经制定,公所成员必须遵守。如果发生违反行规的情况,由公所成员共同议罚,一般是罚吃茶、罚酒席或罚少量金钱,有时也采用极为野蛮的手段,黄钧宰《金壶七墨·逸墨》中记载了这样一则故事:"苏州金箔作,人少而利厚,收徒只许一人,盖规例如此,不欲广其传也。有董司者,违众独收二徒。同行闻之,使去其一。不听,众忿甚,约期召董议事于公所。董既至,则同行先集者,百数十人矣。首事四人,命于众曰:董司败坏行规,宜寸磔以释众怒。即将董裸而缚诸柱,命众人各咬其肉,必尽乃已。四人者率众向前,顷刻周遍,自顶至足,血肉模糊,与溃腐朽烂者无异,而呼号犹未绝也。比邑侯至,破门而入,则百数十人,木立如塑,乃尽数就擒,拟以为首之四人抵焉。"当然,这样残酷的处置方法毕竟是极为少见的。

第二,承应官府差役,并尽可能地保护成员的利益。公所由古代的"行"演变而来,公所的成立必须取得官府的批准。与此同时,公所也必须承担官府的一切差派,如苏州圆金业因"承办上用飞金",故圆金业公所又称"经匠差局公所",明显地表现出承办官差的职能。由于官府时常对工商业者"出票借取",吏胥差役又从中假借名义,中饱私囊,使工商业者不堪负担。为此,工商业者通过公所不断吁请官府下令禁止吏胥差役的骚扰和勒索,有些公所就是为了便于与官府进行交涉才成立的。

第三,办理同业善举。生老病死是人类生活的全部过程。尤其从事工商业的人要冒很大的风险,经营者的地位极不稳定,造成了许多贫困人口。为了社会的安定,为了维护行业秩序,各个公所都极为重视对同业老弱病残和失业人员的救济。民国九年(1920年)吴县知事温绍梁曾对公所的职能作过如下的总结:"盖纯正商业,建有公所,虽为同行议事之处,其中仍含有慈善性质,各业类同此旨。"①这种办理善举的行为甚至成为有些行业创立公所的直接动因。苏州绚章公所就是因为蜡笺业人员"类多异乡人氏,或年老患病,无资医药,无所栖止,或身后棺殓无备,寄厝无地",考虑到"同舟之谊,或关桑梓之情,不能坐视"而建立的。公所的慈善事业,大致包括以下几个方面:一是对贫困失业、年老孤苦者给予生活补助,如绸缎业七襄公所规定,同业中如有老病废疾不能谋生者、鳏寡孤独无所依靠者、异乡远客贫困不能回乡者,由各商店上报公所,经公所董事核实,从公所经费中酌量给予资助;二是对生病者给药医治,故世者给棺掩埋,所谓"凡同业之人,生则医药,死则殓埋";三是救济病故同业家属,同时尽可能为失业人员创造再就业的机会等等。

鸦片战争后,随着时代的剧变和商品竞争的进一步加剧,地域性的会馆越来越多地转变为业缘性的公所。同时,一部分近代资产阶级化的人物加入公所,导致公所职能的转变,突出地表现为以统一行动对付外来力量的竞争和各种超经济力量的干预,行会限制扩大经营规模的职能渐趋

---

① 《重修香业公所办理善举碑》,见《明清苏州工商业碑刻集》,第230页,江苏人民出版社1981年版。

松弛。到了清末,公所成为商会和同业公会的基本成员。由会馆和公所到商会和同业公会的演变,大体显示了苏州工商业组织的演变脉络,反映了苏州工商业发展的过程。

惊心动魄的市民斗争

随着苏州城市工商业的繁荣,市民的力量日渐壮大,他们以全新的姿态投入了反对封建暴政的斗争行列,尤其是市民的中坚力量——手工业工人,为改善待遇、提高工价,展开了不屈不挠的斗争,为明清时期的苏州历史写下了光辉的一页。

葛成领导的苏州市民反税监斗争

万历二十九年(1601年)爆发的葛成领导的苏州市民反税监斗争,是由封建统治集团的横征暴敛引起的。这年初夏,苏州地区阴雨连绵,水害成灾,民谣中说:"四月水杀麦,五月水杀禾,茫茫阡陌殚为河。"可是,封建统治阶级根本不顾老百姓的死活,变本加厉地进行掠夺。五月初旬,织造太监孙隆来到苏州后,总理五关之税,由参随黄建节勾结本地无赖、土棍汤莘和徐成等充任税官,分列水陆要冲,公开强索过往商贩,"凡米、盐、果、薪、鸡、豚之属,无不有税",一时"榷网之设,密如秋荼"。他们还对机户擅自加征,"妄议每机一张税银三钱","每缎一匹,税银五分;纱一匹,税二分",这就严重影响了苏州市民尤其是以丝织为生的手工业工人的生活,"吴中之转贩日稀,织户之机张日减","穷民之以织为生者,岌岌乎无生路矣",一时"人情汹汹,讹言四起,机户皆杜门罢织,而织工皆自分饿死",一场群众斗争的风暴已不可避免。

这场市民运动的领导人是葛成。葛成祖籍昆山,原名成,后改名贤,在苏州为人佣织。他为人正直,乐于助人,好打抱不平,深受同业工匠的敬重。农历六月三日(或谓六月六日),苏州织工共推葛成为首,在玄妙观聚集,"不呼而集者万余人,同声相应"。葛成将队伍分成6队,以芭蕉扇所指而定举动,分赴税官之家,"毙黄彦(建)节于乱石之下,付汤莘等家于烈焰之中",同时焚烧了为汤莘筹资、向阉党献媚的乡官丁元复家,"凡税官之所在地方者,尽殴杀之"。面对市民斗争的怒潮,税监孙隆惊慌失措,偷偷溜往杭州,"从此不复至苏",苏州市民的反税监斗争取得了一定的胜利。

这次织工斗争,表现出高度的组织纪律性,连地方封建统治者也不得不承认,织工们"不挟寸刃,不掠一物,预告乡里,防其延烧。殴死窃取之人,抛弃买免之财";"赤身空手,不坏一丝,止破起衅之家,不及无辜一人"。因此,织工的斗争赢得了人民群众的拥护,"义声大震,从者益广",时人《税官谣》中清楚地反映了这种情景:"千人奋梃击,万人夹道看。斩尔木,揭尔竿,随我来,杀税官。"但是,苏州市民的反税监斗争触犯了封建统治阶级的利益,遭到了封建政府的镇压。在这关键时刻,织工斗争的领袖葛成表现出崇高的自我牺牲精神,他"袒两肩,挥蕉扇",挺身而出,说:"始事者成也,杀人之罪,成愿以身当之,幸勿及众。"葛成的自我牺牲精神赢得了城市各阶层人民的敬仰和爱戴,成千上万的群众向官府请愿,并送酒食衣物到监狱探望,甚至一些地主、士绅也采取了同情的态度。基于此,封建统治者不敢轻易加害,对葛成由判死刑改判缓刑,实行长期监禁。直到万历四十一年(1613年),巡按御史房壮丽"特请矜宥",方得以释。

葛成领导的以丝织工人为主体的苏州市民反税监斗争,是与苏州丝织业中孕育着的资本主义萌芽紧密相联的。由于当时资本主义生产关系刚刚萌芽,工人的力量尚很弱小,他们还没有阶级的要求,因而决定了这场斗争仍然是以求生存为中心的自发的经济斗争,但是,它的积极作用是不能低估的,它给腐朽的明王朝以沉重打击。在苏州市民及全国人民斗争的联合打击下,明朝廷不得不"诏罢采矿,以税务归有司"。这样就拯救了濒于绝境的江南地区的工商业,保护了丝织业等部门出现的资本主义萌芽。同时,它预示着我国古老的封建社会已走向没落,一股新的社会力量正在孕育之中,从而就赋予后期封建社会的阶级斗争以新的特色。正如著名史学家范文澜先生所说的:伟大的中国工人阶级的先驱者,当他们在1601年第一次起而斗争的时候,就表现出反封建压迫的英雄气概。他们行动服从葛贤的指挥,有卓越的组织性和纪律性……中国工人阶级当它开始萌芽的时候,就充分地显示出它将有远大的光荣的前途。

五人义事件

五人义事件是由于阉党迫害正直的苏州籍官员周顺昌而引发的一场市民斗争。当时,明王朝处于阉党专政的情况下,政治黑暗,社会窳败,不少正直的官员受到迫害。天启六年(1626年)三月,阉党头子魏忠贤派出缇骑来到苏州,准备逮捕同情东林党的周顺昌。消息传出,苏州市民云集巡按御史衙门,向巡抚毛一鹭和巡按徐吉申述民意,反对捕人,却遭到厂卫特务的呵斥和殴打。苏州商人颜佩韦忍无可忍,从人群中一跃而出,直奔大堂,阻止特务行凶,又遭众特务的围攻,市民沈扬、杨念如、马杰、周文元等见状上前帮助颜佩韦,与特务发生了激烈冲突。广大群众同声响应,"蜂涌大呼,势如山崩","从者千计",打得特务东窜西逃,狼狈不堪。当场有特务两人被愤怒的群众击毙。这次市民斗争大灭了厂卫特务的威风,最后他们只好偷偷地将周顺昌押走。

苏州人民的抗暴斗争引起了魏忠贤的恐惧和怨怒,他急忙派遣爪牙到苏州逮捕市民斗争的参加者。在乌云压顶的时刻,颜佩韦等5人径至衙门,"挺身自投曰:'渠魁、胁从皆我也,无波及!'"同样表现了崇高的自我牺牲精神。他们在大堂上痛骂毛、徐辈为卑鄙小人,而为自己的行动自豪:"尔陷吏部(指周顺昌)死,官大人小;我为吏部死,百姓小人大。"七月初,5人慷慨赴义,临刑之际,"意

五人墓碑

气阳阳,呼中丞(指毛一鹭)之名而詈之,谈笑以死"。颜佩韦等5人舍身为人的义行深受苏州人民的钦敬,苏州士绅吴

默、文震孟等为他们收尸敛葬,后又移葬于山塘街上。

为了抗议官府逮捕5人,苏州市民坚持斗争,"倡议罢用天启钱,各府州县人民皆和其说,将天启钱积下,私禁达十余月",表明了市民力量的成长。

这次市民斗争是由阉党逮捕周顺昌而激起的,然而斗争的目标是"素贪横,妄增定额,恣诛求"的阉党分子,因此,表面上看是统治阶级内部的"党争",实际上是葛成斗争的继续,仍然属于反对封建专制暴政的斗争。

清代手工业工匠的"齐行叫歇"斗争

清代从康熙以后,城市工商业得到了新的发展。在那些带有资本主义性质的手工作坊和手工工场里,雇主和雇工之间的矛盾日渐尖锐。当时的雇主(包括作坊主、工场主等),为了扩大剥削所得,往往克扣手工业工人的工价,或者拖欠工资,进行种种虐待,引起工人的不满和反抗。因此,雇主和雇工之间的关系,从明朝后期的"相依为命"逐渐发展为"齐行叫歇"的对抗关系,工匠为增加工资而进行的反抗雇主的斗争,贯串有清一代,几乎未曾停息过。

这些罢工斗争,都是由于经济的原因而引起的,有的是工匠反对雇主克扣工银,实行苛刻的经济剥削,有的是工匠反对作坊主解雇工人,还有的是市民反对米商囤积居奇等等。

从下表也可看出,在清代苏州市民的反抗斗争中,以踹布工匠开展的齐行叫歇斗争发生最早,持续时间最长,次数最多,形式多样,富有特色。

苏州史纪(古代)

苏州市民、工匠反抗斗争概览表

时　间	内　　　容
康熙九年	窦桂甫领导的踹布工匠斗争
康熙三十二年	踹匠罗贵等齐行罢市
康熙四十年	踹匠暴动
康熙五十四年	王德等倡言成立踹匠会馆
康熙五十九年	踹匠"齐行增价"斗争
雍正元年	踹匠拜把、约会
雍正七年	踹匠"拜把结盟"
雍正十二年	机匠反对解雇工人要求增加工资而罢工
乾隆四年	踹匠王言亨等齐行叫歇斗争
乾隆十三年	顾尧年等市民反抗米商囤粮抬价的斗争
乾隆二十一年	纸坊工匠罢工
乾隆六十年	踹匠蔡士谨等罢工
嘉庆九年	市民抢米罢市
道光二年	机匠王南观等要求增加工资的斗争
道光五年	踹匠要求增加工资,倡言各匠停工
道光六年	烛匠邵贤招等罢工
道光十六年	匠户叫歇停工
道光十七年	金箔工匠陈阿玉等要求增加工资的斗争
道光二十五年	印书匠人"齐行把持"
道光二十六年	屠猪业徐成有等倡议"停工"
道光二十七年	烛业店伙张国安等罢工

康熙九年(1670年),因年荒米贵,踹匠窦桂甫等人以传单约会各处踹匠,要求增加工资,以致不少工匠"停工观望",有的迫使作坊主"唱戏讲话"。但是,控制踹坊的布业字号不予答应,仍然坚持按照定例,每踹一匹布付银1分1厘。地方官府维护布商的利益,将窦桂甫等发起者驱逐出境,21家布商立碑禁止工匠的齐行斗争。康熙三十二年(1693年),踹匠的工价没有得到丝毫增加,生活也没有获

得任何改善,于是罗贵等人再次聚众齐行,要求增加工价,并威胁罢市,又遭到了商家联合官府的压制。踹匠的工价不仅得不到增加,踹坊包头还不时地克扣工钱,在这样的情况下,踹匠们忍无可忍,于康熙四十年(1701年)发动了大规模的罢工,"流棍之令一出,千百踹匠景从。成群结队,抄打竟无虚日。以致包头畏避,各坊束手,莫敢有动工开踹者。变乱之势,比诸昔年尤甚"①。这次罢工历时1年,由于官府的严禁,踹匠不得不复业。自此以后,官府对踹坊的管理更加严格,但官府也同时作出了"不许包头多克"的规定。踹匠的斗争仍然取得了一定的胜利。

由于多次斗争都遭到了业主和官府的合力镇压,历经磨练的踹匠意识到只有建立自己的组织,才能斗争得更加有力。于是,在康熙五十四年(1715年),踹匠王德、邢春林等人倡言成立会馆,并以捐助普济院、育婴堂经费为由要求商家增加工资,引起业主和官府的恐惧。他们生怕"会馆一成,则无籍之徒,结党群来,害将叵测",因而坚决反对,对首倡者或加以重责,或加以驱逐。但是,踹匠们虽未能建立自己的会馆,仍利用同乡关系继续进行斗争。康熙五十九年(1720年),他们"或称同乡,或认亲戚,煽惑众匠,齐行增价,代告扣克,科敛讼费,再索酬金",把斗争矛头直指布商和包头,因而43家布商和304户包头中的12户坊总与27户甲长联名向官府禀控。吴县衙门申明旧章,赋予包头管束

---

① 康熙四十年《苏州府约束踹匠碑》,见《明清苏州工商业碑刻集》,第63页,江苏人民出版社1981年版。

踹匠更大的权力。尽管封建政府用"五人连环互保"的方法来防范和限制踹匠的斗争,但踹匠与业主之间存在着根本的矛盾,斗争始终不断。此后,苏州踹匠还多次发动了齐行叫歇斗争。

踹匠针对业主发动的齐行叫歇斗争,在封建社会晚期的人民反抗运动中独具一帜,表现出全新的意义。伴随着资本主义萌芽的出现,新的社会矛盾开始产生,尽管这种矛盾在当时社会中不占主流,却是不容忽视的。

苏州社会风尚的变迁

社会风尚主要指社会的思想意识和民情风习,是时代风貌的具体表现。社会风尚受经济基础的制约,随社会的发展而不断变化。明清时期,随着苏州社会经济的繁荣,物质生活水平的提高,人们的精神生活也发生了显著的变化。尤其是商品经济的高度发展和资本主义萌芽的出现,引起了人们思想观念的改变,新的社会风气逐渐形成。旧观念与新观念并存,旧风气与新风气共在,彼此冲突,相互交融,使这一时期的社会风貌更显多姿多彩。

当时,社会上普遍地把诵诗读书看作是"天下第一等好事",大家巨族、书香门第的子弟固然抱定"科甲仕宦,显亲扬名,皆从读书中来"的宗旨,汲汲于学,"恒以家无读书人为耻",即便普通人家也希望通过发奋苦学,跻身于社会上层。所以,孜孜不倦地读书求仕、追求科举功名依然是社会风气的主流。但是,毕竟时代已发生了很大的变化。在商

五、明清时期的工商业中心

品经济大潮的冲击下,读书求仕已不再是人们的唯一出路,经商营利成了大众的普遍选择。在这样的情况下,重商风气日趋浓厚。

中国封建社会历来奉行"重农抑商"政策。历代封建统治者及其思想家们把能否贯彻这一政策视为封建国家治乱盛衰之所系。与此相应,商人的社会地位十分低下,被排于四民之末。这种情况至明代中叶发生了显著变化,商品经济的发展引起了人们思想观念的剧变。"重农抑商"的传统政策遭到了人们强烈的抵制,在许多地方尤其是苏州形成了一股重商思潮。人们争相趋利,改业从商。明末,苏州城东"居民大半工技,金阊一带,比户贸易",从工从商,蔚成风气。甚至不少官宦士子也追逐利润,"以求富为务"。黄省曾《吴风录》概言"吴中缙绅士夫多以货殖为急"。在此推动下,经商之风吹遍了苏州城乡各个角落。在乡村,出现了蚕桑、棉作压倒稻作的现象,养蚕缫丝、纺纱织布成为人们生计的主要来源;在城市,"皆工织作","比户贸易"。王鏊《姑苏志》谓:"大抵吴人,好费乐便,多无宿储,悉资于市也。"顾公燮《消夏闲记选存》也说:过去苏州在春节前后,商店歇业,至元宵节始开门营业。但在清代,即使正月初一也在营业。"总之生计艰难,一日不做,即一日不活"。商业与人们的日常生活关系如此紧密,重视商业并进而形成为一种社会风气乃是理所当然的事情。

随着重商风气的盛行,人们争言财利,金钱的魔力越来越大,人们追求金钱的欲望也愈来愈强烈。物欲横流,势必导致拜金的狂潮,"金令司天,钱神卓地"成为江南,尤其是苏州地区社会现象的普遍写照,拜金思潮渗透到社会生活的各个方面。为了金钱,人们可以忘恩负义、鲜廉寡耻,甚至丢弃做人的准则,作为封建支柱的伦理纲常遭到了空前的冲击。

传统的封建社会中,商人的地位极为低下,排于四民之末,人们耻与来往。到了明清时期,由于拜金思潮的出现,掌握巨额财富的商人的社会地位日益提高,出现了"满路尊商贾,穷愁独缙绅"的情况。昔日冷落的门庭,而今人来人往,交游广泛,不仅普通人众,即使一向清高的士大夫亦折节下交。凭藉雄厚的财力,商人捐钱纳官,行贿揽权,以新贵自居。这种士与商的合流,贵与贱的变化,引起了一部分封建文人的不满,他们指责说:"古者四民分,后世四民不分;古者士之子恒为士,后世商之子方能为士";"曩昔士大夫以清望为重,乡里富人,羞与为伍,有攀附者必峻绝之。今人崇尚财货,见有拥厚资者,反屈体降志,或订忘形之交,或结婚姻之雅,而窥其处心积虑,不过利我财耳。遂使此辈忘其本来,足高气扬,傲然自得。"①这恰从反面说明金钱所到之处,伦理为之倾倒的事实。

封建道德最重孝行,《孝经》强调"人之行莫大于孝";《孟子》说"未有仁而遗其亲者也"。而在苏州地区,做儿孙的蔑视孝道,竟然做出掘祖坟、焚祖尸的悖逆之事,其目的乃"利其藏中之物",更可怪者,苏州人视其为故然,并没有认为这是大逆不道而加以讨伐。可见金钱腐蚀人们的思想到

---

① 董含:《三冈识略》卷6。

五、明清时期的工商业中心

了何等严重的地步!

婚姻为人生大事。自古以来,男女婚姻要求"门楣求其称,婿妇惟其贤"。苏州地区多名门望族,素来讲究门第观念,看不起市民阶层,不管这些市民拥有多少财富。但时境迁移,到了明清时期,男方只计奁资,女方索要聘财,只要有钱,"则良贱不及计,配偶不及择",金钱压倒门第,比起赫赫家世来更具魅力。

明清时期,随着商品经济的发展,追求物欲享受的奢靡之风弥漫到全国各地。其中,苏州地区最为突出。

苏州地区的奢侈之风滥觞于明代中期,明末趋盛,虽然清初一度收敛,但随之又愈演愈烈,难以遏制。

苏州地区的奢靡风习在日常生活的各个方面均有突出表现。

在服饰方面,明代前期,服制甚严,无论是式样、颜色,还是图案、质料都有条例规定,《明史·舆服志》谓:"洪武三年,庶人初戴四带巾,改四方平定巾,杂色盘领衣,不许用黄。又令男女衣服,不得僭用金绣、锦绮、纻丝、绫罗,止许绸、绢、素纱,其靴不得裁制花样、金线装饰。首饰、钗、镯不许用金玉、珠翠,止用银。六年令庶人巾环不得用金玉、玛瑙、珊瑚、琥珀。"然而,自明代中期至清代,苏州人的服饰发生了极大变化,龚炜《巢林笔谈》在论及吴地风俗侈靡时说:"予少时,见士人仅仅穿裘,今则里巷妇孺皆裘矣;大红线顶十得一二,今则十八九矣;家无担石之储,耻穿布素矣;团龙立龙之饰,泥金剪金之衣,编户僭之矣。"钱泳《履园丛话》概论乾隆以后吴中服饰,"男人俱是轻裘,女人俱是锦绣"。他们僭越封建等级的礼制,质料由布素而追求锦绣、绫罗,颜色由暗淡而趋于鲜艳华丽,式样由划一单调而追求奇异翻新,一向为人君至尊之饰的团龙、立龙竟也成了普通百姓衣服上的花纹。服饰追新求奇,无所不有,所谓"衣则忽长忽短,袖则忽大忽小,冠则或低或昂,履则忽锐忽广。造作者以新式诱人,游荡者以巧冶成习"①,以致到了男女混杂的地步,褚人蒦《坚瓠集》中引了一首吴下歌谣,说道:"苏州三件好新闻,男儿着条红围领,女儿倒要包网巾,贫儿打扮富儿形。"以服饰为突破口,打破了传统的社会秩序。逾礼越制,莫此为甚。难怪有人对这种变化要"怪而哗之"了。但是,社会风尚一经形成,便非封建卫道士们所能阻止,明人范濂曾说:"余最贫,最尚俭朴,年来亦强服色衣,乃知习俗移人,贤者不免。"②

在饮食方面,苏州地区在明初俗尚俭朴,宴会既少,品物无多。但明中叶以后,宴会无时,刻意求精,一席之中,水陆之珍俱全,一宴之费,动辄数十百金。非但富人的正式宴请,即使普通百姓家的"寻常宴会",也是"无山珍海错,群以为羞"。叶梦珠《阅世编》卷9中详细地记载了明末清初民间宴会的变化,他说:"肆筵设席,吴下向来丰盛。缙绅之家,或宴官长,一席之间,水陆珍羞,多至数十品。即士庶及中人之家,新亲严席,有多至二、三十品者,若十余品则是寻常之会矣。然品必用木漆果山如浮屠样,蔬用小磁碟添案,小品用

---

① 袁栋:《书隐丛说》卷19。
② 《云间据目抄》卷2。

攒盒,俱以木漆架架高,取其适观而已。即食前方丈,盘中之餐,为物有限。崇祯初始废果山碟架,用高装水果,严席则列五色,以饭盂盛之。相知之会则一大瓯而兼间数色,蔬用大铙碗,制渐大矣。顺治初,又废攒盒而以小磁碟装添案,废铙碗而蔬用大冰盘,水果虽严席,亦止用二大瓯。旁列绢装八仙,或用雕漆嵌金小屏风于案上,介于水果之间,制亦变矣。苟非地方官长,虽新亲贵游,蔬不过二十品,若寻常宴会,多则十二品,三、四人同一席,其最相知者即只六品亦可,然识者尚不无太侈之忧。及顺治季年,蔬用宋式高大酱口素白碗,而以冰盘盛漆案,则一席兼数席之物,即四、五人同席,总多馂余,几同暴殄。康熙之初,改用宫式花素碗而以露茎盘及洋盘盛添案。三、四人同一席,庶为得中。然而新亲贵客仍用专席,水果之高,或方或圆,以极大磁盘盛之,几及于栋,小品添案之精巧,庖人一工,仅可装三、四品。一席之盛,至数十人治庖,恐亦大伤古朴之风也。"

随着戏曲的繁荣,至清代,苏南城镇出现了大量的戏园、戏馆。戏馆不仅可以赏戏,还提供宴席。入戏馆宴会宾客,既可以满足口欲、视欲、听欲,还可以当众炫耀阔绰,满足富人的虚荣心。因此,戏馆内宴席规模庞大,浪费惊人,钱泳记载苏州戏馆的宴席情况说:"其暴殄之最甚者,莫过于吴门之戏馆。当开席时,哗然杂遝,上下千百人,一时齐集,真所谓酒池肉林、饮食如流者也。尤在五六七月内天气蒸热之时,虽山珍海错,顷刻变味,随即弃之,至于狗彘不能食。"①所以,当时人称吴人好侈,于"饮馔,则席费千钱而不为丰,长夜流湎而不知醉矣",确非虚语。

在宅第建造方面,房屋宅第,代有定制。明初制度甚严,"上得兼下,下不得僭上,违者各治以罪。其居处僭上者,至处以籍没"。大致情况:富者不过8间,普通百姓只许3间。隆庆、万历以后,奢侈风气在住宅方面有了充分表现。营建之风遍及各地,耗费越来越巨。时人评论说:"江南富翁,一命未沾,辄大为营建,五间七间,九架十架,犹为常耳,曾不以越分为愧。"然而,相对于园林建筑来说,房屋居室的奢侈要逊色得多。明清时期,苏州私人园林极为发达。早在成化年间,城内即已"亭馆布列,略无隙地"。明清两朝,城内园林最多时约有270余处,有"城里半园亭"之说。私家园林规模不一,大部分小巧玲珑,于方寸处展现大自然,也有占地极广,至十数顷者。许多园林构建豪华,备极奢靡。以拙政园为例,该园为嘉靖年间巡按御史王献臣所创,史称"堂宇亭榭、桥池花木之盛,甲于茂苑"。入清后曾为吴三桂之婿王永宁据有,"复盖崇高雕楼,备极华侈"。明代何良俊曾对三吴城市建园之风加以综论:"凡家累千金,垣屋稍治,必欲营治一园。若士大夫之家,其力稍赢,尤以此相胜。大略三吴城中,园苑棋置,侵市肆民居大半。"②从中约可窥见江南地区园林建筑的消费之巨。

在游乐方面,苏州地区山水清嘉,风物秀丽,自然条件

---

① 《履园丛话》卷7。
② 《何翰林集》卷12。

极佳,人文资源丰富,自古即有"天堂"、"乐土"的美誉。优越的环境助长了游玩之风的滋生。乾隆《吴县志》有谓:吴人好游,以有游地,有游具,有游伴也。明清时期,苏州商品经济发达,城市繁华,市民生活愈加丰富,使得游玩风气越吹越盛,褚人获《坚瓠集》中说:"苏人好游,袁中郎宏道诗云:苏人三件大奇事,六月荷花二十四,中秋无月虎丘山,重阳有雨治平寺。"黄省曾《吴风录》称:虎丘游客,四时不断。其他则有春初西山踏青,夏日泛舟荷荡,重阳桂岭登高等。吴中四时八节,节庆频频,游玩活动也不分四季,终年不断。清人袁景澜《吴中行乐歌》对此有详细描述,可以概见游风炽盛的一斑。

除了上述衣、食、住、行诸方面外,奢侈风气在其他方面也有表现,如婚丧喜庆、迎神赛会、赌博等。清乾隆时江苏巡抚陈宏谋记述苏州婚嫁情况时说:"自行聘以及奁赠彩帛金珠,两家罗列,内外器物,既期贵重,又求精工。迎娶之彩亭灯轿,会亲之酒筵赏犒,富贵争胜,贫民效尤。"[①] 他在抚吴时所立"风俗条约"中谈及吴中赌博风气:"三吴赌风甚盛,其为害亦甚烈。地方官现在查拏,不过小赌。其真正大赌,皆绅士富户,深居密室,或衙门吏胥暗中包庇,役不能拏,人不敢问,输赢动全十白,丰裕生涯瞬归消乏,田房厚产荡然一空,富室变为穷汉,良善子弟流入无赖匪徒。"[②] 至于迎神赛会的奢华场面也不逊色,龚炜《巢林笔谈》中说到:"每当报赛之期,必极巡游之盛:整齐执事,对对成行,装束

---

①② 同治《苏州府志》卷3。

官弁,翩翩连骑。金鼓管弦之迭奏,响遏行云;旌旂幢盖之飞扬,辉生皎日。执戈扬盾,还存大傩之风;走狗臂鹰,或寓田猎之意。集金珠以饰阁,结绮彩而为亭。执香者拜稽于途,带枉者匍匐于道。虽或因俗而各异,莫不穷侈而极观。"

由此可见,明清时期苏州的社会风气发生了巨大的变化。随着商品经济的发展,人们的思想观念有了较大的改变,尽管读书求仕仍是广大学子奋斗不息的动力,但它不再是唯一的出路。求学不成去经商,成为比较普遍的行为。社会上重商思潮的兴起,驱使人们对金钱顶礼膜拜,金钱的魔力越来越大。与之相应,追求享受的奢靡风气吹遍了苏州城乡各个角落、各个阶层,逾越礼制、离经叛道的现象极为普遍,人们的思想和生活开始偏离封建礼制的轨道,这就为启蒙思潮的产生开辟了道路。

六、中国文化的苏州时代

明清时期,苏州商品经济发达,城市繁华。以苏州为中心的江南地区不仅是全国的经济重心,而且也是全国的文化艺术中心。尤其江南地区的中心城市苏州,人才辈出,文化昌盛,在全国居于极其突出的地位。

苏州是诗、文、书、画坛的重镇。明清时期的苏州,涌现出众多的诗人和文学家,如号称"吴中四杰"的高启、杨基、张羽、徐贲,被誉为"吴中四才子"的文徵明、唐寅、祝允明和徐祯卿,通俗文学大家冯梦龙,文学批评家金圣叹,现实主义剧作家李玉等。倘若我们把苏州的外延稍加扩大,张溥、顾炎武、王世贞、归有光、钱谦益、吴伟业等更足以为桑梓增色。苏州的书画艺术发展至鼎盛,吴门书派和吴门画派于焉形成。苏州书画家在全国的书画舞台上占据着举足轻重的地位,其流变对此后中国的书画艺术产生了深远的影响。

苏州是工艺之邦。苏州是我国精湛的手

工艺品的传统产地。自古以来,苏州的能工巧匠用他们的聪明智慧和灵巧双手,开创和发展了苏州工艺美术精细雅致的独特风格。苏绣瑰丽精细,是我国四大名绣之一;苏州玉雕有"鬼斧神工"之誉;桃花坞木刻年画是南北三大民间木刻年画流派之一。此外,还有"吴装最善,他处无及"的苏裱,富于变化的"怀袖雅物"苏州折扇,形态生动逼真的虎丘泥人,高雅绝俗的苏式家具,玲珑剔透的红木小件,细巧精致的小摆设,以及缂丝、剧装戏具、民族乐器等。

苏州是园林之城。苏州气候宜人,风景秀丽,物产丰饶,经济发达,文化隆盛,是达官贵人、富商巨贾聚居之地。他们在城中修建了众多的宅园,据知明代苏州城内园林多达270余处,清代构筑者也有130多所,故而有"城里半园亭"之说。苏州园林师法自然,追求意境,淡雅幽静,充满了诗情画意,不愧是传统文化的结晶,建筑艺术的精华,是我国民族文化艺术宝库中的一份珍贵遗产。

苏州是状元之乡。清代全国共出状元114名,而苏州一府即达26名,占总数的22.8%,状元人数超过了江苏以外的任何其他省份。

此外,以惠栋为首的"吴派",是清代汉学的两大流派之一;苏州的科学技术成就显著,医学极为发达;苏州的紫阳书院、正谊书院等为封建国家培养了不少的人才;苏州的藏书、刻书事业在全国居于中心地位;苏州还是全国学风最盛的地方。苏州文化保持着特有的风格,领导着全国的潮流。所有这些,表明苏州是全国的文化重心所在。称明清时期是中国文化的苏州时代,似乎并不过分。

六、中国文化的苏州时代

异彩纷呈的苏州文坛

晋代陆机在《吴趋行》中曾经说苏州"山泽多藏育,土风清且嘉"。水清山秀的地理环境,孕育了人才辈出、文化璀璨的人文景观。自古以来,苏州即是人文荟萃之地。明清时期,苏州经济发达,城市繁华,新兴市民阶层势力的壮大,对文学的形式和内容提出了新的要求,促进了文学的繁荣昌盛。一时之间,苏州文坛异彩纷呈,群星闪烁,诗坛俊彦高启、通俗文学巨匠冯梦龙、杰出的文学批评家金圣叹、现实主义剧作家李玉等,都是其中的佼佼者。

苦吟诗人高启

朱元璋攻取苏州后,对吴中实行了极其严酷的高压政策,吴中富室被大量迁徙他乡,土地没官,导致苏松赋税日重,工商业受到严重的摧残。天下太平给苏州人带来的不是希望与幸福,而是衰败、痛苦和失望。处于政治高压下的文人们,内心充满了压抑和痛苦。这种心理特征在吴中诗坛表现得尤为显著。在痛苦的现实面前,吴中诗人的反应不一:一种是向现实妥协,使自己适应环境,泯灭自我;另一种则是不屈不挠,顽强地追挽失却的自我,向现实抗争。作为后一种类型的代表人物,与高压环境相抵触并为此付出生命的是著名的诗人高启。

高启(1336~1374年),字季迪,长洲人。幼年警敏博学,尤工于诗。张士诚居吴时,高启避居舅家,居吴淞江之青丘,因自号青丘子,晚年又号槎杆。明朝建立后,高启应召赴南京参与修撰《元史》,任翰林院编修。不久,擢任户部右侍郎,他以"逾冒进用"为由,坚辞不受,乞归田里。据说他曾赋《宫女图》诗,因朱元璋认为该诗意存讽刺,而遭到忌恨。洪武七年(1374年),苏州知府魏观于张士诚宫室旧址营建府治,请高启作上梁文,中有"龙蟠虎踞"之句,遭人告发,魏观被逮入狱,高启受株连,被腰斩于市,年仅39岁。

高启是明初诗人中创作最丰富、成就最高的作家。他一生作诗2 000余首,分别收录于《吹台集》、《江馆集》、《凤台集》、《姑苏杂咏》等诗集中。他与同在苏州城北的一批诗人形成一个作家群,称"北郭十友";又与杨基、张羽、徐贲一起被推崇为"吴中四杰",当时人把他们与初唐四杰相比。高启的大部分文学活动是在元末,许多诗作体现了元末的文学精神。他的《青丘子歌》强烈而鲜明地体现了脱离伦理的羁绊而获得自由发展的个性化要求,诗中

高启像

对自己作了这样的描写:"蹑屩厌远游,荷锄懒躬耕。有剑任锈涩,有书任纵横。不肯折腰为五斗米,不肯掉舌下七十城。但好觅诗句,自吟自酬赓。""朝吟忘其饥,暮吟散不平。当其

苦吟时,兀兀如被醒。头发不暇栉,家事不及营。儿啼不知怜,客至不果迎。不忧回也空,不慕猗氏盈。不惭被宽褐,不羡垂华缨。不问龙虎苦战斗,不管乌兔忙奔倾。向水际独坐,林中独行。"在元末群雄割据纷争的年代,高启对政治斗争的残酷性有着深刻的体认,他所选择的人生目标,既不是受人敬重的达官、游士、隐者,也不是腰缠万贯的富商大贾,而是自由、孤独的诗人。对于诗人来说,"终日苦吟",钻研诗歌艺术技巧,并不是闲适的消遣,而是其自身内在的需要。他极为强调艺术创作中的主观作用,在《青丘子歌》中,他描写了在诗歌创作中自我精神的活动:"斫元气,搜元精,造化万物难隐情。冥茫八极游心兵,坐令无象作有声。微如破悬虱,壮若屠长鲸。清同吸沆瀣,险比排峥嵘。霭霭晴云披,轧轧冻草萌。高攀天根探月窟,犀照牛渚万怪呈。妙意俄同鬼神会,佳景每与江山争。星虹助光气,烟露滋华英。听音谐韶乐,咀味得大羹。世间无物为我娱,自出金石相轰铿。"诗中表现了诗人在创作过程中精神世界的种种经历,以及这种精神遨游给自己带来的无比的乐趣。他明确意识到诗的本质不在于重视"造化万物",而在于自我对"造化万物"的统摄、再造,即令"无象",亦可使之有声;诗中的妙景,可与江山争胜①。

高启的诗博采众长,受李白的影响尤为显著。虽然因壮年英逝,他的诗未及熔铸锤炼,自成一家,但他才气横溢,笔

---

① 章培恒、骆玉明主编:《中国文学史》下册,第217页,复旦大学出版社1996年版。

力豪健,辞句俊逸清秀,不事藻饰,具有自然美的特色。明代文豪王世贞称赞他的诗"快若迅鹘乘飚,良骥蹑景;丽若太阳朝霞,秋水芙蕖,词家射雕手也"。他在反映社会现实、状传自然景物、抒发亲情友谊方面,都曾写下了不少优秀的诗篇。例如《猛虎行》一诗:"阴风吹林乌鹊悲,猛虎欲出人先知。目光煊煊当路坐,将军一见弧矢堕。几家插棘高作门,未到日没收猪豚。猛虎虽猛犹可喜,横行只在深山里。"诗中先极力描写猛虎给人的恐怖感觉,渲染猛虎将要出现时的紧张气氛,然后采取烘托比照的手法,突出了"苛政猛于虎"的主旨。高启长期隐居乡村,对农村生活比较熟悉,因而在他的诗中,生动地反映了农民的劳动生活和思想感情,如《养蚕词》:"东家西家罢来往,晴日深窗风雨响。二眠蚕起食叶多,陌头桑树空枝柯。新妇守箔女执筐,头发不梳一月忙。三姑祭后今年好,满簇如云茧成早。檐前缲车急作丝,又是夏税相催时。"这首诗真实、细致地描述了农村养蚕时节妇女们的辛勤劳动,即便刚刚成亲的新妇,也忙于采桑养蚕,甚至连梳头的空闲都没有。它展现出一幅独具地方色彩的劳动生活画面。尤其是后一句诗,点明农民辛勤劳动的果实,最后又要遭到统治阶级的掠夺。他以长短句形式写的《登金陵雨花台望大江》,豪迈奔放,跌宕起伏,其磅礴气势,可与苏轼《念奴娇》("大江东去")词相媲美,诗云:"大江来从万山中,山势尽与江流东。钟山如龙独西上,欲破巨浪乘长风。江山相雄不相让,形胜争夸天下壮。秦皇空此瘗黄金,佳气葱葱至今王。我怀郁塞何由开,酒酣走上城南台。坐觉苍茫万古意,远自荒烟落日之中来。石头城下涛声怒,武骑千群谁敢渡？黄旗入洛竟何祥,铁锁横江未为固。前三国,后六朝,草生宫阙何萧萧！英雄乘时务割据,几度战血流寒潮。我生幸逢圣人起南国,祸乱初平事休息。从今四海永为家,不用长江限南北。"诗人由南京的龙蟠虎踞、天下形胜的地理特点,引发思古之幽情。从历史上王朝兴亡的经验教训来看,江山险固并不足恃,竭尽人事才是最主要的。这首诗用长短句的体裁,舒卷自如,一气呵成,风格恣肆奔放,于苍凉沉郁之中见豪迈之气。

清代著名史学家赵翼对高启曾作过这样的评价："青丘才气超迈,音节响亮,宗法唐人,而自运胸臆。一出笔即有博大昌明气象,亦关有明一代文远,论者推为明初诗人第一,信不虚也。"清代诗人王士禛也推崇他为"明三百年诗人之冠冕"。这样的评价应该说是比较公允的。

通俗文学的高手冯梦龙

明代以来,随着城市经济的繁荣,市民阶层的崛起,文化艺术界的革新运动进入了新的阶段,苏州文坛也呈现出新的态势。足以体现晚明文学特征的是这个时期勃兴的民间歌曲、通俗小说和戏曲,统名之曰通俗文学。而在通俗文学方面做过大量工作并取得突出成就的,首推冯梦龙。

冯梦龙(1574～1646年),字犹龙,又字公鱼、子犹,别号龙子犹、墨憨斋主人、词奴、前周柱史,又曾化名顾曲散人、香月居主人、詹詹外史、茂苑野史、绿天馆主人、无碍居士、可一居士等,长洲人,因寄籍吴县,故自称"直隶苏州府吴县籍长洲人"。由他所作《醒世恒言叙》末有"理学名家"印章约可推知,冯梦龙出身于仕宦之家。冯梦龙有一兄一弟,兄名梦桂,为一不多产的画家;弟名梦熊,也是著名文人。时人称冯氏三兄弟为"吴下三冯"。

作为官宦子弟,冯梦龙不可避免地要走科举之路。然而,他生性好饮,放纵才情,思想活跃,为时人所钦仰,文从简说他"早岁才华众所惊,名场若个不称兄"。他博览群书,兴趣广泛,"上下数千年,澜翻廿一史";同时,他对被人目为离经叛道的异端思想家李贽深为推崇,并在李贽思想的影响下,指出:"假使往圣不作'六经',千载又谁知少乎?""世儒但知理为情之范,孰知情为理之维乎?"甚至公开提出"庶乡国天下,蔼然以情相与"的主张。这种疑经非儒、去浮理、广人情的思想,体现了晚明的时代精神,但也必然遭到道学家的反对与攻击。因此,冯梦龙蹭蹬场屋,久困于诸生之间,并非偶然。

科场的失意,把冯梦龙引向"学道毋太拘"的治学道路。他由清静的书斋走向纷繁的社会,甚至一度过着"逍遥艳冶场,游戏烟花里"的浪荡生活,但这并不能说明冯梦龙对人生持消极态度。令人玩味的是,在这样的生活环境中,冯梦龙接触到了流传在民间而为广大下层人民所喜爱的通俗文学,在《挂枝儿》附注中他说:"后一篇(指《挂枝儿·送别》),名妓冯喜生所传也。喜美容止,善谐谑,与余称好友。将适人之前一夕,招余话别。夜半,余且去,问喜曰:'子尚有不了语否?'喜曰:'儿犹记《打草竿》及《吴歌》各一,所未语若者独此耳!'因为余歌之。"也正是在这样的环境中,冯梦龙了解到生活在社会底层的妇女的辛酸和悲惨,从而激发了他的创作情感,欲为妇女鸣不平。这一类作品,在冯梦龙的著作中占有相当大的比重。他强调应该尊重妇女的人格和感情,谴责凌辱妇女的行为,体现出进步的妇女观。

在此期间,冯梦龙以文会友,组织"韵社",与江南名士"卷帙过从,固无虚日","极一时父子兄弟朋友文章之乐"。由于他有过人的才华、超逸的文章、豪迈的风度,深得同辈及后辈的推崇与敬仰,文从简《冯犹龙》诗说:"一时名士推盟主,千古风流引后生。"也就是从这个时候开始,冯梦龙把主要的精力倾注到了通俗文学上去,先后收集、整理和刊行了几种民间盛行的歌曲集。他的第一部民间时尚小曲集《广挂枝儿》刊行后,曾遭到卫道者的攻讦,直到督学直隶的熊廷弼出面干预,事态才没有进一步扩大。继此之后,冯梦龙又以更大的热情编纂了《童痴一弄·挂枝儿》和《童痴二弄·山歌》,使更多的时兴歌曲在更大范围内得到传播。冯梦龙对通俗小说也给予了很大的关注。他从友人处见到李贽批点的《水浒传》后,便与同仁"相与核对再三,删削讹谬",并附上"杂志"、"遗事"、"精选妙刻";后见到《金瓶梅》抄本,也是不胜惊喜,怂恿书坊以重价购刻。他的一些著名作品如《喻世明言》、《警世通言》、《醒世恒言》、《智囊》、《情史》、《太平广记钞》等都是在此后一段时间中完成的。在戏曲方面,他创作了《双雄记》等多种传奇,并提出了自己的戏曲主张。

冯梦龙迫于贫困,到处奔波,不得不过处馆课童的西宾生活,但他无时或忘举业功名。崇祯三年(1630年),57岁的冯梦龙始得入国学为贡生,次年即被授为丹徒训导。崇祯七年(1634年),61岁时升迁福建寿宁知县。他在任时,"政简刑清,首尚文学,遇民以恩,待士以礼",深得当地士民好评,徐𤊹《寿宁冯父母诗序》记载:冯梦龙每当"退食之暇,不丹铅著书,则捻须吟咏。闽中五十七邑,令之闲,无逾先生;而令之才,亦无逾先生者。顾先生虽耽于诗,而百端苦心,政平讼理,又超乎五十七邑之殿最也。"一任届满,冯梦龙即退隐故乡,以著书自娱。由于情性豪放不羁,他常常与友朋饮酒赋诗,漫游山水,流连光景。不久,明末农民起义军推翻了朱明王朝,冯梦龙悲痛莫喻,曾作挽诗多首。面对清军的南逼,他寄厚望于南明小朝廷,企望能"恢复大明不朽之基业"。无奈,南明朝廷腐败无能,带来的是接二连三的失望。1646年,这位具有魏晋风度和汉代循良德行的通俗文学家终于怀着满腔愤慨和忧虑与世长辞。

冯梦龙是明代后期的著名作家,他的文学活动是丰富多彩的,在诗文、小说、戏曲、民间文学等方面都取得了很大成就。但他毕生的大部分精力是用于搜辑、整理和宣传、介绍通俗文学和民间文学方面,并在实践中提出了自己的文学见解,从而奠定了他作为一代通俗文学大家的地位。

冯梦龙文学观的基石是"情真说"。在文学创作上,冯梦龙继承了李贽"童心说"的思想,提出了"情真说",反对矫揉造作,主张"发于中情,自然而然",强调一个"真"字。在《叙山歌》一文中,他阐明了对民歌的基本看法,并通过民歌与文人诗歌的对比,表达了对诗歌创作的见解,他说:"书契以来,代有歌谣。太史所陈,并称风雅,尚矣。自楚骚唐律,争妍竞畅,而民间性情之响,遂不得列于诗坛,于是别之曰山歌,言田夫野竖矢口寄兴之所为,荐绅学士家不道也……

六、中国文化的苏州时代

虽然,桑间濮上,国风刺之,尼父录焉,以是为情真而不可废也。山歌虽俚甚矣,独非郑卫之遗欤?且今虽季世,而但有假诗文,无假山歌,则以山歌不与诗文争名,故不屑假。苟其不屑假,而吾籍(藉)以存真,不亦可乎?……若夫借男女之真情,发名教之伪药,其功于挂枝儿等,故录挂枝词而次及山歌。"在此,他着重强调了诗歌必须抒发作者真实的思想感情,对于封建正统文学特别是明代诗坛的复古逆流进行了一针见血的批判。他曾不无自豪地说:"子犹诸曲,绝无文采,然有一字过人,曰真。"可见,冯梦龙是以"情真"作为整理、辑刊、创作小说、戏曲、民歌的标准的。

对于冯梦龙的"情真"说,我们应该辩证地看待。从积极方面说,它是针对封建正统文学而发,是为了反对名教,反对复古,反对伪道学,用他自己的话说,就是要"借男女之真情,发名教之伪药"。但它的根本错误,在于它以"情"为文学创作的源泉,以"真"为文学创作所要达到的最高境界。他没有也不可能理解感情是有阶级性的,因而其选材行文,只能以自己的思想感情为标准,合者为有情、为真,不合者为无情、为伪。他的真,只有在他所钟情和加工的作品基本上符合人民群众的愿望时,才在不同程度上反映了社会历史的真实。唯其如此,我们才能深入理解冯梦龙作品的真情与糟粕并存。冯梦龙的进步文学观是有很大局限的。

冯梦龙充分认识到小说、戏曲的价值,十分重视小说、戏曲的社会教育作用。我国传统的文学观长期在儒家思想的制约下,从来是重诗文而轻小说、戏曲、民歌,鲁迅先生曾经指出:"小说和戏曲,中国向来是看作邪宗的。"[1] 但这种情况到明中叶后有所变化,以李贽为代表的一部分知识分子纠正统治阶级的偏见,对小说、戏曲的地位和作用给以一定的肯定。冯梦龙继承和发展了李贽的观点,在这个问题上提出了许多大胆、独到的见解。在为《酒家佣》所作的"叙"中,冯梦龙要求"世人勿但以故事阅传奇,直把作一具青铜,朝夕照自家面孔可矣"。在《太平广记钞小引》中也说:"稗官野史莫非疗俗之圣药,《广记》独非药笼中一大剂哉!"他把小说、戏曲比作铜镜,照见善恶美丑,以约束自己的行动;又比为圣药,用以医治社会弊病。这种见地是非常深刻的。在冯梦龙看来,小说、戏曲的社会教育作用如此之大,甚至凌驾乎四书五经之上。他把小说集取名为《喻世明言》、《警世通言》、《醒世恒言》,其目的在于劝戒世人、警戒世人、唤醒世人,他说:"明者,取其可以导愚也;通者,取其可以适俗也;恒则习之而不厌,传之而可久。"[2] 这种目的不能不说是积极的。冯梦龙懂得,小说之所以能"导愚"并"传久",在于它的感人力量,能使人"可喜可愕,可悲可涕,可歌可舞",使"怯者勇,淫者贞,薄者敦,顽钝者汗下"[3]。文学是用情感和艺术的力量去感人,而不是像四书五经那样板着脸去说教,故而更容易为人们接受,无形中也就收到了教化的效

---

[1] 鲁迅:《且介亭杂文二集·徐懋庸作"打杂集"序》。
[2] 冯梦龙:《醒世恒言叙》,见《冯梦龙全集》第24册,上海古籍出版社1993年版。
[3] 冯梦龙:《古今小说叙》,见《冯梦龙全集》第24册,上海古籍出版社1993年版。

果。冯梦龙认识到这一点,说明了我国小说理论的发展,对小说的创作无疑起到了促进作用。

冯梦龙十分强调文学的通俗性。他在《古今小说叙》中明确指出:"大抵唐人选言,入于文心,宋人通俗,谐于里耳。天下之文心少而里耳多,则小说之资于选言者少,而资于通俗者多。试令说话人当场描写,可喜可愕,可悲可涕,可歌可舞……怯者勇,淫者贞,薄者敦,顽钝者汗下。虽日诵《孝经》、《论语》,其感人未必如是之捷且深也。噫,不通俗而能之乎?"① 小说因为通俗易懂,故能深受广大人民群众的喜爱,并收到四书五经所不能达到的教育效果。他所强调的通俗,应从两方面看:一方面是形式,即在语言形式上不用古奥的文言而用浅显的白话,所以他斥责古文"尚理或病于艰深,修词或伤于藻绘,则不足以触里耳而振恒心";另一方面是内容,即在内容上应描写为市民阶层所熟悉、喜闻乐见的真实生活图景和所向往的美好未来。体现在创作中,他的"三言"即以很大篇幅反映市民的生活和愿望。

冯梦龙提出了艺术的真实和生活的真实之间的关系问题。在《警世通言叙》中,他开宗明义即说:"野史尽真乎?曰:不必也。尽赝乎?曰:不必也。然则去其赝而存其真乎?曰:不必也……人不必有其事,事不必丽其人。其真者可以补金匮石室之遗,而赝者亦必有一番激扬劝诱、悲歌感慨之意。事真而理不赝,即事赝而理亦真。"按照他的意思,写人不必

---

① 冯梦龙:《古今小说叙》,见《冯梦龙全集》第 24 册,上海古籍出版社 1993 年版。

真有其人,叙事不必真有其事,关键在于"事真而理不赝,即事赝而理亦真",无论真假,不管是写真人真事还是进行艺术虚构,只要合乎情理,合乎生活发展的必然逻辑,就能够达到"触性性通,导情情出"的效果。人与事、真与假、情与理应该是有机统一的。

冯梦龙一生著述宏富,张无咎《平妖传序》中称"子犹著作满人间",一方面指他著述之多,另一方面也说明他的著作流传之广。其中,以《喻世明言》、《警世通言》和《醒世恒言》(合称"三言")流传最广,影响最大。

"三言"是三部短篇白话小说集,每部40篇,共120篇。其中,除少数是冯梦龙的创作外,大部分是他根据宋、元及明代的话本和文人拟作整理加工而成。"三言"收录的作品,题材广泛,内容复杂,它们"极摹人情世态之岐,备写悲欢离合之致",展示了明代中叶以后的社会风情,反映了新的生产关系萌芽以后,从社会生活、礼仪习俗到思想意识各方面所发生的深刻变化。

一定时代的作品,都有特定的描写对象。明代后期,随着城市经济的发展,资本主义生产关系萌芽的出现,市民阶层不断壮大,他们在社会生活中日益占有重要的地位。反映在文学上,就必然提出描写市民生活的要求,让市民在文学作品中占据一席之地。"三言"正是适应了时代的要求,注重于世情,以大量的篇幅描写"市井中人"即城市市民的活动。据统计,"三言"中以市民为主人公或涉及到市民的作品约为33篇,占总篇数的四分之一强。这些作品,有的直接描写了市民的生活和思想感情,有的虽取材于古代或描写上层统治阶级人物的生活,却是从市民的角度,用市民的眼光去看待、理解问题。尤可注意的是,无论是手工工场主、作坊主、商人,还是手工业者、妓女,大部分是作为作品中的正面主人公出现的。这种角色的变更,不仅说明人物身份的变换,更主要的是反映出一种新的思想意识。

对于商人、商业的赞美是"三言"的重要特色。在传统的封建社会中,商人被列为四民之末,商业被看作贱业。随着商品经济的发展,从宋代开始,这种传统的观念受到冲击,发生了动摇。明末进步思想家李贽认为:商贾"挟数万之资,经风涛之险,受辱于官吏,忍垢于市易,辛勤万状"。而冯梦龙在其作品中也对商人、商业作了肯定。《十五贯戏言成巧祸》描写一位"祖上原是有根基的官人刘君荐","先前读书,后来看看不济,却去改业作生意";《转运汉巧遇洞庭红》则写了商人文若虚通过海外冒险、历尽艰辛终成巨富的故事。小说生动地展示了那个时代的人们对金钱的顶礼膜拜和贪婪追求,反映了商人要求开放"海禁"的强烈愿望。马克思在谈到商人的社会作用时指出:"商人对于以前一切都停滞不变、可以说由于世袭而停滞不变的社会来说,是一个革命的要素……现在商人来到了这个世界,他应当是这个世界发生变革的起点。"[1] 同样,当以商人为主体的市民作为正面的主人公出现在文学作品中时,中世纪的文学怪圈便开始被突破了。

---

[1] 马克思:《资本论》第3卷,第1019页,人民出版社1975年版。

"爱情是文学永恒的主题"。"三言"中描写恋爱与婚姻题材的作品占据了很大比重,成就也最高。《闹樊楼多情周胜仙》,描写了一个富裕市民的女儿周胜仙与樊楼酒店的范二郎相爱的故事。两人邂逅于金明池畔荣坊里,"四目相视,俱各有情"。但是,这门亲事遭到了周胜仙父亲周大郎的坚决反对,周胜仙因此一气身亡。作者对周胜仙热烈地追求爱情的思想和行为给予同情,对封建家长的专横、冷酷作了暴露和鞭挞。作品反映了青年男女对封建包办婚姻的痛恨和对婚姻自由的向往。《乐小舍拼生觅偶》生动而细致地刻画了商人子弟乐和对情人喜顺娘如痴如狂的爱慕,歌颂了男女真情。在"三言"关于爱情题材的作品中,反映被侮辱、被损害的妇女争取做人的权利是一个突出的内容。《杜十娘怒沉百宝箱》和《卖油郎独占花魁》,可以说是这类作品的代表。这两篇作品描写的妓女从良故事,虽然结局不同,但都包含着争取自由、向往平等、追求人格尊严的新思想的因素。无论是杜十娘的死,还是莘瑶琴的获得新生,都鞭挞了封建礼教的冷酷无情,批判了封建的伦理道德。这些作品中所宣扬的追求爱情、向往自由、张扬人欲、蔑视"天理"的进步思想,不只冲击了封建礼教强加在青年男女身上的精神桎梏,而且冲击了作为统治思想的理学所提倡的禁欲主义。它们是当时被禁锢的思想领域里的一颗火花,是中世纪黑暗王国中的一线光明。

"三言"的积极面固然值得肯定,消极因素也不能忽视。书中大量地充斥着宗教迷信、因果报应、宿命论的思想,并有不少的色情描写,从而降低了作品的思想性和艺术性。这是由作者所处的环境决定的。虽然冯梦龙能够在一定程度上反映市民阶层的利益和要求,但毕竟历史还没有足够的条件把他塑造成为封建阶级的孽子、新兴阶级的功臣。尽管如此,冯梦龙的文学创作思想及其作品适应了时代要求,具有时代的特征。他不愧为优秀的通俗文学家。

文坛怪才金圣叹

明清时期的吴中文坛,群星璀璨,其中不乏言语怪诞、行为奇异者,影响深广的文学批评家金圣叹即是突出代表。

金圣叹(1608～1661年),原名采,字若采,后改名喟,又名人瑞。他之所以有这么多的名与字,与他率情任性、狂放不羁的性格有关。蔡冠洛《清代七百名人传》中是这样解释的:"客复问:圣叹二字何义?曰:予名喟,圣叹即喟然叹之意。《论语》中有二喟然叹,在颜渊则为叹圣,在曾点则为圣叹。春风沂水,予其为点之流亚欤!"《论语》中的两"喟然叹曰",一是"颜渊喟然叹曰:仰之弥高,钻之弥坚",这是颜渊赞叹孔子(后世称为圣人)道德的精深博大,所以说是"叹圣";一是"夫子喟然叹曰:吾与点也",这是孔子赞叹弟子曾皙(即曾点)的话,所以说是"圣叹"。圣者,圣人也。金圣叹敢以圣哲自居,从中可以看出他的自负和性格。

金圣叹自幼聪慧过人,8岁开始"拈书弄笔"。10岁入乡塾,虽被迫读四书五经,却提不起精神,"意惛如也"。11岁时,于病中偶然接触《妙法莲华经》、《离骚》、《史记》、《水浒传》等书,顿觉兴趣盎然,读得如醉如痴,于是"便有于书无所不窥之势"。他广涉博览,素负大才,而对于传统的教育与科举则不屑一顾。王应奎《柳南随笔》说金圣叹"少年以诸生为游戏具,补而旋弃,弃而旋补,以故为郡县生不常"。他每逢童子试,总是恃才傲物,作怪诞之文,甚至嘲讽考官,采衡子《虫鸣漫录》中记道:"每遇岁试,或以俚辞入诗文,或于卷尾作小诗,讥刺试官,辄被黜,复更名入泮,如是者数矣。司训者恶之,促令面课,命作《人之所以异于禽兽者几希》文。金于后比起曰:禽兽不可以教谕,即教谕亦禽兽也。对曰:禽兽不可以训导,即训导亦禽兽也。学博见之,亦无如何。金恃才傲物,所作多类此。"县学的正考官为教谕,副考官为训导,金圣叹骂他们为禽兽,怎能不被黜呢?所以他屡考屡黜,后来还是改名换姓,以张人瑞的名字,才好不容易补了个庠生。入清以后,金圣叹遂绝意仕进,惟以读书著述自娱。

金圣叹少负大才,自视甚高,说话写文章总想求得一鸣惊人的效果,但偏偏言行怪诞,不受名教束缚。当时的封建朝廷和正人君子把《水浒》、《西厢记》等视为败坏风俗、蛊惑人心的坏书,严加禁止,而金圣叹却认为《水浒》可以与《庄子》、《史记》相提并论,并说:"人说《西厢记》是淫书,他止为中间有此一事耳。细思此一事,何日无之,何地无之?不成天地中间有此一事,便废却天地耶!细思此身自何而来,便废却此身耶?"这种大胆的言论,怎能不被虚伪的道学先生们骂作"诲淫"、"诲盗"呢!正因为如此,金圣叹遭到传统文人的嘲笑和攻击,以致如归庄之流视其为邪鬼,恨不能啖其肉。但是,世人越是看不起他,他越要傲岸嘲世;世人越骂他不顾廉耻礼义,他越要怪僻狂放,结果被人冠以"儒妖"之名。金圣叹的言行,往往出于常人的想象,顾公燮《丹午笔

六、中国文化的苏州时代

记》中有这样一节记载:"金圣叹岁试,作'以杖叩其胫','阙党童子将命'题,中间渡文云:'一叩而原壤痛矣,再叩而原壤昏矣,三叩而原壤死矣。三魂渺渺,六魄悠悠,乃生于阙党而化为童子矣。孔子曰:此吾故人也,使之将命可也。以此考六等,挑红粪桶而出,遇黄陶庵于门,陶庵曰:'君又何至于此?'圣叹曰:'吾岂不如老农。'"考了六等,挑了红粪桶,不以为耻,还刻了个"六等秀才"的图章,聊以自嘲。金圣叹不修边幅,不拘小节,颇有三国名士嵇康的作风,徐增说他"性疏宕,好闲暇,水边林下,是其得意之处",而且生性诙谐,谈吐滑稽。有一次他去拜访友人,家人说主人正在沐浴,又问友人之子,家人说正在睡眠,圣叹开玩笑说:"乃翁尚在狱中,乃郎又为罪人矣。"据传圣叹被捕时,正在厕所,公人守候等他出来,圣叹说:"此之谓公人。"因古人称上厕所为"出恭",这里是借"公"、"恭"谐音来骂公人。

金圣叹的治学,于儒家典籍以外,佛、道诸书无所不窥,佛、道诸学无所不通,思想极为博杂。他既不是孔孟的信徒,也不是老庄、释祖的弟子,鲁迅先生说他是"虽挂孔子的门徒招牌,却是庄生的私淑弟子"。他频繁地出入寺院,广泛地和僧人交往,甚至打破畛域,登坛向僧俗讲经说法。他还"谈禅谈道,仙仙然有出尘之致"。所以,徐增《才子必读书叙》中对金圣叹的人际交往、生活作风作了如下的描述:"盖圣叹无我。与人相与,则辄如其人:如遇酒人,则曼卿轰饮;遇诗人,则摩诘沉吟;遇剑客,则猿公舞跃;遇棋客,则鸠摩布算;遇道士,则鹤气横天;遇释子,则莲花绕座;遇辩士,则珠玉生风;遇静人,则木讷终日;遇老人,则为之婆娑;遇孩赤,则啼笑宛然也。以故称圣叹善者,各举一端,不与圣叹交者,则同声詈之,以其人之不可方物也。"

金圣叹博学多才,经、史、子、集、文字学和佛、道等学都曾染指。他善写诗,散佚之余,尚存380多首,但这些都未能使他成名。他的妇孺皆知的名声,来自于批点六才子书。所谓六才子书,是指《离骚》、《庄子》、《史记》、《杜(甫)诗选》、《水浒》和《西厢记》。由于金圣叹55岁时即死于非命,原定的计划并未完成。经他全文评点的实际上只有《水浒》和《西厢记》两种。

评点是一种寓文学批评于指点读书、作文法门之中的批评方法,在作者与读者之间起桥梁作用。中国古典小说、戏剧之有评点,当然不是从金圣叹开始的,至少明中期的著名思想家李贽就曾评点过《水浒传》。但是,由于金圣叹评点《水浒》、《西厢记》,才真正确立了评点在文学批评史上的地位,并且影响了一大批人,形成了一个队伍庞大的评点派。如果说李贽等人是古典小说评点的先驱,那么金圣叹则可以被誉为评点派的奠基人。

对于金圣叹评点《水浒》和《西厢记》,自金圣叹那个时代起直至今天,可以说褒贬扬抑,争论始终不曾停息。贬抑者称"无影之事,平空构撰,务极淫秽,无非迷惑狂徒"①;"清中叶以后的他的名声,也有些冤枉。他抬起小说传奇来,和《左传》杜诗并列,实不过拾了袁宏道辈的唾余;而且经他一批,原作的诚实之处,往往化为笑谈。布局行文,也都被硬

---

① 陆文衡:《啬庵随笔》。

拖到八股的作法上。这余荫,就使有一批人,堕入了对于《红楼梦》之类,总在寻求伏线,挑剔破绽的泥塘"①。而褒扬者则说:"圣叹异人也,学最博,才最大,识最超,笔最快,凡书一经其眼,一经其手,如庖丁解牛,腠理井然。经其口,如悬河泛澜,人人满意,不啻冬日之向火,通身汗出,夏日之饮冰,肺腑清凉。"② 近代著名学者梁启超用充满敬意和向往的口气说:余于圣叹有三恨焉:一恨圣叹不生于今日,俾得读西哲诸书,得见近时世界之现状,则不知圣叹又作何等感想;二恨圣叹未曾自著一小说,倘有之,必能与《水浒》、《西厢记》相埒;三恨《红楼梦》、《茶花女》二书出现太迟,未能得圣叹之批评。

通过金圣叹批点六才子书,尤其是《水浒》与《西厢记》,提高了小说和戏剧的文学地位,扩大了社会影响,从而使小说与戏剧拥有了更广泛的群众基础。金圣叹开创的将序、读法和总批、夹批、眉批等方式综合运用的批评新格式,为小说批评提供了更加宽泛的天地,影响深远。而且,他通过对作品的具体分析,阐述了小说创作的重要观点和艺术主张,形成了一套比较全面系统而又深刻的小说理论,大大丰富了我国古代小说理论宝库。正是这样的贡献,奠定了他在文学批评史上的地位。当然,在评点过程中,金圣叹确实存在着"以聪明穿凿书史"的问题,但瑕不掩瑜,不能以此而否认

---

① 鲁迅:《南腔北调集·谈金圣叹》。
② 转引自陈立、陈瑜著:《文坛怪杰金圣叹》,第93页,湖南教育出版社1987年版。

他在文学批评史上的崇高地位。

金圣叹虽然对清朝统治者怀有不满,但并不是反清复明者。他最后死于哭庙案,并不表示他是一个反清的英雄。

金圣叹只是一个秀才,却名震文坛。人们惊于他的才情,对他的生与死,都附会了许多带有神话传奇色彩的传闻轶事。他生于三月初三,与传说中的文昌帝君同日,所以有人说他是文曲星下凡;又传圣叹生时,其母梦紫衣人抱小儿置诸其怀,所以又说紫衣人即是文昌帝君;还有人说他前身为狐、前身为僧、前身为魔等。同样,对于他的死也附会了不少的传说。不过,一般认为金圣叹是死于哭庙案。

哭庙案是由新任吴县知县任维初的暴虐贪污激起的。任维初到任前,恰逢苏州发生灾荒,拖欠钱粮的情况非常严重,而任维初秉承江苏巡抚朱国治的旨意,根本不顾百姓死活,一方面监守自盗,侵吞常平仓粮3 000余石,一方面又急如星火地催征钱粮,对那些拖欠不交者则施以酷刑,杖毙1人,终于激起民愤。顺治十八年(1661年)正月,顺治帝死去。二月初一日,顺治死亡的哀诏传到苏州,府堂设祭,巡抚以下的官员都来哭灵。初四日,苏州的生员百余人亦至文庙哭灵,鸣钟击鼓,散发揭帖,并趁机要求驱逐任维初。由于事情牵涉到巡抚朱国治,而朱国治是正红旗人,平素刚愎自用,他利用手中权力,不仅歪曲事实真相,而且倒打一耙,参奏哭庙诸生犯有震惊先帝之灵、声言扛打朝廷命官、写匿名揭帖违反朝廷律令三大罪行。当时正值金坛叛逆、镇江失事等案发生,朝廷大为震怒,便将苏州的哭庙事件与金坛、镇江事件合在一起,作为谋反大案在江宁会审,结果把哭庙案人犯18人处以斩刑。其实,在哭庙事件中,金圣叹并非首要人物,只是在案件的审理过程中才被牵扯进去的。所以,他自己在临刑前感叹说:"杀头至痛也,籍没至惨也,而圣叹以无意得之,不亦异乎。"也许是因为金圣叹的狂妄自傲、无视名教而受到官府忌恨,竟然把他作为要犯。他自己被判为斩刑不说,家产籍没入官,妻子流徙宁古塔。

金圣叹临死前的唯一遗憾,乃是未能完成原定的评点计划,他的《绝命词》中有"只惜胸前几本书。虽喜唐诗略分解,《庄》、《骚》、马、杜待何如"之句,足见他对于诗文评点,抱着执着、狂热的态度。

金圣叹的遗体归葬在五峰山下的博士坞(今吴县市藏书乡)。苏州人民为纪念哭庙案中遇难的18人,特立祠以祭。

现实主义剧作家李玉

在中国文坛上占有一席之地的传奇文学发展到明末清初,日益流于形式主义。这个时期的许多传奇作家,在题材上跳不出才子佳人的狭小圈子,人为地创造了一些悲欢离合的故事,甚至追求一些低级趣味的东西;在形式上,他们除追求情节的荒诞离奇、结构的庞杂繁复、手法的雷同之外,逗词之作越来越多。正是在这种背景下,苏州形成了一个以反映社会现实为创作宗旨的剧作家群,创作出了一批带有浓厚生活气息的戏剧作品,打破了剧坛的沉闷,表现出时代精神,使人有耳目一新的感觉。其中,最为引人注目的是李玉及其作品。

苏州史纪（古代）

李玉，字玄玉，或作元玉，号苏门啸侣，又号一笠庵主人，吴县人，生当明万历后期至清康熙初年。他出身低微，其父可能是明代苏州的"太平宰相"申时行的家人。申家"一门鼎盛，世代簪缨"，除申时行官至宰相外，他的两个儿子和孙子也先后官至兵部尚书、广西参政、户部侍郎。明末，官僚富室私人豢养乐班的情况非常普遍，申府的家乐名列"苏州上三班"，"明季为吴下甲"。因此，在申家长大的李玉耳濡目染，自然而然地培养了对戏曲的浓厚兴趣，熟悉了戏曲的形式，这为他后来的戏曲创作奠定了良好的基础。

青年时期的李玉一度对科举功名抱有很大的热情，但先是遭到申家的压抑，后又连续受到主试官的压制。时值明王朝江河日下，社会政治黑暗，濒临土崩瓦解之境，屡经挫折的李玉干脆放弃功名，而将"上下千载"、"囊括艺林"的才学，倾注于戏曲创作之中，写出了包括《一捧雪》、《人兽关》、《永团圆》、《占花魁》在内的10多种剧本。入清以后，李玉和当时许多知识分子一样，负着亡国之痛，不屑与统治者合作，"绝意仕进"，与一些意气相投而"困穷不得志"的文人交游往还，专心从事戏剧的创作和评论，"借他人之酒杯，浇自己之块垒"，先后作成《千钟禄》、《万民安》、《清忠谱》等数十种思想性、艺术性兼具的剧本，成为戏曲史上罕见的多产作家。

李玉的创作，在题材上一反才子佳人的俗套，注意从当时当地的社会现实生活中汲取素材，积极地反映人民群众的思想感情。李玉生当明朝末年，亲眼目睹了税监横行之害，为下层市民反对阉党迫害的牺牲精神所感动，他选取这

六、中国文化的苏州时代

一现实的政治题材,创作了《万民安》和《清忠谱》。前者写的是万历二十九年(1601年)苏州丝织工人葛成领导的反税监斗争,后者又名《五人义》,描写天启六年(1625年)苏州市民反对魏忠贤为首的阉党逮捕和迫害周顺昌的斗争。两剧成功地塑造了英勇的市民形象,唱出了当时人民群众的共同心声。在此以前的才子佳人作品中,如葛成、颜佩韦等下层社会的"小人物"在舞台上是没有地位的。然而,李玉这个现实主义作家,却开创了为市民、婢仆等小人物扬眉吐气的新局面,这个意义是不容低估的。

在李玉的戏剧作品中,还贯穿了一条爱国忠君的思想主线。李玉的戏剧创作,大致以明清易代为界分成两个阶段,前一阶段创作的"一人永占"(即前述《一捧雪》、《人兽关》、《永团圆》、《占花魁》),比较注重刻画世态人情,后一阶段则以历史剧和时事剧为主,较多地反映了明清之际数十年动荡的社会现实,旨在宣传忠君爱国思想。在《牛头山》一剧中,他极力歌颂岳飞等抗金将士,严厉谴责黄潜善等人的投降卖国行径;在《万里缘》中,他以明末清初的战乱、人民群众身遭苦难为时代背景,叙述了一个在清军统治下的黄向坚去南明占领区云南万里寻父的故事。剧中不少生活场面的描写,都寄托了作者的爱国思想感情。如说顺治九年(1652年),苏州人民还使用崇祯铜钱;因为南明王朝还在,清朝稽查前朝远任未回官员的家属,黄向坚家就是"差役络绎,匍匐公庭",最后"虽脱罗网",但已"家室荡然"。这个剧本一方面透露了作者的爱国忠君思想,同时也表现出作者提倡传统道德以拯救堕落世风的倾向。所以,吴伟业《北词广正谱序》中说李玉的创作"即当场之歌呼笑骂,以寓显微阐幽之旨"。更值得一提的是他的代表作品之一《千钟禄》,剧本描写了明初燕王朱棣举兵南下,发动所谓的"靖难之役",建文帝漂泊天涯、历尽种种苦楚的情况。剧本浓墨重彩地渲染了建文帝的惨痛经历和朱棣的残暴杀戮,如说朱棣下诏惨杀方孝孺并株连10族,诛戮许多忠于建文帝的大臣:"惨凄凄十族诛夷,血淋淋鱼鳞醢酱,杀尽了女女男男村落荒,云阳市血汤汤。""乱纷纷万命遭殃,痛煞煞千忠身丧。"所以,《千钟禄》也称为《千忠戮》。作者对那些背主求荣的大臣进行了严厉的鞭挞和无情的谴责:"你也曾立朝端,首领鸳行,食禄千钟,紫受(绶)金章,顿忘了圣主汪洋。""到如今反颜事敌,转眼恩忘。"这是该剧的点题之笔。尽管这里说的是明朝故事,但在明末清初、朝代易主之际,有着特别的意义:他对朱棣大肆杀戮的控诉,实际上间接地谴责了清军屠杀江南人民的暴行;他对忠贞死节之臣的歌颂,是对壮烈殉国的抗清志士的褒扬;他对食禄千钟"反颜事敌"的文武大臣的谴责,实际上鞭挞了屈膝降清的明朝官员。因此,《千钟禄》出台后,遭到清廷的禁演,而在广大人民群众中却引起了强烈的共鸣,以至出现了"家家收拾起,户户不提防"的盛况(按:"收拾起",指《千钟禄》,因该剧中有"收拾起大地山河一担装"之句;"不提防"指《长生殿》,因该剧中有"不提防余年值乱离"之句)。

李玉的戏剧作品,在艺术表现方面,有许多超越前人之处,特色非常鲜明。

结合舞台实际,便于戏班的演出,这是包括李玉在内的

六、中国文化的苏州时代

苏州派剧作家的一个显著特点。李玉的创作，与文人学士卖弄才情、脱离舞台实际、形式主义的案头剧截然不同，他熟悉舞台艺术的特点，是为适应戏班演出的需要而写作的，因此，他的剧本能紧密联系舞台演出的实际，"案头场上，交称便利"。所以，钱谦益在《眉山秀题辞》中曾说："元玉言词满天下，每一纸落，鸡林好事者争被管弦，如达夫、昌龄，声高当代，酒楼诸妓，咸歌其诗。"

李玉的传奇作品开创了群众场面的描写，创造性地在戏剧舞台上直接表现轰轰烈烈的市民群众运动。在《清忠谱》"闹诏"、"毁祠"、"除奸"等折中，展示了群众斗争人山人海的场面，表现了群众斗争浩大的声势和力量。第十一折"闹诏"，作者以高超的艺术手法，描写苏州市民抗议阉党逮捕周顺昌的示威请愿；第二十二折"毁祠"的场面更加宏大，作者把苏州市民推倒牌坊、焚毁魏忠贤生祠的情景描绘得如火如荼，极为壮烈，全剧至此达到了高潮。这场的唱词大都是群曲，尤其在拽倒牌坊时，每合唱一句，跟着打一号子"牙牙许牙"，描写别致，引人兴趣。在舞台上表现群众斗争场面时，李玉进行了大胆的革新，他一改过去用"龙套"跑场、摇旗呐喊代表千军万马的手法，突破舞台空间的限制，用内外结合、虚实相生的方法，展现群众斗争的声势和力量；用上下场穿插、不断变换舞台空间的方法，突出群众斗争的紧张气氛。这种手法在戏曲史上是一个杰出的创造。

在艺术风格上，李玉对汤显祖和沈璟两家的长处兼收并蓄，在文采派与格律派合流的趋势中，真正达到了"以临川之笔协吴江之律"的境地。在李玉以前，传奇创作有两大流派,临川汤显祖注重文采意境,吴江沈璟强调格律声韵。经过长期的争论,不少剧作家感到二者都有偏颇之处,于是便出现了调和的趋势,但还没有能完全纠正弊端。而李玉通过丰富的创作实践,真正树立了新的风格,钱谦益在《眉山秀题辞》中对李玉作了这样的评议:"元玉上穷典雅,下渔稗乘,既富才情,又娴音律,殆所称青莲苗裔、金粟后身耶!于今求通才于宇内,谁复雁行?"他认为李玉是一个富于才华、擅长文采而又娴熟音律的"通才"。具备这样的才能,李玉一方面继承汤显祖的优良传统,重视戏曲的内容意境,运用优美的词藻进行创作,一方面又和吴江派的沈自晋、冯梦龙等人往来密切,精研曲律。所以,他的剧作在内容和形式、文辞与音律的关系方面,能够融会临川派和吴江派的长处。由于他的倡导,明末清初苏州的剧作家们接受了这种做法,走着大致相同的创作道路。李玉剧作的这一艺术特点,也可以说代表了"苏州派"共同的作风①。

李玉和苏州派的戏剧大师们打破了过去互相封闭、独立创作的小作坊式的写作方法,经常一起商讨剧艺、切磋技巧,因而不少剧本实际上是集体创作的成果。李玉最著名的代表作之一《清忠谱》,就不是李玉的独力之作,苏州派剧作家毕魏、叶时章等人都曾参与编写;而苏州派另一作家朱佐朝所写《一品爵》、《埋轮亭》等剧本,之所以被当作李玉的作品,据估计可能是李玉曾参与过讨论或修改。正是因为他们

---

① 参见吴新雷:《论苏州派戏曲家李玉》,载《北方论丛》,1981年第5期。

六、中国文化的苏州时代

经常商讨,互相合作,互相影响,从而使他们在创作思想和艺术上表现出明显的一致性,形成中国戏剧史上继临川、吴江派以后实力雄厚且最有影响的一个新的艺术流派——苏州派。

李玉一生创作了数十种以反映现实生活、讽喻时事政治为主的戏剧作品。他宣传忠君爱国,歌颂正义与善良,鞭挞邪恶与丑陋,同情下层群众;他精通音律,注重文采,熟悉舞台,又有创新精神,因此他的剧本具有广泛的群众基础,风靡吴中,流传很广,所谓"盛行吴中,无良贱皆歌之",足见影响之大。可以说,李玉是一个堪与关汉卿、王实甫、汤显祖等人相提并论的戏剧大家。

名家辈出的吴门书画

明代中期,苏州商品经济发达。唐宋时期即已开始的全国文化重心南移过程,至此已经完成,以苏州为中心的江南地区成为全国文化重心之所在。优越的自然、社会、人文条件,进一步推动了苏州文化艺术的兴旺。吴中书苑画坛,一时名家荟萃、明星闪耀,形成了书坛的"吴中三大家"、画坛的"吴门四家"等艺术家群体。

"吴中三大家"与吴门书派

在明代以前,苏州就出过许多书法名家,西晋的陆机,唐代的陆柬之、孙过庭和张旭,南宋的范成大等,都是其中的佼佼者。沿至明代,苏州更成为书坛重镇,名家辈出,有

"天下书法归吾吴"的说法。宋克、沈周、吴宽、王鏊、祝允明、文徵明、唐寅、王宠、陈道复等均为当时书坛的翘楚和吴门书派的奠基人、中坚。尤其祝允明、文徵明、王宠3人,被称为书坛的"吴中三大家"。

祝允明(1460～1526年),字希哲,号枝山,因右手生有6指,故自号枝指生,长洲人。他出生于一个封建官僚家庭。弘治五年(1492年)中举,以后便屡试不第,故有"五应乡荐裁忝一名,七试礼部竟不见录"之语。正德九年(1514年),授广东惠州府兴宁县知县。嘉靖元年(1522年)转任南京应天府通判,故有"祝京兆"之称。但他在南京仅生活了近一年的时间,便因病辞官归里,卒于嘉靖五年(1526年)。著有《九朝野记》、《苏材小纂》、《怀星堂集》等书,并编纂过《兴宁县志》。

祝允明自幼聪慧,5岁能书径尺大字,9岁能诗,以后更"贯通百家,纵横群籍",学问广博,传统文化根基深厚。《明史》本传中说他"文章有奇气,当筵疾书,思若涌泉",因而与唐寅、文徵明、徐祯卿并称"吴中四才子"。不过,与他的诗文比较,祝允明的书法造诣尤为不凡,《明史》说他"尤工书法,名动海内",因而又与文徵明、王宠同被誉为"吴中三大家"。祝允明在艺术上能诗善书,生活中为人豪迈不羁,厌恶礼法,以致到了晚年家境贫困,常常一出家门,即有债主追随索债。苏州一带流传着不少有关他的遗闻逸事,富有传奇色彩。

祝允明的书法成就首先来自家学渊源。他的挚友文徵明在《珊瑚网》中曾经指出:"吾乡前辈书家,称武功伯徐公

六、中国文化的苏州时代

(有贞),次为太仆少卿李公(应祯)。李楷法师欧、颜,而徐公草书出于颠、素。枝山先生武功外孙,太仆之婿也。早岁楷法精谨,实师妇翁。而草法奔放,出于外大父。盖兼二父之美,而自成一家者也。"① 他从小受到外祖父徐有贞的熏陶,后又得到岳父李应祯的指教,因而根基扎实,5岁能写径尺大字并不是常人所能做到的。清代顾复在《平生壮观》一书中有这样的记载:祝允明"书法亲炙两公,而耳提面触,不烦构思,九势八法所得已过半矣。况乎加以学力,无古人不师。"家学渊源固然是他能自成一家的重要条件,勤学苦练也是他取得成功的重要原因。顾复《平生壮观》说他"无古人不师";王世贞《艺苑卮言》中列出了自钟繇、王羲之、王献之至褚遂良、张旭、苏轼、米芾等10余位前代书法大师的姓名,以见出其师承。祝允明对以上每一位大师的作品"靡不临

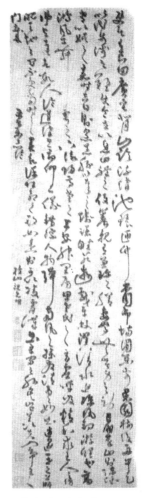

祝允明书法

---

① 转引自刘诗著:《江苏历代书法家》,第73页,江苏古籍出版社1984年版。

写工绝",因而功力深厚,学晋、唐的作品则似晋、唐,学宋、元的作品则似宋、元,拟古能力极强,但他并不是一味模拟,而是融会贯通,扬长弃短,最终形成了自己独特的风格。

祝允明于楷、行、草书诸体都有相当的成就,王世贞称"天下书法归吾吴,而京兆祝允明为最",对祝允明的书法成就给予了高度评价。在所习诸体中,祝允明尤以草书见长,有人说他的运笔"变幻如烟雾,奇怪如鬼神"。时人在《祝京兆草书歌》中曾这样描述他的草书:

> 枝山草书天下无,妙洒岂特雄三吴?群萌万象出毫下,运肘便觉风云俱。丝持浪转信神动,筋回墨纵皆春敷。分明造化宰君手,左攒右剪形形殊。天愁鬼哭不宁岁,鸾惊龙骇谁争驱?迩来南海作仙令,观涛历险笔愈圣。奇文豪咏兼称之,处处江山好辉映。余也飘飘紫台客,向长五岳将浮屐……呜呼!羲之眼前人不识,笑杀千金买遗迹。

祝允明的草书,纵逸奔放,犹如矫松苍虬,挥洒自如,但又自成体系。由于师法多人,出入变化,面貌多样,既有王羲之父子的妍逸风韵,又有张旭、怀素的飞动气势,"奔蛇走虺,骤雨旋风",故而有"明代草书第一人"之誉。据说登门向他求取墨宝的人,络绎不绝。祝允明晚年书法,"变化出入,不可端倪,风骨烂漫,天真纵逸。"现藏故宫博物院的《六体诗赋》,是他63岁时写给姻戚沈则山的仿唐、宋以来6家的六体书法合卷,全面地反映了他兼长各体、博采众长的深厚功

六、中国文化的苏州时代

力,可以视为他晚年的书法集大成之作。"其中楷书用笔古朴厚重,筋骨内含,时出以隶体的笔画,具钟繇书法古肥的特点。草书一段,师承张旭、怀素的狂草,兼取法黄庭坚,结体奇纵,与世间流传的草书大相径庭。"① 与他同时代的书画大家也对之赞叹不已,称:"先生慨然作赋,无论其雄才大略,倾服当世。观其书法之妙,亦一时未有。"现在沧浪亭的"五百名贤祠"中,还保存着赞颂祝允明的诗句:"放逸自喜,书如其人,先生之狂,先生之真。"

文徵明(1470～1559年),初名璧,字徵明,后以字为名,更字徵仲。因其祖籍湖南衡山,自号衡山居士;又因曾在朝廷任职翰林待诏,人称文待诏。长洲人。他出生于官僚地主家庭,幼时并不聪明,直到七八岁时还反应迟缓,但他学习刻苦,且有坚韧的毅力。据《名山藏》的记载,文徵明在府学时,其他学生或饮酒闲聊、啸歌相乐,或品茗对弈、消磨时光,而他却独自临摩《千文》,每天写字必在10本以上。这种每日练字的习惯,一直坚持到晚年。19岁时,文徵明从著名画家沈周学画,后又从李应祯学书,并向著名文学家、书画家吴宽学习。由于师从者皆一时巨擘,再加上勤奋刻苦的练习,造就了文徵明多才多艺的非凡成就,以至弱冠3年使"书名雄天下"。有人对他作了这样的评价:文徵明"是我国明代中期具有多种艺术才能的代表性艺术家。在他活了九十年的不平凡的一生中,他的书、画、诗创作的数量之多、造

---

① 参见文化部文物事业管理局编:《中国书画》,第463页,上海古籍出版社1990年版。

诣之高、艺术个性之强,是他同时代的艺术家们难以比拟的,其影响几乎控制了明、清两代的书画艺坛。同时,他的名声远播海内外,在中国和世界美术史上占有着举足轻重的一席地位。"①

文徵明的科举生涯很不顺利,从弘治六年(1493年)26岁开始到南京应乡试,至嘉靖元年(1522年)53岁时第10次应考,皆未取中,徒增了不少愁闷和白发。嘉靖二年(1523年),经人推荐至京,供职翰林院待诏,参加编写《武宗实录》。他在朝中,看不惯政治的腐败和官场中肮脏不堪的事情,加上遭人妒忌,便多次上书,乞求归里,终于得到批准。嘉靖六年(1527年),他返回苏州,从此过着戏墨弄翰的艺术家生活。

文徵明被称为"古今第一流人物"。他不仅多才多艺,擅长书画,且具有高尚的品格。他不畏权势,不贪钱财,入污泥而不染。他父亲文林在温州任官时故世,由于平素为官清廉,积蓄甚少,文徵明奔丧时,当地士绅、官吏主动凑了一笔银钱相赠,被文徵明谢绝。为此,当地人建立了一个"却金亭"来纪念他。宁王朱宸濠阴谋篡位,欲罗致人才,派人给文徵明送来聘书与重金,文徵明托词生病,坚辞不受。文徵明虽靠卖书画为生,但立有"平生三不肯应"的规矩,这就是决不卖书画给藩王贵胄、宦官与外国人。所有这些,都从一个侧面反映了他为人处世的高风亮节。

---

① 林家治著:《吴门画派掇英》,第94页,中国卓越出版公司1990年版。

六、中国文化的苏州时代

文徵明诗、文、书、画兼工,史书称为"四绝"。他的诗于雅饬之中,时饶逸韵,不依傍门户,自成一家。他不仅学文、学书、学画于吴宽、李应祯和沈周,还经常与祝允明、唐寅、徐祯卿等人过从往来,切磋诗文,以至"名日益著",与祝、唐、徐4人并称"吴中四才子"。比起诗文的造诣来,文徵明在书、画方面的成就更高。他善书楷、行、草、隶诸体,小楷、行书尤为精整。他遍临名家,师承甚众。但他始终牢记老师李应祯说过的话:破却工夫,何至随人脚踵?就算学成王羲之,只是他人书耳!这句话对于学书的人来说是至理名言。因此,文徵明能在师承众多的情况下博采众长,形成自己的风格。书法界素有"工书者不精小楷,不能称书家"的说法,但偏偏又是"小楷最不易工"。文徵明的小楷纯粹精工,横笔竖画似铁画银钩,质朴而严谨,结构疏密匀称,"如八面观音,色相俱足",且愈到晚年,火候愈足。他82岁时所书小楷《醉翁亭记》,法度精严,终篇不衰,是他的代表作之一,也是书中精品。据说他在临去世前,还能作蝇头小楷,以90岁高龄尚能如此,确实令人敬佩。他的行书作品也是清劲文秀,能融合晋、唐各家,形成自己的风貌。文徵明之成为书法界的一代宗师,还在于他对明代后期的书法界产生了较大影响,培养了众多有成就的弟子,其子文彭以及陈道复、王穉登等名家都是他的衣钵传人。

王宠(1494~1533年),字履吉,号雅宜山人,吴县人。和祝允明、文徵明一样,他科场蹭蹬,屡试不第,贡入太学。年少时师从吴中诗人、书法家蔡羽,"居洞庭三年。既而读书石湖之上二十年,非省视不入城市"。由于受到良师指点,加上自己苦学不懈,终于以诗、书、画名满吴中。他的诗"好建安、三谢及盛唐";他的画,得倪瓒、黄公望墨外之趣;他的书法成就更高,有"衡山之后书法,当以王雅宜为第一"的佳评。时人称他"诗书画三绝"。著有《雅宜山人集》、《东泉志》、《南北宫词记》等书。

王宠传世的书法作品为数不少,其中大多为行草书体,也有小楷书体。他的草书师承王献之,结体峭拔,笔力瘦劲,收放自如。他的楷书法自智永、虞世南,古雅憨拙,拙中藏巧,风格疏宕道逸,清人顾复称之为"多力丰筋,得气得势",评价很高。《半岩潘君七秩序并辞》是他楷书的代表作品之一,清初著名书画鉴赏家高士奇在《江村消夏录》中评论说:该篇楷书,"字径寸,乌丝,笔法道逸,为生平所见中第一"。以高士奇的身份与地位,平生书画所见极多,竟然称王宠的书为"所见中第一",足见王宠楷书所达到的境界。对于王宠的书法,有人指责他学古人书而失其本趣,殊不知这正是王宠的不同凡响之处。他学王、虞等大家,却不受古法的束缚,而是博采众长,师古创新,从而形成自己的艺术风格。在40岁那年,正当王宠的艺术生命走向成熟、步入辉煌的时候,他却英年早逝,令人痛惜。

除了祝允明、文徵明、王宠3人以外,吴门书派中的中坚人物还有唐寅、陈道复、文彭等。吴门书派人才济济,名家辈出,声誉隆隆。他们师古而不泥古,往往在继承的基础上进行创新,形成自己的风貌,他们在江南水乡的自然环境和尚文敦礼的人文背景中,追求秀润、清丽的书风,在明代的书坛上形成了一道靓丽的风景线。

六、中国文化的苏州时代

"吴门四家"与吴门画派

与吴中书坛人才济济、声誉隆隆的现象交相辉映的是画坛的鼎盛局面,甚至应该说吴中画坛的隆盛较之书坛有过之而无不及。

在明代画坛上,曾经出现过院派、浙派和吴门画派交替主宰的局面。以吴中一地的实力取代正统的院派和浙派,形成明代后期绘画界的一大流派,应归功于有"吴门四家"之称的沈周、文徵明、唐寅和仇英的艺术实践。

"吴门四家"中,以沈周位居第一。沈周(1427～1509年),字启南,号石田,晚号白石翁,人称白石先生,长洲人。沈周家族世代隐居吴门相城。祖父沈澄,善诗文绘画,永乐年间,曾以人才被征,后辞官还乡,隐居读书,逍遥山水。父恒吉、伯父贞吉,也都以诗、文、书、画名著乡里。沈氏是苏州的大地主,书香世家,交往者多为当时著名的文人雅士,日常以种花、种竹、品茗、玩古、宴宾为事,过着充满"吴趣"的高雅生活。在这样的环境中,沈周自幼受到诗、文、书、画的熏陶,文化素养深厚,加上他的天资和努力,终于成为一个卓有成就的艺术大家。

沈周除了家学渊源外,还拜文学家陈宽和画家杜琼、赵同鲁、刘珏等为师。15岁时,他曾作一首百韵诗呈户部侍郎崔恭,崔看后大为赞赏,誉为唐诗人王勃复生。30岁前后,沈周以诗文孝悌被举为"贤良方正",但他坚辞不出。他的朋友杨君谦称沈周为"文章大家",至于"山水树石"之类,只是"余事"。不过,就他对当时及后世的影响而言,最大的应是绘画艺术。

沈周是吴门画派的创始人,他的绘画在元、明以来文人画领域中有承前启后的作用。沈周绘画的成就是多方面的,山水、花鸟、人物样样俱精,以山水和花鸟画最为突出。他的山水画大多描绘江南一带的名胜古迹和山水园林风光,表现文人生活的闲情逸趣。沈周的画艺,能够博取众优,出入于

沈周像

宋、元各家,融会贯通,刚柔并用,形成粗笔水墨的新风格,独自成家。他的笔墨技法,随着年龄的增长、阅历的长进而表现出明显的阶段性:早年多作仿古画,大都是小幅;40岁后多作本家画,并开始拓为大幅,画法严谨细秀,用笔沉着劲练,以骨力胜;晚年笔墨粗简豪放,气势雄强。他的花鸟画也有很高的成就。他总结了宋代以来用水墨表现花鸟画的经验,以山水画点线结合的表现手法来画花鸟,突破了中国花鸟画长期停留在线勒的状态,创造出新的程式;在造型上,他有意识地强调某些特点,突出花鸟的特殊性格,创造了"似与不似之间"的艺术形象。所谓"写意花鸟画",就是从沈周开始的。沈周还发展了文人画的传统,将诗、书、画熔于一炉,使之互相补充,主题更突出,内容更丰富,如他的《高枕听蝉鸣图》,画上绘着在梧竹荫下,有一人高枕听蝉鸣声,柴门外有一人在叩门,梧竹林后是一座矗立的山峰,柴门畔

还有一条委曲的小溪。画面简洁明朗、神情潇洒。他在画上题诗一首:"晚风吹梦画茫然,日影亭亭碧树园,客有叩门都未抬,自支高枕听新蝉。"以诗补画,诗情画意浑然一体。①这种画风,影响到他的弟子文徵明和唐寅,从而使文人画的影响更为扩大。

沈周的绘画,技艺全面,功力浑朴,在师法宋、元的基础上进行创新,发展了文人水墨写意山水、花鸟画的表现技法,成为吴门画派的领袖。

沈周成名以后,求画的人越来越多。据说每天清晨,大门未开,索画人所乘的船只已塞满了门前的河港。他无论到什么地方,求画的人总是"履满户外"。他游西湖时,住在宝石峰僧舍,前来求画的人一如平日。友人刘邦彦为此曾作诗一首:"送纸敲门索画频,僧楼无处避红尘。东归要了南游债,须化金仙百亿身。"王鏊在《石田墓志铭》中也说:"近自京师,远至闽楚川广,无不购求其迹,以为珍玩。风流文翰,照映一时,其亦盛矣!"由于求画的人太多,沈周无暇应付,只好让自己的学生代笔,因此传世的沈周画中赝品很多。

经过沈周的努力,吴门画派拥有相当可观的队伍和实力,执当时画坛之牛耳。沈周家族中继承他画风而有名字可考的至少有8人,而他的学生为数更多,自文徵明而下计有20多人,其中以文徵明的成就最高、影响最大。

文徵明的生平事迹,已于"吴门书派"部分有所交待。文

---

① 林家治著:《吴门画派掇英》,第32页,中国卓越出版公司1990年版。

徵明固然是书坛高手,在绘画方面的成就更在书法之上。文徵明的画深受人们的欢迎,据说求他作画的人"接踵于道","户履常满","缣素山积,喧溢里门",其盛况不亚于沈周,以至不少人以复制或仿制他的作品为业,所谓"寸图才出,千临万摹","文笔满天下"。

文徵明一生有70年的绘画生涯,画技全面,功夫精湛,于山水、人物、花卉、兰竹等均有不凡的造诣,为后世留下了许多脍炙人口的名作。

文徵明作品《三绝图》

文徵明于花卉、人物无所不画。他的人物画简洁、挺秀、细腻,他48岁时所作《湘君湘夫人图》(藏故宫博物院),将二湘在舜死后所表现出的悲痛欲绝的神态画得生动逼真,真切地刻画了她们内在的性格和情感。他的花卉画属于文人写意画的范畴,据说他"以风意写兰,以雨意写竹",所作兰花,人称"文兰",但他的作品以山水画数量最多、成就最高。他的山水画题材大多描写江南景物。在他的笔下,江南山水风光得到了淋漓尽致的表现。他遍游江南各地,经常到真山真水中去写生,画有不少纪游作品,如《姑苏十景图》、《天平纪游图》、《洞庭西山图》、《石湖清趣图》、《拙政园图》、《金陵十景图》等,充满了对祖国、对家乡壮丽山河的热爱之情,从中我们可以领略到太湖烟雨、江南之春的美丽。

文徵明年轻时受业于沈周,又远学唐、五代,特别是宋、元名家如赵孟頫、王蒙和吴镇等人的技法,融会贯通,自成风格。他的山水画有"粗文"、"细文"之别。"粗文"是师法沈周和"元四家"(指黄公望、王蒙、吴镇、倪瓒),多作墨笔,笔致挺拔,苍劲豪迈;"细文"以小青绿设色,画得绵密工致,文雅秀逸,虽取法于赵孟頫,但已有青出于蓝之势。从他的成长历程来看,他早年以工细为主,仿前人作品较多;中年之画变化较大,在技艺上趋于成熟;晚年粗细兼能,在笔墨上力去雕琢造作习气,追求自然本色,画艺已达炉火纯青之境。

文徵明在继承文人画的基础上进行了创新。为了更好地做到"诗中有画,画中有诗",他对于画上所作诗文的字数、位置以及采用的字体等都作了缜密细致的考虑,正如林家治在《文徵明论》中所指出的那样:"一般的山水画,他常常题七绝或五绝一首,用行草书题写于画的右上方或左上方。不仅诗文的内容必然与画有关,即便诗文所占的位置、面积、轻重也都与画息息相关,成为一幅画不可缺少的部分。有些画面景物本来已很充塞,如《雨景山水》、《古木寒泉图》等,就不再添加什么,仅记作画年月与名款。有的画,文徵明别有用心地留下空白作为诗文之用,(注:逗号为引者所加)《二湘像》就是很突出的证明。这幅画上的两个人物仅占画面五分之一左右,而画上部的空白处,文徵明题录了屈原的《湘君》、《湘夫人》两章的全文,占画幅面积的三分之一左右。很明显,这样的诗文已不是从属地位,而是与画相当,成为不可少的部分。文徵明在诗书画三位一体的结合上,达到了相当的水平。"①

文徵明是吴门画派中最为长寿、最有影响的人物。继承他画风的家人和学生很多,见于著录的子弟不下30人,而他的学生及传其画派者也有二三十人之多。因此,有人说吴门画派自文徵明以后实际上成了文家的天下,不是没有道理的。

唐寅(1470～1523年),字子畏,又字伯虎,号六如居士,另有桃花庵主、江南第一风流才子、鲁国唐生、逃禅仙使等别号,吴县人。他是明代中期著名的文学家、书法家和画家,与文徵明、祝允明、徐祯卿并称"吴中四才子",与沈周、文徵明、仇英并列"吴门四家",是吴门书派的骨干、画派的中坚。

唐寅像

唐伯虎出身于商人家庭,少年即有才名,十二三岁时即能写诗作画。16岁时参加秀才考试,高中第一名。29岁时赴南京参加乡试,又中解元,"唐解元"由此得名。第二年入京会试,因科场舞弊案被牵连下狱,后贬为浙江小吏。唐伯

---

① 林家治著:《吴门画派掇英》,第127～128页,中国卓越出版公司1990年版。

六、中国文化的苏州时代

虎耻于赴任,径回苏州。可是,世态炎凉,人情淡漠,他给好友文徵明写的信中说:"进京会试时,公卿造请者咽于巷",科场案后,"海内遂以寅为不耻之士,握拳张胆,若赴仇敌,知与不知,毕指而唾,辱亦甚矣!"① 更有甚者,家中的妻子与他吵闹不休,连童仆、丫环对他也不那么顺从恭敬了。愁闷中的唐伯虎听从文徵明等人的劝说,从1500年春天开始了历时10个月之久的千里壮游。从镇江、扬州溯江而上,登临庐山,观览赤壁雄姿,登岳阳楼,领略八百里洞庭风光,而后漫游衡山、武夷、雁荡、天台、普陀、黄山、九华等名山。回到家中,妻子已离他而去。从此,唐伯虎绝意进取,筑室桃花坞,过起了读书隐居的生活。由于他天资聪颖,又得到著名画家周臣的指导,再加上长达10个月的游历,胸中装满了奇丘异壑,使他的画艺突飞猛进,声名大著,求画者纷至沓来,以至有时候不得不请老师周臣代笔。在经历了人生的种种失意与艰辛以后,唐伯虎对隐居读书、以卖画为生的生活感到满意,认为这种以丹青自娱的生活方式比起那些吮吸民脂民膏的官吏来不知要高尚多少倍,他曾作《言志》诗以表心迹:"不炼金丹不坐禅,不为商贾不耕田。闲来写就青山卖,不使人间造孽钱。"

唐伯虎45岁时,宁王朱宸濠慕名以厚礼前来聘请。唐伯虎应聘到了南昌,后发现朱宸濠有谋反的野心,于是佯狂使酒,露其丑秽。宁王无奈,只好放他回苏州。到了晚年,唐伯虎的健康状况日差,生活十分凄凉,他曾作诗表明自己的

---

① 《唐伯虎全集》卷5,北京市中国书店1985年版。

境况:"青衫白发老痴顽,笔砚生涯苦食艰;湖上水田人不要,谁来买我画中山?"54岁时病逝,葬在横塘王家村。现在唐伯虎墓已修葺一新,正式对外开放。

唐伯虎才思横溢,不拘小节,放诞不稽,他曾刻了一枚"江南第一风流才子"的印章,但唐伯虎的风流并不在女色方面,后世的《三笑》故事把他说成是一个登徒子,其实是冤枉了他。他的"风流才子"的称号,指的是他在艺术方面的造诣。

唐伯虎是明代画坛杰出的画家,于山水、人物、花鸟、楼阁,无所不精。他的画以工细为主,兼有文人画的笔墨,兼融并蓄,自成一格。行笔秀润缜密,具有潇洒清逸的韵度。但他最擅长的还是仕女、人物画,"造型准确,色彩鲜艳,笔法匀细,秀润流丽,艳而不妖,秀而不俗"[①],如现藏上海博物馆的《秋风纨扇图》,就是他中年得意之作。《秋风纨扇图》描写了一个女子在初秋时节,独立平坡,手握团扇,徘徊沉思的情景。全图用水墨绘画,浓淡枯湿,变化多端。线条遒劲飞舞,刚中含柔,具有动感。画中题诗一首:"秋来纨扇合收藏,何事佳人重感伤?请把世情详细看,大都谁不逐炎凉?"诗与画情景交融,寓意深刻,反映了他饱经人世沧桑、一生不得志的感慨之情。

唐伯虎的诗才气横溢,清新明丽;他的书法具有丰润灵活、俊秀挺拔、藏筋抱骨的艺术风格;他的画更是特色鲜明,

---

① 林家治著:《吴门画派掇英》,第71页,中国卓越出版公司1990年版。

六、中国文化的苏州时代

备受推崇。人称诗、书、画为"唐寅三绝"。但是,这样一位杰出的艺术家,生不逢时,一生坎坷,仅活了54岁便离开了人世。清代名士尤侗在《吊唐解元墓》诗中对唐伯虎的一生作了这样的概括:"才人无禄又无年,生死悲欢总可怜。梦断东都空岁月,香销南国尽风烟。"

仇英,生卒年不详,在"吴门四家"中是最为年轻,也是寿命最短的一个。字实父,号十洲,太仓人,后移居苏州。他出身低微,以漆工为业,后来成为专业的画家。他年轻时以善画而结识了不少画坛名家,受到文徵明、唐伯虎的器重,并得以拜著名院体画家周臣为师,还在著名收藏家项元汴、周六观家中饱览了许多历代名画,时加精研临摹,技艺大进,"其规仿之迹,自能夺真",成就显著,成为"吴门四家"之一。

仇英一方面得到周臣的指点,但更多的是通过临摹古人作品,从中汲取各家之长,参以己意,才形成自己的风格。明代书画评论家张丑在《清河书画舫》中说他"山石师王维,林木师李成,人物师吴元瑜,设色师赵伯驹,资诸家之长而浑合之,种种臻妙"。仇英画技高超,作品具有雅俗共赏的艺术情趣。他的工笔画精细秀丽而无柔媚之气,粗笔画飘逸酣畅而又不失严谨法度。他擅长临摹,功力深厚,以临仿唐、宋名家稿本为多。他还创作了不少山水、人物、花鸟、楼阁画,成为多方面擅长的全能画家。他的人物仕女画,直承宋人笔法,形象秀美,线条流畅,对后世产生了深刻影响。在"吴门画派"的画家中,只有仇英的画上没有题跋,但却以"六法"独擅画坛。他对待绘画严肃认真,一丝不苟,为昆山名士周六观作《子虚上林图卷》,费时达6年之久。对于仇英的画艺,后人给予了高度的评价,认为他的人物画"发翠毫金,丝丹缕素,精丽艳逸,无惭古人"。连门户偏见极深的明末著名画家董其昌也不得不承认"仇英为近代高手第一,兼有南宋二赵之雅","即令文、沈未尽其法"。现代画家徐悲鸿以画马著名,他在不少方面借鉴了仇英的画马技法。著名艺术大师刘海粟在评价仇英的《秋原猎骑图》时也说:"仇英的成就是多方面的,所写美人图,色彩艳丽,用笔细入毫发,金碧山水,结构谨严,而含有清润柔和的韵味,写意人物,却又潇洒流畅,古意盎然。"①

"吴门四家"中,沈周、文徵明、唐寅3家的共同特点是属于文人笔墨,仇英虽是漆工出身,但画风受到文人画家的影响。"四家"的绘画成就都是多方面的。他们技艺全面,创作题材广泛,山水、人物、花鸟无不在他们的笔下得到淋漓尽致的表现。他们运用娴熟的笔墨,描绘江南的山水园林景物,把表现文人生活题材的山水画提高到了一个新的水平,开拓了元、明以来山水画的新境界。

"吴门画派"的崛起,从领袖人物沈周的生年即宣德二年(1427年)算起,至嘉靖三十八年(1559年)吴门画派的主要成员,最后一个故世的文徵明的卒年为止,计有133年。但这只是"吴门四家"生活的时代和"吴门画派"的主要活动期。实际上,吴门画派的影响深长绵远,成为明、清400余年

---

① 转引自林家治著:《吴门画派掇英》,第45页,中国卓越出版公司1990年版。

六、中国文化的苏州时代

画风的主要倾向,至今历久不衰。

精美的工艺之花

苏州工艺美术源远流长,历史悠久,品种繁多,制作精巧,具有独特的地方风格和艺术特色。

工艺美术品是经过艺术加工被美化了的日用品(这里不包括一般手工业品)。工艺美术生产具有物质生产和精神生产的双重性质。它的产生、发展,必须具有多方面的条件,《考工记》说:"天有时,地有气,材有美,工有巧,合四者然后可以为良。"应之以苏州,这4个条件是非常优越的。

天时和地气,即自然环境和气候条件。苏州地处大江之南、太湖之滨,山水清嘉,气候温和,经济富庶,生产发达。在这样优美的环境里发展工艺生产,自然是十分适宜的。

材美即原料丰富。苏州及周围地区地理条件优越,以"鱼米之乡"和盛产丝绸著称,至于金、银、铜、铁、玉、石、竹、木、骨等可用来作为工艺生产的原料亦为数不少,向为珍异所聚之地。所谓"材有美",在这里也是具有优势的。

"工有巧"是指工艺技巧。苏州是全国经济文化发达的地区,人文荟萃,艺人所秉承的传统久远。长期的经验积累,使苏州地区的工艺水平大大超越于其他地区,明代黄省曾《吴风录》所谓"自吴民刘永晖氏精造文具,自此吴人争奇斗巧以治文具",即是一个例证。

正是具备了上述条件,苏州的工艺美术之花才越开越盛,尤其在明清时期,结出了累累硕果。

苏州史纪(古代)

自从有人类活动,就有了审美意识,同时也就产生了工艺美术品。苏州的原始文化,现知最早的为太湖三山岛旧石器时代文化,距今约1万年。在三山岛文化遗址中是否有工艺品,因发掘报告未曾提及,未敢妄断。但在距今六七千年的马家浜文化遗址中,发现了不少工艺品却是事实。尤其是四五千年前的良渚文化,更以玉器精美著称。承此余绪,吴国的玉器制作也具有纯熟高深的造诣。1986年在吴县通安严山出土的吴国王室窖藏玉器,工艺水平令人叹为观止;吴国的青铜冶铸业十分发达,所造铜剑被中原人士视为宝物,"柙而藏之,不敢用也"。孙吴时期的刺绣、宋代的金银制作都表现出高超的工艺水平。苏州的工艺美术在明、清时发展到了鼎盛时期,趋于成熟。经济发展导致人们生活水平和文化素质的提高,从而使苏州市民阶层的审美情趣趋高趋精,产品重质量、求美观,生活用品日益工艺化。张瀚《松窗梦语》中说:"吴制服而华,以为非是弗文也;吴制器而美,以为非是弗珍也。四方重吴服而吴益工于服,四方贵吴器而吴益工于器。"苏州人凭藉传统的工艺优势和自己的聪明才智,处处领导着时代的新潮流,王士性称:苏州人聪慧好古,亦善仿古法为之。书画之临摹,鼎彝之冶淬,能令真赝不辨之。善操海内上下进退之权。苏人以为雅者,则四方随而雅之;俗者,则随而俗之。①正因为如此,当时出现了称为"苏意"的新名词。所谓"苏意",据薛冈《天爵堂文集笔余》卷1的解

---

① 转引自谢国桢:《明代社会经济史料选编》(中),福建人民出版社1980年版。

释,是指"希奇鲜见"的东西,实即新鲜事物。由此可以看出苏州在工艺美术史上的地位。

明清时期,苏州工艺美术发展的一个重要特点,是传统的工艺技术不断改进,产品更加精致,而一些新兴的工艺门类后来居上,逐渐成为主要的行业。

传统的工艺如刺绣、织锦、琢玉、髹漆、金银器、陶瓷、泥人等更加成熟,如织锦,据明代王鏊《姑苏志》所说:"惟蜀锦名天下,今吴中所织海马、云鹤、宝相花、方胜之类,五色眩耀,工巧殊过,犹胜于古。"尤其产生于康熙年间的宋锦,工艺复杂,色泽华丽,图案精致,质地坚柔,与南京云锦、四川蜀锦并称我国三大名锦。再如泥人,又叫捏相,顾禄《桐桥倚棹录》说其法创于唐代杨惠之,宋时虎丘捏相已很著名。《岁时广记》称:泥人"惟苏州极工,为天下第一"。清代苏州泥人花样百出,品种繁多,据《桐桥倚棹录》所列,当不下 20 种,有人称赞说,"技艺山塘妙莫过,香泥捏像肖偏多",足见虎丘泥人工艺技巧的高超。新兴的门类如苏裱、木刻年画、扇子、戏装道具、各种雕刻等,这些工艺品种大都从唐、宋以后才出现,明、清时已有相当成就,有的甚至成为本地最具特色的产品。如苏裱艺术,兴起于明宣德年间,至嘉靖、万历时期已趋于全盛,周嘉胄《装潢志》有"装潢能事,普天之下,独逊吴中"之说;胡应麟《少室山房笔丛》更有"吴装最善,他处无及"的佳评。至于桃花坞木刻年画,更是蜚声中外,享有盛誉,成为中华工艺宝库中的精品。

为了使读者对苏州的工艺美术有一个具体了解,特选取几个最具地方特色、自古至今中外闻名的工艺产品进行介绍,俾能收窥一斑而知全豹的效果。

瑰丽精细的苏绣

驰名中外的苏绣,是全国四大名绣之一,具有悠久的历史和独特的风格。她图案秀丽,色彩雅致,针法多变,技艺精湛,深受人们的喜爱和赞赏。

苏州刺绣,源远流长,据东汉刘向《说苑》卷9记载:"晋平公使叔向聘于吴,吴人拭舟以逆之,左五百人,右五百人,有绣衣而豹裘者,有锦衣而狐裘者。"可见,在春秋时期,吴地已有"绣衣"出现,至今已有2 500多年的历史。时至三国,王嘉《拾遗记》谓:"吴主赵夫人,丞相达之妹……权使写九州江湖

三异缂丝"蝶恋花"

方岳之势。夫人曰:'丹青之色,甚易歇灭,不可久宝,妾能刺绣,作列国方帛之上,写以五岳河海城邑行阵之形。'既成,乃进于吴主,时人谓之'针绝'。"这说明吴地刺绣技艺已相当高超。宋代,苏州日用刺绣已广泛使用,技术水平不断提高,从苏州虎丘、瑞光二塔出土的五代和北宋初年的经帙与经袱来看,皆刺绣花卉,针迹虽不甚工整,但已能运用多种针法;再据《应庵和尚话语录》中"平江吉彬老侄女吉二娘绣普贤像"的记载,说明宋代苏绣已出现了供鉴赏的作品。宋室南迁,全国政治、经济、文化重心也随之南移,促使苏绣

艺术趋于成熟,日渐形成独特的风格。据方志的记载,当时苏州城内有绣衣坊、绣锦坊、衮绣坊等地名,并有一条作坊集中的"绣线巷",专为刺绣制作丝线,足见当时刺绣业的盛况。值得指出的是,南宋以后苏州人文蔚起,画家辈出,丝织工艺与绘画艺术的发展为刺绣提供了丰富的原料与画稿,使苏绣技艺得到迅速提高,明朝苏州人张应文《清秘藏》中谓:"宋人之绣,针线细密,用绒止一二丝,用针如发,细者为之。设色精妙,光彩射目,山水分远近之趣,楼阁得深邃之体,人物具瞻眺生动之情,花鸟极绰约嚵唼之态,佳者较画更胜。"

元代的苏绣艺术略为逊色,《清秘藏》记载:"元人则用绒稍粗,落针不密,间用墨描眉目,不复宋人精工矣!"但这仅是指中期以前的情况。在元朝末年,苏绣艺术仍取得了一定的成就,从张士诚母曹氏墓中出土的刺绣作品来看,具有图案精细、绣工精巧、针法多样的特点。

适应商品经济高度发达和文化昌盛的社会特点,苏绣艺术在明代得到进一步发展。由于融合了上海露香园顾绣的优点,苏绣艺术逐渐形成了精细雅洁、色彩秀丽的独特风格,深受人们喜爱。据钱谦益《列朝诗集小传》载:明代万历年间在扬州做官的来复,于琴、棋、书、画、诗、文及百工技艺无不通晓,唯独不会"女红",遂专程到苏州学习刺绣。像来复这样的达官贵人尚且如此,足见苏绣在当时的声誉之隆。

明清之际出现了一批著名的能工巧手,如吴县钱蕙以发绣观音和宫装美人著称;吴江杨卯君及其女儿沈关关所绣佛像、山水,在当时有"过江人,以不与题词为恨"之说。由于她们发扬传统,继承创新,苏绣艺术在清代更上一层楼,达到了中国封建社会的鼎盛时期。除了继续为统治阶级的奢侈生活服务外,刺绣深入到社会生活的各个方面,民间日用刺绣品日渐繁多,如服装、被面、枕套、帐沿、桌披、镜袱、靠垫、鞋面、香袋、纸插、扇袋、线袋、首饰盒、伞盖、眼镜套等。到乾隆年间,苏州已有"绣市"的称号。这些绣品针法多样,大都绣工细致,配色鲜而不俗,雅而不暗,具有秀丽、雅洁、装饰性强的优点。值得指出的是双面绣已开始出现,这标志着苏州刺绣工艺已有较高的艺术技巧。

苏绣艺术在近代有了新的发展变化。著名刺绣艺术家沈寿,在传统的基础上进行创新,以新意运旧法,或以新意运新法,表现人物、花鸟,富有变格特色,这种绣法,人称"仿真绣"或"美术绣"。苏绣艺术由此而取得突破性进展。她的绣品如《丽娜像》以及《耶稣像》等,曾引起国际轰动。

在几千年的发展过程中,苏绣艺术融会吸收了绘画等艺术手法,又与其他姊妹艺术互相借鉴、互相促进,因而形成了自己独具异彩的艺术风格。对此,前人曾概括总结为平、齐、细、密、匀、薄、和、顺、光、神10字。具体而言,平,指绣面平服,熨帖如画;齐,指针脚齐整,轮廓清晰;细,即用针纤巧,绣线精细;密,即排列紧凑,不露针迹;匀,指疏密相等,皮头均匀;薄,指烫帖平伏,轻薄如纸;和,即配色调和,浓淡合度;顺,即丝缕合理,圆转自如;光,指光彩眩目,鲜明美丽;神,指绣像生动如神,富有生气。唯其如此,苏绣制品才会令中外人士倾倒,风靡海内外,至今不衰。

六、中国文化的苏州时代

典雅纤细的苏州玉雕

玉雕是苏州的一种古老工艺。距今五六千年前的吴县草鞋山文化遗址中,已发现了经过琢磨的玉器。良渚文化的居民更有"玉敛葬"的习俗,玉器制作非常发达,不但品种多、数量大,而且制作十分精致。以后,苏州琢玉的优秀传统一直保持下来,并不断发扬光大。范成大《吴郡志》载有吴越广陵王钱元璙令吴郡玉工颜规至王府便厅解玉的事,说明五代时苏州琢玉技术已闻名于世。明代宋应星《天工开物》说:"良玉虽集京师,工巧则推苏郡。"当时,见于记载的苏州玉工巧手有贺四、刘谂、李文甫、王小溪、陆子冈等人,以白玉、琥珀、水晶、玛瑙琢成精巧的小品而誉满南北。尤其是陆子冈,有"碾玉妙手"之称,所琢玉水仙簪,茎枝细如毫发,花朵颤巍自若,玲珑奇巧,徐文长《题水仙》诗中有"昆吾锋尽终难似,愁煞苏州陆子冈"之句,咏水仙而兼及陆子冈的琢玉艺术。入清以后,苏州玉雕更是遐迩闻名,以至乾隆时几度招苏州玉工进京,为皇室、贵族、官僚雕琢玩具,并令他们传授技术。以前,北京前门一带玉作的工匠有不少本身就是苏州人,还有不少则得授于苏州玉工。当时,苏州城内玉作林立,集中在阊门内的专诸巷、天库前、周王庙弄、宝林寺前以及向南至枢密巷、梵门桥弄、学士街、剪金桥巷一带,朝朝暮暮,玉作声震不断,琢玉工场有300多处,玉工达3 000余人,而阊门吊桥两侧的玉市更是摊担鳞次,铺肆栉比。他们还组织了同业公会,奉周王(宣王)为祖师。每逢农历九月十三至十六日庆祝周王诞辰,他们即展出各人的杰作及前辈艺人的成品,借祭祖之名进行观摩,交流技艺。每年中秋节,城里的富商豪室也要把家里收藏的精美玉器摆设出来,供人观赏,作为夸奇斗富的手段。在此情况下,琢玉技艺不断提高。道光年间,苏州著名玉工有徐鸿、朱宏晋等,他们除精于琢玉,兼能刻金、银、牙、角、玛瑙等,所刻楼台亭桥、山水花鸟,形象逼真,维妙维肖。

苏州琢玉工艺,以精琢细磨、玲珑剔透著称,具有空、飘、细巧的艺术特色。传统的花式品种丰富多彩,诸如宫廷陈设的玉磬、玉器,官宦佩戴的玉带、玉佩,妇女装饰的翠花、玉镯,儿童悬挂的项锁、帽花,以至仿古瓶炉、镶嵌玉片、各种人物造像等,不下数百种,粗分之,可归为平面和立体两大类,大都虚实相称,疏密得宜,造型生动,线条流畅,琢磨工细,古雅有致,使人不觉繁琐而见空灵,不觉呆滞而显飘逸,不觉粗犷而有巧夺天工之感。

苏州玉器拥有广阔的市场,尤其道光以后,国内远销天津、武汉、安庆、九江、长沙、福州以及西北、东北地区,国外则销往英、美、法及中欧、近东和非洲、澳洲等地,每年价值达数十万银元。外销的玉器大都是瓶、杯、匣、人物、花鸟、镇纸等大的摆件,也有环、镯、簪、链等小件饰品。直到抗战时期,由于交通阻绝,玉料来源困难,加之第二次世界大战,外销停滞,玉工纷纷转业,琢玉工艺一蹶不振。解放后,苏州的琢玉工艺才又枯木逢春,重获新生。

别具特色的桃花坞木刻年画

自明代以来,全国许多地方都曾出现过年画作坊,而发

六、中国文化的苏州时代

端年代较早、延续时间较长、深受群众喜爱且年产量在几百万份以上的,则数苏州桃花坞、天津杨柳青和山东潍坊。苏州桃花坞木刻年画、天津杨柳青年画与山东潍坊年画并称南北三大民间年画流派。

苏州桃花坞木刻年画的起源难以确定,据现有材料,大致在明代前期已经出现。相传由唐伯虎所画的《风流绝畅图》,可能是现存苏州年画中最早的一幅。清朝雍正、乾隆年间是桃花坞木刻年画的全盛时

桃花坞木刻

期。雍正时的《苏州城内外三百六十行图》以及乾隆前期的《苏州阊门图》、《姑苏万年桥图》、《西湖十景图》等,刻工精细,构图逼真,技法高超。郑振铎先生在《中国版画史》一书中指出:坞中诸肆,殆为江南各地刊画之总枢,盖自徽派版画式微以后,吴中刻工起而代之矣。当时的画铺有数十家,大多设于阊门外山塘街,也有部分开设于阊门内桃花坞一带,作品销于江苏、浙江、安徽、江西、湖北、山东、河南、东北等广大地区。不仅扬州、南通、上海的年画直接受桃花坞木刻年画的影响而产生、成长起来,即使浙江和山东等地的年画艺术,也或多或少地吸收了它的优点而得以丰富和提高。

桃花坞木刻年画还远渡重洋,传入日本,给日本的"浮世绘"以相当的影响。

清朝前期的桃花坞木刻年画风格清雅、细秀,结构复杂,内容题材偏重于城市风景习俗、仕女花卉、吉祥喜庆、门神画像以及戏曲故事、民间传说等方面,代表作品诸如《苏州阊门图》、《姑苏万年桥图》、《虎丘灯船图》、《对弈图》、《二美奏乐图》、《花开富贵图》、《和气致祥图》、《福寿双全图》、《麒麟送子图》、《春牛图》、《钟馗捉鬼图》、《张天师镇妖图》、《西厢记图》、《白蛇传图》、《孙悟空大闹天宫图》等等。在创作技巧方面,往往借鉴于国画,继承了传统的民族绘画形式,但部分作品曾受西洋绘画中强调透视、光线和铜版雕刻式的刻法等影响,不过为时不长,流传不广。乾隆以后,桃花坞木刻年画较多地出现了反映农村题材的作品。尤其是近代以后,由于帝国主义以大量石印、胶印年画向我国城乡倾销,桃花坞木刻年画被迫将销售重点转向农村,作品的风格为此一变,表现出浓郁的乡土气息,单纯朴素,线条粗简,色彩鲜艳明快,画面丰满热闹,善于运用夸张手法,富于装饰性。作品的题材也更加广泛,既表现出劳动人民新年欢乐的心情和对美好生活的向往,也反映了人民对封建势力和帝国主义侵略压迫的反抗与斗争。

在桃花坞木刻年画的表现形式中,还有两点值得注意:一是除独幅版画外,另有不少是连环故事画的创作,它摹仿佛经中的连环插图方式,创造出一种连环形式的年画。年画作者把一整张年画版面分成几格或十数格,按顺序将故事内容分布在每一格中进行描写,内容简单的,一整张画面即可装下，内容繁复的，便画在两张或更多张画面上，如《庄子传》连环年画，在一大张版面上分成上、中、下3段，每段又分为4格，划成相等的12幅画面，内容分绘成"庄子得病"、"楚王孙吊慰"等场面，每幅上均列有小标题。二是不少画面均有诗句题咏或长篇唱词，如乾隆九年刊印的《姑苏万年桥》年画上，题着"姑苏城外锦成堆，商贾肩摩云集来，最是南濠繁盛地，万年桥上似登台"。特别是连环形式的年画，往往印有长篇歌，在新年前后，贩卖年画的小贩，一边唱着歌词，一边兜售，深受广大农村妇女和群众的喜爱。

鸦片战争以后，由于帝国主义的入侵，桃花坞木刻年画开始衰败。太平军兵临苏州时，清军纵火烧城，年画铺俱遭焚毁。虽有几家存留下来，但没落之势已定。抗日战争期间，一些版片又被日本帝国主义侵略者所毁，具有悠久历史的著名木刻年画艺术，濒临绝境，奄奄一息。直到解放后，桃花坞木刻年画艺术才又重放光彩。

苏州园林冠天下

在几千年的历史发展中，中国的园林大致形成了皇家园林和私家园林两大流派。皇家园林以北京为代表，私家园林则以苏州为典型。苏州园林代表了私家园林艺术的最高成就。

苏州园林的历史可上溯至春秋后期的吴王苑囿，著名的如梧桐园、长洲苑、姑苏台等。而最早的私家园林，可能是东汉时的笮家园。东晋时的辟疆园有"吴中第一私园"之称，名气甚大,在唐人的诗歌中仍屡屡被提起。从陆羽"辟疆旧园林,怪石纷相向"的诗句来看,辟疆园中不仅多竹,并有假山。自此以后,苏州的园林代有兴建,唐代的孙园、陆龟蒙园,五代吴越时的南园,宋代的沧浪亭、乐圃,元代的狮子林等皆为一时名园。明清时期,苏州园林趋于成熟,数量众多,最多时达270多处,有"城里半园亭"之说。尤其名园佳构,各擅其胜。建于这一时期的拙政园、留园、网师园和环秀山庄已于1997年列入世界文化遗产。

拙政园位于城东北部,唐代陆龟蒙曾建宅于此。明正德四年(1509年),御史王献臣解甲归田,建造此

拙政园

园。此后400多年,屡兴屡废,历经变迁。太平天国攻占苏州后,改建为忠王府。后来又曾作为李鸿章的江苏巡抚行辕。拙政园占地约72亩(4.8公顷),规模居现存苏州古典园林之冠。园分东、中、西3个部分,各具特色。东部广植花木,有松岗、山岛、竹坞、曲水,明快开朗;西部建筑临水傍岸,高低错落,精致绮丽;中部是全园的主体和精华所在,山明水秀,厅榭精美,花木繁茂,有浓郁的江南水乡特色。园南的住宅是典型的苏南民居。

留园,在苏州阊门外留园路。明万历二十一年(1593

年),太仆寺少卿徐泰时营建东、西二园,西园后为戒幢律寺,东园即留园前身。著名文学家袁宏道《园亭纪略》称东园"宏丽轩举,前楼后厅,皆可醉客",内有叠山名家周秉忠所堆石屏,玲珑峭削,如一幅山水横披画。清乾隆末年,刘恕经营改筑,历时数年,改名"寒碧庄"。因地处花步里,亦称"花步小筑",俗呼"刘园"。同治十二年(1873年),盛宣怀购得该园,大加修葺,取"刘园"之谐音而易名"留园",寓"长留天地间"之意。著名经学大师俞樾曾作《留园记》,赞其"泉石之胜,花木之美,亭榭之幽深",诚足为吴下名园之冠。留园占地30余亩(3.33公顷),以空间艺术构筑精湛著称。园分中、东、北、西4个部分。中部为寒碧庄旧址,是全园精华所在,包括以山池为主的西区和以庭院组合为主的东区。东、北、西三部分为盛氏增辟,东部以峰石称奇,峰石中以北宋花石纲遗物冠云峰称首,高6.5米,左右并立瑞云、岫云二峰;北部以田园风光见长,现陈列盆景名品500余盆;西部为土阜曲溪,缀有黄石,植以桃柳,以山林野趣称胜。尤为可道的是,园中书条石数量为苏州园林之最,集晋、唐、宋、元、明、清百余位名家作品,可以概见千余年间中国书法艺术的风貌,刻工精致,十分珍贵。

网师园初建于南宋,侍郎史正志于此修园,名为"渔隐"。清乾隆中叶,光禄寺少卿宋宗元修建宅园,借"渔隐"原意,取名网师园。此后多次易主,园名屡更。网师园占地9亩(0.6公顷),分为东宅、西园两个部分。宅门南向,门外有大型照壁,门内依次为门厅、轿厅、大厅、楼厅,轩昂宏敞,厅前门楼砖雕精细,为江南之冠。园在宅西,占总面积的五分之四,约可分为南、中、北3个部分。南部以小山丛桂轩、蹈和馆、琴室为中心,为宴聚听琴之处。中部一泓绿水,波光云影相衬,池畔环筑廊、轩、亭、榭,缀以黄石、丘壑、花木,水色天光,野趣盎然。尤其濯缨水阁挑出水面,为最佳观赏处。北部是书楼画室集中之所,有梯云室、集虚斋、五峰书屋、殿春簃、看松读画轩等,参差错落,各自成格,窗明几净,竹石傍户,蕉影移墙,犹如一幅立体的图画。综观全园,主次分明,富于变化,园内有园,景外有景,虽处城中而有野外之趣,建筑虽多而不见拥塞,山池虽小而不觉局促,被认为是苏州古典园林中以少胜多的典范之作。

环秀山庄,在景德路黄鹂坊桥东,明、清两代曾是达官贵人宅第。道光二十九年(1849年),归汪氏耕荫义庄,取名"颐园",园中主厅称"环秀山庄",后即以厅名取代园名。环秀山庄占地只有1亩(0.067公顷)多,面积不大,前厅后堂,因园中有一座太湖石假山而著名。据载,此山出自清代叠石造山大师戈裕良之手。假山占地不过半亩,峰高仅有7米多,但主峰突兀,雄奇峻峭,飞泉流水,深壑曲涧,尺幅而有千里之势。其构造,整体注重写意,细部追求逼真,被认为是中国园林现存假山中的第一佳构。园中建筑面山而筑,山上有"半潭秋水一房山"亭,山下有问泉亭、补秋舫等。全园建筑形成远近高低各不同的观赏景点,有"山形面面看,山景步步移"的妙趣①。

---

① 以上主要参考了《世界级文物苏州古典园林》一文,载《苏州园林》,1997年第1、2期。

六、中国文化的苏州时代

苏州园林是东方私家园林中的艺术典范。就其艺术风格来说，大致有以下几个特点：

第一，师法自然，重在因地制宜。园林作为一种时空艺术，植根于中国大地，不可避免地要受到传统美学思想的影响。道家的"上善至水，上德若谷"，儒家的"智者乐水，仁者乐山"，在苏州园林中得到了深切的反映。

苏州园林是一幅立体的山水画。师法自然是造园家们矢志追求的一种艺术境界。由于苏州的造园家多为文人画家，能诗能文又能画，在他们的设计或参与下，大自然的山水景观得到了诗画般的高度提炼，并转化为园林空间艺术，因而其艺术水平大大超过了其他地区的园林，如苏州环秀山庄的假山，出于名家戈裕良之手，有"山小却显其深"的效果。它那临水叠筑的岩崖，石壁陡峭，走在狭窄的池岸，背依山水，仰首石壁，仿佛置身于大自然的巉岩峭壁之前。苏州古典园林源于自然而又高出自然的艺术成就，得力于多方面的因素，因地制宜、顺应自然的造园手段即是其中不容忽视的重要因素。

苏州园林非常注意布局和空间艺术处理，文徵明《王氏拙政园记》中说：拙政园"居多隙地，有积水亘其中，稍加浚治，环以林木……"，这说明拙政园是利用原有洼地建造起来的，它按照原有地貌，"因阜迭山，因洼疏池"，取宽阔的水面，临水修建主要建筑，并注意水面与山石花木相互掩映，从而构成富有江南水乡风貌的自然山水景色。由于在总体布局上运用了因地制宜、顺应自然的原则，拙政园显得开阔平远，朴素大方，园林的平面、空间布置呈自然式、不规则形,其建筑形式与构造也是自由发挥的。与此异趣的是环秀山庄,由于它占地不大,不能凿大池,故园景以山为主。建筑不多,但高低起伏,疏朗有致,布局精到,故前人有"园小则见其大,山小却显其深"的佳评。

第二,追求意境,充满诗情画意。苏州园林充满了诗情画意,在意境的创造方面有独到之处。

意境,既包括了意与境、情与景、神与物等主客观两方面的因素,也包括了艺术气氛、神情韵味和景外之景等因素。它是意与境浑、情景交融、神与物游所构成的艺术整体,是艺术作品中的思想情趣和具体形象所构成的完美生动的艺术画面。任何景物,只有当它被加入了人的主观感受,倾注了人格灵性后,才会产生情景交融的感人艺术效果。因此,意境素来被奉为衡量园林格调高下的圭臬。

意境的主要特征是有着鲜明的形象性。造园家们通过对山池石树、花鸟虫鱼、建筑、书法、绘画、诗文、石碑、雕刻等物质因素的综合运用,创造出与大自然形神相似的园林景观。这些景观体现着不同的主题,可以引起人们的共鸣和联想,富于诗情画意。

从山水景观来看,拙政园主体建筑远香堂前景区,在平台前有一片宽广的荷花池,夏季荷香浮动,越远越清,香气远飘堂中,宋代周敦颐《爱莲说》一文中有"香远益清"句,因此题名"远香堂"。堂北池中堆有二山,西面一座较大,上筑雪香云蔚亭;东面一座较小,上筑北山亭,山上林木葱翠,桃桦梅竹掩映,体现了原有对联"蝉噪林愈静,鸟鸣山更幽"的意境。它构成拙政园中部的主景区。这一主景区体现了湖

六、中国文化的苏州时代

山真意的特色,深具山林之趣。在山背后,水溪依山脚流过,花径临溪,春季桃红柳绿,冬末芦苇摇曳,具有幽静的江南水乡风味。

从建筑来看,园林建筑本就富有性格特征,诸如亭的闲逸,榭的风雅,阁的潇洒,廊的徜徉,窗的憧憬,舫的从容。园林艺术又把它们与山水花木巧妙地结合起来,造成富有诗情画意的环境。仍以拙政园远香堂为例,远香堂室内没有一根阻挡视线的庭柱,四面开敞透亮,由里面望向四周,一幅幅不同的画面就像经过画框剪裁的一样。堂南重峦叠翠;北面池中有两个相连的假山小岛,山上遍植林木花竹,水岸散种灌木藤萝,宛如天然山林水岛;西侧有一横跨水面的廊桥;西北则有形似舟舫的旱船。通过整体组合,构成了一幅具有浓郁江南水乡特色的天然图画。

苏州园林的建筑轻巧别致,自由灵活,诚如《园冶》中所说的"按基形成","格式随宜","随方制象","各有所宜"。比如廊,有复廊、水廊、曲廊、直廊、爬山游廊等不同形式,组成了园林的脉络;桥有九曲桥、五曲桥、三曲桥、弧形桥等,与水构成各种不同的景观,桥与水平则游客凌波而渡,水溢显汪洋;桥低则山石建筑愈形高峻,与丘壑楼阁自然形成强烈对比。

从园林内部的文化古迹来看,诸如园林的取名、题咏匾额、楹联,无不体现出诗情画意。曹雪芹《红楼梦》中曾说:"(大观园)若大景观,若大亭榭,无字标题,任是花柳山水,也断不能生色。"苏州园林与中国古典文学有着不可分割的关系,许多景观都以点出风景主题的诗文加以命名,以突出其意境,如拙政园名取自晋代文学家潘岳《闲居赋中》"灌园鬻蔬,以供朝夕之膳,是亦拙者之为政也"句意,其原来的含义是,浇花卖菜,维持早晚两餐,是笨拙之人的事业,这里是园主王献臣因作御史受贿被排挤失意后,回乡建园,标榜自己清高而取此名;再如拙政园东部的"归田园居",是陶渊明《归园田居》诗的物化;留园西部的"小桃坞",是陶渊明《桃花源诗》及《桃花源记》的理想再现;拙政园、狮子林中的"见山楼",取"悠然见南山"意;留园的"还我读书处",取"既耕且已种,时还读我书"句,等等,类似的例子每园皆有,随处可见。

园林的情趣还反映在把文化古迹组织在园林建筑之内。如沧浪亭所刻"五百名贤图像",留园文徵明"曲溪"、董其昌"饱云"等书刻,网师园郑板桥、钱大昕的墨迹等,而拙政园中为数更多,如远香堂西南长廊墙上镶嵌着沈德潜《复园记》碑刻,在旱船内舱横梁上悬有文徵明书写的"香洲"匾额,在西园拜文揖沈之斋的东西内墙上嵌有文徵明写的《王氏拙政园记》、《补园记》碑刻和文徵明、沈周半身画像与传记,在此斋北面六扇屏门上刻有郑板桥画竹及题跋,游人可借此了解数百年的园史,可欣赏这些历史上有名文人画家的亲笔真迹,览景而生情。

第三,讲究协调,表现淡雅幽静。如果说北方园林金碧辉煌,给人以热烈奔放的感受,那么苏州园林则正好相反,她色彩淡雅,表现了清新幽静的情调。因苏州园林一般与住宅相连,为读书养性之处,自然应以清静为主。而且,苏州园林大都是文人士大夫所建,他们精通中国山水画的原理,追

六、中国文化的苏州时代

求野趣,隐逸情调,加上江南炎热,不宜使用朱红等深色颜料,故而用清幽胜浓丽,采取以少胜多的办法。此种色彩,与整个园林轻巧的外观、灰白的江南天色、秀茂的花木、玲珑的山石、柔媚的流水,皆能相配合调和,予人以淡雅幽静的感觉。

无论四季更换,风雨明晦,苏州园林均能给人以最舒适的美感,如夏日的蕉廊,冬日的梅影、雪月,春天的繁花、丽日,秋天的红蓼、芦塘。松风听涛,菰蒲闻雨,日移花影,雾失楼台。这都取决于造园者的文学素养与实际建筑的巧妙结合,使理想中的境界付之现实。因此,花影要衬以粉墙,听风要寄于松树,听雨要考虑到蕉(或荷)叶,月色要考虑到柳梢,斜阳要考虑到梅、竹等,安排一草一木,都要讲究协调,表现雅逸清新的韵致。

此外,苏州园林对含蓄美的追求,在叠山理水方面极人工之巧,在借景方面的灵活运用等等,都有许多成功的例子,值得后世借鉴。

随着园林建筑的兴盛,在苏州还出现了一批著名的造园家。他们总结前人的造园经验,并结合自己的造园实践,写出了一批著名的造园论著,构筑了造园学的理论体系,为中国园林艺术的发展作出了不可磨灭的贡献。

作为珍贵的历史文化遗产,苏州园林有其世界地位。早在古代,苏州园林的建造艺术就已传到了国外。1980年,一批苏州园林的建筑师又应邀前往美国,在纽约大都会艺术博物馆建造了一座以网师园内殿春簃为蓝本设计的明式庭院——明轩。明轩具有"工整柔和,雅淡明快,简洁利落"的明代风格,造成以后,受到各阶层人士的赞赏。其后,苏州的园林建筑师又应邀在加拿大温哥华建造了逸园,在新加坡建造了蕴秀园,在美国佛罗里达州"锦绣中华"内建造了苏州苑等。深受国内外人民喜爱的苏州古典园林如同一座彩桥,沟通了中国与世界各国的文化交流,加强了与世界各国的友好合作与交往①。她被列入世界文化遗产是理所当然的。

苏州科技成就举例

四大发明是中国科学技术领先于世界的辉煌标志,足以令国人自豪。但历史发展到明清时期,由于封建社会的长期延续和闭关自守政策的施行,中国的科学技术落到了西方的后面。当然,落后只是相对的,并不表示中国科学技术发展的停滞。事实上,明清时期中国在科学技术方面仍然取得了重大成就,李时珍的《本草纲目》、宋应星的《天工开物》、徐光启对农学和天文历算的贡献、徐霞客的地理学成就等等,在中国科学发展史上熠熠生辉。这一时期,苏州也产生了不少科学家,他们对近代以后苏州成为全国科技专家的摇篮起了良好的先导作用。医学方面的情况后面将专门介绍,这里先就建筑、光学、机械制造几个方面稍加举例。

---

① 参见徐文涛:《苏州园林,与世界历史文化遗产同辉》,载《苏州园林》,1997年第1、2期。

六、中国文化的苏州时代

明故宫的建筑设计师蒯祥

据说在南京博物院里存放着一张北京宫殿建筑的平面图,图中除画有壮观雄伟的故宫建筑群外,还有一个人像,这个人就是负责设计营造北京故宫的建筑大师蒯祥。

蒯祥(1397～1481年),字廷瑞,出生于苏州吴县香山的一个木匠世家。他聪明好学,不仅擅长木工手艺,还善于设计、绘画,史称他"能以两手握笔画双龙,合之如下"。据说他特别精于"榫卯技巧"和"尺度计算",凡经他事先核实过的建筑材料,所有位置、距离、大小尺寸,都丝毫不差,在用料和施工方面十分准确,因此,从年轻时起,即已成为有名的"巧木匠"。

1403年,燕王朱棣发动"靖难之役",夺取帝位,是为明成祖。为了抵抗北方元朝的残余势力,明成祖决定迁都北京。永乐十五年(1417年),召集全国工匠、人夫,修建宫殿,蒯祥也在应召之列,并和他人一道被委以主持宫殿设计的重任。前后3年,占地约72万平方米,气势宏伟的宫殿建筑群拔地而起,坐落在北京城区的中心。相传作为宫殿正门的承天门(即天安门)就是由蒯祥具体负责设计与施工的。明故宫的建筑体现了我国传统建筑的独特风格,是我国现存规模最大、保留最完整的古代封建帝王宫殿,是我国劳动人民智慧的结晶。在故宫的营建过程中,蒯祥表现出了杰出的才能,作出了重要贡献。《苏州府志》中说:"永乐间召建大内,凡殿阁楼榭,以至回廊曲宇,随手图之,无不中上意。"正因为他能很好地领会贯彻皇帝的意图,因而深受皇帝信任,皇帝"每以蒯鲁班呼之"。正统年间,蒯祥又负责重修故宫三大殿(太和殿、中和殿、保和殿)和文武诸司的办公之所。蒯祥在北京居住了40多年,先后营建过的工程,除三大殿以外,还有两宫、5个王府、6个部以及十三陵中的裕陵等。蒯祥也因高超的水平和卓越的成就受到皇帝的赏识,从一个普通的工匠逐步升迁,官至工部左侍郎,享受从一品的俸禄。直到80岁的时候,蒯祥仍然"执技供奉",负责京城的各项重要工程,只要是经他核实的建筑设计,没有不符合标准和要求的,因此受到京师工匠和官吏的敬重。后来有人因妒忌,企图阴谋陷害蒯祥,蒯祥便借故上疏,乞归故里,得到皇帝的同意。84岁的时候,一代名匠蒯祥离开了人世。他死后葬在太湖边胥口乡渔帆村南。墓前右侧竖有天顺二年(1458年)御赐"奉天诰命"双龙戏珠碑,现为江苏省重点文物保护单位。

值得一提的是,自从出了蒯祥以后,吴县香山人看好建筑行业,形成了一个集木作、水作、砖雕、木雕、石雕、彩绘等多工种于一体的建筑群体,人称"香山帮"。高超拔群的建筑技艺为他们赢得了良好的声誉,故史书中有"江南木工巧匠皆出于香山"的记载。现代"香山帮"的工匠,继承祖先遗志,把几百年来的优良传统发扬光大,已走向全国,走向世界,承建了一批具有浓郁"苏派"特色风格的古建筑,在市场经济的浪潮中大显身手,为乡邦、为祖国争得了荣誉,成为建筑界一朵光彩夺目的奇葩。

机械制造家薄珏

薄珏(约1610~1640年),字子珏,长洲人。他自幼聪明好学,但是家境贫寒,买不起书,只好想方设法借书攻读。他记忆力很好,有过目不忘之能,虽对应举的八股文章不感兴趣,屡试不第,但对天文、数学和机械制造的学问却分外热衷,终于成为一个很有成就的科学家。

明朝末年,政治混乱,社会动荡,满清在东北崛起,西北各地农民起义烽火连天,而江南的封建士大夫们却还在吟风弄月、歌舞升平,薄珏看不惯士大夫们的作风,同情下层百姓的生活,只争朝夕,刻苦学习科学技术知识,"其学奥博,不知何所传,洞晓阴阳占步,制造水火诸器。读书一过成诵,又从尾诵至颠,亦不误一字,听者异之"①。薄珏注重实际操作,为了进行研究,他自己筹建了一间实验室,置有一套锻、炼、碾、刻的设备和所需工具。他常常亲自动手,并且指导徒工,徒工说他这样做太辛苦,薄珏回答说:"吾所欲造器以意示工……故不得不躬为之耳。"经过不断的钻研与实验,他制造出了铜炮、水车、水铳、地弩、地雷、算筹、起重负担机等多种武器和生产工具。据《启祯野乘》的记载,他制造的铜炮技术比较先进,并附装有千里镜的设备,使得炮弹发射距离远,命中率高。把望远镜用于军事上,这不仅在国内,而且在世界上也是最早的。安庆巡抚张国维曾将他荐于朝廷,但未能得到任用。此外,薄珏在天文、数学方面也有精湛的造诣,制造了浑天仪。他高超的机械制造技术,受到时人的高度评价,以至"海外亦重其名"。

薄珏为人正直,不善逢迎拍马,虽然学识广博、技艺超

---

① 邹漪:《启祯野乘》卷 6。

群,却家贫如洗,当他的独生女因病死亡时,家里穷得无钱埋葬,幸赖朋友亲戚的资助借贷,才得以安葬。崇祯九年(1637年),薄珏为仇家诬告,有坐牢杀头的危险,幸亏朋友相救,辨明真相,才得以释放。他一生贫病交迫,穷困潦倒,只活了30岁就离开了人世。

薄珏一生创造发明很多,但在封建社会里却名不见经传,有关他的事迹,极少有人提到。他曾写过许多著作,有《格物论》百卷、《行海测天知道里远近法》、《简平仪图说》、《测地九大小几何法》、《各重天有本动有推动有带动论》、《天体无色辨》、《察南北二极星辰运说》等。遗憾的是,他的著作和技艺一样,大都未能传世。

光学仪器制造家孙云球

关于世界上最早的眼镜产生于何时、何地、何人,科学史界是有不同说法的。至少在宋代,中国已有关于眼镜的记载,如南宋《方舆胜览》中说,"叆叇镜"产于满剌加国(即印尼),老人不辨细书,掩目则明。专家认为,眼镜未必是中国的发明,可能是宋朝时从西欧传入的。到了明代,虽然眼镜的价钱很贵,但已有不少人在使用了。苏州状元吴宽曾写过一首《谢屠公送西域眼镜》诗,诗中说眼镜"圆与荚钱同,净与云母匹",戴上眼镜后,"蝇头琐细字,明莹类橡笔",并称"闻之西域产,其名殊不一"。其中有一种单片眼镜,称为"单照"。据说明代苏州书法家祝允明是个近视眼,因而随身携带"单照"。这种"单照"是用手拿的,使用方法类似于现在的放大镜,虽然可以随身携带,但还不能架在鼻梁上。

六、中国文化的苏州时代

中国的眼镜制造出现于何时,恐难确知。可以知道的是,明末清初的苏州人孙云球是一位杰出的光学家和制造眼镜的高明技师。

孙云球(1629～1662年),字文玉,一字泗滨,长洲人。原籍吴江,自幼随父母迁居苏州。来苏不久,父亲故世,家境非常贫困,他便依靠卖药的微薄收入来维持自己和母亲的生活。即使在生活极其艰难的情况下,孙云球也决不丧志,而是更加刻苦自励,发奋勤学。他为了解除视力不好的人的痛苦,经过长期的钻研和实践,研制出眼镜、望远镜等多达72种,成为名闻遐迩的光学仪器制造专家。

针对"单照"之类使用不便的情况,孙云球决心研制一种可以安在眼前的镜片。经过多次试验,终于掌握了"磨片对光"的技术。与西洋眼镜不同的是,镜片不是用玻璃制作,而是用水晶磨制。以后,他又根据年龄和视力的不同,研制出老花、少花、远光、近光等品种,磨制出深浅不同的镜片度数,使得需要的人"随目对镜,不爽毫发"。听到他研制出这种眼镜后,许多人"不惜出重价相购"。一时前来购买这种新奇眼镜的人"川流不息",几乎"踏破门户"。例如,浙江天台有一个叫文康裔的人,便是闻名前来求助的。孙云球在帮他测试视力后,便精心配制了眼镜,并送他一副千里镜。为了测试效果,他俩登上虎丘远眺,"远见城中楼台塔院,若接几席","天平、灵岩、穹窿诸峰,峻嶒苍翠,万象毕见"。文康裔喜出望外,连连称奇。而孙云球却笑着说:"此未足以尽吾奇也。"随即又拿出"数十镜示之"。其中有一种叫"存目镜",能使极细小的东西看得一目了然,当是现在的放大镜;又有一种"万花镜",能化一物为数十,可能是一种菱形折射的镜片。此外,还有"鸳鸯镜"、"半镜"、"多面镜"、"幻容镜"、"放光镜"、"夜明镜"等品种,各有用途。自此以后,"市场依法制造,遂盛行于世",苏州成为眼镜制造业的中心。孙云球总结实践经验,著有《镜史》一书,可惜未能流传下来。

吴中古来多名医

自古以来,苏州即多名医,见于记载的有周代沈羲、汉代负局先生、南朝顾欢等人,都自制丸药,救济百姓。唐代纪朋、周广师徒,精于望诊,医术高明,周广曾被唐玄宗特召为御医。宋室南渡,中原士人大批南下,带来了新的医学知识,而且其中不乏精于医学之人。南北医学的交流、碰撞,促进了吴中医学的发展。宋代的苏州中医,已出现了内科、外科、针灸、儿科等专科医家。儿科名医滕伯祥所著《走马急疳治疗奇方》,广为流传,至今仍为医界所重。到了元代,吴中医学初成规模,《马可·波罗游记》已经把许多医术高明的医生当作苏州的特色之一加以誉扬。元代的吴中医学表现为世医、儒医的特征。换句话来说,吴中多医学世家,如葛氏、韩氏、钱氏等,其中以葛氏世家最为著名。从宋代的葛思恭、从豫父子,至元代的葛应雷、应泽兄弟,再至应雷之子乾孙,祖孙四代,皆精医学,享有盛名。而且,吴中医家"以儒为医",从医以外,大都精通文墨,有较高的文化素养,这就为他们总结前人得失和自己的临床经验,从事医学著述创造了条件,所以我们可以看到吴中医家往往有著作行世,如葛氏的著作有《医学会同》、《医学启蒙》、《经络十二议》、《十药神书》等。这个优良传统在明清时期得到了很好的继承,"吴中多名医,吴医多著述,温病学说倡自吴医",成为吴中医学的三大特色。

明清时期,苏州地区名医辈出,据苏州市地方志办公室等单位所编的《吴中名医录》的统计,有852人,所著医书达四五百种之多。其名医之众、著作之富,国内任何一个地区都无可比拟。限于篇幅以及本书主旨,在此不可能一一加以评介,仅择明代的吴有性和清代的叶桂为例加以介绍。

温病学说的先驱——吴有性

吴有性(约1587~1657年,或说1582~1652年),字又可,号澹斋,江苏吴县人。他所生活的时代,人祸相连,天灾不断,人民生活贫苦,社会上瘟疫不断流行。永乐六年(1408年)至崇祯十六年(1643年)的200余年间,发生温疫大流行即达19次,百姓死于瘟疫者不计其数。当时,医学界对发热性疾病的认识以及诊治方面,仍然沿用古法,拘泥于张仲景《伤寒论》的理、法、方、药。崇祯十四年(1641年)南北直隶、山东、浙江等省发生大疫,五六月间益甚,至有全家传染的情况。开始发病的时候,医生们以伤寒之法治疗,非但疗效欠佳,甚至许多人不是死于疾病,就是死于医生的误治。这一触目惊心的现实,成为吴有性钻研瘟病的契机。他不怕传染,深入病区,在给患者治疗的过程中积累了丰富的临床经验,提出了"墨守古法不合今病"的思想,对瘟疫病进行了全面深入的研究,提出了许多新的见解,并于1642年著成

《温疫论》一书。

《温疫论》是论述温疫即急性传染病的专著,集中表达了吴有性对温病的思想认识。

关于传染病病因,历来认为是感受了外界风、寒、暑、湿、燥、火6气,在气候急骤变化过程中,受到不合时令的"气"的感染所导致的,这就是中医所谓的"六淫"致病说。对此,吴有性提出了批评。他认为温疫病与伤寒表面上相似,其实有着本质的区别,它并非风、寒、暑、湿、燥、火所引起的,而是由于感染了自然界中的一种异气,这种"异气",统称为"杂气",而杂气中比较厉害、导致重病的是"戾气"。寒热温凉、气候变化是自然界的正常现象,并不一定致疫于人,"伤寒与中暑感天地之常气,疫者感天地之戾气",这就把温疫与伤寒从病因学上区分开来了。

吴有性在《温疫论》中专辟一节详细论述了杂气的性质,认为"杂气无形可求,无象可见,况无声复无臭"。但是,杂气决不是不可捉摸的东西。"夫物者气之化也,气者物之变也,气即是物,物即是气"。这就明确地指出了杂气的物质性。杂气由口鼻而入,导致"为病种种,难以枚举",如大头瘟、咽痛、虾蟆瘟、痘疮、斑疹等等。病情的轻重不同,在于杂气毒力的强弱,杂气毒力强则病重,弱则病轻。在尚未使用显微镜观察病原菌的明清之际,吴有性提出这样的见解,确是难能可贵的。

更为可贵的是,吴有性观察到了杂气致病的特异性。他认为杂气多种多样,因而引发"为病各种","杂气为病,一气自成一病"。某种杂气侵犯某一脏腑经络而"专发为某病"。

这种见解和现代医学的"病原体特异性"是一致的。而每一种病之所以"因人而变",又与人体正气的强弱,即人体抵抗力的差异有密切关系。在此基础上,他进一步指出,杂气具有偏中性,也就是说由于杂气各异,伤害的对象也是不同的,如"牛病而羊不病,鸡病而鸭不病,人病而禽兽不病",这和现代医学所称的"种属感受性"和"种属免疫性"也是一致的。

对于疫病的流行情况,吴有性有着较为深入的认识。他认为伤寒与温疫不仅致病原因不同,流行的方式和特点也有差异。他创造性地将《黄帝内经》所提出的膜原说理论应用于温疫病,指出温病存在于四时,病邪伏于膜原,即夹脊之内、离肌表不远、接近于胃的地方。因此,邪气潜伏至发病有一个过程,用现代医学术语来说,就是有潜伏期。温疫的临床特征,主要表现为发热、关节疼痛、出汗、发斑、发黄疸、大小便变化等等。所有这些认识,显然是对温疫病进行了详细、科学观察的结果。温疫的传染主要通过空气和接触两种途径。而疫病流行的特点则有大流行和散在流行两种情况。所有这些认识方面,吴有性都是超越前人的。

在温疫的治疗方面,吴有性进行了富有成效的探索。他根据"邪在膜原"的理论,创制了达原饮的治疗方剂。达原饮是治疗温病的首选方剂,在临床应用时,可根据温病的传变和病情变化,灵活地予以加减化裁。如温热病兼有肋痛、耳聋、寒热、呕吐、口苦等症状,是热邪影响少阳经所致,可在达原饮方剂的基础上加柴胡;如兼有目痛、眉棱骨痛、眼眶痛、鼻中干燥、失眠等症状,则是热邪影响阳明经,可在方剂中加葛根等。

吴有性是明清时代温病学说的先驱。他开创的温病学说,为治疗发热性疾病开辟了广阔的途径,为温病学派的发展奠定了基础。在他的影响下,许多医家纷纷研究疫病,著书立说,大大丰富了我国的医学宝库,促进了温病学的发展。因此,吴有性的成就得到了世人的肯定。清代名医吴鞠通说《温疫论》议论宏阔,发前人所未发。《温疫论》问世后不久,即传到了日本等海外国家①。

温病学派的创始人——叶桂

叶桂(1667～1746年),字天士,号香岩,晚号上津老人,江苏吴县人。叶桂出身于世医家庭,祖父叶紫帆擅长儿科,行医40多年,以医德高尚、治病不分贫富而名噪吴中。父亲叶阳生,喜好琴、诗、书、画,也精于医理,所治病症较为广泛,为乡里所推重,可惜享年不永,未满半百而逝,其时叶桂只有14岁。

叶桂自幼天资聪颖,勤奋好学,白天向老师习读经书,晚上随父学医,对医学尤为热心,未及弱冠之年便已通读了《内经》、《难经》等经典医著,为日后从医生涯打下了扎实的基础。父亲死后,家庭生活艰难,叶桂放弃举业,从其父门人朱某学医并应诊。未及数年,他的医术已超过老师,以至登门求医者络绎不绝。叶桂不仅聪明,读书有过目不忘之能,

---

① 参考杜石然主编:《中国古代科学家传记》下集,科学出版社1993年版。

六、中国文化的苏州时代

而且虚心好学,只要听说某位医者擅长某技,他总要拜师学艺。在他整个学医、行医过程中,前后拜师达17人之多,因此博采众长,医道日精。他通过切脉望色、听声究原,揭示病症,言之确凿,就像能见到病人的五脏一样。他治病多有奇效,对于疑难病症,或就患者平日嗜好而找到得救之法,或就其他医生的药方而略加变通,有时并不开药,仅使患者注意饮食起居而消病,有时在未患病时而预知,甚至预断数十年后病的结果。对于"病之极难捉摸者,一经诊视,指示灼然"。种种遗闻逸事颇多流传,所以未满30岁便名著朝野,"即下至贩夫竖子,远至邻省外服,无不知有叶天士先生"①。可以说,叶天士是清代最为著名的临床医学家。

叶桂对医学精益求精,对前人的经验主张师古不泥,兼收并蓄,反对那些盲目效仿,偏执一方以及以人试药的流弊陋习。他曾说:"剂之寒温,视疾之凉热。自刘河间以暑火立论,专用寒凉。东垣论脾胃之火,必务温养,习用参附。丹溪创阴虚火动之论,又偏于寒凉。嗣是宗丹溪者,多寒凉;宗东垣者,多温养。近之医者,茫无定识,假兼备以侔中,借和平以藏拙,甚至朝用一方,晚易一剂,而无有成见。盖病有见症、有变症、有转症,必灼见其初中转变,胸有成竹,而后施之以方。否则,以药治药,实以人试药也。"②他认为,作为一个医生应该具有高度的责任感和高超的医术,决不可把病人的性命当儿戏。因此临终之前,他告诫子女说:医可为而不可为,必天资敏悟,读万卷书,而后可借术以济世。这充分

---

①② 沈德潜:《归愚文钞余集·叶香岩传》。

反映了他严谨的治学态度和崇高的人道主义精神,值得后世汲取。

叶桂幼承家学,始以儿科为主,以后拜师多人,博采众长,学力日进,由内科而"贯通各科"。特别是受温病学家周扬俊的影响,对温热病的研究较为深入,著有《温热论》一书。从吴有性首倡《温疫论》,周扬俊著《温热暑疫全书》,至叶桂《温热论》的问世,反映了吴中温病学派逐步发展成熟的历史过程。

《温热论》是叶桂在吸取前贤成果的基础上,结合自己的经验心得而撰成的阐述温病学的论著。全书词简意深,论析精辟,说理透彻,是中医温病学中一部高度概括、提纲挈领的重要代表作,它对温热病的发生与变化、诊断与治疗以及预后的顺逆,提出了一套完整的理、法、方、药,在温病学派中起到了承前启后、继往开来的作用。叶桂《温热论》的问世,标志着温病学说理论体系的确立和吴中温病学派的正式形成。

如果说金、元以来,特别是明末吴有性等人开创了温病学说,对温病学的发展起了奠基作用的话,那么直到清代前期,温病学说才渐趋成熟,从病因病机到辨证施治,有了较为完整的理论体系,形成了专门学说。而叶桂在其中起了关键的作用。章虚谷在《医门棒喝》中作了这样的评价:"邪之寒热不同,治法迥异,岂可混哉!二千年来,纷纷议论,不能辨析明白。近世叶天士始辨其源流,明其变化,不独为后学指南,而实补仲景之残缺,厥功大矣。"

与叶桂同时或稍后,苏州的许多医家都在温病研究方

六、中国文化的苏州时代

面取得了成绩,较为著名的如薛生白、缪遵义等。前者著有《湿热论》,着重于对湿温病的探讨,后者著有《温热朗照》,着重于整理前人对温病理论阐发的心得。他们与叶桂被并称为"吴中三大家"。在他们的影响下,温病学的研究率先在吴中地区形成中心,并很快扩散出去,掀起了温病学研究的高潮。因此,称叶桂为吴中温病学派的创始人决非虚誉。

叶桂对医学的贡献,不止在温病学方面,在杂病诊治方面,也有许多创见。

叶桂在诊治疾病方面的医疗经验,在《临证指南医案》一书中有较为集中的反映。该书以医案形式介绍了他诊治温热病、内科杂病以及妇科、儿科、五官科等病症的案例,在古代个人医案著作中最负盛名,刊本达数十种之多。他的医术见解和方治特色,在这本书中有充分的反映,要而言之:第一,胃阴学说。金元时期的医学名家认识到脾、胃的重要性,视之为人体"砥柱"。但是具体论述则各有偏颇,有的重在阳气的升发,有的将脾、胃合一而议。明代医家虽然注意了"脾阴",而对"胃阴"却未引起重视。叶桂倡言胃阴,使脾、胃学说得到新的发展。他认为,脾、胃有别,互为表里,脾气主升,得阳始运,胃气主降,柔润则安。因此,治脾应甘温升发,治胃宜甘凉通降。脾、胃分治,是叶桂的独到见解。他关于甘凉育养胃阴的方法,被认为是"超出千古"之论。第二,调补奇经八脉学说。叶桂重视奇经辨证,结合个人实践,发展了奇经八脉的辨证论治法则。在生理上,他认为奇经有收摄精气、调节正经气血以及维续、护卫、包举形体的作用;在病理上,凡肝、肾、脾、胃之病,久虚不复,必延及奇经;在辨证上,奇经之病须分虚实;在治疗上,常须通、补兼施。第三,久病入络说。叶桂认为,凡寒、暑、劳形、阳气受损、嗔怒动肝、七情郁结等,均能造成气血阻滞而伤人经络。初病气结在经,久病血伤入络,是叶桂在杂病诊治方面的著名论点。他认为,络病的治疗,应以辛润通络为用药原则。第四,中风病议。叶桂认为中风诸症,皆为"身中阳气动变"所致。他在《临证指南医案》一书中有中风病的专论,指出造成阳气动变的因素有二,一为肝风内动,二与心肾相关。病机既明,在治疗方面,应注重补肾水、养心血、平肝木等方法。此外,他最先描述了猩红热的舌象,对于血症、产后病、儿科病、老年病等均有丰富的临床经验[①]。

叶桂不仅医术精湛,而且为人敦厚。他对于前来就医的达官贵人,索费甚高,毫不通融,而对于贫病无告的贫民百姓,则往往不收分文,甚至还以药相赠。在清人的文集、笔记及方志资料中,记载了不少关于他医术精湛、助人为乐的故事。清代的苏州状元石韫玉在为《本事方释义》作序时说道:"余生晚,不及见先生。然吴中父老皆乐谈其轶事,书之虽累牍不能尽,谓为当今之扁鹊、淳于意可也。"吴中父老对叶桂的遗闻逸事津津乐道,正表明了人民群众对他的敬慕之情。

叶桂的学术思想和实践,在灿烂的祖国医学长河中留下了光辉的足迹。在此,我们可以借用余瀛鳌、陶晓华先生的一段话对他的一生进行概括:"总结其治学特点,就是广

---

① 引据金庆江:《叶天士》,载《中国古代科学家传记》下集,科学出版社1993年版。

访名师,博取众长,虚怀若谷,不耻下问,加上刻苦钻研,终成一代名家。他在医学上的突出贡献是:创立了温病的辨治体系;较完整地介绍了他个人的学术临床经验,为后世时方应用提供了丰富的经验、方药和医案。"①

姑苏文盛出状元

清朝人钮琇写的《觚賸续编》中曾经记载了这样一件事:苏州人汪琬与友人们聊天,友人各自夸耀家乡的特产。广东人称家乡的象牙犀角,陕西人夸家乡的狐裘毛罽,山东人赞家乡的綵丝海珍,湖北人颂家乡的优质木材……大家"侈举备陈,以为欢笑"。只有汪琬一声未吭。众人于是揶揄汪琬说:"苏州自号天下名郡,钝翁先生是苏州人,怎会不知家乡的土特产呢?"汪琬一本正经地说:"苏州土产极少,只有两样东西。"众人忙问是哪两样,汪琬答道:"一是梨园子弟。"众人听了抚掌称是,再问另外一样,汪琬故意不说。愈是这样,众人愈是问得急,待吊足了众人胃口,汪琬才慢吞吞地说:"状元。"众人一听,顿时"结舌而散"。也许这只是一个笑话,但确实反映了苏州的实际情况。

据统计,自唐至清近1 300年间,共出文状元596名;自宋至清近800年间,共出武状元115名。其中,苏州府(行政建置的变动不计,约相当于现在苏州市属范围)共出文状元

---

① 秦文斌主编:《吴中十大名医》,江苏科技出版社1993年版。

45名,占总数的7.55%,武状元5名,占总数的4.35%。尤其在清代,从顺治三年(1646年)开科取士至光绪三十一年(1905年)废科举,260年间全国共出状元114名,其中江苏49名,浙江20名,安徽9名,山东6名,广西4名,直隶、江西、湖北、福建、广东各3名,湖南、贵州、满洲各2名,顺天、河南、陕西、四川、蒙古各1名。而苏州一府即出状元26名,明显超出其他省份的状元数。清代苏州状元人数占全国总数的22.81%,占江苏省总数的53.06%①。所以,称苏州是"状元之乡"并不过分。这就无怪乎汪琬要把状元说成是苏州的特产了。

苏州的状元中,不乏会元、状元连中者。清代的韩菼、彭定求、陆肯堂、彭启丰、钱棨、吴廷琛6人,在礼部主持的会试中夺魁,又在殿试中被钦点为状元。其中长洲县的钱棨,先后在乡试(省级考试)、会试、殿试中雄冠群士,连中"三元",成为科举史上罕见的佳话。不仅如此,苏州人在清代连续不断的科举考试中,还出现多次蝉联状元的盛事,如康熙十二年、十五年、十八年3次科举考试中,状元分别为长洲韩菼、彭定求和常熟归允肃;康熙五十一年、五十四年、五十七年的状元,分别由长洲王世琛、徐陶璋和常熟汪应铨蝉联。苏州的状元还有不少出于同一世家,或为父子,或为祖孙,或为兄弟,或为叔侄,如长洲彭定求与彭启丰为祖孙,常熟翁同龢与翁曾源为叔侄等。除状元以外,苏州人中为榜

---

① 参见李嘉球著:《苏州状元》,上海社会科学院出版社1993年版。

眼、探花者也有不少,据统计,明、清两代苏州出榜眼12人、探花19人。

那么,明清时期的苏州为什么会涌现出如此多的状元呢?关于这个问题,已有不少议论,但往往眉毛胡子一把抓,让人有隔靴搔痒的感觉。就其要点而言,不外乎以下两个方面。

苏州状元辈出的现象显然是与好学尚文风气的盛行密切相关的。苏州地区的深层次开发始于六朝,但人文勃兴的渊源不能不追溯到先秦吴国时期。春秋后期,吴国公子季札出使中原,观周礼、听鲁乐,讽评各诸侯国时政,表现出高深的文化素养;吴人言偃北上求学,从游孔子,而有"因文学以得圣人之一体"的誉称。他们因此而被推为东南学术之祖,被清朝皇帝誉为"文开吴会"、"道启东南"。自此以后,苏州人好学尚文之风日趋浓厚,"少好学"、"博学善属文"等说法书载不绝。尤其宋代范仲淹治苏,创府学,延大儒胡瑗主持,文教自此兴盛,"虽濒海裔夷之邦,执耒垂髫之子,孰不抱籍缀辞,以干荣禄,褒然而赴诏者,不知几万数",由此出现了"登科者不绝"的局面。到了明清时期,尚文好学之风更为盛行,大家巨族、书香门第的子弟抱定"科甲仕宦,显亲扬名,皆从读书中来"的宗旨,汲汲于学,"恒以家无读书人为耻";普通人家,也希望子弟通过发奋苦学,跃登龙门,跻身于社会上层。当时,苏州地区流传着《勉学歌》,歌中说尽了读书求仕的种种好处:

其一云:君不见东邻一出骑青骢,笑我徒步真孤穷,读书一旦登枢要,前遮后拥如云从。昔时子身今富足,大纛高牙导前陆。始信出门莫恨无人随,书中车马多如簇。

其二云:君不见西邻美妇巧画眉,笑我无妻谁娶之。读书一旦高及第,豪门争许成婚期。昔时孤房今花烛,孔雀屏开忻中目。始信娶妻莫恨无良媒,书中有女颜如玉。

其三云:君不见南邻万顷业有余,笑我饥寒苦读书。读书一旦登云路,腰间紫袋悬金鱼。昔时箪瓢今粱肉,更是全家食天禄。始信富家不用买良田,书中自有千钟粟。

其四云:君不见北邻飞宇耸云端,笑我屋漏门无关。读书一旦居相府,便有广厦千万间。昔时苇檐今梁木,画栋雕甍成突兀。始信安居不用架高堂,书中自有黄金屋。①

通过读书、科举,步入仕途,可以博得锦绣前程,高官厚禄,封妻荫子,光宗耀祖。因此,这首歌的影响是不能低估的,它成为苏州人汲汲于功名的强大动力。在这种背景下,苏州地区就出现了许多父课教、母督子、妻促夫读书求仕的动人情景。苏州地区状元辈出的现象便是在这样的文化氛围中孕育出来的。

苏州状元多出于同一世家的现象说明家学渊源在科举

---

① 褚人获:《坚瓠集·五集》卷1。

考试中的作用不容忽视。苏州地区多文化世家,文化积累极为深厚。文化世家的子弟从小受到家庭的熏陶和应试技能的训练,有良好的文化基础,在科举考试中居于有利的地位。著名史学家顾颉刚先生曾经指出:按状元之多,足见苏州地主家庭训练子弟适应科举制度之才能,其技术性在全国为最高。但是,自幼训练应试技能,固然使文化世家的子弟在科举考试中占有优势,如果没有较深的文化素养和知识积累仍然难以撷取桂冠。在这里特别应该注意的是,世家大族往往因科名不举而导致衰败的社会现实给那些文化世家子弟所提供的启示。为了不辱家声,不堕门风,保持家族的荣誉,文化世家的子弟不能、也不敢松懈自己。对于他们的心态,文徵明曾经作过这样的分析:"诗书之泽,衣冠之望,非积之不可。而师资源委,实以兴之。不幸而门第单弱,循习陋劣,庸庸惟其常。其或庶几自拔而亢焉,则深培痛渫,铢铢寸寸,咸自吾一身出,厥亦艰哉!人惟其艰也,而又能是也,于是相与誉之。有弗良,亦置弗责,其素微无异也。使其有一线之承,则人得以比而疵之,以为而门户若是,而父兄若是,闻见丽泽若是,而弗能是,是不肖者。从而曰:'是某氏之子也'。可不惧哉!夫门第之盛,可惧如此,入不若彼无所恃者之易于为贤,岂此之所负固重哉!"① 这里虽然说的是文化世族一般的情况,但也完全可以用来说明科第簪缨之家。严迪昌先生据此认为:"'门第之盛'就是'上统百年之绪'的积累所致,对'诗书之泽'所被的族众子弟既是优越

---

① 文徵明:《甫田集》卷18。

性,又是沉重精神负担。如像纨袴子弟那样坐享其'望',必然才智闭塞,成为不肖子孙。相反,惴惴自奋,'负固重'的压力就能从消极面转化为积极的动力。'不以得之深自负,而以负之重自惧',这话提炼了文化世家子弟的所有戒铭文字,十分深刻。"① 对于以科第显家的世族子弟而言,也可将精神负担化为积极动力,时刻以父祖辈的科名成就激励自己,自惕自惧,从而发奋努力、树立科场必胜的信心。长洲彭定求家族,在清代曾出了2个状元、1个探花、14个进士、31个举人、7个副榜、130多个附贡生,"科目之盛,为当代之冠",足以反映出家学渊源在科举考试中的作用。

苏州多状元的现象早已成为历史的陈迹,但是,苏州人好学向上的风气至今仍绵延相承,人才辈出的盛况古今同辉。当代中国科学院和工程院的院士中,籍贯苏州的竟达81人,人数之多,冠绝全国。这种情况,足可与历史上多状元的现象媲美,前后辉映,照耀古今,成为千古流传的佳话。

---

① 严迪昌:《文化世族与吴中文苑》,载《文史知识》,1990年第11期。

主要参考文献

《吴越春秋》,江苏古籍出版社1986年版。
《吴郡图经续记》,江苏古籍出版社1986年版。
《吴郡志》,江苏古籍出版社1986年版。
同治《苏州府志》,台湾成文出版公司影印本。
民国《吴县志》,台湾成文出版公司影印本。
《吴门表隐》,江苏古籍出版社1986年版。
江苏省吴文化研究会编:《吴文化研究论文集》,中山大学出版社1988年版。
石琪主编:《吴文化与苏州》,同济大学出版社1992年版。
潘力行、邹志一主编:《吴地文化一万年》,中华书局1994年版。
《孙子兵法新注》,中华书局1981年版。
曹子方、吴奈夫主编:《苏州》,中国建筑工业出版社1986年版。
廖志豪等:《苏州史话》,江苏人民出版社1980年版。
王文清主编:《江苏史纲(古代卷)》,江苏古籍出版社1993年版。
文化部文物事业管理局编:《中国书画》,上海古籍出版社1990年版。

刘诗：《江苏历代书法家》，江苏古籍出版社1984年版。

周积寅等：《江苏历代画家》，江苏古籍出版社1985年版。

殷伟仁编著：《吴地书法巨擘》，南京大学出版社1994年版。

段本洛、张圻福著：《苏州手工业史》，江苏古籍出版社1986年版。

范金民、夏维中著：《苏州地区社会经济史（明清卷）》，南京大学出版社1993年版。

吴志达编著：《明清文学史（明代卷）》，武汉大学出版社1991年版。

康富龄编著：《明清文学史（清代卷）》，武汉大学出版社1991年版。

许涤新、吴承明主编：《中国资本主义的萌芽》，人民出版社1985年版。

陆树仑著：《冯梦龙研究》，复旦大学出版社1987年版。

徐立、陈瑜著：《文坛怪杰金圣叹》，湖南教育出版社1987年版。

陈开俊等译：《马可·波罗游记》，福建科学技术出版社1982年版。

杜石然主编：《中国古代科学家传记》，科学出版社1993年版。

秦文斌主编：《吴中十大名医》，江苏科技出版社1993年版。

陈淳、张祖方等：《三山文化——江苏吴县三山岛旧石器时代晚期遗址发掘报告》，载《南京博物院集刊》，总第9期1987年。

陈淳：《太湖地区远古文化探源》，载《上海大学学报》，1987年第3期。

《江苏吴县草鞋山遗址》，载《文物资料丛刊》，第3辑。

南京博物院：《太湖地区的原始文化》，载《文物集刊》，第1辑。

吴奈夫：《论太湖地区的原始文化》，载《中学历史》，1981年第4期。

《江苏吴县张陵山遗址》，载《文物》，1986年第1期。

耿曙生：《太湖地区的原始文明》，载《苏州大学学报》，1992年第4期。

《江苏苏州浒墅关真山大墓的发掘》，载《文物》，1996年第2期。

吴奈夫：《春秋吴都研究的若干问题》，载《苏州大学学报》，1992年第4期。

林华东：《苏州吴国都城探研》，载《南方文物》，1992年第2期。

张传玺：《项羽论评》，载《文史哲》，1954年第10期。

刘敏：《简论吴王刘濞之反》，载《南开学报》，1994年第1期。

唐赞功：《吴楚七国之乱与西汉诸侯王国》，载《北京师大学报》,1989 年第 1 期。

吴奈夫等：《试论孙吴集团对苏州经济文化的初步开发》,载《苏州大学学报》,1997 年第 4 期。

姜光斗、顾启：《韦应物任苏州刺史时的建树和晚年概况》,载《苏州大学学报》,1986 年第 4 期。

于北山：《论范成大》,载《江海学刊》,1982 年第 4 期。

李恩普：《张士诚在苏州》,载《江苏师院学报》,1981 年第 4 期。

陈学文：《明清时期的苏州商业》,载《苏州大学学报》,1988 年第 2 期。

宫崎市定：《明清时代の苏州と轻工业の発达》,载日本《东方学》,第 2 辑,1951 年。

王家范：《苏州城市经济功能研讨》,载《华东师大学报》,1986 年第 5 期。

金军宽、王卫平：《况钟治苏述论》,载《史林》,1989 年第 4 期。

陈玉寅：《苏州桃花坞木刻年画的艺术及其影响》,载《文物》,1960 年第 2 期。

陈廉贞：《苏州琢玉工艺》,载《文物》,1959 年第 4 期。

柏传儒等：《苏州古典园林的鉴赏》,载《苏州园林》,总第 4 期。

吴奈夫：《关于葛成领导的苏州织工斗争》,载《江苏师院学报》,1981 年第 4 期。

李华：《从徐扬"盛世滋生图"看清代前期苏州工商业的繁荣》,载《文物》,1960 年第 1 期。

后　记

苏州的历史,源远流长;苏州的文化,辉煌璀璨。如此内涵丰富的苏州历史文化知识,仅用10多万字的篇幅加以介绍是远远不够的。因此,本书只能采取强干弱枝的办法,对苏州历史文化作一个提纲挈领的描述。在叙述对象方面,着重介绍了以苏州市区及城郊为舞台并对苏州历史文化发展产生重大影响的人物、事件和文化事象。至于苏州所属太仓、昆山、常熟、吴江等各县的情况基本上没有涉及。

苏州历史文化是人们颇感兴趣的课题,专论甚多,成果不少。其中以廖志豪等编写的《苏州史话》(江苏人民出版社1980年版)和曹子芳、吴奈夫主编的中国历史文化名城丛书之一《苏州》(中国建筑工业出版社1986年版)二书较为系统。但是,时隔十几、二十年,在苏州历史文化的研究方面已经取得很大进展。尽管本书并非纯粹的学术性著作,但也较多地吸收了学术研究的最新成果。对此,书中已尽可能地作了说明。若有遗漏之处,敬请谅解!

作　者
1999年5月20日